GI Geoinformatik GmbH (Hrsg.)
ArcGIS 9 – das Buch für Einsteiger
Mit zahlreichen Übungsbeispielen und Gutschein für eine
ESRI Evaluation-CD der aktuellen ArcView 9 Version

D1721220

GI GEOINFORMATIK GmbH (Hrsg.)

ArcGIS 9
das Buch für Einsteiger

Mit zahlreichen Übungsbeispielen
und Gutschein für eine ESRI Evaluation-CD
der aktuellen ArcView 9 Version

Herbert Wichmann Verlag · Heidelberg

ISBN 3-87907-430-5

© 2005 Herbert Wichmann Verlag, Hüthig GmbH & Co. KG, Heidelberg
Druck: J. P. Himmer GmbH & Co. KG, Augsburg
Printed in Germany

Inhaltsverzeichnis

1 Einleitung

1.1 Zu diesem Buch

Die ArcGIS Produktfamilie von ESRI ist seit dem Jahr 2001 verfügbar und hat sich seitdem rasant weiterentwickelt. Durch unsere Schulungen und unseren Support erleben wir täglich, in welchen Bereichen die Anwender häufig Fragen haben oder Bedarf an bestimmten GIS-Funktionalitäten besteht. Diese Erfahrungen wollen wir in diesem Buch weitergeben. Es soll helfen, einen schnellen Einstieg in die Software zu finden. Neben dem allgemeinen Überblick wurde vor allem auf praktische Beispiele Wert gelegt, anhand derer der Anwender die wichtigsten Funktionalitäten selbst anhand von Beispieldaten ausprobieren kann.

Das Buch richtet sich an alle, die einen schnellen praxisbezogenen Einstieg in ArcGIS ArcView 9 suchen. Es ist auch geeignet für Studenten, die im Rahmen ihres Studiums mit ArcView 9 arbeiten wollen oder als begleitendes Buch für Schulungen und Praxisseminare.

Sollten Sie in der Auswahlphase für ein Desktop-GIS sein und einen Vergleich verschiedener am Markt verfügbarer Programme durchführen wollen, steht Ihnen neben dem Überblick, den Ihnen das Buch bietet, auch die Möglichkeit zur Verfügung, mit dem im Buch enthaltenen Gutschein eine voll lauffähige Demoversion der aktuellen ArcView 9-Version kostenlos anzufordern. Die Demodaten für die Anwendungs- und Übungsbeispiele können auf unserer Homepage www.gi-geoinformatik.de im Download-Bereich unter „ArcGIS-Buch" abgerufen oder auf CD angefordert werden unter „info@gi-geoinformatik.de".

Die Version ArcGIS 9.1 ist gerade aktuell erschienen und wird in diesem Buch bereits berücksichtigt. Den Neuerungen gegenüber der Vorgängerversion 9.0 ist das Kapitel 11 gewidmet. Zudem werden Sie in allen anderen Kapiteln mit nebenstehendem Symbol auf Änderungen in der Version 9.1 aufmerksam gemacht.

Der Schwerpunkt des Buches liegt auf dem Desktop-GIS ArcView 9. Da die Produktphilosophie und die Stärke vor allem die Modularität und Skalierbarkeit von ArcGIS (siehe Kapitel 1.2) ist, wird aber auch die Stellung von ArcView innerhalb der ArcGIS Produktfamilie beschrieben. Dies macht für den Anwender die Bedeutung und den Schwerpunkt der verschiedenen Produkte innerhalb der Produktfamilie verständlich. Dies betrifft neben unterschiedlichen Funktionalitäten vor allem auch die Topologie und das Datenmodell.

Vor dem Hintergrund, den Nutzen von ArcView auch aus dem Zusammenspiel verschiedener Softwarekomponenten zu sehen, wurden die wichtigsten Standard-erweiterungen, die zu ArcView angeboten werden, in einer Kurzbeschreibung in das Buch aufgenommen. Neben diesen Erweiterungen gibt es, wie wir das auch schon von ArcView GIS 3 kennen, eine große Anzahl von Softwareerweiterungen für spezialisierte Anwendergruppen und Aufgaben. Die Dynamik der angebotenen Programme und Erweiterungen ist so groß, dass die Beschreibung den Rahmen dieses Buches sprengen würde. Hier sind die Anwenderforen im Internet das geeignete Auskunftsmedium.

Da die Qualität von GIS-Analysen nicht nur von der GIS-Software abhängt, sondern natürlich vor allem von den Daten, mit denen man ein GIS „füttert", soll auch auf den Bereich der Geodaten eingegangen werden. Hierbei beschränken wir uns aber auf den Bereich des Angebots der Landesvermessungsverwaltungen. Ein kurzer Ausblick auf den mobilen Einsatz rundet den Inhalt des Buches ab.

Das Buch bietet somit einen Überblick über ArcGIS und einen schnellen, praxisgerechten Einstieg in das Produkt ArcView 9. Die weiterführende Unterstützung bietet die gute und ausführliche Onlinehilfe von ArcView und Userforen im Internet. Natürlich sollte der Anwender auch einen kompetenten „Lieferanten" für seine Software haben, der ihm bei Fragen weiterhilft.

1.2   Was ist ArcGIS?

ArcGIS ist der Name einer Produktfamilie von eng aufeinander abgestimmten GIS-Produkten. Die Ausrichtung von ArcGIS sieht eine Datenhaltung in objektrelationalen Datenbanken vor, ermöglicht aber auch die Verwendung dateibasierter Datenquellen.

Innerhalb von ArcGIS wird zwischen den Server-Diensten und den so genannten Klienten unterschieden. Die beiden wichtigsten Server-Dienste sind die Produkte ArcSDE als Brücke zur Datenbank und ArcIMS (Internet Map Server) als Auskunftsdienst für Web-Browser im Intra- oder Internet. Als weiteres Produkt steht mit ArcGIS Server eine Lösung für Entwickler zur Verfügung, die neben einem Kartenauskunftssystem auch analytische GIS-Funktionalitäten für eine breite Zahl von Anwendern zentral zur Verfügung stellen möchten.

Die Klienten sind funktional abgestufte Desktop-Programme von ArcView über ArcEditor bis hin zu ArcInfo. Für eine eindeutige Bezeichnung für ArcView 9 innerhalb der Produktfamilie sollte somit die Bezeichnung ArcGIS ArcView 9.x verwendet werden.

Besonders interessant ist die Bereitstellung des kostenlosen Geodatenviewers ArcReader von ESRI als Auskunftslösung für Geodaten. Als weitere Klienten für browserbasierte Anwendungen auf HTML- oder Java-Basis steht zudem der ArcExplorer als Produkt zur Verfügung. Das Produkt ArcPad ist die Softwareergänzung für den mobilen Einsatz. Durch die Möglichkeit, ArcPad auch auf dem Betriebssystem Microsoft Pocket PC installieren zu können, stehen zahlreiche handliche Hardwareprodukte zum Teil bereits auch mit integriertem GPS-Empfänger zur Verfügung.

Das modulare Angebot mag für den Interessenten nicht sofort überschaubar sein, bietet aber den entscheidenden Vorteil, dass eine Lösung mit steigenden Anforderungen mitwachsen kann. Die Gefahr, mit seinem GIS bezüglich Funktionalität und Anwendungsbereich durch steigende Anforderungen in einer „Sackgasse" zu landen, ist damit nicht gegeben.

Ein kurzer Überblick über die Möglichkeiten und Einsatzbereiche der ArcGIS Produkte rund um ArcView 9 soll dies verdeutlichen. Die Beschreibung von ArcView 9 mit den verschiedenen Programmerweiterungen wird dann ausführlich in den übrigen Kapiteln des Buches behandelt.

1.3 Kurzüberblick zur ArcGIS Produktfamilie

ArcReader

Der ArcReader ist ideal, wenn Geodatenprojekte in Form einer reinen Auskunftslösung (read only) weitergegeben werden sollen. Der ArcReader basiert auf ArcMap und hat damit eine intuitive Benutzerführung und eine hohe graphische Wiedergabequalität. Die Software ArcReader ist kostenfrei. Für die Erstellung von fertigen ArcReader-Projekten (PMF-Dateien) wird aber die ESRI Erweiterung ArcPublisher für ArcGIS benötigt (Näheres zu den Funktionen von ArcPublisher finden Sie unter Kapitel 13.3).

Dem Nutzer von ArcReader stehen dann schon eine Vielzahl von Auskunfts- und Abfragemöglichkeiten zur Verfügung wie:

- Zoomen

- Bestimmter Maßstab

- Identifizieren von Objekten über mehrere Layer

- Wechsel zwischen Daten- und Layoutansicht mit Ausgabemöglichkeit bis hin zu Großformatplots

- Lesezeichen und Hyperlinks verwenden

- Suchen nach Elementen

- Entfernungen messen

- Layer transparent schalten

- 3D-Darstellung für Daten aus ArcGlobe (ab Version 9.1)

- Rolladenfunktion („Swipe") zum partiellen Wegschieben des obersten Layers (ab Version 9.1)

- Datenzugriff auf alle verfügbaren Verzeichnisse und vieles mehr

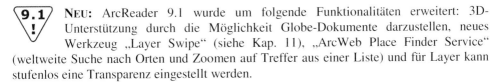 **NEU:** ArcReader 9.1 wurde um folgende Funktionalitäten erweitert: 3D-Unterstützung durch die Möglichkeit Globe-Dokumente darzustellen, neues Werkzeug „Layer Swipe" (siehe Kap. 11), „ArcWeb Place Finder Service" (weltweite Suche nach Orten und Zoomen auf Treffer aus einer Liste) und für Layer kann stufenlos eine Transparenz eingestellt werden.

ArcView

Das Desktop-GIS ArcView 9 bietet neben der visuellen Seite unzählige analytische GIS-Funktionen. Zudem hat es im Vergleich zur Version ArcView 3 GIS stark erweiterte Möglichkeiten bei der graphischen Darstellung, besonders bei Texten und Symbolen und bei der Layouterstellung. Auch die Neuerfassung von Geodaten ist durch viele Funktionen, die bisher nur aus der CAD-Welt bekannt waren, sehr umfangreich.

ArcEditor

ArcEditor verfügt als nächst höhere Ausbaustufe über zahlreiche zusätzliche Funktionalitäten. Die erweiterten Editiermöglichkeiten und die Erzeugung und Prüfung von topologischen Beziehungen stellen einen wesentlichen Unterschied zu ArcView dar. ArcEditor bietet die mehrbenutzerfähige Datenbearbeitung inklusive Versionsverwaltung und Konfliktbehebung und dient als „Managementkonsole" für ArcSDE basierte Geodatenbanken. Hervorgehoben wird auch das so genannte „Disconnected Editing", die Möglichkeit des „Aus-checkens" selektierter Datenbestände für die Bearbeitung im Rahmen mobiler Anwendungen.

ArcInfo

ArcInfo stellt die volle Funktionalität innerhalb von ArcGIS zur Verfügung. Besonders die umfangreichen Geoprocessing-Funktionalitäten und Verarbeitungsroutinen für Polygon-topologie bieten dem GIS-Spezialisten Vorteile. ArcEdit – als Kommandozeilen-Applikation innerhalb der ArcInfo Workstation – ermöglicht zur Datenerfassung und Verwaltung eine qualitativ hochwertige Geodatenerfassung und -pflege in größeren Projekten. Hier bringt auch die Möglichkeit der Einbindung von AML-basierenden Anwendungen (Arc Makro Language) einen Vorteil für Organisationen mit vorhandenen AML-Entwicklungen.

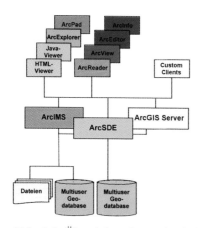

Abb. 1.1: Übersichtsschema ArcGIS

ArcSDE

ArcSDE bietet die Möglichkeit einer echten Mehrbenutzerfähigkeit von Geodaten auch mit editierendem Zugriff. Eine Begrenzung bezüglich Dateigrößen und GIS-Funktionalität besteht nahezu nicht. ArcSDE ist das Gateway für Geodaten und bietet die Verbindung an alle gängigen Datenbanksysteme. ArcSDE beschleunigt die Verwaltung von Geodaten innerhalb der Datenbank und ist besonders bei der Integration von Geodaten in vorhandene IT-Standards von Bedeutung. Im Zusammenspiel mit der Geodatabase bietet ArcSDE die Möglichkeit, Anwendungslogik bereits in der Datenbank abzubilden.

ArcIMS

ArcIMS (Internet Map Server) ist das internetbasierte GIS, das einer unbegrenzten Anzahl von Nutzern einen Kartenauskunftsdienst bietet, ohne dass zusätzliche Lizenzkosten auf den Abfragearbeitsplätzen anfallen. Interessant ist dies nicht nur für alle offenen

Internetanwendungen sondern auch als Intranet-Lösung innerhalb von Unternehmen. Über den Nutzer erfolgt dabei eine Anfrage nach einem bestimmten Kartenausschnitt und bestimmten thematischen Inhalten, die dann vom MapServer generiert werden.

Der ArcMap Server ist ein Bestandteil von ArcIMS und bietet die Möglichkeit, jedes ArcGIS Projekt ohne weitere Aufbereitung als Kartenauskunftssystem im Internet bereitzustellen. Eine gute Vorstellung über die graphische Gestaltung und die Einsatzmöglichkeiten von ArcIMS erhält man beispielsweise im Internet unter www.geographynetwork.com.

Eine Kartenanfrage erzeugt ein Ergebnis, das entweder als Bild (Image Dienst) oder auch in Form von Vektordaten (Feature Dienst) übermittelt werden kann. Als Klienten stehen neben den HTML- oder Java-Viewern und den ArcGIS Desktop Produkten auch ArcPad auf mobilen Endgeräten (mit WLAN, GSM/GPRS) zur Verfügung.

ArcIMS enthält im Lieferumfang auch serverseitige Connectoren, die ArcIMS zum OGC konformen WMS und WFS Server machen. Diese Connectoren werden von ESRI permanent weiterentwickelt und frei angeboten. Informationen zu den Connectoren, Downloadmöglichkeit und weitere Seiten zu Standards und Interoperabilität finden Sie unter http://www.esri.com/standards.

ArcGIS Server

ArcGIS Server ist das jüngste ArcGIS Produkt und richtet sich an Entwickler, die GIS-Funktionalität von zentralen Servern anbieten wollen. Im Gegensatz zu ArcIMS, der seinen Schwerpunkt auf der Bereitstellung von Karten hat, bietet ArcGIS Server GIS-Funktionalitäten, die weit über eine Visualisierung hinausgehen. ArcGIS Server ermöglicht es auch, Fachanwendungen serverseitig bereitzustellen, und ist damit besser in bestehende Lösungen (auch außerhalb der GIS-Welt) integrierbar. Für IT-Verantwortliche dürften der geringere Pflegeaufwand und die innerhalb großer Organisationen auch geringeren Lizenzkosten interessant sein.

Bei allen Bausteinen der ArcGIS Produktfamilie ist es möglich, mit gängigen Programmiersprachen individuelle Anpassungen vorzunehmen.

2 GIS Allgemein

2.1 GIS-Anwendungsbereiche

Auf einen Überblick zu den theoretischen Grundlagen von GIS soll in diesem Buch verzichtet werden, da dieser in zahlreichen Veröffentlichungen zu finden ist. Wir wollen anstelle von Theorie über die Darstellung der Einsatzgebiete von GIS die vielfältigen Möglichkeiten zeigen, die durch Raumbezug geschaffen werden.

Der Hintergrund aller GIS-Anwendungen ist das Arbeiten in Koordinatensystemen, die im Gegensatz zu Zeichenprogrammen eine räumliche Zusammenschau verschiedenster räumlicher Datenbestände ermöglichen. Ein weiterer Schlüssel für die nahezu grenzenlosen Einsatzmöglichkeiten ist die Verknüpfung von räumlichen Objekten mit einer oder mehreren Datenbanken. Eine Vielzahl vorhandener räumlicher Informationen bis hin zu Fernerkundungsdaten lassen sich durch GIS in einer neuen Qualität verbinden und auswerten.

GIS soll nicht als Software zur reinen Erzeugung von Karten verstanden werden, sondern als Werkzeug Objekte und Daten flexibel in einen räumlichen Zusammenhang bringen und dadurch neue Erkenntnisse bzw. Planungssicherheit erreichen.

Im Ergebnis entstehen blattschnittfreie und maßstabsunabhängige räumliche Auskunftssysteme, die im Allgemeinen in thematische Ebenen gegliedert sind. Die graphischen Gestaltungsmöglichkeiten bis hin zu automatisierten Beschriftungskonzepten sollten auf den jeweiligen Anwendungsbereich zugeschnitten sein und die Benutzerfreundlichkeit als wichtiges Kriterium im Auge behalten werden.

Anwendungsbereiche und Fragestellungen, die durch den Einsatz eines GIS unterstützt werden:

2.1.1 Naturschutz

Anwendungen im Naturschutz stellen einen, wenn nicht den klassischen GIS-Anwendungsbereich dar. Neben Biotopkartierungen, Baumkatastern und verschiedensten Fachkartierungen spielen hier derzeit vor allem die Anforderungen, die aus der Umsetzung des Europäischen Naturschutzprogramms NATURA2000 entstehen, eine Rolle. Durch die GIS-basierte Verarbeitung können neben der kartographischen Dokumentation Themen wie Biotopvernetzung oder Abhängigkeiten von Einflussfaktoren erforscht und verarbeitet werden.

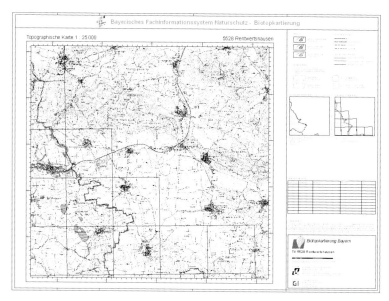

Abb. 2.1: Layout der Karte Biotopkartierung im Maßstab 1 : 25.000

Im Rahmen des Artenschutzes können beispielsweise Fundorte von Rote-Liste-Arten verwaltet und Veränderungsprozesse nachvollzogen werden. Durch Modellierung der Verhaltensweisen bestimmter Tierarten können beispielsweise Verbreitungsgebiete und Wanderungen simuliert werden.

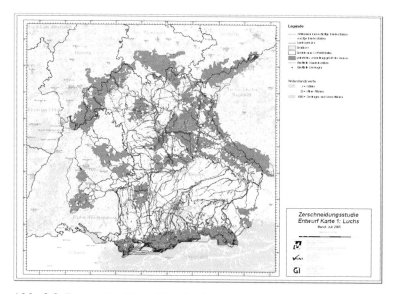

Abb. 2.2: Layout der Karte Zerschneidungsstudie potenzieller Lebensräume

In der Abbildung 2.2 wird das Ergebnis einer Simulation gezeigt, in der unter Verwendung von Widerstandswerten (in Abhängigkeit der vorhandenen Vegetation) die Wege von Luchs und Hirsch mit GIS ermittelt werden. Im Ergebnis wird deutlich, wo die größte Gefahr besteht, dass Tiere Autobahnen und Bundesstraßen überqueren. Auf dieser Grundlage können gezielt entsprechende Vorkehrungen getroffen werden, um dies zu verhindern.

2.1.2 Altlasten und Bodenschutz

Da in der Vergangenheit das Risiko von Kontaminationen des Bodens häufig unterschätzt wurde, wurde die Ermittlung und Verwaltung dieser sensiblen Informationen in Altlastenkatastern aufbereitet, die eine Übersicht und Gefahrenabschätzung zeigen. Diese ermöglichen eine schnelle und sichere Auskunft und bringen die jeweiligen Flächen in einen räumlichen Zusammenhang mit den Schutzgütern (Wasserschutzgebiet u. Ä.). Die Verwaltung von Analyseergebnissen liefert durch die räumliche und zeitliche Zuordnungsmöglichkeit die erforderlichen Bewertungsgrundlagen.

2.1.3 Ver- und Entsorgung

Ein großer und komplexer Anwendungsbereich sind Entsorgungsunternehmen, die ihre Leitungsnetze mit GIS-Systemen verwalten. Neben der Betriebsmitteldokumentation und räumlichen Abfrage spielt bei diesen Anwendungen auch die Abbildung der Netzlogik, beispielsweise bei Stromversorgung, das Zusammenspiel mit SAP und das Störfallmanagement eine Rolle. Die Anbindung komplexer Datenbanken oder auch das Zusammenspiel mit CAD-Anwendungen stellen bei Einführung eines GIS in diesem Anwendungsbereich eine Herausforderung dar, bei der das Zusammenspiel von GIS-Know-how und detailliertem Fachwissen für eine erfolgreiche Einführung notwendig ist.

2.1.4 Land- und Forstwirtschaft

Ein weiterer klassischer Anwendungsbereich ist der Einsatz von GIS in der Forstwirtschaft. Neben den verschiedenen forstthematischen Karten können die Geodaten für Flächenbilanzierungen und Vorratsermittlung oder für die Durchführung von Stichprobeninventuren verwendet werden.

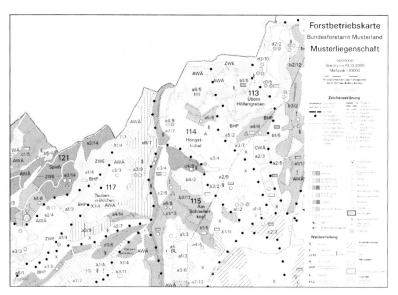

Abb. 2.3: Forstbetriebskarte der Bundesforstverwaltung

In großen Forstbetrieben sowie den Landesforstverwaltungen ist der Einsatz von GIS in der Zwischenzeit selbstverständlich und wird auch für strategische Planung bis hin zu gezieltem Flächenan- und verkauf eingesetzt. Der gesamte Holzverarbeitungsprozess vom Einschlag bis hin zum Transport wird durch den GIS-Einsatz unterstützt und ermöglicht einen effektiveren Einsatz von Gerät und Transportfahrzeugen.

2.1.5 Versicherungswirtschaft

Viele Versicherungen und Rückversicherungen haben die Vorteile von GIS erkannt und unterhalten eigene GIS-Abteilungen. Besonders bei dem regional sehr unterschiedlichen Gefährdungspotenzial durch Naturgefahren wird GIS zur Risikoermittlung eingesetzt.

2.1.6 Geologie

Die Umsetzung von vorhandenen analogen geologischen Kartenblättern und Bohrplänen in GIS-Datenformate ermöglicht eine schnelle Einbeziehung dieser Informationen für zahlreiche Planungsprozesse. Durch den Raumbezug können Zusammenhänge schnell ausgewertet und weiterverarbeitet werden.

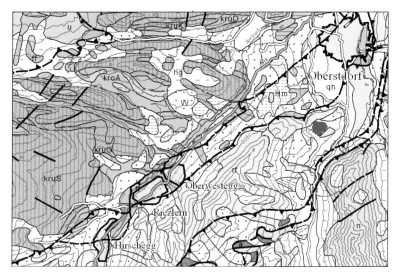

Abb. 2.4: Ausschnitt einer geologischen Karte

2.1.7 Hydrologie und Wasserwirtschaft

In der Wasserwirtschaft wird GIS bei der Verwaltung der Wasserschutzgebiete sowie der Messpegel und Überprüfung der Gewässerqualität eingesetzt.

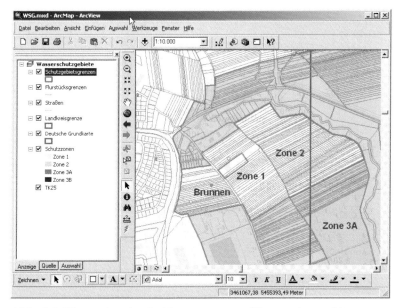

Abb. 2.5: Flurstücksscharfe Abgrenzung von Wasserschutzgebieten

Die neuen Anforderungen, die durch die Europäische Wasserrahmenrichtlinie (WRRL) entstehen, erfordern eine systematische Aufbereitung von Informationen zur Ermittlung von Einzugsgebieten und Gewässern. Durch die EU-Vorgaben zur Datenstruktur soll ein durchgängiges, grenzüberschreitendes System zur Verbesserung der Wasserqualität umgesetzt werden.

2.1.8 Kommunale Anwendungen

In der kommunalen Planung spielt der Raumbezug bei vielen Prozessen eine entscheidende Rolle. Eine Vielzahl von Fachschalen für ArcGIS für die kommunale Praxis zeigt die vielfältigen Einsatzbereiche, die weit über die Liegenschaftsverwaltung und Kanalaus-kunftslösungen hinausgehen. Als Beispiel sei hier die Flächennutzungs- oder Bauleit-planung genannt (Abb. 2.6).

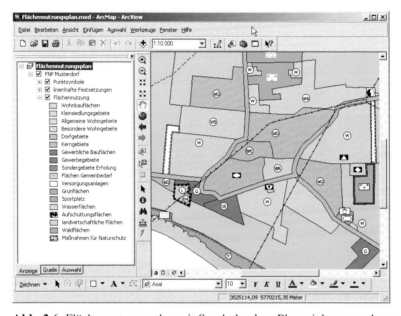

Abb. 2.6: Flächennutzungsplan mit Symbolen laut Planzeichenverordnung (PlanzV)

2.1.9 Telekommunikation

In der Telekommunikationsbranche findet GIS seinen Einsatz bei der Planung von optimierten und flächendeckenden Funknetzen sowie bei der Verwaltung der räumlichen Zuordnung von Mobilfunkteilnehmern. Durch die GIS-gestützte Verwaltung und Doku-mentation von technischen Einrichtungen und Kabelnetzen kann gerade bei Störfällen schnell reagiert werden.

2.1.10 Routing und Verkehrslogistik

Eine Anwendung, bei der im Alltag viele Nutzer auf GIS-gestützte Anwendungen zurückgreifen, ist der Bereich des Routings mit der Frage: Wo bin ich und wie finde ich zu meinem Ziel?

Hier kann mit webbasierten Auskunftssystemen, Autonavigationssystemen oder zunehmend durch PDAs eine schnelle Antwort gefunden werden. Fahrzeugverfolgung von Speditionen und Logistikunternehmen stellen hier mit der Möglichkeit einer aktuellen Visualisierung von Einsatzfahrzeugen eine spezialisierte Anwendung dar. Diese gewinnt zunehmend auch im Bercich technischer Außendienste und im Einsatz bei Störfällen an Bedeutung. Besonders bei Mautsystemen, Verkehrsflussmodellen und integrierten Nahverkehrs-planungen wird GIS zunehmend eingesetzt.

2.1.11 Katastrophenschutz

Im Katastrophenschutz liegt eine der Anforderungen vor allem im schnellen und flexiblen Reagieren in Notfallsituationen. Eine gute räumliche Aufbereitung aller relevanten Basisinformationen und Einrichtungen im Vorfeld ermöglicht dann das schnelle Handeln im Katastrophenfall in einer Leitstelle.

2.1.12 Touristik, regionale GIS-Portale, Stadtmarketing

Besonders im Urlaub oder auf Geschäftsreisen begibt man sich in mehr oder weniger unbekannte Gegenden, für die man gerne bereits im Vorfeld räumliche Informationen zur Verfügung hat. Dies beginnt bei der Suche nach Hotels, Restaurants oder Sehenswürdigkeiten bis hin zu Wander- oder Fahrradrouten im Zielgebiet. Zunehmend werden die „klassischen" Stadtpläne und Reiseführer durch digitale webbasierte Auskunftsmedien ergänzt. Der besondere Reiz dieser Systeme liegt in der Möglichkeit der individuellen Kartenanfrage, die zudem noch thematisch spezifiziert werden kann.

2.1.13 Geomarketing und Vertriebssteuerung

Für die Darstellung und Auswertung von Datenbankinformationen stehen im GIS nahezu unbegrenzte Möglichkeiten zur Verfügung. Dies reicht von der Visualisierung von Adressbeständen und Potenzialanalysen bis hin zur Filialnetzplanung. Sozioökonomische Daten bringen hierbei neben den unternehmensinternen Daten Erkenntnisse bezüglich Potenzialen und dem Ausschöpfungsgrad.

Besonders im Bereich Vertriebsgebietsplanung leisten diese Instrumente mit genauer raumbezogener Potenzialanalyse einen Beitrag zur Versachlichung bei der Aufteilung der Vertriebsgebiete. Unter Kostenaspekten ist besonders die Routenoptimierung zu nennen. Auch der Bereich CRM oder Filialnetzplanung kann durch GIS wesentlich unterstützt werden.

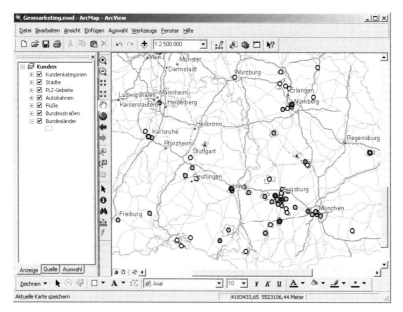

Abb. 2.7: Geomarketing zur Visualisierung von Kundendaten

Abbildung 2.7 zeigt die Visualisierung bestehender Kundenstandorte aufgeschlüsselt nach verschiedenen Kategorien.

2.1.14 3D-GIS und Geländemodelle

Die dreidimensionale Verarbeitung von Daten in Form von Geländemodellen bietet neben der beeindruckenden Visualisierung auch zahlreiche zusätzliche Möglichkeiten. Dies ist beispielsweise die Ableitung von Querprofilen, Sichtbarkeitsanalysen oder die Möglichkeit von Volumensberechnungen.

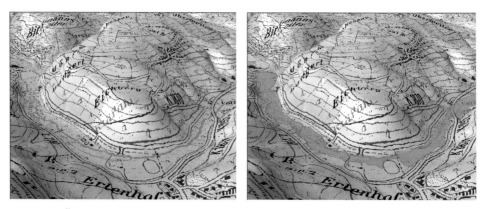

Abb. 2.8: Überflutungsszenarien auf der Basis von hochauflösenden Geländemodellen

Abbildung 2.8 zeigt die Möglichkeit, die Ergebnisse aus hydraulischen Berechnungen zur Hochwassergefährdung mit einem DGM zu kombinieren. Verschiedene Planungsszenarien bezüglich Hochwasserdämmen können damit besser beurteilt und dargestellt werden.

2.1.15 Liegenschaftsverwaltung und Facility Management

Besonders Unternehmen, die im Bereich der Immobilienverwaltung eine Vielzahl an Objekten verwalten, haben den Nutzen, der aus der Kombination von Facility Management und Geographischen Informationssystemen entsteht, erkannt.

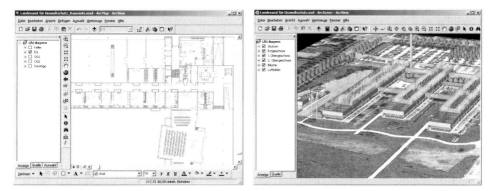

Abb. 2.9: Gebäudegrundriss (links) und 3D-Gebäudemodell (rechts)

Die Verarbeitung von Gebäudeinformationen in Echtkoordinaten ermöglicht die Betrachtung und Bewertung von Immobilen auch im Bezug zu ihrer Umgebung. Informationen wie Mietspiegel, Nutzung im Umfeld, Erreichbarkeit können so ausgewertet werden und beispielsweise für eine Portfolioanalyse verwendet werden.

Je nach Fragestellung kann ein unterschiedlicher Detaillierungsgrad von der Gesamtsicht der vorhandenen Objekte bis hin zur technischen Ausstattung von Einzelräumen abgefragt werden (Abb. 2.9).

Umzugsplanung, Pflege von Außenanlagen und systematische Dokumentation ermöglichen einen schnellen Zugriff auf alle nötigen Informationen. Einsatzmöglichkeiten bieten sich hier besonders für die Verwaltung von Gewerbeparks oder Großeinrichtungen wie Flughäfen und Messen an.

Durch die Einbindung von Hotlinks auf Fotos können die Daten auch für Präsentationszwecke bis hin zu einem internetbasierten Immobilienangebot auf Kartenbasis aufbereitet werden.

Die zahlreichen Beispiele zeigen die Vielfalt der Einsatzmöglichkeiten und ließen sich noch fortsetzen. Neben den angeführten Beispielen entstehen Synergien vor allem auch durch die themenübergreifenden Nutzungen von Geodaten verschiedenster Fachanwendungen.

2.2   Worin liegt der besondere Nutzen von GIS?

Als Kernaussagen zum Nutzen von GIS werden häufig Sätze wie „der Mensch denkt räumlich" oder „80 % von Datenbankinformationen haben einen räumlichen Bezug" verwendet. Um die Vorteile eines GIS kurz und griffig zu beschreiben, wird häufig der Satz verwendet „eine Karte sagt mehr als 1000 Tabellen".

Der Nutzen von GIS geht durch die analytischen Möglichkeiten weit über Auswertungsmöglichkeiten einer Datenbank oder Tabelle hinaus. Durch räumliche Über-lagerung und Verschneidung können z. B. Objekte aus verschiedenen Themenebenen in einen räumlichen Zusammenhang gebracht werden, der aus Datenbanken nicht abgeleitet werden kann. Durch diese Verarbeitung von Informationen entstehen völlig neue Auswertungsmöglichkeiten, die bisher nicht in ihrer Komplexität bewertet werden konnten. Als Beispiel sei hier die Verbindung von Grundwasserflurabständen mit Biotoptypen oder die GIS-basierte Erfassung und Auswertung von SAP-Stammdaten zu Betriebsmitteln genannt.

Besonders bei räumlichen Planungen können mit GIS verschiedene Planungsszenarien schnell erstellt und in einer neuen Qualität bewertet werden. Bei Planungen mit Bürgerbeteiligung können Planungsvarianten anschaulich visualisiert werden und Interessenten beispielsweise über Internet Map Server zur Verfügung gestellt werden. Bei Überschwemmungsmodellierungen oder bei EU-weiten Projekten wie NATURA2000, Ausgleichszahlungen in der Landwirtschaft und der Europäischen Wasserrahmenrichtlinie ist die Menge an Geodaten und deren Aktualisierung ohne GIS nicht mehr denkbar. Die EU trägt dem mit speziellen Vorgaben zur Abgabe von GIS-Daten Rechnung.

Datenqualität

Die Qualität von GIS-basierenden Auswertungen hängt vor allem auch von der Qualität der verwendeten Daten ab. Bei der Einführung eines GIS stellen die Daten häufig den größten Zeit- und Kostenaufwand dar. Damit werden die Daten zu einem wertvollen Kapital, deren Qualität und Dokumentation unbedingt berücksichtigt werden müssen.

Neben der räumlichen Genauigkeit spielen weitere Aspekte eine Rolle, die die Qualität beeinflussen, wie z. B.:

- Standardisierte und dokumentierte Datenstruktur und Datenformat
- Aktualität
- Vollständige Gebietsabdeckung
- Inhaltliche Richtigkeit und Quellenhinweise

Die Qualität von Geodaten ist immer im Zusammenhang mit der Anwendung zu sehen. Je nach Anwendung können unterschiedliche Aspekte hierbei von besonderer Bedeutung sein. Ist beispielsweise eine automatisierte Eigentümerermittlung von bestimmten räumlichen Informationen notwendig, wie beispielsweise bei Abgrenzungen von Wasserschutz- oder NATURA2000-Gebieten, ist die räumliche Genauigkeit bei der Abgrenzung dieser Gebiete von entscheidender Bedeutung. Wird beispielsweise bei der Digitalisierung der Fläche nicht exakt auf eine Flurstücksgrenze abgesetzt, sondern nur wenige Zentimeter im

Nachbarflurstück, wird bei einer Verschneidung auch dieses Flurstück und damit dieser Eigentümer mit ermittelt.

Bei der Bildung von Routen für die Navigation mit dem PKW hingegen spielt weniger die Genauigkeit, sondern vor allem die Aktualität des Straßennetzes die entscheidende Rolle.

Allgemein wird bei kleinen Betrachtungsmaßstäben bzw. globalen Auswertungen der räumliche Genauigkeitsanspruch an Bedeutung verlieren. Da die Genauigkeit bei der Erstellung von Geodaten eine wichtige Rolle bezüglich der entstehenden Kosten darstellt, sollte man bei der Erzeugung und Aufbereitung von Daten immer die gewünschte Anwendung vor Augen haben.

Ist ein neuer Geodatenbestand erst einmal erzeugt, ist damit der Qualitätsaspekt aber nicht abgeschlossen. Da die Daten einer laufenden Veränderung unterliegen, ist die Sicherung der Qualität ein laufender Prozess. Eine standardisierte Metadatenhaltung ist bei größeren Datenbeständen unverzichtbar und auch zur Absicherung der durchgeführten Auswertungen notwendig. ArcGIS bietet innerhalb von ArcCatalog die Möglichkeit, Metadaten zu erzeugen und zu verwalten.

Zusammengefasst sind folgende Aspekte bei der laufenden Sicherung von Geodaten zu berücksichtigen:

- Genaue Vorgaben bei Ausschreibungen
- Zeitnahe Prüfung erzeugter Daten
- Entwicklung von Prüftools für Geodaten (besonders bei größeren Datenmengen)
- Komplette QS-Software speziell für besondere Aspekte räumlicher Daten
- Metadatenhaltung

Eine gute Übersicht zum Thema „Datenqualität von Geodaten" ist unter www.rundertischgis.de „Leitfaden zur Datenqualität für Planungsbüros und Behörden" zu finden.

Die Sensibilität für die Qualität von Geodaten ist in der Zwischenzeit bei den meisten Anwendern und Auftraggebern vorhanden. Die Entstehung von „Datenfriedhöfen" dürfte damit der Vergangenheit angehören.

2.3   Wohin geht die GIS-Entwicklung?

Während in der Frühphase von GIS die Software häufig in eigenen Abteilungen von wenigen Experten bedient wurde, haben sich die Anforderungen in der Zwischenzeit gewandelt. GIS-Software wird zunehmend in vorhandene IT-Infrastrukturen integriert und muss sich nach den gängigen Standards und Betriebssystemen richten. Neben den Einzelplatzsystemen mit lokaler Installation spielen die serverseitigen Installationen eine zunehmende Rolle. Dies kann zum einen aus Kostengründen eine günstigere Lösung sein, zum anderen ist damit eine effizientere Softwareverwaltung bezüglich der Installation von Updates und Servicepacks möglich. Die Integrierbarkeit eines GIS-Systems in einen vorhandenen Workflow und die Verhinderung von redundanter Datenhaltung mit bestehenden Systemen sind die Voraussetzung für den erfolgreichen GIS-Einsatz in Unternehmen und Behörden. Erst dadurch können die Synergien aufgezeigt werden und neue Potenziale erschlossen werden, die für eine Akzeptanz bei den Anwendern notwendig sind.

Die Verfügbarkeit von Internet Map Servern machte es möglich, eine große Anzahl von Nutzern mit Geodaten und individuellen Kartenanfragen zu versorgen, ohne dass beim Nutzer der Auskunftsdienste kostenpflichtige Software notwendig wird. Neben dem Kostenaspekt sind hierbei noch weitere Vorteile entscheidend. Dies ist die einfache und auf wenige Grundfunktionalitäten reduzierte Benutzerführung und die zentrale datenbank-basierte Datenhaltung und Aktualisierung. Durch die ständig steigenden Datentransferraten wird die Bedeutung dieser Anwendungen weiter schnell wachsen. Besonders bei Intranetlösungen spielt diese Möglichkeit als Ergänzung zu den spezialisierten GIS-Arbeitsplätzen eine wichtige Rolle, um allen Beteiligten, je nach Zugangsrechten, einen Zugang zu den Geodaten zu ermöglichen.

Da mit Geographischen Informationssystemen räumliche Daten verwaltet werden, entsteht bei den Anwendern der verständliche Wunsch, diese Daten auch in der jeweiligen Region auf mobilen Endgeräten zur Verfügung zu haben. Ein breiter Hardwaremarkt von kleinen Handgeräten bis hin zum geländetauglichen Notebook bietet hier eine Vielzahl von Möglichkeiten. Häufig werden die Möglichkeiten, die eine automatische satellitenbasierte Positionierung (GPS oder allgemein GNSS) bietet, mit in die Anwendung integriert. Neben hochgenauen Vermessungslösungen entstehen hier in verschiedenen Genauigkeitsbereichen wie „Mapping und GIS" (0,5 - 5 m) vor allem bei Freizeitanwendungen und Navigation (> 5 m) neue Anwendungen. Auch die Telekommunikationsanbieter haben den Markt der so genannten Location Based Services entdeckt und werden zunehmend entsprechende Endgeräte anbieten.

Während die softwaretechnischen Voraussetzungen heute vorhanden sind, wird für die weitere Entwicklung von GIS die Geodateninfrastruktur von Bedeutung sein. Da die Bedeutung des Geodatenmarktes auch als Wirtschaftsfaktor in der Zwischenzeit erkannt wurde, gibt es derzeit verschiedene Aktivitäten von politischer Seite und verschiedenen Verbänden, die zu einem Ausbau und einem einfacheren Zugang zu Geodaten führen sollen.

Neben den Kostenaspekten spielt hier die Transparenz bezüglich der Verfügbarkeit von Daten eine Rolle. Das amtliche Geodatenangebot ist aufgrund des föderalen Systems nur dezentral verfügbar und erfordert bei großräumiger Planung einen erheblichen Zeit- und Kostenaufwand. Für private Anbieter von Geodaten besteht im Angebot von spezialisierten Geodaten noch ein erhebliches Marktpotenzial. Einfache Such- und Bestellmöglichkeiten sind hierbei die Voraussetzung für eine Akzeptanz beim Anwender.

3 Konfiguration von ArcView

Da bei der Installation von ArcView und der anschließenden Registrierung, bei der mit Hilfe der UNK-Nummer ein Lizenzfile erstellt wird, immer wieder Fragen auftreten, soll im folgenden Kapitel kurz auf die Vorgehensweise eingegangen werden. Da die überwiegende Zahl von Installationen als Einzelplatzlizenz genutzt wird, wird nur auf diese näher eingegangen.

Die „Concurrent Use" Lizenz (oder Floating Lizenz) erlaubt den gleichzeitiger Nutzung mehrerer Lizenzen über einen Lizenz Server, bzw. die Nutzung einer Lizenz an mehreren Arbeitsplätzen (allerdings nicht gleichzeitig). Für den Betrieb der Software muss der Arbeitsplatzrechner permanent am Netz des Lizenz Servers angeschlossen sein. Es wird ein ESRI Dongle samt Lizenzfile benötigt. Auf die Installationsbeschreibung des Lizenzmanagers wird im Rahmen dieses Einsteigerbuches verzichtet.

3.1 Media Kit

Im Lieferumfang von ArcView 9 enthalten ist das „Media Kit". Darin befinden sich fünf CDs, von denen nur die CD „ArcView 9.0 for Windows Single Use" benötigt wird, um ArcView zu installieren.

Auf der „ESRI Software Documentation Library" befindet sich das Verzeichnis ESRI_Library, in dem sich ca. 80 PDFs befinden, die in englischer Sprache Beschreibungen zu ArcGIS und dessen Erweiterungen, zu ArcIMS (ESRI`s **I**nternet **M**ap **S**erver), zur Entwicklungsumgebung, zu Daten inkl. der Geodatabase und zum License-Agreement enthalten. Die „ESRI Software Documentation Library" muss nach erfolgreicher ArcGIS Installation separat installiert werden. Es ist auf jeden Fall empfehlenswert, in den zum Teil sehr ausführlichen Beschreibungen zu stöbern.

Des Weiteren ist im „Media Kit" die CD „ArcGIS Desktop Developer Kit" enthalten, die die „Developer Tools" und die „Developer Help" installiert. In den Tools ist z. B. der MXD-Doktor enthalten, der es im gewissen Rahmen erlaubt, zerstörte ArcMap Projekte wieder zu reparieren. Ansonsten richtet sich der Inhalt dieser CD vor allem an Entwickler, die mit ArcObjects arbeiten. So finden sich in der „ArcGIS Developer Help" zahlreiche Programmierbeispiele in verschiedenen Programmiersprachen, die technische Dokumentationen zur Entwicklungsumgebung, Objektmodelldiagramme und die vollständige Objektbibliotheksreferenz.

Um Sie bei der Berichterstellung zu unterstützen, wurden in ArcMap die branchenführenden Crystal Reports von Business Objects integriert. Damit haben Sie in ArcMap Zugriff auf den ESRI Crystal-Reports-Assistenten, mit dem Sie Berichte erstellen und anzeigen können. Diese finden Sie auf der CD „Crystal Reports for ESRI".

Am Ende der Installationsroutine von ArcGIS werden Sie gefragt, ob Sie ESRI Beispieldaten („Tutorial Data"), das „Developer Kit", und das Modul „Crystal Reports" mit installieren wollen. Die Tutorialdaten enthalten neben fertigen ArcMap Projekten, Geodatabase-Daten und Styles auch Daten zu den Bereichen Editieren, Lineare Referenzierung etc.

Als fünfte CD enthält das „Media Kit" ArcReader. ArcReader (siehe Kap. 13.3) basiert auf ArcMap und ist ein kostenfreier Viewer, der die mit der Erweiterung ArcGIS Publisher erstellte PMF-Dateien darstellt. ArcReader gibt es in zwei Versionen: in ArcGIS implementiert, diese kann bei der im folgenden beschriebenen ArcView Single Use-Installation mit installiert werden, oder als Standalone-Version für Rechner, auf denen kein ArcGIS installiert ist. Letztere Version finden Sie als CD im „Media Kit".

3.2   Installation

Fall Sie eine ältere Version von ArcGIS auf Ihrem Rechner installiert haben, müssen Sie diese samt eventuell installierter deutscher Oberfläche vorher deinstallieren.

Gestartet wird die Installation mit der CD „ArcView 9.0 for Windows Single Use". Wenn Sie eine Einzelplatzlizenz (Single Use) besitzen, wählen Sie auf dem Eröffnungsbildschirm *„Install ArcGIS Desktop"*. Bei serverseitiger Installation (Concurrent Use bzw. Floating) sollte zuerst der *„Lizenz Manager"* installiert werden und erst danach sollte die eigentliche ArcGIS Installation erfolgen. Der Lizenz Manager regelt die Anzahl der im Netzwerk zur Verfügung stehenden Lizenzen und benötigt einen Hardware Dongle. Für Einzelplatz-Lizenzen wird der „Lizenz Manager" nicht benötigt. Nach dem Akzeptieren des „License Agreement" können Sie den Installationstyp wählen. Falls Sie keine Erweiterungen zu ArcGIS (z. B. 3D Analyst oder Spatial Analyst) besitzen, können Sie die Option „Typical" wählen. Ansonsten können Sie mit der Option „Custom" Erweiterungen markieren, die mitinstalliert werden sollen. Sie können aber jederzeit Erweiterungen zu einem späteren Zeitpunkt nachinstallieren. Nach der Angabe des Installationsverzeichnisses wird die Installation abgeschlossen. Anschließend können Sie die bereits oben beschriebenen zusätzlichen Komponenten installieren.

Auch für die „ArcGIS Tutorial Daten" müssen Sie das „License Agreement" anerkennen. Beim Installationstyp wählen Sie „Custom" und können für Erweiterungen bzw. bestimmten ArcGIS Themen Daten mitinstallieren.

Bevor Sie nun die deutsche Oberfläche für ArcView installieren, sollten sie sich auf der ESRI Deutschland Homepage http://www.esri-germany.de/downloads/index.html nach den aktuellen Service Packs informieren und diese gegebenenfalls herunterladen und installieren. Die Service Packs finden Sie auch unter http://support.esri.com im Bereich „Download: Patches and Service Packs".

Um ArcView mit einer deutschen Oberfläche nutzen zu können, müssen Sie die separat beiliegende CD „ArcGIS 9 Deutsches Supplement für alle Desktop Produkte" installieren. Folgen Sie dazu den Anweisungen auf der CD.

Um ArcGIS endgültig verwenden zu können, müssen Sie nun die Registrierung durchführen.

3.3   Registrierung von ArcView (Single Use)

Während der Neuinstallation gelangen Sie automatisch zum Registrierungsassistenten. Sie können die Registrierung aber auch zu einem späteren Zeitpunkt durchführen, z. B. falls Sie für ArcGIS eine oder mehrere Erweiterungen nachträglich registrieren möchten. Sie gelangen dann über den „Desktop Administrator" (siehe Kapitel 3.4) zum Registrierungsformular.

Mit dem Kauf von ArcView haben Sie von Ihrem Händler eine UNK-Nummer (z. B. UNK123456789) erhalten. Für jede Erweiterung erhalten Sie eine zusätzliche UNK-Nummer. Mit dieser UNK-Nummer müssen Sie sich bei ESRI USA registrieren. Nach erfolgreicher Registrierung erhalten Sie ein von ESRI generiertes Lizenzfile. Erst mit diesem Lizenzfile ist ArcGIS lauffähig.

Um ein Lizenzfile zu beantragen, klicken Sie im Registrierungsassistenten auf die Option „i have installed ArcView and need to register the software". Danach können Sie die Registrierungsmethode auswählen. Die schnellste und einfachste Methode ist die direkte Registrierung via Internet (Internetanschluss vorausgesetzt). Alternativ können Sie die Registrierung per Mail an ESRI USA durchführen. Innerhalb eines Werktages erhalten Sie dann in per E-Mail das Lizenzfile. Sollten Sie keinen Internetanschluss besitzen, können Sie das Lizenzfile auch als Fax an ESRI USA senden. Allen Registrierungswegen gemeinsam ist das Ausfüllen zweier Formulare mit Angaben zu Ihrer Person, Firma, Adresse etc. Außerdem können Sie zu Testzwecken Erweiterungen freischalten lassen, die vier Wochen lauffähig sind.

Bei der Registrierung über die ESRI Webseite https://service.esri.com findet man im Punkt „Product Registration" den Einstieg in die Beantragung des Lizenzfiles. In sechs Schritten werden Sie durch den Registrierungsprozess geleitet. Wählen Sie aus der Dropdown-Liste unter „Product" „ArcView Single Use" und unter „Version" die entsprechende Auswahl. Nach dem Ausfüllen der Formularseite (Schritt 2) werden Sie im dritten Schritt unter „Registration Number" aufgefordert, die UNK-Nummer sowie das Betriebssystem einzugeben. Falls Sie Erweiterungen freischalten lassen wollen, können Sie dies, unter Angabe der jeweiligen UNK-Nummer, die Sie von Ihrem Händler erhalten haben, tun. Im 5. Schritt können Sie sich kostenlos weitere Erweiterungen für vier Wochen freischalten lassen. Als letzten Schritt sehen Sie eine Übersicht über Ihre Eingaben und können jetzt das Registrierungsfile anfordern.

Nach Erhalt des Lizenzfiles gelangen Sie im Registrierungsassistenten über die Option „i have received an authorization file from ESRI and am now ready to finish the registration process" zur Eingabemaske, wo Sie das File nun angeben können. Nach dem Bestätigen sehen Sie in einer Aufstellung, dass ArcView und gegebenenfalls die entsprechenden Erweiterungen freigeschaltet sind. Sie sollten das Lizenzfile gut aufbewahren, da Sie dies zum Beispiel bei einer Neuinstallation Ihres Rechners wieder benötigen.

3.4 Desktop Administrator

Der Desktop Administrator verwaltet die Lizenzen, die für ArcGIS (ArcView, ArcEditor, ArcInfo) und deren Erweiterungen zur Verfügung stehen. Unter „Start" ⇨ „Programme" ⇨ „ArcGIS" finden Sie den „Desktop Administrator". Um den Desktop Administrator zu öffnen, müssen alle anderen ArcGIS Anwendungen geschlossen sein. Im Inhaltsverzeichnis sind vier Ordner zu sehen. Wenn Ihnen nur eine ArcView (Single Use)-Lizenz zur Verfügung steht und Sie den Lizenzmanager nicht installiert haben, sind nur zwei Ordner zu sehen. Unter „Single Use und Erweiterungen registrieren" gelangt man zum oben beschriebenen Registrierungsassistenten. Im Ordner „Verfügbarkeit" sehen Sie im Überblick, welche Erweiterungen installiert sind und wie lange die Lizenzen gültig sind.

Falls der Lizenzmanager installiert wurde, um Floating-Lizenzen zu nutzen, stehen Ihnen die beiden Ordner „Software-Produkt" und „Lizenzmanager" zur Verfügung. Unter „Software-Produkt" wird die entsprechende Software eingestellt. Im Ordner „Lizenzmanager" wird für Floating-Produkte der Rechner angegeben, auf dem der Lizenzmanager installiert ist. Es stehen nur diejenigen Anwendungen zur Verfügung, für die auch eine Lizenz vorhanden ist.

4   ArcGIS Grundlagen

Beginnt man mit dem Aufbau eines GIS-Projektes, so sollte man sich bereits vorab Gedanken über die Organisation der zu verwendenden Daten machen. Die Daten, die häufig in unterschiedlichen Formaten (Shape, Coverage, Geodatabase, Access, Excel, CAD usw.), von unterschiedlichen Quellen (Privatpersonen, Ingenieurbüros, öffentlichen Verwaltungen und Behörden, Vermessungsämtern oder Datendienstleistern) mit zum Teil unterschiedlichen Projektionen in unterschiedlichen Maßstäben und Erstellungszeiträumen vorliegen, müssen so organisiert werden, dass der Überblick – auch zu einem späteren Zeitpunkt – gewahrt bleibt. Einige Einsteiger werden sicher schon die Erfahrung gemacht haben, dass GIS-Projekte innerhalb kurzer Zeit mehr Daten verwalten, als man ursprünglich geplant hatte. Bei Zwischenergebnissen wurde nicht auf den Speicherort der erzeugten Daten geachtet, jetzt sind diese verschwunden, man hat sich nur schnell mal Daten hinzugeladen, die jetzt im Netz nicht mehr auffindbar sind, von bestimmten Daten gibt es drei Versionen, was ist der letzte Stand usw. Je früher man versucht, diese zu strukturieren, desto besser. Um Ihnen den Einstieg zu erleichtern, werden in diesem Kapitel die Grundlagen dazu geschaffen.

4.1   Datentypen in ArcGIS

Grundsätzlich gibt es zwei Arten von lagebezogenen Daten, die in einem GIS zum Einsatz kommen: Vektor- und Rasterdaten.

4.1.1 Allgemeines

4.1.1.1   Vektordaten

Vektordaten werden, wie der Name schon sagt, als Vektoren gespeichert und bestehen üblicherweise aus Punkten, Linien oder geschlossenen Linienzügen (Polygonen). Punkte werden dabei mit XY-Koordinaten gespeichert. Bei Linien wird der Startpunkt mit XY-Koordinaten, einem Winkel, der die Richtung angibt, und mit einer Länge gespeichert. Damit sind, um eine beliebig lange Strecke zu definieren, nur vier Zahlenwerte notwendig. Mit Polylinien bezeichnet man im GIS Linien, die mehrere Linienzüge (Segmente) beinhalten. Polygone (Flächen) sind geschlossene Linienzüge, deren Anfangs- und Endpunkte identisch sind. Diese geometrischen Daten können zusätzlich auch Z-Werte enthalten, die die dritte Dimension beschreiben. Es gibt noch weitere Datentypen, wie z. B. Routen (bemaßte Linienzüge) oder Annotations (Beschriftungen), die aber Sonderformen darstellen und nicht in allen Datenformaten verwendet werden können.

4.1.1.2   TIN

Ein spezieller Datentyp, der auch aus Vektoren aufgebaut ist, ist das TIN (trianguläres irreguläres Netzwerk). Dieser besteht vollständig aus Dreiecken, deren räumliche Orientierung und Verbindung Teile oder eine vollständige dreidimensionale Oberfläche repräsentieren. Ein TIN-Objekt hat rigide topologische Beschränkungen. Keine Fläche innerhalb eines Dreiecks kann Bestandteil einer anderen Dreiecksfläche sein.

4.1.1.3 Rasterdaten

Der zweite Datentyp sind Rasterdaten. Dieser Datentyp verwendet keine Vektoren, sondern wird durch eine Matrix von Zellen aufgebaut (Gitterstruktur oder Pixel). Bei Rasterdaten wird in der Regel als Aufhängepunkt, der die richtige geographische Lage im Raum definiert, die Mitte des linken oberen Pixels angegeben (X,Y). Zusammen mit der Zellengröße (X- und Y-Ausdehnung) und der Anzahl der Pixel in X- und Y-Richtung wird die Größe und die Auflösung des Rasters definiert. Entscheidend für die Auflösung (Genauigkeit) eines Rasterbildes ist die Anzahl der Zellen pro Flächeneinheit. Diese wird in **DotsPerInch** (DPI, Punkten pro Zoll, 1 Zoll = 25,4 mm) angegeben. Ortholuftbilder besitzen meist eine Bodenauflösung von 5 Pixeln pro 2 Meter (1 Pixel = 0,4 Meter). Bei einem Ausgabemaßstab von 1 : 1000 (1 mm in der Karte = 5 m in der Natur) entspricht dies 317,5 dpi (25,4 mm × 5 m / 0,4 m). Bei einem Ausgabemaßstab von 1 : 10.000 würde sich die Auflösung auf 635 dpi erhöhen, was einer Vervierfachung der Datenmenge entspricht, da sich die Auflösung in X- und in Y-Richtung verdoppelt. Jede Zelle besitzt einen Wert, der die darzustellende Information enthält (bei Luftbildern einen Farbwert, bei digitalen Geländemodellen einen Höhenwert). Diese Zahlenwerte können positive oder negative Werte, Ganzzahlen oder Dezimalwerte enthalten. Es können auch so genannte NODATA-Zellen vorkommen, die das Fehlen von Werten anzeigen.

4.1.1.4 GRID

Eine besondere Form von Rasterdaten stellt das ESRI GRID Format dar. GRIDs werden zur Darstellung geographischer Phänomene verwendet, die sich über einen Raum hinweg kontinuierlich verändern, sowie zur räumlichen Modellierung und Analyse von Fließrichtungen, Trends und Oberflächen, z. B. in der Hydrologie.

Die Vorteile des Rastermodells sind die einfache Datenstruktur, die bei räumlichen und statistischen Analysen ein leistungsfähiges Format darstellt. Überlagerungen und Berechnungen können so schnell realisiert werden. Durch die Fähigkeit, Daten kontinuierlich darzustellen (z. B. Höhenverläufe) werden Oberflächenanalysen ermöglicht. Die Nachteile sind der zum Teil sehr hohe Speicherplatzbedarf und die relativ schlechte Skalierbarkeit durch die statische Auflösung.

Vektor- und Rasterdaten gemein ist das Vorhandensein von Attributdaten, die als Sachdatentabelle in ArcGIS angezeigt und bearbeitet werden können.

4.1.2 ESRI Datenformate

Bevor auf die ESRI Datenformate eingegangen wird, sollen vorher einige wichtige Begriffe, die häufig in ArcGIS verwendet werden, erklärt werden. Als „Feature" wird ganz allgemein ein geometrisches Objekt bezeichnet. Eine „Feature-Klasse" fasst Features mit gleichartiger Geometrie zusammen. Eine „Simpel-Feature-Klasse" bezeichnet Geometrien mit einfachen Geometrieobjekten: Punkt, Linie (Polyline) und Flächen (Polygon). „Annotation-Feature-Klassen" beinhalten Texte, „Dimension-Feature-Klassen" sind bemaßte Geometrien (lineares Feature, die eine eindeutige Kennung und ein Maßsystem tragen, auch als „Routen" bezeichnet). Ein Feature-Dataset ist ein Container (Ordner), in dem sich ein oder mehrere (auch unterschiedliche) Feature-Klassen befinden.

4.1.2.1 Coverage

Von ESRI wurden im Lauf der Jahre drei Vektor-Datenformate entwickelt. Das Coverage-Format wurde ursprünglich für ArcInfo Workstation auf Unix-Rechnern entwickelt. Später wurde ArcInfo Workstation auch für die PC-Welt umgesetzt. Das Modell enthält innerhalb einer Ordnerstruktur (Feature-Dataset) verschiedene Geomtrietypen (Feature-Klassen), die topologisch einander bedingen. So gibt es eine Node-Feature-Klasse (Punkte), die jeweils den Anfangs- und Endpunkt einer Linie repräsentieren. Ändert sich die räumliche Lage dieser Linie, so ändert sich automatisch auch die Node-Feature-Klasse. Polygone sind aus Linien und Labelpunkten aufgebaut, wobei die Labelpunkte die Sachdaten der Flächen beinhalten. Alle Geometrien bedingen einander, sind voneinander abhängig und wissen um nachbarschaftliche Beziehungen (Coverage-Topologie). Über eine Fläche können z. B. die diese Fläche umgebenden Flächen abgefragt werden. Auf Dateiebene werden Coverages in Verzeichnissen organisiert, wobei sich mehrere Coverages innerhalb eines Verzeichnisses den Ordner „info" teilen und somit auf Dateiebene nicht mehr zu trennen sind. Um Coverages umzubenennen oder zu kopieren, muss also ArcInfo oder ArcGIS verwendet werden.

4.1.2.2 Shapefile

Mit der Desktop-Software „ArcView GIS 2" wurde das neue Datenformat Shape eingeführt. Das Shapeformat kennt keine Topologie und enthält nur so genannte Simple-Feature-Klassen: Punkte, Linien und Flächen. Das Shapeformat wurde offen gelegt und entwickelte sich schnell zum Standardformat, das als klassisches GIS-Austauschformat dient. Das Shapefile-Format besteht aus mindestens drei Dateien, die zusammen als Shapefile von ArcGIS erkannt werden. Die Dateierweiterung *.shp enthält die Geometriedaten, die Dateierweiterung *.dbf enthält die Sachdaten in Form einer dBase-Tabelle und die Dateierweiterung *.shx verknüpft Geometrie- und Sachdaten. Weitere Dateierweiterungen können hinzukommen, wenn die Daten einen räumlichen Index erhalten (*.sbx, *.sbn), ein Attributindex erstellt wird (*.atx) oder die Daten eine Projektion aufweisen (*.prj).

4.1.2.3 Geodatabase

Für die Einführung von ArcGIS 8 wurde ein weiteres Datenformat entwickelt: die Geodatabase. Dabei handelt es sich um ein objektorientiertes, relationales Datenbankformat, das in zwei Varianten zur Verfügung steht. Die ArcSDE-Geodatabase benutzt die Software ArcSDE, um die Daten in einem relationalen Datenbank-Managementsystem (z. B. Oracle, SQL-Server) abzulegen, wohingegen die Personal-Geodatabase die Daten im Microsoft-Access-Format (*.mdb) speichert. Hierbei werden nicht nur die Sachdaten, sondern auch die Geometriedaten als Tabellen verwaltet, was vor allem bei sehr großen Datenmengen zu Geschwindigkeitsvorteilen führt. Wie eine Geodatabase erstellt wird und welche Möglichkeiten und Beschränkungen dieses Format bietet, finden Sie im Kapitel 7.

In ArcView kann im vollen Funktionsumfang nur das Shape-Format und die Personal-Geodatabase verwendet werden. Das Coverage-Format und die ArcSDE-Geodatabase können zwar visualisiert, aber nicht erstellt oder bearbeitet werden. Je nach Feature-Klasse können diese aber in mit ArcView bearbeitbare Formate exportiert werden.

4.1.3 Weitere GIS-Datenformate

Tab. 4.1: Unterstützte Rasterdatenformate von ArcGIS

Format	Beschreibung	Schreiben	Datei-Erweiterung
TIFF	Tag Image File Format, das wohl gängigste Rasterdaten-Format. GeoTIFF-Tags werden unterstützt.	ja	*.tif, *.tfw
MrSID	Multi resolution Seamless Image Database, eine Komprimierungsmethode speziell zur Erhaltung der Qualität großer Bilder. Ermöglicht ein hohes Komprimierungs-verhältnis und schnellen Zugriff auf große Datenmengen in beliebigem Maßstab.	begrenzt	*.sid, *.sdw
ERDAS IMAGINE	IMAGINE-Dateien können kontinuierliche und diskontinuierliche, Einzelband- und Multiband-Daten speichern.	nein	*.img
JPEG	Joint Photographic Experts Group, Beschreibung siehe MrSID.	ja	*.jpg, *.jgw
JPEG2000	Joint Photographic Experts Group	nein	*.jpeg, *.jp2
GIF	Grafics Interchange Format, hochkomprimiertes Bildformat, ermöglicht die Anzeige qualitativ hochwertiger, hochauflösender Graphiken.	ja	*.gif, *.gfw
PNG	Portable Network Grafic, komprimiert verlustfrei und dabei meist kompakter als vergleichbare Formate, unterstützt wie das JPEG-Format Echtfarben, unterstützt „echte" Transparenz (Alpha-Transparenz).	ja	*.png, *.pgw
BMP	BMP-Dateien sind Windows-Bitmap-Bilder. Sie werden zum Speichern von Bildern oder ClipArt verwendet, die zwischen verschiedenen Anwendungen auf Windows-Systemplattformen verschoben werden können.	ja	*.bmp, *.bpw
ECW	Format der Firma ER Mapper. Kann standardmäßig nicht verwendet werden. Unter http://www.ermapper.com kann eine kostenlose Erweiterung für ArcGIS bezogen werden. Beschreibung siehe MrSID.	nein	*.ecw
GRID	Siehe Kapitel 4.1.1.4	nein	Ohne Endung

4.1.3.1 Unterstützte Rasterdaten-Formate

In folgender Tabelle (Tab. 4.1) sind die wichtigsten von ArcGIS unterstützten Rasterdaten-Formate aufgeführt. Meist liegt im gleichen Verzeichnis die Georeferenzierung als eigene Datei bei. Die Dateierweiterung besteht häufig aus dem ersten und letzten Buchstaben der Dateierweiterung des Rasters, gefolgt von einem „w" (TIF ⇨ TFW). Einige dieser Rasterformate können auch über die Exportfunktionalität erzeugt werden. Bei MrSID funktioniert der Export über ArcCatalog unter „Werkzeuge" ⇨ „Anpassen" ⇨ „Befehle" ⇨ „ArcGIS 8.x Konvertierungs-Werkzeuge" ⇨ „Raster zu MrSID" eingeschränkt, da nur Raster bis zu einer unkomprimierten Größe von weniger als 50 MB erstellt werden können.

4.1.3.2 Unterstützte Vektordaten-Formate

Mit ArcGIS können Sie direkt auf Computer-Aided-Design (CAD-Daten) zugreifen. CAD-Daten verfügen typischerweise über viele Layer, die jeweils einen anderen geographischen Feature-Typ darstellen. Unter „ArcGIS 8.x Konvertierungs-Werkzeuge" können Daten in ein DXF konvertiert werden. Folgende CAD-Daten werden von ArcGIS unterstützt (s. Tab. 4.2):

Tab. 4.2: Von ArcGIS unterstützte CAD-Daten

Format	Beschreibung	Schreiben	Datei-Erweiterung
DWG	AutoCAD-Zeichnungs-Dateien bis AutoCAD 2004	nein	*.dwg
DXF	Binär- und Partial-DXF-Dateien (Drawing Interchange Files) die den DXF-Standards entsprechen, bis AutoCAD 2004	ja	*.dxf
DGN	MicroStation-Design-Dateien bis Version 8	nein	*.dgn

In diesem Zusammenhang sei auf die beiden Erweiterungen Data Interoperability Extension und FME Extension für ArcGIS hingewiesen. Diese ermöglichen formatunabhängiges Arbeiten mit ArcGIS. Die beiden Erweiterungen basieren technologisch auf der leistungsfähigen Datendrehscheibe FME (Feature Manipulation Engine). Sie ermöglichen den direkten Zugriff auf eine Vielzahl von Geodatenformaten unmittelbar aus ArcCatalog, ArcMap und ArcToolbox heraus.

4.2 Aufbau eines GIS-Projektes

Dafür, wie Daten eines GIS-Projektes in Verzeichnissen organisiert werden sollen, gibt es keine allgemeingültige Regel. Die in diesem Kapitel verwendeten Ordnerbezeichnungen sind natürlich nur Vorschläge. Wie Sie letztendlich die Bezeichnungen wählen, ist Ihnen völlig frei gestellt. Grundsätzlich gilt: Lieber ein Verzeichnis zu viel, als eins zu wenig. Jedes Projekt, das Sie beginnen, sollte in einem eigenen Verzeichnis erstellt werden. Bitte achten Sie darauf, keine Sonder- oder Leerzeichen in Verzeichnisnamen zu verwenden. Zwar wird es meistens keine Probleme bereiten, doch falls eine Funktion nicht korrekt arbeitet, kann dies auch an einem nicht akzeptierten Verzeichnisnamen liegen. Verwenden

Sie bitte statt Leerzeichen einen Unterstrich. Als Verzeichnisname könnte der Projektname oder die Auftragsnummer gewählt werden. In diesem Verzeichnis sollte die ArcMap Projektdatei (*.mxd) gespeichert werden. Die darunter liegende Verzeichnisstruktur könnte folgendermaßen aussehen:

4.2.1 Ordner Originaldaten

Diese sollten Sie sorgfältig aufbewahren und nicht verändern, da diese die Grundlage Ihrer Arbeit sind. Häufig erhalten Sie Grundlagendaten im Laufe eines Projektes nochmals in einer aktuelleren Fassung, dann ist es ratsam, im Originaldatenverzeichnis weitere Unterverzeichnisse (evtl. mit Datum) anzulegen. Je nachdem, welche Formate die Daten besitzen, sollten Sie hier weitere Unterverzeichnisse anlegen: Beispielsweise „CAD" für Daten aus Ingenieurbüros oder Vermessungsämtern, Coverage – kurz „Cover" bzw. „Shape" – je nach Datenformat für GIS-Daten anderer GIS-Dienstleister. Alternativ könnten Sie die Verzeichnisse nicht nach Datenformaten gliedern, sondern nach Herkunft (z. B. Landesamt für Umweltschutz, Landratsamt etc.). Originaldaten sollten zur Bearbeitung in den GIS-Datenordner kopiert werden. Dort können Sie dann Änderungen vornehmen.

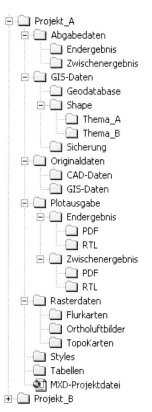

4.2.2 Ordner GIS-Daten

Je nachdem, mit welchem Datenformat Sie arbeiten, werden die Unterordner „Shape" oder „Geodatabase" heißen. Dabei spielt noch keine Rolle, in welchem Format die Daten im Endergebnis Ihrer Arbeit vorliegen müssen. Dieses können Sie durch Datenkonvertierung jederzeit erzeugen. Alle Daten, die Sie verändern werden, sowie Daten, die neu erzeugt werden (Digitalisierung, Ergebnisse von Geoverarbeitungsroutinen), werden hier gespeichert. Bei komplexeren Aufgabenstellungen oder bei Arbeiten, bei denen für das gleiche Bearbeitungsgebiet mehrere thematische Karten oder Ergebnisse erzeugt werden sollen, bietet sich an, diesen Ordner in mehrere Unterordner mit den jeweiligen Themen zu gliedern. Empfehlenswert ist es auch, einen Unterordner „Sicherung" anzulegen, in dem Bearbeitungs-Zwischenstände von Zeit zu Zeit gespeichert werden. Wenn Sie eine Mischung der Datentypen aus Shape und Geodatabase bevorzugen, können Sie natürlich zwei Ordner anlegen.

4.2.3 Ordner Tabellen

In diesen Ordner sollten Tabellen (Excel, dBase, ASCII) und Datenbanken (Access), die keinen Raumbezug haben, also keine Geometrien enthalten, abgelegt werden. Diese Tabellen werden in der Regel später in ArcMap mit bestehenden Geometriedaten verbunden.

4.2.4 Ordner Rasterdaten

Bei Rasterdaten stellt sich meistens aufgrund des hohen Speicherplatzbedarfs (z. B. Luftbildern) die Frage, wo diese zu speichern sind. Wenn Sie Projekte erzeugen und diese inkl. Rasterdaten weitergeben müssen, sollten die Rasterdaten unterhalb des Projektordners gespeichert werden. Ansonsten bieten sich zwei Alternativen an: Grundsätzlich bringt es einen deutlichen Geschwindigkeitsvorteil, wenn große Datenmengen, die geladen werden müssen, auf lokalen Festplatten liegen. Dies gilt speziell für Rasterdaten. Soll von mehreren Arbeitsplätzen auf diese Daten zugegriffen werden können, müssen die Rasterdaten im Netz liegen. Dazu bietet sich im Netz eine Ordnerstruktur für globale Daten an (siehe dazu Kap. 4.2.8 „Globale Daten"). Kommen verschiedene Rasterdatengrundlagen zum Einsatz, sollten diese in getrennten Ordner verwaltet werden, da es vorkommen kann, dass z. B. Flurkarten und Ortholuftbilder die gleichen Dateinamen besitzen. Auch wenn innerhalb einer Geodatabase Raster-Kataloge (Kap. 7.1.2) generiert werden, ist es hilfreich, wenn gleichartige Rasterdaten im gleichen Verzeichnis liegen.

4.2.5 Ordner Plotausgaben

Das wichtigste Ergebnis eines GIS-Projektes stellt nach wie vor die gedruckte Karte dar. Deshalb sollten Plotausgaben, die mit ArcGIS erstellt werden, nicht direkt an den Drucker oder Plotter geschickt, sondern vorher in diesem Ordner gespeichert werden. Häufig wird nämlich zu einem späteren Zeitpunkt ein weiterer Druck eines Bearbeitungsstandes gewünscht und wohl dem, der die entsprechende Datei noch im „Plotausgabe"-Ordner besitzt. Empfehlenswert ist die Speicherung der Plotdateien im PDF-Format (postscriptfähiger Plotter vorausgesetzt), da dieses Format ein Hybridformat ist (Vektoren und Raster), stark komprimiert ist und praktisch auf jedem Rechner (mit Akrobat Reader) angezeigt werden kann. Ist kein postscriptfähiger Plotter vorhanden, können zusätzlich weitere Unterverzeichnisse angelegt werden, in den die entsprechenden Druckdateien abgelegt werden (RTL, HPGL2). Die PDF-Ausgabe sollte trotzdem gespeichert werden, denn reine Druckdateien lassen sich meist nicht mehr am Bildschirm anzeigen. Das hat zur Folge, dass, um festzustellen, ob es sich um die richtige Datei handelt, diese gedruckt werden muss.

4.2.6 Ordner Abgabedaten

So wie die Plotausgaben gespeichert werden sollten, müssen auch die generierten Abgabedaten oder Ergebnisdaten gespeichert werden. Auch sollten hier gelieferte Zwischenergebnisse aufbewahrt werden, um Arbeitsfortschritte dokumentieren zu können.

4.2.7 Ordner Styles

Leider wird man feststellen, dass man mit den in ArcGIS zwar sehr zahlreich zur Verfügung stehenden Symbolen, Farbpaletten und Schraffuren nicht exakt die Ergebnisse erzielt, die durch Auftraggeber etc. vorgeschrieben werden. Man wird dementsprechend nicht umhin kommen, eigene Symbolbiliotheken anzulegen. Es empfiehlt sich, diese in Styles (Kap. 6.1.2.6 und Kap. 10.2.18) zu organisieren und diese Datei im „Style"-Ordner abzulegen. Vor allem bei der Weitergabe des Projektes muss darauf geachtet werden, dass auch die verwendeten Symbolbibliotheken mitgegeben werden. Bei Styles empfiehlt sich auch die Überlegung, ob nicht innerhalb der „Globalen Daten" eine Symbolbibliothek für diejenigen Farben, Symbole und Füllungen angelegt werden sollte, die projektübergreifend immer wieder Verwendung finden.

4.2.8 Ordner Globale Daten

Unter „Globalen Daten" verstehen wir nicht Daten, die im weltweiten Maßstab vorliegen, sondern Daten, die in der Regel statisch sind, d. h. nur in längeren Zeitabständen eine Änderung erfahren. Dies sind bei Rasterdaten üblicherweise Topographische Karten in unterschiedlichen Maßstäben (TK10, TK25, TK50, TK100 usw.), Luftbilder (werden nur alle paar Jahre neu beflogen) oder Flurkarten (1 : 2500, 1 : 5000). Bei Vektordaten sind dies Blattschnitte (Flurkarten, Topographische Karten – TK), Verwaltungsgrenzen (Landes-, Regierungsbezirks-, Landkreis- und Gemeindegrenzen), Schutzgebietsgrenzen (Land-schaftsschutz-, Naturschutz-, Wasserschutzgebiete), naturräumliche Grenzen usw. Diese Daten können in vielen GIS-Projekten Verwendung finden und es ist sinnvoll, diese gemeinsam innerhalb einer zentralen Verzeichnisstruktur zu verwalten. Muss ein Projekt zusammen mit solch globalen Daten weitergegeben werden, sollten diese in die Verzeichnisstruktur des Projektes kopiert werden. Der Vorteil von in globalen Verzeichnissen abgelegten Daten ist, dass diese, solange keine Veränderungen vorgenommen werden, nur einmalig gesichert werden müssen.

4.3   Datensicherheit

Eine Selbstverständlichkeit beim Arbeiten mit GIS sollte die regelmäßige Sicherung der Datenbestände sein. Dabei sollten täglich alle veränderten Daten auf Speichermedien gesichert werden. Einmal in der Woche sollte eine Komplettsicherung aller Daten vorgenommen werden. Üblicherweise erfolgt eine solche Sicherung auf Bänder (DAT, LTO, DLT, AIT und andere mit komprimierten Speicher-Kapazitäten bis über 1000 GB), auf DVD (CD) oder auf RAID Systemen (Verbund von mindestens zwei Festplatten).

4.4   Arbeiten mit einem Koordinatensystem?

Die Frage, ob mit einem Koordinatensystem gearbeitet werden soll, hängt von den zu verwendenden Daten ab. Liegen alle Daten, die Sie verwenden, im gleichen Koordinatensystem vor, oder ist für die Daten nicht explizit ein Koordinatensystem definiert, müssen Sie nicht zwangsläufig ein Koordinatensystem im Datenrahmen definieren. Die Einheiten für die Karte und die Anzeige sollten auf jeden Fall gesetzt werden. Eine einfache Möglichkeit zu überprüfen, ob ein Koordinatensystem definiert werden muss, ist folgende: Laden Sie sich alle benötigten Grundlagendaten (auch Rasterdaten) in ArcMap. Falls alle Daten räumlich zueinander passen, werden Sie kein Koordinatensystem verwenden müssen. Falls die Daten räumlich nicht richtig zueinander liegen, kann dies daran liegen, dass die entsprechenden Daten in unterschiedlichen Koordinatensystemen vorliegen. Es gibt zwei Möglichkeiten, um dies zu beheben:

1. Die Daten besitzen kein Koordinatensystem und es muss den Daten ein Koordinatensystem zugewiesen werden (siehe Kap. 10.1.5 und Kap. 10.5.2.4). Dazu müssen Sie von demjenigen, der Ihnen die Daten bereitstellt, mitgeteilt bekommen, in welchem Koordinatensystem die Daten erfasst wurden.

2. Die Daten liegen in unterschiedlichen Koordinatensystemen vor (wie Sie das Koordinatensystem von Daten abfragen, erfahren Sie in Kap. 6.3.2). Dann müssen Sie Ihrem Projekt ein Koordinatensystem zuweisen (wie Sie einem Projekt ein Koordinatensystem zuweisen, erfahren Sie in Kap. 6.2 und Kap. 10.5).

4.5 Weitergabe von Projekten

Um gesamte GIS-Projekte weitergeben zu können, sollten diese, um komplikationsfrei zu funktionieren, mit relativen Pfadangaben gespeichert werden (Kap. 6.1.2.1). Um dies zu ermöglichen, müssen alle Daten, die im Projekt verwendet werden, in Verzeichnissen unterhalb der Projektdatei liegen. ArcGIS speichert dann nicht die vollen Pfadangaben (einschließlich Laufwerksbuchstabe), sondern nur die Pfade ab dem Verzeichnis der Projektdatei. Wird dann der gesamte Projektordner auf CD/DVD gebrannt, kann das Projekt auch von CD/DVD gestartet werden, bzw. wenn das Projekt auf einen anderen Rechner mit anderer Verzeichnisstruktur gespielt wird, spielt die Verzeichnisstruktur keine Rolle.

4.6 Die Systemvariablen TMP und TEMP

Viele Zwischenergebnisse, die in ArcGIS produziert werden, werden im Ordner der Systemvariablen „TMP" oder „TEMP" gespeichert. Bei „Windows XP" und „Windows 2000" finden Sie die Umgebungsvariablen unter *„Start"* ⇨ *„Einstellungen"* ⇨ *„Systemsteuerung"* ⇨ *„System"* ⇨ *„Registerreiter Erweitert"* ⇨ *„Umgebungsvariablen"*. Dort finden Sie unter Systemvariablen die beiden Variablen „TMP" und „TEMP". Setzen Sie den Wert dieser Variablen auf einen leichter zu findenden Pfad (z. B. C:\Temp, D:\Temp).

Sie können innerhalb der ArcToolbox im Kontextmenü unter *„Umgebung"* ⇨ *„Allgemeine Einstellungen"* ⇨ *„Scratch-Workspace"* ein Verzeichnis zur Ablage temporärer Dateien angeben, die die Einstellungen der Umgebungsvariablen außer Kraft setzen. Im ArcCatalog finden Sie diese Einstellmöglichkeit in der *Werkzeugleiste „Hauptmenü"* ⇨ *„Werkzeuge„* ⇨ *„Optionen..."* ⇨ *Register „Geoverarbeitung"* ⇨ *„Umgebung..."* ⇨ *„Allgemeine Einstellungen"* ⇨ *„Scratch-Workspace"*.

5   ArcCatalog

ArcCatalog ist die ArcGIS Anwendung zum Verwalten und Sichten von Geodaten. Geodaten können hier neu angelegt, kopiert und gelöscht werden. Die Eigenschaften der Geometrie- bzw. Sachdaten können verändert oder neu definiert werden (z. B. Felder einer Attribut-Tabelle hinzufügen oder die Karten-Projektion ändern). In einem Vorschaufenster können Geodaten betrachtet werden und mit Hilfe von Zoom-Werkzeugen kann innerhalb der Daten navigiert werden. Falls zu ArcMap Projekten eine Vorschau mit abgespeichert wurde (siehe Kap. 6.1.2.1), kann diese gegebenenfalls auch mit Layout angezeigt werden. Auch steht im ArcCatalog die in ArcGIS 9 neu implementierte ArcToolbox (siehe Kap. 9) mit ihren Geoverarbeitungs-Funktionalitäten zur Verfügung. ArcCatalog bietet auch die Möglichkeit, Metadaten zu erzeugen und zu bearbeiten.

 TIPP: Für das Kopieren, Verschieben, oder Löschen von ganzen Verzeichnissen verwenden Sie besser den Windows Explorer und überprüfen gegebenenfalls die Geodaten nur abschließend mit ArcCatalog. Wegen nicht durchgeführter Validierung ist dieser Vorgang deutlich schneller.

Wenn Sie Elemente mit ArcCatalog kopieren, umbenennen oder löschen, werden auch alle mit den Elementen verknüpften Zusatzdateien kopiert, umbenannt oder gelöscht! Verschieben Sie z. B. ein Shapefile, das ja aus mehreren Einzeldateien besteht, so verschiebt ArcCatalog alle zu diesem Shapefile gehörenden Dateien automatisch mit. Im Windows-Explorer laufen Sie dagegen Gefahr, einzelne Dateien zu vergessen und Ihr Shapefile damit für ArcGIS unbrauchbar zu machen!

Zum Start von ArcCatalog von Windows aus klicken Sie unter „*Start*" ⇨ „*Programme*" ⇨ „*ArcGIS*" auf „*ArcCatalog*". Auch von ArcMap aus kann der ArcCatalog gestartet werden, und zwar entweder über *Werkzeugleiste* „*Hauptmenü*" ⇨ „*Werkzeuge*" ⇨ „*ArcMap*" oder über *Werkzeugleiste* „*Standard*" ⇨ *Schaltfläche* „*ArcMap*".

5.1   Die ArcCatalog Benutzeroberfläche

5.1.1 Aufbau der Benutzeroberfläche

Die ArcCatalog Benutzeroberfläche (Abb. 5.1), die auf den ersten Blick starke Ähnlichkeit mit dem Windows-Explorer aufweist, unterteilt sich in folgende Hauptbereiche:

- Hauptmenüleiste
- Werkzeugleisten
- Inhaltsverzeichnis
- Datenfenster
- Statusleiste

Inhalt und Aufteilung der sehr flexiblen Oberfläche können vom Nutzer ohne weiteres an die individuellen Bedürfnisse angepasst werden. Hauptmenüleiste, Inhaltsverzeichnis und Werkzeugleisten sind wahlweise ab- und zuschaltbar und lassen sich per Drag&Drop im oder um das Datenfenster herum anordnen. Das Kartenfenster ist das einzige Element in ArcCatalog, das nicht abschaltbar oder verschiebbar ist.

 TIPP: Wenn Sie ein Element (z. B. eine Werkzeugleiste) per Drag&Drop auf dem Desktop verschieben, wird es ab einer bestimmten Distanz automatisch an benachbarten Elementen verankert. Um dies zu verhindern, halten Sie während des Verschiebens die „Strg"-Taste gedrückt.

Beachten Sie, dass viele Elemente der ArcCatalog Oberfläche dieselben Bezeichnungen haben wie die entsprechenden Elemente in ArcMap (Kap. 6). Beispielsweise gibt es in beiden Anwendungen Inhaltsverzeichnis, Hauptmenüleiste und Statusleiste. In Kapitel 5 beziehen sich alle Bezeichnungen – wenn nicht ausdrücklich anders angegeben – auf die Elemente der ArcCatalog Oberfläche.

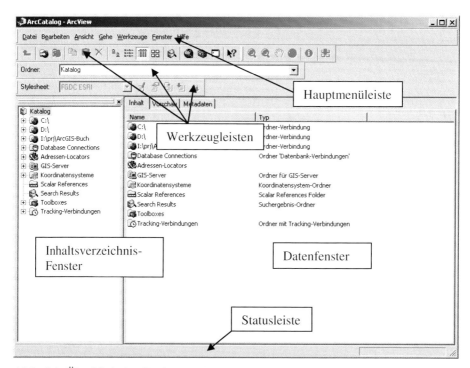

Abb. 5.1: Überblick ArcCatalog Desktop-Oberfläche

5.1.2 Hauptmenüleiste

Die Hauptmenüleiste (= Werkzeugleiste „Hauptmenü") wird in ArcCatalog standardmäßig links oben angezeigt, ist aber wie die meisten anderen Desktop-Elemente per Drag&Drop frei auf der Oberfläche platzierbar.

Über die sieben Menüs der Hauptmenüleiste erreichen Sie wichtige Befehle und Einstellungen des Programms. Beachten Sie, dass prinzipiell nur diejenigen Menüeinträge aktiviert d. h. anwählbar sind, deren Ausführung unter den momentan gegebenen Bedingungen möglich ist. So ist etwa der Befehl *Hauptmenüleiste* ⇨ *„Bearbeiten"* ⇨ *„Einfügen"* selbstverständlich nur dann ausführbar, wenn sich in der Zwischenablage überhaupt aktuell kopierbare Daten befinden.

5.1.2.1 Menü „Datei"

Abb. 5.2: Menü „Datei"

Das Untermenü „Neu" erlaubt die Erstellung von neuen Verzeichnissen, Geodatabases, Feature-Klassen, Shapefiles etc. Welche Einträge das Untermenü beinhaltet, hängt von der Art des aktuell im Inhaltsverzeichnis per Mausklick markierten Elements ab. Ist ein Verzeichnis markiert, können Sie in diesem weitere Verzeichnisse (Ordner), Personal-Geodatabases, Layer, Gruppenlayer, Shapefiles, Toolboxes oder d-Base-Tabellen erstellen. Befinden Sie sich dagegen in einer Geodatabase, erlaubt das Untermenü „Neu" die Erstellung neuer Feature-Datasets, Feature-Klassen, Tabellen, Toolboxes, Raster-Kataloge, Survey Datasets oder Raster-Datasets.

Der Befehl „Zum Ordner verbinden…" öffnet ein Dialogfenster, das die Verzeichnis-Struktur Ihres Systems auflistet. Navigieren Sie zum gewünschten Ordner und klicken Sie auf „OK". In Ihrem Inhaltsverzeichnis befindet sich nun ein direkter Link zu diesem Verzeichnis. ESRI empfiehlt aus Gründen der Performance keine Root-Verzeichnisse (C:\, D:\) einzubinden, sondern immer auf tatsächliche Datenverzeichnisse zu verweisen (z. B. C:\Projekte).

Der Befehl „Verbindung zum Ordner trennen" löscht die im Inhaltsverzeichnis markierte Verknüpfung.

Klicken Sie auf „Löschen", wenn Sie die aktuell in Inhaltsverzeichnis oder Datenfenster-Register „Inhalt" ausgewählten Dateien oder Verzeichnisse aus Ihrem System entfernen wollen. Beachten Sie, dass ArcCatalog, im Gegensatz zum Windows-Explorer, nur bestimmte (in ArcGIS verwendbare) Dateitypen auflistet. Dementsprechend ist v. a. beim Löschen von ganzen Ordnern unter ArcCatalog Vorsicht geboten, um nicht ungewollt einzelne „unsichtbare" Dateien zu verlieren, zumal der Löschvorgang nicht rückgängig gemacht werden kann.

Der Befehl „Umbenennen" ermöglicht es, der aktuell im Inhaltsverzeichnis ausgewählten Datei einen anderen Namen zu geben.

Mit „Eigenschaften…" öffnen Sie ein Dialogfenster, in dem, aufgeteilt auf Register, die Eigenschaften der ausgewählten Datei bzw. des ausgewählten Verzeichnisses angezeigt werden.

Mit „Drucken…" können Sie die Metadaten (siehe Kap. 5.1.2.5) einer Datei an Ihren Drucker schicken. Beachten Sie, dass dieser Befehl nur aktiv ist, wenn sich das Datenfenster im Register „Metadaten" befindet.

Der Befehl „Beenden" schließt die Anwendung ArcCatalog.

5.1.2.2 Menü „Bearbeiten"

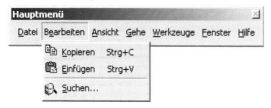

Abb. 5.3: Menü „Bearbeiten"

„Kopieren" kopiert die aktuell im Inhaltsverzeichnis ausgewählten Elemente (Verzeichnisse, Datenbanken, Dateien etc.) in die Windows-Zwischenablage.

Mit „Einfügen" legen Sie die Elemente (Verzeichnisse, Datenbanken, Dateien etc.), die sich in der Zwischenablage befinden, in das im Inhaltsverzeichnis markierte Verzeichnis.

Der Befehl „Suchen…" öffnet ein Dialogfenster, mit dessen Hilfe Sie Ihr System unter Berücksichtigung verschiedener Kriterien wie Datei-Name, Datei-Typ, geographische Lage usw. durchsuchen lassen können.

5.1.2.3 Menü „Ansicht"

Abb. 5.4: Menü „Ansicht"

Das Untermenü „Werkzeugleisten" listet alle in ArcCatalog zur Verfügung stehenden Werkzeugleisten auf. Klicken Sie auf diejenige Werkzeugleiste, die Sie dem Desktop hinzufügen wollen. Werkzeugleisten, die sich bereits auf dem Desktop befinden, sind links mit einem Haken gekennzeichnet. Der Menüeintrag „Anpassen…" öffnet ein Dialogfenster, das es dem Nutzer ermöglicht, selbst neue Werkzeugleisten zu erzeugen bzw. bereits bestehende ArcCatalog Werkzeugleisten nach seinen Bedürfnissen zu verändern. Genaueres dazu finden Sie in Kapitel 5.1.2.5.

Der Befehl „Abfrageergebnisse…" ist nur aktiviert, wenn sich das Datenfenster im Register „Vorschau" befindet und geographische Daten angezeigt werden. Er öffnet das gleichnamige Dialogfenster, in dem die Ergebnisse des Werkzeugs „Identifizieren" (Werkzeugleiste „Geographie", siehe Kap. 5.1.3.3) angezeigt werden. Dieses Dialogfenster erscheint automatisch bei Verwendung des eben erwähnten Werkzeugs. Der Einsatz des Befehls „Abfrageergebnisse…" lohnt sich trotzdem, da das Dialogfenster eine Liste enthält, in der Sie bereits vor Verwendung des Werkzeugs „Identifizieren" genau festlegen können, von welchen Layern Sie überhaupt Informationen abfragen wollen.

Mit „Aktualisieren" können Sie den Inhalt des aktuell markierten Verzeichnisses aktualisieren. Damit können Sie beispielsweise eine Verzeichnis-Struktur, die Sie während Ihrer ArcCatalog Sitzung in einer anderen Anwendung geändert haben, auf den aktuellen Stand bringen.

5.1.2.4 Menü „Gehe"

Abb. 5.5: Menü „Gehe"

In diesem Menü finden Sie nur den Eintrag „Eine Ebene aufwärts". Wenn Sie diesen Befehl anklicken, springt die Markierung im Inhaltsverzeichnis eine Ebene in der Daten-Verzeichnis-Struktur nach oben. Wenn beispielsweise aktuell eine Feature-Klasse ausgewählt ist, springt die Auswahl-Markierung automatisch auf das Feature-Dataset bzw. die Geodatabase, in der sich die Feature-Klasse befindet. Derselbe Befehl ist – ohne Umweg über ein Menü und deswegen schneller – in der Werkzeugleiste „Standard" (Kap. 5.1.3.2) ausführbar.

5.1.2.5 Menü „Werkzeuge"

Abb. 5.6: Menü „Werkzeuge"

Der Befehl „ArcMap" startet die ArcGIS Anwendung ArcMap (Kap. 6).

Das Untermenü „Makros" beinhaltet zwei Einträge. Der Eintrag „Makros…" ermöglicht es dem fortgeschrittenen Nutzer, Visual Basic-Makros zu erstellen, zu editieren und zu verwalten. Der Befehl „Visual Basic Editor…" öffnet die gleichnamige Anwendung, in der Sie den Quelltext Ihrer Makros bearbeiten können.

„Anpassen…" öffnet das Dialogfenster, „Anpassen", mit dem Sie u. a. Werkzeugleisten erstellen und verändern können. Dasselbe Dialogfenster können Sie auch über *Hauptmenüleiste* ⇨ *„Ansicht"* ⇨ *„Anpassen…"* erreichen. Wie Sie einer bestehenden Werkzeugleiste neue Befehle hinzufügen können, erfahren Sie in Kapitel 10.2. Die Erstellung einer neuen Werkzeugleiste wird in Kapitel 6.1.3.17 genau erläutert.

„Erweiterungen…" öffnet ein Dialogfenster, das sämtliche Erweiterungen auflistet, die auf Ihrem System installiert und unter ArcCatalog anwendbar sind. In der Liste des Dialogfensters tauchen übrigens auch jene Erweiterungen auf, die gesondert registriert oder lizenziert werden müssen – unabhängig davon, ob die entsprechende Lizenz im Lizenz-Manager auch verfügbar ist. Nicht lizenzierte Erweiterungen können natürlich nicht aktiviert werden. Zur Installation und Lizenzierung von Erweiterungen lesen Sie bitte Kapitel 13.

Mit dem letzten Befehl des Menüs „Werkzeuge", „Optionen", öffnen Sie ein Dialogfenster mit mehreren Registern, in denen Sie verschiedene Einstellungen für Ihre Arbeit mit ArcCatalog treffen können. Optionen, die hier geändert werden, wirken sich auf alle ArcCatalog Sitzungen aus. Der überwiegende Anteil dieser Einstellungen ist standardmäßig so getroffen, dass sie vom Nutzer nicht geändert werden müssen. Die wichtigsten Einstellungen der Register seien hier kurz erwähnt.

Im Register „Allgemein" können Sie festlegen, welche Einträge die oberste Ebene im Inhaltsverzeichnis enthalten soll und welche Datentypen überhaupt angezeigt werden sollen.

Im Register „Dateitypen" können die im Inhaltsverzeichnis angezeigten Standard-Dateitypen (siehe Liste im Register „Allgemein") um zusätzliche Typen erweitert werden. Wenn Sie beispielsweise möchten, dass im ArcCatalog Microsoft-Excel-Datenblätter angezeigt werden, klicken Sie zunächst auf „Neuer Typ…". Geben Sie dann unter „Datei-Erweiterung" „XLS" ein und bestätigen Sie mit „OK".

Im Register „Inhalt" legen Sie fest, welche Standardspalten und Metadaten-Spalten in der ArcCatalog Detailansicht eingeblendet werden sollen.

Wenn Ihr Unternehmen für die Verbindung zum Internet einen Proxyserver verwendet, müssen Sie das Register „Proxyserver" so konfigurieren, dass die Verbindung zu GIS-Servern (so sie vonnöten ist) über diesen Proxyserver hergestellt werden kann. Wenden Sie sich bezüglich der entsprechenden Daten an Ihren System-Administrator.

Im Register „Metadaten" können Sie Einstellungen bezüglich der Erstellung und Verwaltung so genannter Metadaten treffen. Für den Einsteiger empfiehlt es sich, die Standardeinstellungen in diesem Register zunächst zu belassen. Als Metadaten bezeichnet man allgemein Daten, die Informationen über andere Daten enthalten, wodurch letztere u. a. besser auffindbar gemacht werden. Die Speicherung dieser Daten, die teils automatisch, teils aber auch durch zeitaufwändige, manuelle Dokumentation erfasst werden können, erfolgt in Dateien mit der Endung XML. In diesem Register können Sie u. a. entscheiden, ob ArcCatalog bei Neuerstellung eines Elements automatisch eine XML generieren soll und mit welchem Standard diese erfasst werden sollen. Metadaten werden in

ArcCatalog im Datenfenster-Register „Metadaten" (Kap. 5.1.5) angezeigt und können mit der Werkzeugleiste „Metadaten" (Kap. 5.1.3.5) bearbeitet werden.

Im Register „Geoverarbeitung" kann der erfahrene Nutzer allgemeine Einstellungen zu Geoverarbeitungsfunktionen treffen. So lassen sich hier z. B. Pfade zu eigenen Toolboxes angeben oder aktuelle Umgebungseinstellungen ändern.

Im Register „Tabellen" können Sie u. a. das Aussehen von Tabellen bei der Darstellung in ArcCatalog beeinflussen.

Im Register „Raster" können Sie Einstellungen im Bezug auf die Darstellung von Raster-Datasets im Datenfenster-Register „Vorschau" treffen. Um die Anzeige großer Rasterdaten zu beschleunigen, kann ArcCatalog sog. Pyramiden erstellen, die eine maßstabs-abhängige Darstellungsgenauigkeit ermöglichen. Einmal erstellt, stehen die Pyramiden des entsprechenden Rasterfiles für alle kommenden ArcMap und ArcCatalog Sitzungen zur Verfügung. Im Unterregister „Allgemein" können Sie wählen, ob beim Anzeigen von Raster-Datasets generell immer oder nie Pyramiden erzeugt werden sollen oder ob ArcCatalog Sie jedes Mal danach fragen soll. Im Unterregister „Rasterkatalog-Layer" bestimmen Sie, ob bzw. ab wie vielen Einzelrastern nur die Rahmen anstatt der Rasterdaten angezeigt werden sollen.

Register „CAD" enthält ein einziges Kontrollkästchen, mit dem Sie die Überprüfung aller Dateien auf DGN-Kompatibilität aktivieren können. Die Aktivierung lohnt sich, wenn der Verdacht besteht, bei bestimmten Dateien könnte es sich um Design-Dateien des CAD-Programms MicroStation handeln, die jedoch mit abweichenden Endungen (nicht „*.dgn") gespeichert wurden.

5.1.2.6 Menü „Fenster"

Abb. 5.7: Menü „Fenster"

Im Menü „Fenster" können Sie die Desktop-Elemente „Inhaltsverzeichnis" (siehe Kap. 5.1.4), „ArcToolbox" (siehe Kap. 9) und „Befehlszeile" zu- und abschalten. Im Befehlszeilenfenster kann der fortgeschrittene Benutzer manuell Geoverarbeitungsbefehle eingeben und ausführen lassen.

5.1.2.7 Menü „Hilfe"

Abb. 5.8: Menü „Hilfe"

Das Menü „Hilfe" beinhaltet die für Einsteiger wie erfahrene Nutzer unentbehrlichen Hilfsfunktionen „ArcGIS Desktop Hilfe" (auch über Taste F1) und „Direkthilfe". Das gesamte Menü entspricht inhaltlich dem gleichnamigen Menü in der ArcMap Hauptmenüleiste. Näheres entnehmen Sie bitte Kapitel 6.1.2.8.

5.1.3 Werkzeugleisten

5.1.3.1 Allgemein

Wie die meisten Windows-kompatiblen Anwendungen, verfügen auch die ArcGIS Desktop Anwendungen über zu thematischen Einheiten zusammengefasste Befehlsgruppen, die so genannten Werkzeugleisten.

ArcCatalog stellt dem Nutzer einige bereits vorgefertigte anwendungseigene Werkzeugleisten zur Verfügung. Unter *Hauptmenüleiste* ⇨ *„Ansicht"* ⇨ *„Werkzeugleisten"* können Sie in einer Liste dieser verfügbaren Werkzeugleisten die von Ihnen benötigten ein- bzw. ausblenden. Die eingeblendeten Leisten sind auf Ihrer Arbeitsoberfläche per Drag&Drop frei positionierbar. Dieselbe Liste öffnet sich als Kontextmenü, wenn Sie an beliebiger Stelle auf Ihrer ArcCatalog Desktop-Oberfläche außerhalb des Inhaltsverzeichnisses und des Datenfensters die rechte Maustaste drücken. Der Menüeintrag „Anpassen…" innerhalb dieses Kontextmenüs öffnet das gleichnamige Dialogfenster, das in seiner Funktionalität dem entsprechenden Dialogfenster „Anpassen" in ArcMap entspricht. Wie Sie dieses Dialogfenster verwenden können, um beispielsweise Shortcuts zu definieren oder selbst neue Werkzeugleisten zu erstellen und zu bestücken, erfahren Sie in den Kapiteln 6.1.3.1 und 6.1.3.17.

5.1.3.2 Werkzeugleiste „Standard"

„Eine Ebene aufwärts": Markierung im Inhaltsverzeichnis springt eine Ebene in der Daten-/Verzeichnis-Struktur nach oben. Entspricht dem Befehl *Hauptmenüleiste* ⇨ *„Gehe"* ⇨ *„Eine Ebene aufwärts"* (siehe Kap. 5.1.2.4).

„Zum Ordner verbinden": Öffnet ein Dialogfenster, das die Verzeichnis-Struktur Ihres Systems auflistet. Navigieren Sie zum gewünschten Ordner und klicken Sie auf „OK". In Ihrem Inhaltsverzeichnis befindet sich nun ein direkter Link zu diesem Verzeichnis. Es entspricht dem Befehl *Hauptmenüleiste* ⇨ *„Datei"* ⇨ *„Zum Ordner verbinden"* (siehe Kap. 5.1.2.1).

„Ordnerverbindung trennen": Löscht die im Inhaltsverzeichnis markierte Verknüpfung. Entspricht dem Befehl *Hauptmenüleiste* ⇨ *„Datei"* ⇨ *„Ordnerverbindung trennen"* (siehe Kap. 5.1.2.1).

„Kopieren": Kopiert die aktuell in Inhaltsverzeichnis oder Datenfenster-Register „Inhalt" ausgewählten Dateien oder Verzeichnisse in die Windows-Zwischenablage. Entspricht dem Befehl *Hauptmenüleiste* ⇨ *„Bearbeiten"* ⇨ *„Kopieren"* (Kap. 5.1.2.2).

„Einfügen": Fügt den aktuellen Inhalt der Windows-Zwischenablage in das im Inhaltsverzeichnis oder Datenfenster-Register ausgewählte Verzeichnis ein. Entspricht dem Befehl *Hauptmenüleiste* ⇨ *„Bearbeiten"* ⇨ *„Einfügen"* (Kap. 5.1.2.2).

„Löschen": Entfernt die aktuell in Inhaltsverzeichnis oder Datenfenster-Register „Inhalt" ausgewählten Dateien oder Verzeichnisse aus Ihrem System. Entspricht dem Befehl *Hauptmenüleiste* ⇨ *„Datei"* ⇨ *„Löschen"* (siehe Kap. 5.1.2.1).

„Große Symbole": Zeigt den Inhalt des aktuell ausgewählten Verzeichnisses im Datenfenster-Register „Inhalt" als große Symbole.

„Liste": Zeigt die Inhalte des aktuell ausgewählten Verzeichnisses im Datenfenster-Register „Inhalt" als Liste.

„Details": Zeigt die Inhalte des aktuell ausgewählten Verzeichnisses im Datenfenster-Register „Inhalt" als detaillierte Liste einschließlich Name und Typ. Welche weiteren Informationen in der Detailansicht angezeigt werden sollen, können Sie unter *Hauptmenüleiste* ⇨ *„Werkzeuge"* ⇨ *„Optionen"* ⇨ *Register „Inhalt"* festlegen.

„Miniaturansicht": Zeigt die Inhalte des aktuell ausgewählten Verzeichnisses im Datenfenster-Register „Inhalt" – sofern möglich – als Vorschaubilder. Vorschaubilder für Kartendokumente (*.mxd) werden automatisch von ArcMap erstellt und aktualisiert, wenn Sie in ArcMap unter *Hauptmenüleiste* ⇨ *„Datei"* ⇨ *„Karteneigenschaften..."* den Eintrag „Miniaturansicht mit Karte speichern" aktiviert haben. Um für ein anderes räumlich relevantes Element, z. B. für ein Shapefile oder einen Layer, ein aktuelles Vorschaubild zu generieren, wählen Sie dieses Element im Inhaltsverzeichnis aus und stellen das Datenfenster auf „Vorschau". Klicken Sie dann in der Werkzeugleiste „Geographie" (Kap. 5.1.3.3) auf den Befehl „Miniaturansicht erstellen". Ohne Miniaturansicht ist die Darstellung aber schneller.

„Suchen": Öffnet ein Dialogfenster, mit dessen Hilfe Sie Ihr System unter Berücksichtigung verschiedener Kriterien wie Datei-Name, Datei-Typ, geographische Lage usw. durchsuchen lassen können. Entspricht dem Befehl *Hauptmenüleiste* ⇨ *„Bearbeiten"* ⇨ *„Suchen..."* (siehe Kap. 5.1.2.2).

„ArcMap starten": Die Anwendung ArcMap, mit der Sie u. a. Kartendokumente erstellen und räumlich relevante Daten analysieren können, wird gestartet.

„ArcToolbox Fenster ein-/ausblenden": Das ArcToolbox Fenster wird ein- bzw. ausgeblendet. Lesen Sie zur Bedienung der ArcToolbox bitte das Kapitel 9.

 „Befehlszeilenfenster ein-/ausblenden": Das Befehlzeilenfenster, in dem Sie mittels manueller Eingabe Geoverarbeitungsbefehle ausführen können, wird ein- bzw. ausgeblendet.

 „Direkthilfe": Entspricht dem Befehl *Hauptmenüleiste* ⇨ *„Hilfe"* ⇨ *„Direkthilfe"* (Kap. 5.1.2.7, genaue Beschreibung siehe Kap. 6.1.2.8).

5.1.3.3 Werkzeugleiste „Geographie"

Die Werkzeuge der Werkzeugleiste „Geographie" sind generell nur dann aktiviert, wenn im Inhaltsverzeichnis eine räumlich relevante Datei (z. B. ein Shapefile oder eine Feature-Klasse) markiert ist, sich das Datenfenster im Register „Vorschau" befindet und in der Dropdown-Liste am unteren Rand dieses Registers unter „Vorschau" der Eintrag „Geographie" ausgewählt ist.

 „Vergrößern": Vergrößert die Daten in der geographischen Vorschau. Klicken Sie auf den Ort, den Sie vergrößern wollen, oder ziehen Sie bei gedrückter Maustaste eine Box auf, um ein bestimmtes Gebiet zu vergrößern.

 „Verkleinern": Verkleinert die Daten in der geographischen Vorschau, zentriert um die Position, auf die Sie geklickt haben, oder das Gebiet, das Sie bei gedrückter Maustaste mit einem Rechteck definiert haben.

 „Schwenken": Hiermit können Sie die Daten in der geographischen Vorschau schwenken, indem Sie die Anzeige bei gedrückter Maustaste in eine beliebige Richtung ziehen.

 „Identifizieren": Wenn Sie mit diesem Werkzeug in der geographischen Vorschau auf einen Bereich klicken, in dem sich Features befinden, öffnet sich das Dialogfenster „Abfrageergebnisse", das auf der linken Seite, die getroffenen Features in einer Art Verzeichnisstruktur anzeigt. Wählen Sie nun ein bestimmtes Feature aus, so zeigt das Fenster rechts daneben dessen Feldwerte in der Attribut-Tabelle an.

 TIPP: Halten Sie die Umschalttaste gedrückt, um die Ergebnisse aufeinander folgender Klicks mit dem Werkzeug „Identifizieren" im Fenster „Abfrageergebnisse" beizubehalten. Dies erleichtert das Vergleichen der Attribut-Werte verschiedener Features.

 „Volle Ausdehnung": Zoomt die geographische Vorschau auf die gesamte Ausdehnung des im Inhaltsverzeichnis ausgewählten räumlichen Datensatzes.

 „Miniaturansicht erstellen": Erzeugt aus dem aktuell in der geographischen Vorschau sichtbaren Datenausschnitt eine Miniaturansicht oder aktualisiert diese, falls sie bereits vorhanden ist. Haben Sie im Inhaltsverzeichnis einen Ordner oder eine Datenbank ausgewählt, die räumlich relevante Daten wie Shapefiles oder Feature-Klassen enthält, werden die Miniaturansichten dieser Daten im Datenfenster-Register „Inhalt" angezeigt. Dazu muss in der Werkzeugleiste „Standard" allerdings die Schaltfläche „Miniaturansicht" aktiviert sein.

5.1.3.4 Werkzeugleiste „Verzeichnis"

Das Kombinationsfeld „Ordner:" zeigt den vollständigen Pfad zum aktuell im Inhaltsverzeichnis markierten Element. Wenn Sie diesen Pfad der Dropdown-Liste hinzufügen möchten, um ihn zu einem späteren Zeitpunkt schnell wieder anwählen zu können, klicken Sie ihn an und drücken anschließend die Eingabetaste. Sie können in das Feld auch manuell einen Pfad eingeben und anschließend die Eingabetaste drücken, um direkt in ein bestimmtes Verzeichnis zu springen.

5.1.3.5 Werkzeugleiste „Metadaten"

Die Werkzeuge dieser Werkzeugleiste sind nur aktiviert, wenn im Inhaltsverzeichnis eine einzelne Datei markiert ist und sich das Datenfenster im Register „Metadaten" befindet. Weitere Einstellungen zu den Metadaten können Sie unter *Hauptmenüleiste* ⇨ *„Werkzeuge"* ⇨ *„Optionen..."* ⇨ *Register „Metadaten"* treffen (Kap. 5.1.2.5).

Dropdown-Menü „Stylesheet": In dieser Liste können Sie das Stylesheet, d. h. die Art auswählen, mit dem im Datenfenster Metadaten anzeigt werden.

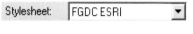

„Metadaten bearbeiten": Startet den Metadaten-Editor, der die manuelle Bearbeitung der Metadaten der im Inhaltsverzeichnis markierten Datei, Feature-Dataset oder Geodatabase erlaubt.

„Eigenschaften: Metadaten": Öffnet das Dialogfenster „Eigenschaften: Metadaten". Das Register „Anlagen" ermöglicht es, den Metadaten beliebige Dateien als Anlagen hinzuzufügen. Im Register „Optionen" können Sie entscheiden, ob die Metadaten automatisch aktualisiert werden sollen oder nicht.

„Metadaten erstellen/aktualisieren": Erzeugt für das im Inhaltsverzeichnis markierte Element – sofern möglich – automatisch Metadaten bzw. aktualisiert die bereits vorhandenen Metadaten.

„Metadaten importieren": Ermöglicht den Import von Metadaten im Format XML, SGML und TXT in ArcCatalog.

„Metadaten exportieren": Ermöglicht den Export von XML-Metadaten in diverse Datenformate.

5.1.3.6 Werkzeugleiste „ArcView 8x Werkzeuge"

Das einzige Menü dieser Werkzeugleiste enthält Import- und Konvertierungswerkzeuge, die in ArcView ArcGIS 3 als externe Programme verfügbar waren. Beachten Sie, dass Sie diese Tools nur in dieser Werkzeugleiste und nicht in der ArcToolbox (siehe Kap. 9) finden.

5.1.4 Inhaltsverzeichnis

Das Inhaltsverzeichnis befindet sich standardmäßig links vom Datenfenster, ist per Drag&Drop jedoch frei auf der Oberfläche verschiebbar und lässt sich unter *Hauptmenüleiste* ➪ *„Fenster"* ➪ *„Katalog-Inhaltsverzeichnis"* ein- bzw. ausschalten.

Im Inhaltsverzeichnis listet ArcCatalog standardmäßig alle lokalen Laufwerke mit ihren Unterverzeichnissen auf. Zudem sind im Inhaltsverzeichnis-Fenster in der obersten Ebene neben Ihren (lokalen) Laufwerken noch einige weitere Einträge zu finden. Unter *Hauptmenüleiste* ➪ *„Werkzeuge"* ➪ *„Optionen…"* ➪ *Register „Allgemein"* können Sie entscheiden, welche Einträge in der obersten Ebene des Inhaltsverzeichnisses angezeigt werden sollen.

- „Ordnerverbindungen": Verbindungen zu Ordnern in Ihrem System, können nicht deaktiviert werden.

- „Adressen-Locators": Dienen zur Geokodierung (siehe auch Kap. 6.1.2.6). Ein Adress-Lokator verweist auf ein bestimmtes Dataset, anhand dessen tabellarische Daten geokodiert werden.

- „Database-Connections": Ermöglichen den Zugriff auf externe Datenbanken und Tabellen.

- „GIS-Server": Verbindungen zu ArcIMS-Servern im Internet und ArcGIS Servern im Internet oder LAN.

- „Koordinatensysteme": Beinhaltet alle im Produkt enthaltenen Koordinatensystem-Definitionen. Auch benutzerdefinierte Koordinatensysteme können hier abgelegt werden.

- „Search Results": Enthält die Ergebnisse, die bei der Verwendung des ArcCatalog Suchwerkzeugs (*Hauptmenüleiste* ➪ *„Bearbeiten"* ➪ *„Suchen…"*) erzielt werden.

Die Liste kann noch weitere Einträge enthalten, je nachdem, welche ArcGIS Erweiterungen (Kap. 13) im System installiert sind.

Mit *Werkzeugleiste „Standard"* ➪ *„Zum Ordner verbinden"* können Sie dem Inhaltsverzeichnis in der obersten Ebene außerdem selbst beliebig viele Laufwerke und Verzeichnispfade hinzufügen (siehe Kap. 5.1.3.2).

Im ArcCatalog Inhaltsverzeichnis können Sie – genauso wie Sie es vom Windows-Explorer kennen – durch Doppelklicken der Ordner oder Anklicken der kleinen Pluszeichen neben den Ordner-Symbolen Schritt für Schritt die Verzeichnisstruktur öffnen und auf diese Weise in Ihr Zielverzeichnis gelangen. Im Unterschied zum Windows-Explorer werden im ArcCatalog Inhaltsverzeichnis allerdings nicht alle Daten(typen) angezeigt, sondern nur jene, die in ArcGIS verwendbar sind. Um welche Daten(typen) es sich dabei im einzelnen handelt, können Sie unter *Hauptmenüleiste* ⇨ *„Werkzeuge"* ⇨ *„Optionen..."* ⇨ *Register „Allgemein"* einsehen. Bestimmen Sie, welche Typen angezeigt werden, indem Sie einen Haken in die entsprechende Checkbox setzen oder ihn entfernen.

ArcCatalog vergibt je nach Datei- bzw. Geometrietyp automatisch entsprechende Symbole. Dies sind z. B.:

Symbol	Dateiendung	Beschreibung
	*.mdb	Geodatabase-Datei
	---	Personal-Geodatabase Feature-Klasse (Polygon)
	---	Personal-Geodatabase Feature-Klasse (Linie)
	---	Personal-Geodatabase Feature-Klasse (Punkt)
	---	Personal-Geodatabase Annotation
	*.shp	Shape-Datei (Polygon)
	*.shp	Shape-Datei (Linie)
	*.shp	Shape-Datei (Punkt)
	*.lyr	Layer-Datei (Polygon)
	*.lyr	Layer-Datei (Linie)
	*.lyr	Layer-Datei (Punkt)
	*.tif, *.jpg, …	Rasterdaten
	*.txt	Textdatei
	*.mxd	ArcMap Projektdatei (Kartendokument)

Wenn Sie möchten, dass im ArcCatalog Inhaltsverzeichnis neben diesen Standard-Dateitypen noch andere Dateitypen auftauchen, können Sie diese zusätzlich unter *Hauptmenüleiste* ⇨ *„Werkzeuge"* ⇨ *„Optionen..."* ⇨ *Register „Dateitypen"* definieren. Wie Sie dazu genau vorgehen, lesen Sie in Kapitel 5.1.2.5.

Sie werden feststellen, dass die Dateitypen im ArcCatalog Inhaltsverzeichnis mit anderen, vom Windows-Explorer abweichenden Icons angezeigt werden.

Grundsätzlich lässt sich bei der Darstellung von Geometriedaten also eine farbliche Gliederung erkennen. Shape-Dateien werden grün, Personal-Geodatabase-Dateien grau und Layer-Dateien gelb dargestellt, wobei die verwendeten Symbole auch Aufschluss über den jeweiligen Geometrietyp (Punkt, Linie, Polygon) geben. Eine vollständige Liste aller Icons finden Sie im Anhang dieses Buchs.

5.1.5 Datenfenster

Zweites Hauptfenster in ArcCatalog ist das Datenfenster auf der rechten Seite. Hier stehen die drei Registerkarten „Inhalt", „Vorschau" und „Metadaten" zur Verfügung, die jeweils einen anderen Blick auf Ihre Daten bzw. ArcMap Projekte ermöglichen.

Das Register „Inhalt" listet, wie Sie es auch vom Windows-Explorer gewöhnt sind, den Inhalt des im Inhaltsverzeichnis markierten Verzeichnisses oder Elements auf. Ist beispielsweise eine Geodatabase markiert, werden alle Feature-Datasets und Feature-Klassen, die sich darin befinden, aufgeführt. Wenn Sie ein Element ausgewählt haben, das keine weiteren Elemente enthält (z. B. ein Shapefile), wird im Datenfenster-Register „Inhalt" nur das Icon dieses Elements oder – falls vorhanden – eine Miniaturansicht angezeigt.

Die Ansicht der aktuellen Inhaltsliste lässt sich, wie in Kapitel 5.1.3.2 beschrieben, über die entsprechenden Schaltflächen in der Werkzeugleiste „Standard" verändern. Die verwendete Ansicht wird gespeichert und bleibt beim Wechseln zu einer anderen Registerkarte oder nach einem Neustart von ArcCatalog erhalten.

Das zweite Datenfenster-Register „Vorschau" zeigt wahlweise die geographischen Daten (volle Ausdehnung) oder die Sachdaten-Tabelle des im  Inhaltsverzeichnis ausgewählten Elements an. Falls Sie z. B. die Erweiterung „3D Analyst" besitzen, können Sie hier auch auf „3D-Ansicht" oder „Globus-Ansicht" wechseln. Wählen Sie die gewünschte Einstellung aus der Dropdown-Liste am unteren Rand des Datenfensters. Beide Ansichten stehen allerdings nur dann zur Verfügung, wenn es sich um geographische Daten, beispielsweise ein Shapefile, eine Geodatabase-Feature-Klasse oder ein ArcInfo-Coverage handelt. Sobald die räumlichen Daten eingeblendet werden, können Sie auf die Funktionen der Werkzeugleiste „Geographie" zugreifen. Lesen Sie dazu bitte Kapitel 5.1.3.3. Ist eine Tabelle ausgewählt, steht nur die Tabellenansicht zur Verfügung. Über das Kontextmenü der Feldnamen kann die Tabelle in sehr beschränktem Umfang abgefragt und umgelistet werden. Ist im Inhaltsverzeichnis weder eine räumlich relevante Datei noch eine Tabelle markiert, gibt das Register „Vorschau" den Hinweis: „Für diese Auswahl ist keine Vorschau vorhanden."

Das Datenfenster-Register „Metadaten" schließlich zeigt die Metadaten des im Inhaltsverzeichnis markierten Elements an. Worum es sich bei Metadaten handelt, wird in Kapitel 5.1.2.5 kurz erläutert. Zur Erstellung und Verwaltung von Metadaten benötigen Sie die Werkzeugleiste „Metadaten" (siehe Kap. 5.1.3.5). Weitere Einstellungen treffen Sie unter *Hauptmenüleiste* ⇨ *„Werkzeuge"* ⇨ *„Optionen…"* ⇨ *Register „Metadaten"* (siehe Kap. 5.1.2.5).

5.1.6 Statusleiste

Die Statusleiste befindet sich am unteren Rand des Datenfensters und ist über *Hauptmenüleiste* ⇨ *„Ansicht"* ⇨ *„Statusleiste"* ab- bzw. zuschaltbar. Während der Arbeit mit ArcCatalog können Sie der Statusleiste nützliche Informationen entnehmen. Wenn sich der Mauszeiger im Datenfenster-Register „Vorschau" befindet, zeigt die Statusleiste auf der rechten Seite die X- und Y-Koordinaten an. Halten Sie den Mauszeiger über eine Schaltfläche oder einen Menübefehl, so erhalten Sie auf der linken Seite eine kurze

Beschreibung dieses Befehls. Ebenfalls auf der linken Seite sehen Sie den exakten Typus des aktuell im Inhaltsverzeichnis markierten Elements.

5.2 Datenverwaltung mit ArcCatalog

Wie bereits eingangs des Kapitels erwähnt, dient ArcCatalog nicht nur der Sichtung, sondern auch der Verwaltung von Geodaten. Sämtliche Verwaltungs-Funktionen, wie beispielsweise das Erstellen, Verändern, Kopieren oder Löschen von Daten, können in den Kontextmenüs der Verzeichnisse und Dateien im Inhaltsverzeichnis bzw. im Datenfenster-Register „Inhalt" aufgerufen werden.

5.2.1 Löschen, Kopieren und Umbenennen von Daten

Zur Durchführung dieser Grundfunktionen gibt es verschiedene Möglichkeiten.

Löschen:

Kontextmenü der Daten ➪ *„Löschen" oder*

Werkzeugleiste „Standard" ➪ *Schaltfläche „Löschen" oder*

Hauptmenüleiste ➪ *„Datei"* ➪ *„Löschen"*

Kopieren:

Zum Kopieren von Daten an eine andere Stelle im System sind zwei Schritte notwendig. Zunächst werden die Daten in den Windows-Zwischenspeicher gelegt.

Kontextmenü der Daten ➪ *„Kopieren" oder*

Werkzeugleiste „Standard" ➪ *Schaltfläche „Kopieren" oder*

Hauptmenüleiste ➪ *„Bearbeiten"* ➪ *„Kopieren"*

Navigieren Sie nun zum Verzeichnis, in das die Daten kopiert werden sollen, und fügen Sie die Daten dort ein.

Kontextmenü der Daten ➪ *„Einfügen" oder*

Werkzeugleiste „Standard" ➪ *Schaltfläche „Einfügen" oder*

Hauptmenüleiste ➪ *„Bearbeiten"* ➪ *„Einfügen"*

Umbenennen:

Kontextmenü der Daten ➪ *„Umbenennen" oder*

Hauptmenüleiste ➪ *„Datei"* ➪ *„Umbenennen" oder*

klicken Sie einfach auf den Namen der markierten Datei.

Geben Sie nun den neuen Namen ein. Achten Sie darauf, dass die Dateiendung erhalten bleibt.

5.2.2 Erstellung von Daten

Eine der wichtigsten Funktionen von ArcCatalog ist die Generierung neuer Geodaten in den ArcGIS Formaten.

In Kapitel 10.1.5 erfahren Sie, wie Sie Schritt für Schritt ein neues Shapefile anlegen.

Zur Erstellung von Geodatabases, Feature-Datasets, Feature-Klassen und Raster-Katalogen lesen Sie bitte Kapitel 10.5.

5.2.3 Änderung der Dateneigenschaften

Neben der Neuerstellung von Geodaten besteht in ArcCatalog auch die Möglichkeit, die Eigenschaften bereits bestehender Geodaten (insbesondere Shapefiles und Geodatabase-Feature-Klassen) oder Tabellen zu ändern. Rufen Sie dazu über *Kontextmenü der zu ändernden Datei im Datenfenster-Register „Inhalt"* ⇨ *„Eigenschaften…"* das Dialogfenster „Eigenschaften: Shapefile" bzw. „Eigenschaften: Feature-Class" auf.

Sie werden feststellen, dass die Eigenschaften eines Shapefiles die drei Register „Allgemein", „Felder" und „Indizes" beinhalten. Diese werden bei Geodatabase-Feature-Klassen um die beiden Register „Subtypes" und „Beziehungen" erweitert.

Im Register „Allgemein" kann ein Alias-Name für die Datei vergeben werden. Bei einem Alias handelt es sich um eine Namensalternative, die verwendet wird, um einem Element eine benutzerfreundlichere Bezeichnung zu geben. Im Fall von ArcGIS taucht der Alias-Name u. a. im ArcMap Inhaltsverzeichnis anstelle des eigentlichen Datei-Namens auf.

Im Register „Felder" können Sie den Sachdaten Ihres Shapefiles oder Ihrer Geodatabase-Feature-Klasse ein neues Attribut-Feld hinzufügen. Klicken Sie dazu auf die oberste freie Zelle der Spalte „Feldname" und geben Sie einen Namen ein. Bitte verwenden Sie hierbei keine Leer- oder Sonderzeichen. Definieren Sie rechts daneben abschließend den Datentyp. Zum Thema Datentypen lesen Sie bitte Kapitel 10.3.3.

Durch das Erstellen von sog. Indizes können Sie Datenabfragen und damit Ihre Arbeit in ArcMap im Allgemeinen deutlich beschleunigen. Grundsätzlich lassen sich zwei Index-Typen unterscheiden: Räumlicher Index und Attribut-Index. Genaueres hierzu erfahren Sie in Kapitel 10.3.2. In Geodatabase-Feature-Klassen wird automatisch ein räumlicher Index erzeugt und aktualisiert. Wenn Sie für Shapefiles einen räumlichen Index erstellen wollen, können Sie dies im Register „Indizes" mit der Schaltfläche „Hinzufügen" tun. Wie Sie einem Shapefile einen Attributs-Index hinzufügen können und worauf Sie dabei achten müssen, erfahren Sie in Kapitel 10.3.2.

Im Falle einer Geodatabase-Feature-Klasse ist das Erstellen eines Attribut-Index über die Schaltfläche „Hinzufügen…" möglich. Diese öffnet ein Dialogfenster, in dem Sie aus einer Liste von zur Verfügung stehenden Attributen diejenigen auswählen können, für die Sie einen Index erzeugen wollen.

Wie bereits erwähnt, beinhalten Geodatabase-Feature-Klassen zwei weitere Eigenschaften-Register. Worum es sich bei den sog. „Subtypes" handelt und wie Sie im gleichnamigen Register definiert werden können, erfahren Sie in Kapitel 10.5.2.6.

Im Register „Beziehungen" sehen Sie in einer Liste die eventuell vorhandenen Beziehungsklassen, denen die Feature-Klasse angehört. Zum Thema Beziehungen und Beziehungsklassen lesen Sie bitte Kapitel 7.3.7.

5.2.4 Export von Daten

Der Export von Daten von einem in ein anderes Format ist insbesondere bei Projekten mit Ausgangsdaten unterschiedlicher Herkunft eine Aufgabe, mit der der Bearbeiter häufig konfrontiert wird. Um dieser Tatsache Rechnung zu tragen, finden Sie in den Kontextmenüs der Geodaten im Inhaltsverzeichnis das Untermenü „Export", das, abhängig vom Datentypus, Einträge zur Konvertierung der Daten in verschiedene gängige Formate enthält. Shapefiles beispielsweise können in Geodatabase-Feature-Klassen, AGF- oder DXF-File exportiert werden. Weitere Möglichkeiten zur Daten-Konvertierung finden Sie in der ArcToolbox (Kap. 9).

5.2.5 Anbindung einer Excel-Tabelle

Sie können mit Hilfe von OLE DB-Providern Daten aus Datenbanken abrufen. ArcCatalog kommuniziert mit allen OLE DB-Providern, wobei jeder Provider mit einer anderen Datenbank kommuniziert. Dieser Standard ermöglicht Ihnen die Arbeit mit Daten aus jeder beliebigen Datenbank im Katalog auf die gleiche Art und Weise. Beispielhaft soll hier der Zugriff auf eine Excel-Tabelle gezeigt werden.

Im Inhaltsverzeichnis finden Sie im Ordner „Database Connections" die Funktion „Hinzufügen: OLE-DB Verbindung". Mit einem Doppelklick gelangen Sie in das Dialogfenster „Datenverknüpfungseigenschaften". Dort wählen Sie aus der Liste „OLE DB-Provider" den Eintrag „Microsoft OLE DB Provider for ODBC Drivers" aus. Über die Schaltfläche „Weiter >>" gelangen Sie in das Register „Verbindung". Aktivieren Sie die Option „Verbindungszeichenfolge verwenden" und klicken auf die Schaltfläche „Erstellen…". Im nun erscheinenden Dialogfenster „Datenquelle auswählen" wählen Sie das Register „Computerdatenquelle". Dort markieren Sie als Datenquelle den Eintrag „Excel-Dateien". Mit der Schaltfläche „OK" können Sie nun eine Excel-Tabelle (Arbeitsmappe) auswählen. Anschließend klicken Sie zweimal auf die Schaltfläche „OK". Damit haben Sie eine OLE-DB Verbindung erstellt, der Sie noch einen Namen geben können. Diese OLE-DB Verbindung stellt quasi einen Ordner dar, der die entsprechende Tabelle enthält. Diese können Sie dem Inhaltsverzeichnis von ArcMap per Drag&Drop hinzufügen. Um zuverlässig eine Verbindung herstellen zu können, sollten die Spaltennamen in der Excel-Tabelle keine Leerzeichen und Sonderzeichen enthalten (Sonderzeichen Ü, ü, Ä, ä und Ö, ö können verwendet werden). Außerdem sollten die Spaltennamen nicht mit einer Zahl beginnen.

6   ArcMap

ArcMap ist die zentrale Anwendung von ArcGIS, die unter anderem der Erstellung und Visualisierung von Karten, dem Druck und Export von Layouts, dem Durchführen von lagebezogenen Analysen und Abfragen, Tabellenoperationen und dem Editieren von Geometrie- und Sachdaten dient. Durch die Implementierung der ArcToolbox mit einer visuellen Modellierungsumgebung und der Möglichkeit der Scripterstellung per Befehlszeile, wie es aus ArcInfo Workstation bekannt ist, wurde eine neue Geoverarbeitungsumgebung geschaffen.

Zum Start von ArcMap von Windows aus klicken Sie unter *„Start"* ⇨ *„Programme"* ⇨ *„ArcGIS"* auf *„ArcMap"*. Auch von ArcCatalog aus kann ArcMap gestartet werden, und zwar entweder über *Werkzeugleiste „Hauptmenü"* ⇨ *„Werkzeuge"* ⇨ *„ArcMap"* oder über *Werkzeugleiste „Standard"* ⇨ *Schaltfläche „ArcMap"*.

6.1   Die ArcMap Benutzeroberfläche

6.1.1 Aufbau der Benutzeroberfläche

Die ArcMap Desktop-Oberfläche (Abb. 6.1) unterteilt sich in folgende Hauptbereiche:

- Hauptmenüleiste
- Werkzeugleisten
- Inhaltsverzeichnis
- Kartenfenster
- Statusleiste

Inhalt und Aufteilung der sehr flexiblen Oberfläche können vom Nutzer ohne weiteres an die individuellen Bedürfnisse angepasst werden. Hauptmenüleiste, Inhaltsverzeichnis und Werkzeugleisten sind wahlweise ab- und zuschaltbar und lassen sich per Drag&Drop im oder um das Kartenfenster herum anordnen. Das Kartenfenster ist das einzige Element in ArcMap, das nicht abschaltbar oder verschiebbar ist.

 TIPP: Wenn Sie ein Element (z. B. eine Werkzeugleiste) per Drag&Drop auf dem Desktop verschieben, wird es ab einer bestimmten Distanz beim Ablegen automatisch an benachbarten Elementen verankert. Um dies zu verhindern, halten Sie während des Verschiebens die „Strg"-Taste gedrückt.

Beachten Sie, dass viele Elemente der ArcMap Oberfläche dieselben Bezeichnungen haben wie die entsprechenden Elemente in ArcCatalog (Kap. 5). Beispielsweise gibt es in beiden Anwendungen Inhaltsverzeichnis, Hauptmenüleiste und Statusleiste. In diesem Kapitel beziehen sich alle Bezeichnungen – wenn nicht ausdrücklich anders angegeben – auf die Elemente der ArcMap Oberfläche.

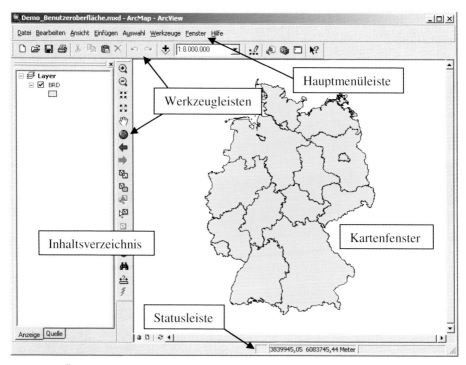

Abb. 6.1: Überblick ArcMap Desktop-Oberfläche

6.1.2 Hauptmenüleiste

Die Hauptmenüleiste (= Werkzeugleiste „Hauptmenü") wird in ArcMap standardmäßig links oben angezeigt, ist aber wie die meisten anderen Desktop-Elemente per Drag&Drop frei auf der Oberfläche platzierbar.

Über die Hauptmenüleiste erreichen Sie viele wichtige Befehle und Einstellungen des Programms. Beachten Sie, dass prinzipiell nur diejenigen Menüeinträge aktiviert, d. h. anwählbar sind, deren Ausführung unter den momentan gegebenen Bedingungen möglich ist. So ist etwa der *Befehl Hauptmenüleiste* ⇨ *„Auswahl"* ⇨ *„Feature-Auswahl aufheben"* selbstverständlich nur dann ausführbar, wenn aktuell überhaupt Features selektiert sind.

6.1.2.1 Menü „Datei"

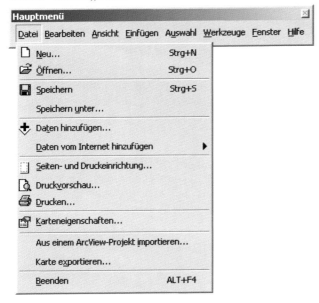

Abb. 6.2: Menü „Datei"

Das Menü „Datei" (Abb. 6.2) enthält die für Windows-Programme typischen Dateiverwaltungs- und Druckfunktionen sowie eine Liste der zuletzt geöffneten Projekte. Näheres zum Thema Seiten- und Druckeinrichtung lesen Sie im Kapitel 10.7.

Mit dem Befehl „Neu…" können Sie ein neues Karten-Dokument auf Basis einer Vorlage erstellen. Dazu stellt das Programm ein Dialogfenster mit zahlreichen, auf mehrere Register aufgeteilten Vorlagen zur Verfügung. Wenn Sie ein neues Dokument erstellen wollen, ohne auf eine Vorlage zurückzugreifen, können Sie dies über den Befehl „Neues Kartendokument" in der Werkzeugleiste „Standard" tun.

Der Befehl „Öffnen…" erlaubt es dem Nutzer, bereits angelegte und gespeicherte ArcMap Kartendokumente (MXD), ArcMap Dokument-Vorlagen (MXT) oder mit der Erweiterung „ArcPublisher" (Kapitel 13.3) erzeugte sog. „Published Maps" (PMF) zu öffnen.

Mit „Speichern" wird das Kartendokument inklusive der seit der letzten Speicherung getätigten Veränderungen gespeichert.

Dagegen erlaubt es die Funktion „Speichern unter…", Ihr Dokument an beliebiger Stelle Ihres Systems unter einem frei wählbaren Namen als Vorlage (MXT) oder als Kartendokument (MXD) zu sichern.

Mit dem Befehl „Daten hinzufügen…" können Sie, wie bereits im Beispiel-Projekt beschrieben, dem aktiven Datenrahmen Ihres Kartendokuments geographische Daten wie Shapefiles oder Rasterbilder hinzufügen. Derselbe Befehl ist – ohne Umweg und deswegen bequemer – auch als Schaltfläche auf der Werkzeugleiste „Standard" ausführbar.

Unter „Karteneigenschaften..." können einige beschreibende Informationen des Kartendokuments überprüft und geändert werden. Aktivieren Sie „Miniaturansicht mit Karte speichern", wenn Sie möchten, dass Ihr Kartendokument in ArcCatalog als Vorschaubild angezeigt wird. Außerdem wird über die Schaltfläche „Datenquellen-Optionen" festgelegt, ob die Datenquellen des Dokuments mit vollen oder relativen Pfadnamen referenziert werden. Relative Pfade geben im Gegensatz zu absoluten Pfaden den Speicherort der im Dokument enthaltenen Daten im Verhältnis zum aktuellen Speicherort des Karten-Dokuments (MXD-Datei) an. Wenn Sie also „Relative Pfadnamen speichern", auswählen, können Sie das Projekt mit den Daten, auf die es zugreift, auf einen beliebigen Massenspeicher (z. B. auf CD, zur Weitergabe eines Projekts) oder ein anderes Laufwerk Ihres Rechners oder Netzwerks kopieren, ohne dass Sie die Pfade der Layer unter *Kontextmenü des Layers* ⇨ *„Daten"* ⇨ *„Datenquelle festlegen..."* anschließend neu definieren müssen (siehe dazu auch Kapitel 6.1.4.3). Voraussetzung dafür ist allerdings, dass sich die im Projekt aufgerufenen Daten entweder im gleichen Ordner wie die MXD oder in einem Ordner über oder unter dem Ordner mit der MXD befinden.

 TIPP: Sie können den Zeitraum, den ArcMap zum Speichern Ihres Projekts benötigt, auf ein Minimum reduzieren, indem Sie die Funktion „Miniaturansicht mit Karte speichern" deaktivieren.

Mit „Aus einem ArcView-Projekt importieren..." können Sie Ansichten und Layouts von in ArcView 3.2 erstellten Projekten (*.apr) in Ihr ArcMap Kartendokument integrieren. Da ein ArcMap Projekt nur ein Layout verwaltet, kann pro MXD jeweils auch nur ein Layout eines ArcView Projekts importiert werden. Nach Auswahl eines Layouts des ArcView Projekts im Dialogfenster werden die darin enthaltenen Views automatisch mit markiert. Wird kein konkretes Layout ausgewählt, können beliebig viele gewünschte Views des ArcView 3.x Projekts interaktiv selektiert werden. Diese tauchen nach dem Import im ArcMap Projekt als einzelne Datenrahmen des Kartendokuments auf. Allerdings liefert die Importfunktion insbesondere bei Auswahl eines Layouts nur selten das gewünschte Ergebnis (ein 1 : 1-Abbild der ArcView 3-Vorlage), so dass in den meisten Fällen eine Nachbearbeitung in ArcMap unumgänglich ist.

Über die Funktion „Karte Exportieren..." können Sie Ihr Kartendokument in verschiedene standardisierte Dateiformate überführen, beispielsweise in EPS (Postscript), PDF oder diverse Rasterdatenformate.

 NEU: ArcGIS 9.1 ist jetzt abwärts kompatibel. Über den Befehl *Hauptmenüleiste* ⇨ *„Datei"* ⇨ *„Als Kopie speichern"* kann ein ArcMap Projekt in der Version 8.3 abgespeichert werden. Mit ArcGIS 9.1 erstellte Projekte, Geodatabases und Layerfiles können mit der Version 9.0 ohne Konvertierung gelesen werden (Genaueres siehe Kap. 11.3).

6.1.2.2 Menü „Bearbeiten"

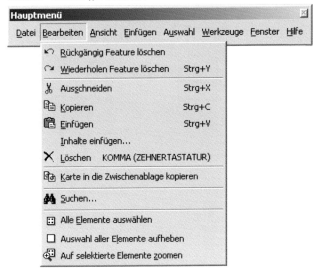

Abb. 6.3: Menü „Bearbeiten"

Das Menü „Bearbeiten" (Abb. 6.3) bietet das von anderen Windows-Programmen bekannte Instrumentarium, mit dem selektierte Elemente und Objekte gelöscht, ausgeschnitten, kopiert und aus der Windows-Zwischenablage eingefügt werden können. Seit der letzten Speicherung des Projekts vorgenommene Änderungen können rückgängig gemacht werden bzw. rückgängig gemachte Änderungen wiederhergestellt werden.

„Karte in die Zwischenablage kopieren" kopiert die Layout-Ansicht inklusive der hinzugefügten Elemente wie Datenrahmen, Maßstabsleiste und Nordpfeil bzw. den in der Daten-Ansicht aktuell angezeigten Daten-Ausschnitt des aktiven Datenrahmens als Graphik in die Windows-Zwischenablage, so dass sie in andere Anwendungen (z. B. in Microsoft Word über *„Bearbeiten"* ⇨ *„Inhalte einfügen"* ⇨ *„Bild, erweiterte Metadatei")* eingefügt werden kann.

Die Funktion „Suchen…" öffnet ein Dialogfenster, das eine Suche nach einem Begriff in den Datenattributen des Kartendokuments ermöglicht. Sie können wahlweise einen bestimmten Layer des aktiven Datenrahmens oder alle Layer Ihres Dokuments durchsuchen lassen, wobei Sie die Suche auf ein bestimmtes Feld beschränken oder auf alle Felder anwenden lassen können. Wenn Sie möchten, dass nur exakt übereinstimmende Attribute ausgewählt werden, deaktivieren Sie das Kontrollkästchen „Features suchen, die dem Suchausdruck entsprechen oder diesen enthalten".

Die Funktion „Alle Elemente auswählen" selektiert in der Daten-Ansicht alle auf dem aktiven Datenrahmen dargestellten Texte und Graphiken (= aktive Kartendokument-Annotation Gruppen). In der Layout-Ansicht werden über diesen Befehl alle Texte, Graphiken und Elemente selektiert, die auf dem Kartenlayout platziert wurden. Zu diesen Elementen gehören z. B. Kartentitel, Maßstabsleiste und sämtliche Datenrahmen der MXD. Zu erkennen sind die ausgewählten Elemente an ihrer gestrichelten Umrahmung. „Auswahl aller Elemente aufheben" hebt die aktuelle Selektion auf. Dasselbe erreichen Sie, wenn Sie auf einen nicht von einem Element besetzten Teil des Kartenfensters klicken. „Auf selektierte Elemente zoomen" verkleinert bzw. vergrößert Ihr Kartenfenster auf den kleinsten möglichen Ausschnitt, der alle ausgewählten Elemente beinhaltet.

6.1.2.3 Menü „Ansicht"

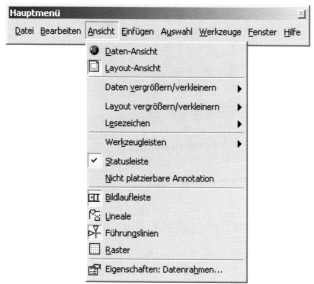

Abb. 6.4: Menü „Ansicht"

Das Menü „Ansicht" (Abb. 6.4) bietet, neben den wichtigsten Zoomfunktionen und der Möglichkeit, in Daten- bzw. Layout-Ansicht zu wechseln, die Option, Lesezeichen zu erstellen und zu verwalten. Haben Sie einmal für eine bestimmte Ausdehnung eines Datenrahmens ein Lesezeichen angelegt, können Sie diesen Ausschnitt zu jedem Zeitpunkt wiederherstellen. Lesezeichen sind vor allem dann unverzichtbar, wenn im Layout angelegte Elemente (z. B. eine Betextung) genau für einen bestimmten Ausschnitt eines Datenrahmens angepasst wurden und Sie deshalb nach der Bearbeitung auf die Wiederherstellung exakt dieses Ausschnitts angewiesen sind. Wie Sie zur Erstellung eines räumlichen Lesezeichens vorgehen müssen, erfahren Sie in Kapitel 10.7.

Unter „Werkzeugleisten" können Sie in einer Liste mit allen in ArcMap verfügbaren Menüs die von Ihnen benötigten Werkzeugleisten ein- bzw. ausblenden. Dieselbe Liste öffnet sich als Kontextmenü, wenn Sie an beliebiger Stelle auf Ihrer ArcMap Desktop-Oberfläche außerhalb des Inhaltsverzeichnisses und des Kartenfensters die rechte Maustaste drücken.

   TIPP: Beachten Sie, dass es zur Nutzung von optionalen Erweiterungen (siehe Kap. 13), die registriert oder lizensiert werden müssen (z. B. Spatial Analyst oder Geostatistical Analyst), nicht genügt, die Werkzeugleisten einzublenden. Es ist zusätzlich eine Aktivierung der Extensions unter *Werkzeugleiste „Hauptmenü"* ⇨ *„Werkzeuge"* ⇨ *„Erweiterungen…"* notwendig.

Der Menüeintrag „Anpassen…" öffnet ein Dialogfenster, das es dem Nutzer ermöglicht, selbst neue Werkzeugleisten zu erzeugen bzw. bereits bestehende ArcMap Werkzeugleisten nach seinen Bedürfnissen zu verändern. Genaueres dazu finden Sie in den Kapiteln 6.1.3.1 und 6.1.3.17.

Der Befehl „Nicht platzierbare Annotations" öffnet eine Liste mit denjenigen Texten, die bei der Umwandlung der Beschriftung in Annotations (siehe Kap. 6.9) nicht platziert werden konnten, ohne andere Texte zu überlappen. Das Kontextmenü innerhalb dieser Liste ermöglicht es, jeden einzelnen im Zuge der Konvertierung auftretenden Problemfall gesondert zu behandeln.

Des Weiteren können Sie im Menü „Ansicht" Status- und Bildlaufleiste sowie Lineale, Führungslinien und Raster der Layout-Ansicht ein- und ausschalten.

Der Menüeintrag „Eigenschaften: Datenrahmen…" öffnet ein Dialogfenster, in dem sich einige grundlegende Einstellungen zur Kartenerstellung im aktiven Datenrahmen vornehmen lassen. Die Eigenschaften des Datenrahmens können auch im Inhaltsverzeichnis über *Kontextmenü des Datenrahmens* ⇨ „*Eigenschaften…*" aufgerufen werden. Genaueres zu den Funktionen des Dialogfensters „Datenrahmen: Eigenschaften" entnehmen Sie bitte Kapitel 6.2.

Dasselbe Dialogfenster erreichen Sie, wenn Sie im Inhaltsverzeichnis den gewünschten Datenrahmen doppelklicken.

6.1.2.4 Menü „Einfügen"

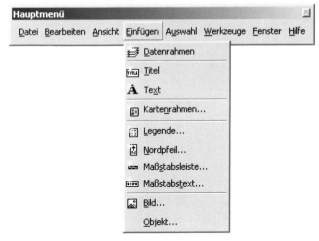

Abb. 6.5: Menü „Einfügen"

Mit den im Menü „Einfügen" (Abb. 6.5) enthaltenen Funktionen können Sie Ihrem ArcMap Dokument verschiedene Elemente hinzufügen.

Der Befehl „Datenrahmen" erweitert Ihr Inhaltsverzeichnis und Ihr Layout um einen neuen, leeren Datenrahmen. Das Hinzufügen eines weiteren Datenrahmens ist beispielsweise dann sinnvoll, wenn Sie im Layout eine Übersichtskarte verwenden wollen. Zur Erstellung eines Layouts lesen Sie bitte Kapitel 10.7.

Texte (hier: Textfelder), Bilder (Rasterbilder, z. B. BMP) und Objekte (hier: Objekte anderer Windows-Anwendungen, z. B. Word-Dokumente oder Excel-Diagramme) können sowohl in die Layout- als auch in die Daten-Ansicht eingefügt werden, während Kartenrahmen, Legende, Nordpfeil, Maßstabsleiste und Maßstabstext nur der Layout-Ansicht hinzugefügt werden können.

6.1.2.5 Menü „Auswahl"

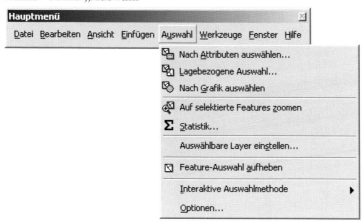

Abb. 6.6: Menü „Auswahl"

Im Menü „Auswahl" (Abb. 6.6) stellt ArcMap dem Nutzer die wichtigsten Befehle und Funktionen rund um die attributs-, lagebezogene und interaktive Selektion von Features der Layer des aktiven Datenrahmens zur Verfügung.

ArcMap eröffnet mehrere verschiedene Möglichkeiten zur Auswahl von Objekten eines Layers. Welche Methoden bzw. Kombinationen von Methoden zur Anwendung kommen, hängt von der konkreten Fragestellung ab.

Der Menüpunkt „Nach Attributen auswählen…" öffnet ein Dialogfenster, mit dem Sie per SQL-Abfrage auf ein frei wählbares Feld der Sachdaten eines Layers im aktiven Datenrahmen eine Abfrage nach bestimmten Kriterien durchführen können. Mehr zum Thema Abfragen lesen Sie in Kapitel 10.4.2.

Das Dialogfenster „Lagebezogene Auswahl" stellt dem Nutzer eine Reihe von Methoden zur Verfügung, mit dem Features basierend auf ihrer Lage in Bezug auf andere Features ausgewählt werden können.

Mit „Nach Graphik auswählen" werden Features des aktiven Datenrahmens danach ausgewählt, ob sie innerhalb einer markierten Graphik liegen. Bei der zugrunde liegenden Graphik kann es sich beispielsweise um ein mit den Hilfsmitteln der Werkzeugleiste „Zeichnen" erstelltes graphisches Objekt oder ein über *Hauptmenüleiste* ⇨ *„Einfügen"* ⇨ *„Bild…"* hinzugefügtes Rasterbild handeln.

„Auf selektierte Features zoomen" zoomt auf eine Ausdehnung, die alle Features einschließt, die aktuell in allen Layern ausgewählt sind.

Auf die Selektion nur eines bestimmten Layers können Sie folgendermaßen zoomen: *Kontextmenü des Layers im Inhaltsverzeichnis* ⇨ *„Auswahl"* ⇨ *„Auf selektierte Features zoomen"*.

Der Befehl „Statistik" zeigt Statistiken und eine Häufigkeitsverteilung für numerische Attribute der Features in denjenigen Layern an, in denen momentan Features ausgewählt sind.

Der Menüpunkt „Auswählbare Layer einstellen…" öffnet ein Dialogfenster mit einer Layer-Liste, in der Sie durch die Aktivierung oder Deaktivierung der Kontrollkästchen bestimmen können, aus welchen Layern Features mit interaktiven Methoden selektiert werden können.

 TIPP: Zur Einstellung der selektierbaren Layer können Sie auch die Registerkarte „Auswahl" des ArcMap Inhaltsverzeichnisses verwenden (siehe Kap. 6.1.4).

 NEU: In ArcGIS 9.1 steht im Kontextmenü eines Layers unter „Auswahl" ein Befehl zur Verfügung, der den aktuellen Layer als einzigen selektierbaren Layer festlegt.

„Feature-Auswahl aufheben" hebt die Selektion der Features aller Layer des aktiven Datenrahmens auf.

Die Selektion innerhalb eines bestimmten Layers können Sie folgendermaßen aufheben: *Kontextmenü des Layers im Inhaltsverzeichnis* ⇨ *„Auswahl"* ⇨ *„Auswahl aufheben".*

Unter „Interaktive Auswahlmethode" legen Sie außerdem fest, wie Ihre interaktive Selektion per Mausklick im Bezug auf evtl. bereits ausgewählte Features behandelt wird.

Es gibt in ArcMap verschiedene interaktive Auswahlmethoden. Eine davon ist das Werkzeug „Features auswählen" der Werkzeugleiste „Werkzeuge" (Kap. 6.1.3.3). Zu den interaktiven Auswahlmethoden gehören außerdem der oben bereits erklärte Befehl „Nach Graphik auswählen" sowie die Werkzeuge „Editieren" in der Werkzeugleiste „Editor" (Kap. 6.1.3.4) und „Elemente auswählen", zu finden in den Werkzeugleisten „Zeichnen" (Kap. 6.1.3.6), „Werkzeuge" (Kap. 6.1.3.3) und „Räumliche Anpassung" (Kap. 6.1.3.9).

Der Menüpunkt „Optionen…" schließlich bietet dem Nutzer weitere Möglichkeiten zur Steuerung der Auswahlfunktionen. Sie können hier beispielsweise einstellen, ob beim Aufziehen einer Box mit dem Werkzeug „Features auswählen" (Werkzeugleiste „Werkzeuge") nur diejenigen Features selektiert werden, die sich ganz in der Box befinden oder zusätzlich diejenigen, die von der Box nur angeschnitten werden. Auch den Suchradius („Auswahltoleranz"), der beim interaktiven Auswählen mit verschiedenen Werkzeugen verwendet wird, und die Farbe, mit der die aktuell selektierten Features kenntlich gemacht werden, können Sie hier ändern. Welche Einstellungen Sie im Dialogfenster „Optionen" ändern, hängt stark von Ihren persönlichen Präferenzen beim Arbeiten mit ArcMap ab. Für Ihre ersten Projekte ist es sicherlich empfehlenswert, die Standard-Einstellungen zu belassen.

 NEU: Unter *Hauptmenüleiste* ⇨ *„Auswahl"* ⇨ *„Optionen…"* kann nun auch für Hyperlinks die Auswahltoleranz festgelegt werden (Genaueres siehe Kap. 11.3).

6.1.2.6 Menü „Werkzeuge"

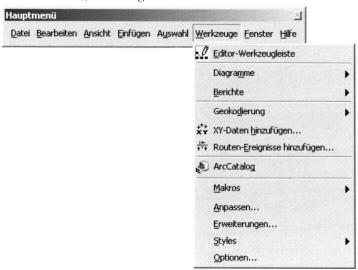

Abb. 6.7: Menü „Werkzeuge"

Das Menü „Werkzeuge" (Abb. 6.7) beinhaltet wichtige, teils sehr komplexe Funktionen, Werkzeuge und Anwendungen, bei deren Ausführung der Nutzer teilweise von Assistenten unterstützt wird.

Der Menüeintrag „Editor-Werkzeugleiste" blendet die für die Bearbeitung Ihrer Kartendaten unverzichtbare Werkzeugleiste „Editor" (Kap. 6.1.3.4) ein bzw. aus.

Unter *„Diagramme"* ⇨ *„Erstellen..."* können Sie mit Hilfe eines Assistenten aus den Attributen eines beliebigen Layers oder einer Tabelle ein Diagramm in einem Diagramm-Fenster erzeugen.

„Diagramme" ⇨ *„Verwalten..."* öffnet den Diagramm-Manager. Hier können Sie aus einer Liste jedes im Moment in Ihrem Kartendokument vorhandene Diagramm öffnen, dem Layout hinzufügen oder löschen.

Das Kontextmenü in der Titelleiste eines geöffneten Diagramm-Fensters eröffnet einige wichtige Optionen zur weiteren Bearbeitung und Verwendung des Diagramms:

„Auf Layout anzeigen" übernimmt das Diagramm in die Layout-Ansicht. Mit „Jetzt neu laden" passt sich das Diagramm an veränderte Daten an. Haken Sie „Automatisch neu laden" an, damit diese Aktualisierung automatisch stattfindet. Unter „Speichern..." können Sie das Diagramm zur Verwendung in einer anderen Karte als GRF-Datei an einer beliebigen Stelle abspeichern. „Drucken" sendet Ihr Diagramm direkt als Druckauftrag an den Windows-Standarddrucker. Der Menüeintrag „Exportieren..." ermöglicht einen Export des Diagramms als Rasterdatei in den Formaten BMP, WMF, JPG und PNG.

Der Befehl „Berichte" öffnet ein Dialogfenster mit mehreren Registern, das es dem Nutzer ermöglicht, basierend auf den Feldeinträgen der Attribut-Tabelle einen sog. Bericht in

Tabellenform zu erstellen und diesen dem Layout als zusätzliche Information hinzuzufügen.

„Geokodierung" erstellt mit Hilfe von Referenzdaten z. B. für eine bestehende Tabelle mit Adresse, Postleitzahl und Ort XY-Koordinaten, die anschließend lagerichtig visualisiert werden können. Die Referenzdaten sind GIS-Feature-Klassen, die die entsprechenden Adress-Attribute enthalten. Die Referenzdaten müssen in der Regel von Datendienstleistern (z. B. NAVTEQ, Tele Atlas) bezogen werden. Um die Geokodierung durchzuführen, muss vorher in ArcCatalog ein neuer Adressen-Locator erstellt werden, in dem unter anderem die Empfindlichkeit der Schreibweise, „Ortsname-Alias-Tabelle" und bestimmte Ausgabefelder definiert werden können.

„XY-Daten hinzufügen…" erstellt einen Punkte-Layer aus Tabellen oder Textdateien, die separate Felder mit X- und Y-Koordinaten enthalten. Der neue Layer beinhaltet für jeden Datensatz der Tabelle einen Punkt, dessen Koordinaten den vorher definierten Einträgen der XY-Datenfelder entsprechen. Ändern Sie die Koordinaten in der Tabelle, so wirkt sich dies auch auf die Lage der Punkte im Datenfenster aus. Alternativ zu Tabellen kann auch eine Textdatei als Datenquelle dienen, sofern diese klar getrennte Koordinaten-Einträge aufweist.

„Routen-Ereignisse hinzufügen…" erstellt ein Punktereignis auf einer Route oder beschreibt im Falle eines Linienereignisses einen Routenabschnitt. Eine Route ist ein Linienlayer, der über zusammenhängende Linienteile hinweg diese zu einer Route zusammenfasst (z. B. Buslinien). Diese tragen intern ein Maßsystem, das die Bemaßung einer Route erlaubt. (Die Spalte „Shape" der Attribut-Tabelle enthält als Eintrag „Polyline M"). Seit der Version 9.1 können Routen mit ArcView nicht nur erstellt, sondern auch analysiert werden. Um Routen-Ereignisse hinzufügen, benötigt man eine Routenereignistabelle, die mindestens zwei Felder enthält (Routenkennung und Messwertposition). Mehr zum Thema Routen erfahren Sie in Kapitel 6.8.

Der Befehl „ArcCatalog" öffnet die ArcGIS Anwendung ArcCatalog (siehe Kap. 5).

Der Befehl „Makros" erlaubt es, in ArcMap mit Hilfe der Programmiersprache „VisualBasic for Applications" (VBA) eigene Routinen zu programmieren, die z. B. standardisierte Befehlsabfolgen automatisiert durchführen. Es können auch neue Schaltflächen oder Werkzeugleisten programmiert werden, die mit Hilfe des Makro-Befehls ausgeführt werden können.

„Anpassen…" öffnet das Dialogfenster „Anpassen", mit dem Sie u. a. Werkzeugleisten erstellen und verändern können. Dieses Dialogfenster können Sie auch über *Werkzeugleiste „Hauptmenü"* ➭ *„Ansicht"* ➭ *„Anpassen…"* sowie im Kontextmenü an beliebiger Stelle auf Ihrer ArcMap Desktop-Oberfläche außerhalb des Inhaltsverzeichnisses und des Kartenfensters unter „Anpassen…" erreichen. Eine genauere Beschreibung des Dialogfensters „Anpassen" finden Sie in Kapitel 6.1.3.

„Erweiterungen…" öffnet ein Dialogfenster, das sämtliche Erweiterungen auflistet, die auf Ihrem System installiert und unter ArcMap anwendbar sind. In der Liste des Dialogfensters tauchen übrigens auch jene Erweiterungen auf, die gesondert registriert oder lizenziert werden müssen – unabhängig davon, ob die entsprechende Lizenz im Lizenz-Manager auch verfügbar ist. Nicht lizenzierte Erweiterungen können natürlich nicht aktiviert werden. Zur Installation und Lizenzierung von Erweiterungen lesen Sie bitte Kapitel 13.

Bei der Standardisierung Ihrer Kartensymbole und -layouts helfen Ihnen die so genannten
Styles. Styles sind Dateien, die vorab definierte Symbole, Symboleigenschaften, Farben
und Kartenelemente enthalten.

Der Befehl „Styles" öffnet ein Untermenü, das Ihnen den Zugriff auf alle in Ihrem System
vorhandenen Styles ermöglicht.

Im Dialogfenster „Style Referenzen" legen Sie fest, welche Styles in dieser Karte zur
Verfügung stehen sollen. ArcGIS stellt Ihnen dazu eine ganze Reihe vorgefertigter Styles
zur Verfügung. Sollte der von Ihnen gewünschte Style nicht in der Liste auftauchen,
können Sie ihn über „Hinzufügen…" manuell dazuladen.

Der „Style Manager" (Abb. 6.8) dient der Verwaltung und Bearbeitung der Styles. Styles
sind Symbologie-Bibliotheken verschiedenster Elemente, die als Datei (mit der Endung
*.style) gespeichert werden. Sie können hier neue Styles anlegen und diese bearbeiten bzw.
die bereits von ESRI mitgelieferte Styles nach für Sie passenden Symbolen durchsuchen.

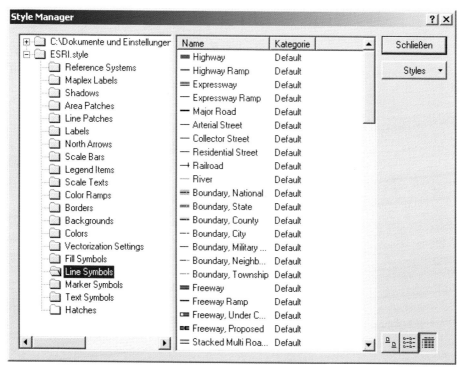

Abb. 6.8: Style Manager

Im linken Fenster des Style Manager sehen Sie in einer Ordnerstruktur die momentan für
die Karte verfügbaren Styles. Standardmäßig befinden sich hier der Style des jeweils
angemeldeten Nutzers sowie der ESRI.style. Wenn Sie weitere Styles hinzufügen möchten,
können Sie dies jederzeit über den Schalter „Styles" auf der rechten Seite des Fensters
durch Anhaken des entsprechenden Styles tun. Klicken Sie links einen Style-Ordner an, so

sehen Sie in einer Liste als Unterordner alle bearbeitbaren Symbol- und Elementgruppen (Marker, Linien, Farben, Nordpfeile etc.). Befinden sich bereits Symbole in einem Unterordner, ist das Ordnersymbol gelb gefärbt, ansonsten ist es weiß. Graue Ordner sind schreibgeschützt. Markieren Sie einen Unterordner, sehen Sie im rechten Fenster die darin enthaltenen Symbole bzw. Elemente.

Wie Sie sicher schon bemerkt haben, sind die Unterordner in der deutschen Version von ArcGIS leider nicht übersetzbar. Die Bedeutung der englischen Begriffe lässt sich aber leicht herleiten, wenn Sie sich mit der linken Maustaste den Inhalt der einzelnen Unterordner, wie eben beschrieben, im rechten Fenster anzeigen lassen.

Doppelklicken Sie ein Symbol oder Element, wenn Sie es bearbeiten wollen.

Um für Karten eines bestimmten Typs (z. B. geologische Karten) Standards für Zeichenvorschriften einhalten zu können, lohnt es sich, aus Gründen der Rekonstruierbarkeit einen neuen Style anzulegen. Wie Sie einen neuen Style anlegen bzw. wie Sie Symbole erstellen und bearbeiten, lesen Sie in Kapitel 10.2. Es empfiehlt sich, die original ESRI Styles nicht zu ändern. Vielmehr sollten Sie einzelne Symbole, Kartenelemente etc., die Sie als Vorlage benötigen, mit *Kontextmenü des Symbols* ⇨ *„kopieren"* in den Zwischenspeicher legen und anschließend im selbst angelegten Style über *Kontextmenü des rechten Fensters* ⇨ *„Einfügen"* ablegen. Mit dem selben Kontextmenü können Sie bestehende Symbole ändern und neue Symbole anlegen und bearbeiten.

Der Befehl „Karten-Styles exportieren..." schließlich versetzt Sie in die Lage, einen gesonderten Style zu erstellen, in dem alle in Ihrem Kartendokument verwendeten Symbole, Kartenelemente, Farben etc. enthalten sind. Den exportierten Style können Sie problemlos an andere Nutzer weitergeben. Aktivieren Sie den Style wie oben bereits beschrieben im Dialogfenster „Style-Referenzen", wenn Sie auf die darin enthaltenen Elemente und Symbole zur Erstellung weiterer Karten zugreifen wollen.

Mit dem letzten Befehl des Menüs „Werkzeuge", „Optionen..." öffnen Sie ein Dialogfenster mit mehreren Registern, in denen Sie verschiedene Einstellungen für Ihre Arbeit mit ArcMap treffen können. Optionen, die hier geändert werden, wirken sich nicht nur auf die aktuelle Karte, sondern auf alle ArcMap Sitzungen aus. Der überwiegende Anteil dieser Einstellungen ist standardmäßig so getroffen, dass sie vom Nutzer nicht geändert werden müssen. Die wichtigsten Einstellungen der Register seien hier kurz erwähnt.

Im Register „Allgemein" können Sie den sog. Startdialog ein- oder ausschalten. Ist er eingeschaltet, fragt ArcMap zu Beginn einer jeden Sitzung, ob Sie mit einer neuen, leeren Karte, einer Vorlage oder einem vorhanden Dokument starten wollen. Einige Befehle in ArcMap, so beispielsweise Werkzeugleiste *„Hauptmenü"* ⇨ *„Einfügen"* ⇨ *„Legende..."*, starten einen Assistenten, der den Nutzer durch einen komplexeren Bearbeitungsprozess o. Ä. führt. Verhindern Sie dies, indem Sie durch Deaktivierung der Checkbox „Assistenten anzeigen (falls vorhanden)" den standardmäßig eingeschalteten Assistenten-Modus ausschalten.

Im Register „Daten-Ansicht" kann u. a. die Bildlaufleiste der Daten-Ansicht ein- und ausgeschaltet werden.

Das Register „Layout-Ansicht" beinhaltet einige Einstellungen, die dem Nutzer die Erstellung eines Layouts erleichtern. So können beispielsweise Bildlaufleisten, Lineale und Raster ein- und ausgeblendet werden. Legen Sie des Weiteren fest, ob Elemente Ihres Layouts, wie Datenrahmen, Legende etc., mit einer frei wählbaren Snap-Distanz an Raster, Linealen usw. gefangen werden sollen.

Im Register „Geoverarbeitung" kann der erfahrene Nutzer allgemeine Einstellungen zu Geoverarbeitungsfunktionen treffen. Lesen Sie zum Thema Geoverarbeitung bitte die Kapitel 9 und 10.8.

Im Register „Tabellen" können Sie u. a. das Aussehen von Tabellen bei der Darstellung in ArcMap beeinflussen.

Im Register „Raster" können Sie Einstellungen im Bezug auf die Darstellung von Raster-Datasets ArcMap treffen. Um die Anzeige großer Rasterdaten zu beschleunigen, kann ArcMap sog. Pyramiden erstellen, die eine maßstabsabhängige Darstellungsgenauigkeit ermöglichen. Einmal erstellt, stehen die Pyramiden des entsprechenden Rasterfiles für alle kommenden ArcMap und ArcCatalog Sitzungen zur Verfügung. Im Unterregister „Allgemein" können Sie wählen, ob beim Hinzuladen von Raster-Datasets generell immer oder nie Pyramiden erzeugt werden sollen oder ob ArcMap Sie jedes Mal danach fragen soll. Im Unterregister „Rasterkatalog-Layer" bestimmen Sie, ob bzw. ab der Anzeige von wie vielen Einzelrastern nur die Rahmen anstatt der Rasterdaten angezeigt werden sollen.

Register „CAD" enthält ein einziges Kontrollkästchen, mit dem Sie die Überprüfung aller Dateien auf DGN-Kompatibilität aktivieren können. Die Aktivierung lohnt sich, wenn der Verdacht besteht, bei bestimmten Dateien könnte es sich um Design-Dateien des CAD-Programms MicroStation handeln, die jedoch mit abweichenden Endungen (nicht „*.dgn") gespeichert wurden.

Zu möglichen Änderungen im Register „Inhaltsverzeichnis" lesen Sie bitte Kapitel 6.1.4.1.

6.1.2.7 Menü „Fenster"

Abb. 6.9: Menü „Fenster"

Der Menüeintrag „Übersicht" öffnet ein verschiebbares, in der Größe veränderliches Übersichtsfenster, das die komplette Ausdehnung eines beliebigen Layers, sowie, als darüber liegendes Rechteck, die Position und Ausdehnung Ihres momentanen Kartenfensters zeigt. Das Übersichtsfenster gibt dem Nutzer während der detaillierten Bearbeitung der Daten stets einen Anhaltspunkt darüber, wo sich innerhalb des Datenrahmens das Kartenfenster gerade befindet. Im Kontextmenü der Titelleiste des

Übersichtsfensters können Sie unter „Eigenschaften" weitere Einstellungen treffen. Aus einer Liste der im aktiven Datenrahmen vorhandenen Layer kann der „Referenz-Layer", d. h. derjenige Layer, der als Hintergrund des Übersichtsfensters dient und seine Gesamtausdehnung definiert, ausgewählt werden. Außerdem können Sie hier die Hintergrundfarbe des Fensters und die Darstellung des Ausschnitts-Kästchens anpassen.

Verschieben Sie das Ausschnitts-Rechteck auf dem Fenster oder ändern seine Größe, passt sich auch Ihr Kartenfenster unverzüglich an die neue Ausdehnung an.

Der Menüeintrag „Lupe" öffnet das ebenfalls frei verschiebbare, in seiner Größe änderbare Lupen-Fenster. Die Lupe ermöglicht es dem Nutzer, einen kleinen Kartenausschnitt vergrößert zu betrachten, ohne dafür die Kartenausdehnung zu ändern. Zu den Einstellungen gelangen Sie über das *Kontextmenü der Titelleiste des Lupenfensters* ⇨ *„Eigenschaften…"*. Hier können Sie den Vergrößerungsfaktor bzw. einen festen Maßstab für das Lupenfenster festlegen. Im sog. Live-Modus zeigt die Lupe immer den genau unter ihr liegenden Datenausschnitt des Kartenfensters an. Aktivieren Sie im Kontextmenü „Snapshot" bzw. schalten auf „Schnappschuss" in den Eigenschaften, wird der gerade angezeigte Vergrößerungs-Ausschnitt unabhängig davon, wohin Sie die Lupe verschieben, beibehalten. Sie können innerhalb des Lupenfensters selektieren und auch editieren

Übersicht und Lupe sind nur in der Daten-Ansicht verfügbar. Beide Fenster beachten die maßstabsabhängigen Darstellungseinstellungen der Layer.

Des Weiteren können Sie im Menü „Fenster" die Desktop-Elemente „Inhaltsverzeichnis" (Kap. 6.1.4), „ArcToolbox" (Kap. 9) und „Befehlszeile" zu- und abschalten. Im Befehlszeilenfenster kann der fortgeschrittene Benutzer manuell Geoverarbeitungsbefehle eingeben und ausführen lassen.

6.1.2.8   Menü „Hilfe"

Abb. 6.10: Menü „Hilfe"

Das Menü „Hilfe" beinhaltet die für Einsteiger wie erfahrene Nutzer unentbehrlichen Hilfsfunktionen „ArcGIS Desktop Hilfe" (auch über Taste F1) und „Direkthilfe".

Die ArcGIS Desktop Hilfe stellt dem Nutzer umfangreiche Erklärungen und Beschreibungen zu allen ArcGIS Funktionen inkl. aller Erweiterungen zur Verfügung.

NEU: In ArcGIS 9.1 steht mit der „ArcGIS Desktop Help Online" ein weiterer Hilfeeintrag zur Verfügung, der auf die stets englischsprachige aber immer aktuelle Online Web-Hilfe verweist.

Im Register „Inhalt" haben Sie über ein systematisches Inhaltsverzeichnis Zugriff auf die Desktop-Hilfe. Unter „Index" können Sie in einem alphabetischen Stichwortverzeichnis nach einem bestimmten Wort suchen lassen. Das Register „Suchen" erlaubt über das Eingabefeld „Suchbegriff(e) eingeben" die Suche nach Hilfethemen. Durch Verwendung von Wortverbindungen, Platzhaltern, Booleschen Operatoren und geschachtelten Ausdrücken können Sie Ihre Suche erweitern bzw. konkretisieren. Groß- und Kleinschreibung werden dabei nicht unterschieden. Zur Suche nach Wortverbindungen setzen Sie Anführungszeichen am Anfang und am Ende der Begriffskette (z. B. „neues Gitternetz"). Als Platzhalter verwenden Sie „?" für nur ein Zeichen und „*" für ein oder mehrere Zeichen (z. B. Maßstab*). Mit Hilfe der Booleschen Operatoren AND, OR, NOT und NEAR können Sie zur Konkretisierung Ihrer Suche Ausdrücke formulieren.

In Tabelle 6.1 sind beispielhaft einige Such-Abfragen in der Desktop-Hilfe mit den jeweiligen Suchergebnissen aufgeführt.

Tab. 6.1: Such-Abfragen in der Desktop-Hilfe

Ausdruck	Suchergebnis
Rahmen	Themen, die genau das Wort „Rahmen" enthalten
*Rahmen	Themen, die „Rahmen" als Einzelwort oder als letzten Teil eines Wortes enthalten
Rahmen	Themen, die „Rahmen" als Einzelwort oder als Teil eines Wortes enthalten
Rahmen NOT Datenrahmen	Themen, die „Rahmen" als Einzelwort oder als Teil eines Wortes, nicht jedoch das Wort „Datenrahmen" enthalten
Rahmen AND Ansicht	Themen, die sowohl genau das Wort „Rahmen" als auch genau das Wort „Ansicht" enthalten
Rahmen OR Ansicht	Themen, die entweder genau das Wort „Rahmen" oder genau das Wort „Ansicht" oder beide enthalten
„Stützpunkt löschen"	Themen, die die Wortverbindung „Stützpunkt löschen" an sich und alle ihre grammatischen Varianten enthalten
Stützpunkt NEAR löschen	Themen, die das Wort „Stützpunkt" innerhalb der nächsten acht Wörter vom Wort „löschen" aus enthalten

Bei komplexeren Abfragen ist eine Schachtelung des Ausdrucks mittels Klammern bis auf fünf Ebenen möglich. Die Ausdrücke in den Klammern werden dabei immer vor dem Rest der Abfrage behandelt.

Um jederzeit zu einem bestimmten Hilfethema zurückkehren zu können, fügen Sie das aktuell geöffnete Thema im Register „Favoriten" der Favoritenliste hinzu. Im Textfenster unter „Aktuelles Thema" können Sie dem Thema zuvor eine individuelle Beschreibung geben.

 TIPP: Auch nach Installation der deutschen Oberfläche kann es sich bei konkreteren Fragestellungen lohnen, die ArcGIS Desktop Hilfe zusätzlich nach englischen Begriffen suchen zu lassen. Nicht alle Hilfethemen und Tipps wurden ins Deutsche übersetzt und liegen deswegen nur in der englischen Version vor.

Nach dem Anklicken des Befehls „Direkthilfe" (auch *Werkzeugleiste „Standard"* ⇨ *Direkthilfe-Werkzeug*) wird Ihr Mauszeiger mit einem Fragezeichen markiert. Dieses ist ein Hinweis darauf, dass sich beim nächsten Mausklick auf einen Befehl in einem Pulldown-Menü oder in einer Werkzeugleiste ein Textfenster mit einem Hilfstext zu diesem Steuerelement öffnet. Wenn Sie den Hilfstext an einen Drucker schicken wollen, klicken Sie auf diesem Fenster die rechte Maustaste und anschließend auf „Thema drucken".

Benötigen Sie die Direkthilfe zu Befehlen in einem Kontextmenü, platzieren Sie den Mauszeiger auf diesem Befehl und drücken Umschalttaste + Taste F1.

Daneben finden Sie im Menü „Hilfe" verschiedene Internet-Links. Diese beziehen sich allerdings auf die Webseiten von ESRI USA. Das Internetportal von ESRI Deutschland finden Sie unter der Adresse http://www.esri-germany.de/.

Beim „GIS-Wörterbuch" handelt es sich um eine englischsprachige Auflistung von Begriffen der GIS-Welt. Das „GIS Dictionary" kann nach einzelnen Begriffen durchsucht werden.

Damit Sie sich beim „ESRI Support Center" registrieren lassen können, benötigen Sie einen entsprechenden Wartungsvertrag in den USA. Für Nutzer in Deutschland ist dieser Link normalerweise uninteressant. Nehmen Sie bzgl. Support, Updates etc. Kontakt mit dem ESRI Vertriebspartner auf, bei dem Sie Ihre Lizenz bzw. Ihren Wartungsvertrag erworben haben. Wenn Sie im Rahmen dieses Buches eine ArcGIS Evaluation-CD angefordert haben und dazu Fragen haben, wenden Sie sich bitte per E-Mail an folgende Adresse: info@gi-geoinformatik.de.

Unter *„ESRI Training"* ⇨ *„Schulung"* finden Sie Schulungstermine in den USA. Der entsprechende Link für Deutschland wäre http://www.esri-germany.de/schulung/index.html. Der „Virtual Campus" bietet die Möglichkeit, an englischsprachigen, teils kostenpflichtigen Online-Schulungen zu ESRI Produkten teilzunehmen.

Die Website „ArcGIS Developer" richtet sich nicht an GIS-Einsteiger, sondern an Anwender und Programmierer, die in der Entwicklungsumgebung „ArcObjects" arbeiten. Sie finden hier evtl. hilfreiche Tools und Beispielerweiterungen.

6.1.3 Werkzeugleisten

6.1.3.1 Allgemein

Wie die meisten Windows-kompatiblen Anwendungen verfügen auch die ArcGIS Desktop-Anwendungen über zu thematischen Einheiten zusammengefasste Befehlsgruppen, die so genannten Werkzeugleisten. Dieser Begriff ist etwas irreführend, denn Werkzeugleisten können prinzipiell alle in ArcMap und ArcCatalog verfügbaren Befehlsarten enthalten. Dazu zählen neben den Werkzeugen auch Menüs, Schaltflächen, Bearbeitungs- und Kombinationsfelder. Beispiel: Auch die Hauptmenüleiste (siehe Kap. 6.1.2) wird als Werkzeugleiste bezeichnet, obwohl sie ausschließlich Menüs enthält.

ArcMap stellt dem Nutzer eine große Anzahl von bereits vorgefertigten anwendungseigenen Werkzeugleisten zur Verfügung. Unter *Hauptmenüleiste* ⇨ *„Ansicht"* ⇨ *„Werkzeugleisten"* können Sie in einer Liste dieser verfügbaren Werkzeugleisten die von Ihnen benötigten ein- bzw. ausblenden. Die eingeblendeten Leisten sind auf Ihrer Arbeitsoberfläche per Drag&Drop frei positionierbar. Dieselbe Liste öffnet sich als Kontextmenü, wenn Sie an beliebiger Stelle auf Ihrer ArcMap Desktop-Oberfläche außerhalb des Inhaltsverzeichnisses und des Kartenfensters die rechte Maustaste drücken. Der Menüeintrag „Anpassen…" innerhalb des Kontextmenüs öffnet ein gleichnamiges Dialogfenster, das im Register „Werkzeugleisten" nochmals alle zur Verfügung stehenden ArcMap Werkzeugleisten auflistet. Unter „Neu…" können Sie beliebig viele, neue, leere Werkzeugleisten anlegen. Wie Sie von Ihnen selbst neu angelegte Werkzeugleisten bestücken können, erfahren Sie in Kapitel 6.1.3.17.

Die Schaltfläche „Tastatur" leitet zu einem Menü, in dem Sie jedem beliebigen Befehl eine Tastenkombination („Shortcut") zuordnen können. Wählen Sie dazu im rechten Feld den gewünschten Befehl der auf der linken Seite unter „Kategorien" markierten Werkzeugleiste aus und legen Sie im Feld links unten die Tastenkombination (z. B. Strg+Z) fest. Klicken Sie dann auf „Zuweisen". Ist Ihre Tasten-Kombination für ArcMap interpretierbar, taucht sie rechts unter „Aktuelle Taste(n)" auf. Beachten Sie, dass bereits zugewiesene Tastenkombinationen bei nochmaliger Zuweisung ihre ehemalige Funktion verlieren.

Das Register „Befehle" gibt einen Überblick über sämtliche Befehle, die Ihnen ArcMap zur Verfügung stellt. Die Befehle werden der Übersichtlichkeit halber zu sog. Kategorien zusammengefasst. Markieren Sie links eine Kategorie, so listet das rechte Fenster die dieser Kategorie zugeordneten Befehle auf. Per Drag&Drop können Sie jeden beliebigen Befehl aus der Liste herausziehen und in einer bereits auf dem Desktop vorhandenen Werkzeugleiste (sei es in eine von Ihnen vorher im Register „Werkzeugleisten", wie in Kapitel 6.1.3.17 beschrieben, neu angelegte oder in eine von ArcMap zur Verfügung gestellte Leiste) an der gewünschten Stelle ablegen. Wenn Sie einem ArcMap Kontextmenü Befehle hinzufügen wollen, gehen Sie folgendermaßen vor: Aktivieren Sie im Register „Werkzeugleisten" den Eintrag „Kontextmenüs". Auf Ihrem Desktop erscheint die Werkzeugleiste „Kontextmenüs", in deren Dropdown-Menü „Kontextmenüs" sämtliche in ArcMap zur Verfügung stehenden Kontextmenüs in Form von Untermenüs zu finden sind. Ziehen Sie aus der Befehlsliste im Register „Befehle", wie oben bereits beschrieben, den gewünschten Befehl in das geöffnete Kontextmenü und legen Sie es dort an der gewünschten Stelle ab.

Der Button „Beschreibung" liefert eine Kurzbeschreibung des von Ihnen markierten Befehls. Im Kombinationsfeld „Speichern in:" legen Sie fest, ob die von Ihnen bewirkten Veränderungen nur in diesem Kartendokument oder in der Normal.mxt-Vorlage (Standardeinstellung) gespeichert werden sollen. Im letzteren Fall wirken sich sämtliche Änderungen, die Sie vornehmen, auf alle Kartendokumente aus. Auch eventuell neu erstellte Werkzeugleisten stehen dann in allen anderen ArcMap Sitzungen zur Verfügung. Mit dem Befehl „Aus Datei hinzufügen…" können Sie weitere benutzerdefinierte Befehle hinzuladen, die aus einer Typenbibliothek (DLL), einer EXE-Datei oder einem Active-X-Steuerelement erzeugt wurden. Diese Erweiterungen der Grundfunktionalität kann aus einfachen Schaltflächen, Werkzeugleisten oder neuen Registerreitern bestehen. Derartige Bibliotheken können Sie beispielsweise auf der ESRI Website finden und herunterladen.

Das Entfernen der Erweiterungen gestaltet sich etwas komplizierter als das Hinzuladen. Starten Sie zu diesem Zweck im Windows-Explorer die Anwendung „categories.exe" im Verzeichnis ArcGIS Installationsverzeichnis\Bin und öffnen Sie im nun erscheinenden Dialogfenster „Component Category Manager" (Abb. 6.11) das Verzeichnis „ESRI Mx CommandBars". Markieren Sie nacheinander die entsprechenden Einträge der Komponenten und betätigen Sie die Schaltfläche „Remove Object".

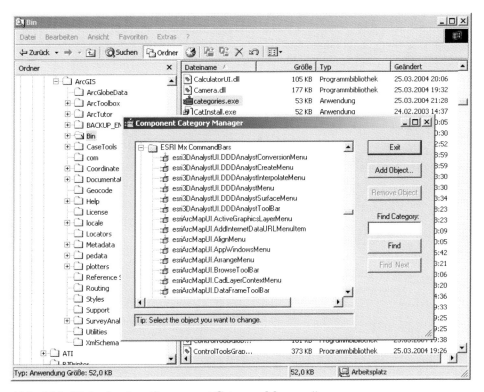

Abb. 6.11: Dialogfenster „Component Category Manager"

Das Öffnen des Dialogfensters „Anpassen" versetzt ArcMap in einen Zustand, in dem die Eigenschaften der momentan auf der Arbeitsoberfläche eingeblendeten Werkzeugleisten geändert werden können. In diesem Modus können Sie beispielsweise auch einzelne Werkzeuge aus den Werkzeugleisten Ihres Desktops herauslöschen. Rufen Sie dazu das Kontextmenü auf der entsprechenden Schaltfläche in der Leiste und anschließend „Löschen" auf. Mit Hilfe desselben Kontextmenüs können Sie für jeden Befehlsbutton noch verschiedene andere Einstellungen treffen, wie beispielsweise das Icon oder den ToolTip ändern. Beachten Sie, dass das Entfernen eines Befehls aus einer Werkzeugleiste nicht bedeutet, dass Sie diesen Befehl endgültig gelöscht haben. Er steht auch weiterhin in den im Register „Befehle" aufgeführten Listen zur Verfügung.

Mit dem Befehl „Zurücksetzen" im Register „Werkzeugleisten" sind Sie in der Lage, jede durch Sie oder andere Nutzer veränderte anwendungseigene ArcMap Menüleiste wieder in den Original-Zustand zu versetzen. Markieren Sie dazu bitte vorher unter „Werkzeugleisten:" die entsprechende Leiste, so dass sie blau hinterlegt ist und setzen Sie einen Haken in die Checkbox.

Noch zwei weitere Tipps: Tools, die im Anpassen-Modus außerhalb einer Werkzeugleiste „fallen" gelassen werden, werden gelöscht. Durch Löschen der Normal.mxt (C:\Dokumente und Einstellungen\%USER%\Anwendungsdaten\ESRI\ArcMap\Templates) wird der „Normalzustand" wiederhergestellt.

Im Anschluss soll auf die wichtigsten anwendungseigenen Werkzeugleisten eingegangen werden. Viele der hier nur kurz aufgeführten bzw. nicht erwähnten Befehle werden an geeigneter Stelle im Buch noch näher erläutert.

6.1.3.2 Werkzeugleiste „Standard"

„Neues Kartendokument": Eine neue, leere Karte wird erstellt. Wenn Sie eine neue Karte anhand einer Vorlage beginnen möchten, verwenden Sie *Hauptmenüleiste* ⇨ *„Datei"* ⇨ *„Neu..."* (Kap. 6.1.2.1).

„Öffnen" (Strg+O): Eine vorhandene Datei wird geöffnet. Falls bereits eine Karte in Bearbeitung ist, werden Sie evtl. gefragt, ob die nicht gespeicherten Änderungen gesichert werden sollen.

„Speichern" (Strg+S): Die aktuelle Karte wird einschließlich der Änderungen seit der letzten Sicherung auf Ihrem System gespeichert. Falls Sie erstmals eine neue Karte abspeichern wollen, werden Sie aufgefordert, einen Namen und einen Speicherort für die Karte anzugeben.

„Drucken": Die aktuelle Karte wird gedruckt. In einem Dialogfenster müssen Sie vorher u. a. den zu verwendenden Drucker, die Druckqualität und die Anzahl der Druckexemplare wählen. Zum Thema Seiten- und Druckereinrichtungen lesen Sie bitte Kapitel 10.7.

„Ausschneiden": Die selektierten Elemente werden ausgeschnitten und in der Zwischenablage gespeichert. Als Elemente bezeichnet man Texte, Graphiken und Objekte, die in das Karten-Layout eingefügt werden können, wie beispielsweise Nordpfeile, Datenrahmen oder Maßstabsbalken. Features können nur dann ausgeschnitten werden, wenn sich die entsprechenden Daten im Bearbeitungsmodus befinden.

„Kopieren": Die selektierten Elemente des Layouts werden in die Zwischenablage kopiert. Analog zum Befehl „Ausschneiden" (s. o.) können Features nur dann kopiert werden, wenn sich die Daten im Bearbeitungsmodus befinden.

„Einfügen": Der Inhalt der Zwischenablage wird in die Karte eingefügt.

„Löschen": Die selektierten Elemente werden gelöscht. Selektierte Features lassen sich nur löschen, wenn sich die Daten im Bearbeitungsmodus (Kap. 10.8) befinden.

 TIPP: Datenrahmen oder Layer lassen sich bequem über das Kontextmenü des jeweiligen Datenrahmens bzw. Layers im Inhaltsverzeichnis ausschneiden, kopieren, einfügen und löschen (siehe Kap. 6.1.4.2 und 6.1.4.3). Außerdem ist das Verschieben bzw. Kopieren von Datenrahmen und Layern innerhalb einer ArcMap Sitzung, aber auch von einer ArcMap Sitzung in eine andere per Drag&Drop möglich. Zum Kopieren halten Sie während des Verschiebens die Strg-Taste gedrückt.

„Rückgängig": Der Befehl oder die Aktion, die zuletzt ausgeführt wurde, wird rückgängig gemacht. Es können alle Aktionen bis zur letzten Speicherung der Karte rückgängig gemacht werden. Bei einem gerade gespeicherten Dokument ist der Befehl deswegen solange deaktiviert, bis ein Befehl oder eine Aktion durchgeführt wurde.

„Wiederholen": Der Befehl oder die Aktion, die zuletzt rückgängig gemacht wurde, wird wiederholt.

„Daten hinzufügen": Dem aktiven Datenrahmen werden geographische Daten hinzugefügt. Diese werden dann als Layer im Inhaltsverzeichnis aufgeführt. Layer beinhalten keine Daten, sondern nur die Verweise auf die Quelldaten. Sie können Daten aus Ordnern (z. B. Shapefiles, ArcInfo-Coverages und Bildern) und aus Datenbanken (z. B. Geodatabase-Feature-Classes) hinzufügen.

„Kartenmaßstab": In diesem Steuerelement wird der momentane Maßstab der Karte angezeigt. Wenn Sie auf einen bestimmten Maßstab zoomen wollen, | 1:3.000.000 ▾ | können Sie diesen manuell eingeben oder aus der Pulldown-Liste auswählen. Wenn das Eingabe-Feld deaktiviert und nicht per Mausklick anwählbar ist, kann dies verschiedene Ursachen haben: Die in den Kartendaten verwendeten Einheiten wurden von ArcMap nicht automatisch erkannt und müssen im Kontextmenü des Datenrahmens unter „Eigenschaften…" ⇨ „Allgemein" manuell angegeben werden. Eine weitere Möglichkeit: Sie haben bereits im Kontextmenü des Datenrahmens unter „Eigenschaften… ⇨ Datenrahmen" im Bereich „Ausdehnung" einen festen Maßstab definiert. Aktivieren Sie hier die Checkbox „Automatisch".

„Editor-Werkzeugleiste anzeigen": Die Werkzeugleiste „Editor" (Kap. 6.1.3.4), mit der Sie Shapefiles und Geodatabase-Feature-Klassen bearbeiten können, wird ein- bzw. ausgeblendet. Lesen Sie zum Thema Bearbeitung von Geodaten bitte das Kapitel 10.8.

„ArcCatalog": Die Anwendung ArcCatalog (Kap. 5), mit der Sie auf geographische Daten zugreifen und diese durchsuchen, prüfen und verwalten können, wird gestartet.

„ArcToolbox Fenster ein-/ausblenden": Das ArcToolbox Fenster wird ein- bzw. ausgeblendet. Lesen Sie zum Thema ArcToolbox bitte das Kapitel 9.

„Befehlszeilenfenster ein-/ausblenden": Das Befehlzeilenfenster, in dem Sie mittels manueller Eingabe Geoverarbeitungsbefehle ausführen können, wird ein- bzw. ausgeblendet.

„Direkthilfe": Entspricht dem Befehl *Hauptmenüleiste* ⇨ *„Hilfe"* ⇨ *„Direkthilfe"* (Beschreibung siehe Kap. 6.1.2.8).

6.1.3.3 Werkzeugleiste „Werkzeuge"

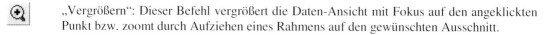

Die Werkzeugleiste „Werkzeuge" beinhaltet u. a. Befehle, die der Navigation im Kartenfenster (nur Datenansicht) sowie der Selektion und Abfrage von Features bzw. Kartenelementen dienen.

„Vergrößern": Dieser Befehl vergrößert die Daten-Ansicht mit Fokus auf den angeklickten Punkt bzw. zoomt durch Aufziehen eines Rahmens auf den gewünschten Ausschnitt.

„Verkleinern": Werkzeug „Verkleinern": Verkleinert die Daten-Ansicht mit Fokus auf den angeklickten Punkt bzw. der Fläche, die Sie durch Aufziehen eines Rahmens definieren.

„Voreingestellte Vergrößerung": Vergrößert die Daten-Ansicht auf 75% des aktuellen Maßstabs, wobei der Mittelpunkt beibehalten wird.

„Voreingestellte Verkleinerung": Verkleinert die Daten-Ansicht auf 125% des aktuellen Maßstabs, wobei der Mittelpunkt beibehalten wird.

„Bildausschnitt verschieben": Hiermit können Sie die Daten in Ihrer Karte schwenken, indem Sie die Anzeige bei gedrückter Maustaste in eine beliebige Richtung ziehen.

„Volle Ausdehnung": Zoomt auf die volle Ausdehnung aller räumlich relevanten Daten des aktiven Datenrahmens.

„Zurück zur vorherigen Ausdehnung": Zoomt auf die zuletzt angezeigte Ausdehnung des Kartenfensters.

„Vor zur nächsten Ausdehnung": Zoomt auf die Ausdehnung des Kartenfensters, die vor Ausführung des Befehls „Zurück zur vorherigen Ausdehnung" (siehe oben) angezeigt wurde.

„Features auswählen": Hiermit werden durch einmaliges Klicken oder Aufziehen eines Rechtecks geographische Features ausgewählt, die zu den auswählbaren Layern des aktiven Datenrahmens gehören. Welche Layer auswählbar sind, können Sie im Inhaltsverzeichnis-Register „Auswahl" oder unter *Hauptmenüleiste* ➪ *„Auswahl"* ➪ *„Auswählbare Layer einstellen…"* festlegen. Unter *Hauptmenüleiste* ➪ *„Auswahl"* ➪ *„Interaktive Auswahlmethode"* können Sie bestimmen, wie sich das Anklicken von Features mit diesem Werkzeug auf eine evtl. bereits bestehende Auswahl auswirkt, so beispielsweise, ob die Auswahl bereits selektierter Features aufgehoben wird oder ob die neue Auswahl der bisherigen Selektion hinzugefügt wird. Weitere Einstellungen zu dieser interaktiven Auswahlmethode können unter *Hauptmenüleiste* ➪ *„Auswahl"* ➪ *„Optionen…"* vorgenommen werden, z. B. mit welcher Farbe die ausgewählten Features markiert werden sollen.

„Elemente auswählen": Mit diesem Werkzeug können Sie keine Features, sondern Elemente auswählen. Genaueres hierzu finden Sie in der Beschreibung der Werkzeugleiste „Zeichnen" (Kap. 6.1.3.6), die dieses Werkzeug ebenfalls enthält.

„Identifizieren": Ein Mausklick auf dieses Werkzeug öffnet das Dialogfenster „Abfrage-ergebnisse" (Abb. 6.12). Wenn Sie nun auf einen Bereich in Ihrem Kartenfenster klicken, in dem sich räumliche Daten befinden, zeigt das linke Fenster in einer Art Verzeichnisstruktur die Treffer an. Die Bezeichnung der Treffer entspricht dabei dem Eintrag im unter *Kontextmenü des Layers* ⇨ *„Eigenschaften…"* ⇨ *„Felder"* als *„Primäres Anzeigefeld"* definierten Feld. Wählen Sie im linken Fenster nun ein bestimmtes Feature aus, so zeigt das Fenster rechts daneben dessen Feldwerte in der Attribut-Tabelle an.

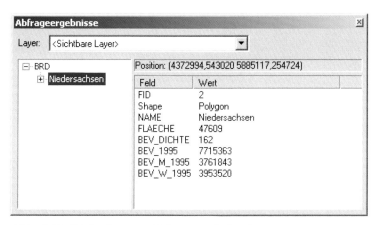

Abb. 6.12: Dialogfenster „Abfrageergebnisse"

In der Dropdown-Liste „Layer:" können Sie steuern, aus welchen Layern Features identiziert werden. Wie Sie im Fenster „Abfrageergebnisse" einzelnen Features dynamische Hyperlinks zuweisen können, lesen Sie in Kapitel 6.3.4.

TIPP: Halten Sie die Umschalttaste gedrückt, um die Ergebnisse aufeinander folgender Klicks mit dem Werkzeug „Identifizieren" im Fenster „Abfrageergebnisse" beizubehalten. Dies erleichtert das Vergleichen der Attribut-Werte verschiedener Features.

NEU: Das Dialogfenster „Abfrageergebnisse" des Werkzeuges „Identifizieren" erlaubt jetzt über ein Kontextmenü das Kopieren von einzelnen Werten in die Windows-Zwischenablage.

„Suchen": Öffnet das gleichnamige Dialogfenster, das die Suche nach einem Begriff in den Datenattributen des Kartendokuments ermöglicht. Mit *Hauptmenüleiste* ⇨ *„Bearbeiten"* ⇨ *„Suchen…"* öffnen Sie dasselbe Dialogfenster (siehe Kap. 6.1.2.2).

„Messen": Hiermit können Sie Entfernungen auf Ihrer Karte messen, indem Sie eine Messlinie mit beliebig vielen Stützpunkten zeichnen. In der Statusleiste wird der Abstand zwischen den letzten beiden abgesetzten Punkten („Segment") sowie die insgesamt zurückgelegte Distanz angezeigt und zwar in der unter *Kontextmenü des Datenrahmens* ⇨ *„Eigenschaften…"* ⇨ *Register „Allgemein"* festgelegten Anzeige-Einheit.

„Hyperlink": Klicken Sie mit diesem Werkzeug auf ein Feature, wird der diesem Feature hinterlegte Hyperlink ausgeführt. Genaues zum Thema Hyperlinks erfahren Sie in Kapitel 6.3.4.

6.1.3.4 Werkzeugleiste „Editor"

Sämtliche Bearbeitungen von geographischen Feature-Daten in ArcMap finden innerhalb so genannter Editier-Sitzungen statt. Die vorgenommenen Änderungen sind auf der Karte unmittelbar sichtbar, werden aber erst auf ausdrücklichen Befehl gespeichert. Editier-Sitzungen werden mit Hilfe der Werkzeugleiste „Editor" gesteuert. Die einzelnen Bestandteile dieser Werkzeugleiste sollen an dieser Stelle kurz vorgestellt werden. Wie Sie die einzelnen Werkzeuge und Steuerelemente zur Durchführung der gängigen Editieraufgaben konkret einsetzen können, erfahren Sie in Kapitel 10.8.

 Das Menü „Editor" enthält eine Reihe von Befehlen, mit der Sie Ihre Editier-Sitzungen starten, steuern und wieder beenden können. Features können prinzipiell nur dann bearbeitet werden, wenn in diesem Menü mit dem Befehl „Bearbeitung starten" der entsprechende Ordner bzw. die entsprechende Geodatabase vorher zur Bearbeitung freigegeben worden ist. Die überwiegende Anzahl der Befehle der Editor-Werkzeugleiste bleibt andernfalls deaktiviert.

 Werkzeug „Editieren": Mit diesem Werkzeug können Sie Features auswählen und bearbeiten. Die Auswahl erfolgt, indem Sie auf das gewünschte Feature klicken oder bei gedrückter Maustaste eine Box um die zu selektierenden Features ziehen. Um einer bestehenden Auswahl weitere Features hinzuzufügen oder Features aus einer Auswahl zu entfernen, halten Sie die Umschalttaste gedrückt, während Sie klicken oder eine Box aufziehen. Beachten Sie, dass mit diesem Werkzeug nur Features von solchen Layern ausgewählt und bearbeitet werden können, die unter *Werkzeugleiste „Hauptmenü"* ⇨ *„Auswahl"* ⇨ *„Auswählbare Layer..."* (oder alternativ im Register „Auswahl" des Inhaltsverzeichnisses) angehakt und somit selektierbar sind.

Mit der rechten Maustaste rufen Sie mit diesem Werkzeug im Kartenfenster ein Kontextmenü auf, mit dem Sie u. a. Features in die Zwischenablage kopieren, aus der Zwischenablage einfügen oder die Feature-Auswahl aufheben können.

Selektierte Features können mit dem Werkzeug „Editor" per Drag&Drop verschoben werden. Um die Stützpunkte eines Polygon- oder Linien-Features zu bearbeiten, doppelklicken Sie zunächst das gewünschte Feature. In diesem Modus bewegen Sie den Cursor nun auf einen Stützpunkt, bis der Cursor seine Form verändert. Der Stützpunkt kann jetzt per Drag&Drop verschoben werden. Mit der rechten Maustaste auf dem Stützpunkt rufen Sie ein Kontextmenü auf, mit dem Sie u. a. den Stützpunkt löschen oder um einen bestimmten X- und Y-Wert verschieben können. Um einen neuen Stützpunkt einzufügen, müssen Sie das Kontextmenü auf einem zwischen zwei Stützpunkten liegenden Linienstück aufrufen.

 Skizzenkonstruktionswerkzeuge: Dieses Menü bietet dem Nutzer eine Palette verschiedener Werkzeuge zur Erstellung einer Skizze an. Eine Skizze wird benötigt, um die im Kombinationsfeld „Aufgabe:" (s. u.) definierte Bearbeitungs-Aufgabe an dem unter „Ziel:" (s. u.) ausgewählten Layer durchzuführen. Nach Beenden der Skizze wird diese automatisch zum Feature. Ist die aktuell definierte Aufgabe im angegebenen Layer nicht ausführbar, sind die Skizzenkonstruktionswerkzeuge deaktiviert.

Das am häufigsten verwendete Konstruktions-Werkzeug ist das „Skizzenwerkzeug". Sie benötigen es beispielsweise, um in einem Punkte-Layer neue Punkt-Features zu erstellen und um die Stützpunkte bzw. Segmente von Linien- und Polygon-Features zu digitalisieren.

„Editier-Aufgabe": Aus einer Dropdown-Liste wird die mit den Werkzeugen der Palette des Skizzen-Werkzeugs (s. o.) durchzuführende Bearbeitungs-Aufgabe im rechts davon unter „Ziel:" ausgewählten Ziel-Layer (s. u.) ausgewählt.

| Aufgabe: | Neues Feature erstellen ▼ |

„Ziel-Layer": Aus dem im Menü „Editor" mit dem Befehl „Bearbeitung starten" zur Bearbeitung freigegebenen Verzeichnis oder Geodatabase wird der zu editierende Layer ausgewählt.

| Ziel: | BRD: Großstädte ▼ |

Werkzeug „Teilen": Wird verwendet, um Linien-Features zu teilen.

Werkzeug „Drehen": Ermöglicht das Drehen ausgewählter Features mit Hilfe der Maus oder durch manuelle Eingabe eines Winkel-Wertes.

„Attribute": Dieser Befehl öffnet ein Dialogfenster, in dem Sie die Attributwerte der ausgewählten Features bearbeiten können.

„Eigenschaften: Skizze": Dieser Befehl öffnet ein Dialogfenster, in dem Sie während der Anfertigung der Skizze die X- und Y-Koordinaten der abgesetzten Stützpunkte überprüfen und „on the fly" verändern können.

6.1.3.5 Werkzeugleiste „Layout"

Die Werkzeugleiste „Layout" stellt Tools zur Verfügung, die die Betrachtung und Bearbeitung des Layouts erleichtern. Sämtliche Steuerelemente dieser Werkzeugleiste sind deaktiviert, solange Sie sich in der Daten-Ansicht befinden.

Werkzeug „Vergrößern": Dieser Befehl vergrößert das Layout mit Fokus auf den angeklickten Punkt bzw. zoomt durch Aufziehen eines Rahmens auf den gewünschten Ausschnitt.

Werkzeug „Verkleinern": Verkleinert das Karten-Layout mit Fokus auf dem angeklickten Punkt bzw. der Fläche, die Sie durch Aufziehen eines Rahmens definieren.

Werkzeug „Schwenken": Mit Hilfe dieser Funktion können Sie das Layout im Kartenfenster frei verschieben.

„Feste Vergrößerung": Zoomt schrittweise auf den momentanen Mittelpunkt der Layout-Ansicht.

„Feste Verkleinerung": Zoomt schrittweise aus der Layout-Ansicht heraus, wobei der Mittelpunkt beibehalten wird.

„Auf die gesamte Seite zoomen": Zoomt auf die gesamte Ausdehnung des Karten-Layouts.

„Auf 100% zoomen": Die Layout-Ansicht wird auf den Maßstab 1 : 1 (100%) gesetzt, so dass die Darstellung des Layouts auf dem Bildschirm maßstäblich annähernd der Druckausgabe entspricht.

„Zurück zur vorherigen Ausdehnung": Zoomt auf die zuletzt angezeigte Ausdehnung des Kartenfensters.

 „Vor zur nächsten Ausdehnung": Zoomt auf die Ausdehnung des Kartenfensters, die vor Ausführung des Befehls „Zurück zur vorherigen Ausdehnung" (s. o.) angezeigt wurde.

 „Auf Prozent zoomen": Die Layout-Ansicht wird auf eine Ausdehnung vergrößert bzw. verkleinert, die dem manuell eingegebenen oder aus der Dropdown-Liste ausgewählten Prozentsatz entspricht. Bei 100% stimmt die Darstellung des Layouts auf dem Bildschirm maßstäblich mit der aus diesem Layout erzeugten Druckausgabe der Karte überein.

 „Entwurfmodus ein/aus": Wechselt vom normalen Zeichnen-Modus in den Entwurfsmodus und umgekehrt. Im Entwurfsmodus werden die Elemente des Layouts als inhaltslose, blaue Rechtecke dargestellt, die lediglich mit dem Namen des jeweiligen Elements beschriftet sind. Der Entwurfsmodus ermöglicht (beispielsweise bei Nutzung schwächerer Hardware) eine wesentlich schnellere Bearbeitung des Layouts.

 TIPP: Für zeitliche Verzögerungen beim Aktualisieren der Layout-Ansicht ist insbesondere der Neuaufbau der Datenrahmen-Fenster verantwortlich. Alle anderen Elemente, wie Maßstäbe oder Nordpfeile, spielen dabei eine eher untergeordnete Rolle. Es genügt also in den meisten Fällen, nur die auf dem Layout befindlichen Datenrahmen auf Entwurfsmodus zu schalten. Aktivieren Sie dazu im Kontextmenü der Datenrahmen im Register „Rahmen" die Checkbox „Entwurfsmodus – nur Namen anzeigen". Die übrigen Elemente werden so weiterhin normal dargestellt.

 „Datenrahmen fokussieren": Versetzt den aktiven Datenrahmen in der Layout-Ansicht in einen Zustand, in dem Sie diesen Datenrahmen und die darin enthaltenen Layer bearbeiten können, als würden Sie sich in der Daten-Ansicht befinden. Derselbe Befehl wird ausgeführt, wenn Sie den Datenrahmen doppelklicken. Ein fokussierter Datenrahmen ist von anderen aktiven oder inaktiven Datenrahmen im Layout dadurch zu unterscheiden, dass er von einer dicken Linie eingerahmt wird.

 „Layout ändern": Dieses Werkzeug öffnet ein Dialogfenster, das es dem Nutzer ermöglicht, sein Layout durch Auswahl einer vorhanden Vorlage zu ändern. ArcMap stellt dazu eine Reihe von bereits im Lieferumfang enthaltenen Vorlagen (MXT) zur Verfügung. Es können aber auch selbst erstellte Vorlagen verwendet werden. Nach Auswahl der gewünschten Vorlage lässt sich die Änderung des Layouts ausführen, indem Sie auf „Fertig stellen" klicken. Enthält das Layout der von Ihnen gewählten Vorlage und/oder Ihr Kartendokument mehr als einen Datenrahmen, so gelangen Sie in einem Zwischenschritt in das Dialogfenster „Datenrahmen-Reihenfolge" (siehe Abb. 6.13), in dem Sie festlegen, wie die in Ihrem Kartendokument enthaltenen Datenrahmen auf die in der Vorlage vorgesehenen Datenrahmen verteilt werden.

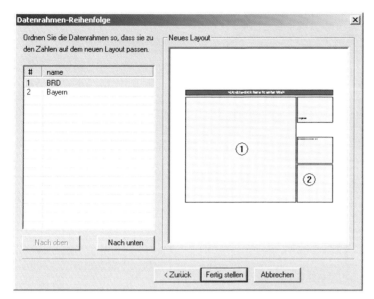

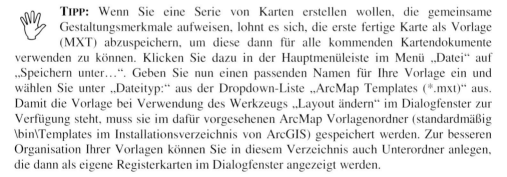

Abb. 6.13: Dialogfenster „Datenrahmen-Reihenfolge", Zuweisung der Datenrahmen

In unserem Fall würde der Datenrahmen „BRD" dem großen Fenster (Nr. 1) und der Datenrahmen „Bayern" dem Kleinen Fenster (Nr. 2) zugewiesen werden. In der Liste auf der linken Seite kann diese Zuordnung geändert werden.

Beachten Sie, dass bei Benutzung des Werkzeugs „Layout ändern" nur das Layout der Vorlage auf die Karte angewendet wird. Eventuell mit der Vorlage gespeicherte Layer werden nicht hinzugefügt.

TIPP: Wenn Sie eine Serie von Karten erstellen wollen, die gemeinsame Gestaltungsmerkmale aufweisen, lohnt es sich, die erste fertige Karte als Vorlage (MXT) abzuspeichern, um diese dann für alle kommenden Kartendokumente verwenden zu können. Klicken Sie dazu in der Hauptmenüleiste im Menü „Datei" auf „Speichern unter…". Geben Sie nun einen passenden Namen für Ihre Vorlage ein und wählen Sie unter „Dateityp:" aus der Dropdown-Liste „ArcMap Templates (*.mxt)" aus. Damit die Vorlage bei Verwendung des Werkzeugs „Layout ändern" im Dialogfenster zur Verfügung steht, muss sie im dafür vorgesehenen ArcMap Vorlagenordner (standardmäßig \bin\Templates im Installationsverzeichnis von ArcGIS) gespeichert werden. Zur besseren Organisation Ihrer Vorlagen können Sie in diesem Verzeichnis auch Unterordner anlegen, die dann als eigene Registerkarten im Dialogfenster angezeigt werden.

Im Ordner „ArcGIS\Utilities" finden Sie die Datei „AdvancedArcMapSettings.exe", in der Sie im Register „System Path" für jeden User den Pfad für das Template-Verzeichnis festlegen können.

6.1.3.6 Werkzeugleiste „Zeichnen"

Kartendokumente können neben geographischen Daten und kartentypischen Elementen wie Maßstabsleisten oder Legenden auch andere graphische Elemente wie beispielsweise Bilder, Rahmen oder graphische Texte enthalten. Solche Elemente können sowohl in der Daten- als auch in der Layout-Ansicht erstellt werden. Mit Hilfe der Werkzeuge in der Werkzeugleiste „Zeichnen" können Sie Graphiken, graphische Texte und Annotations erstellen und bearbeiten. Außerdem können Sie die Darstellung und Platzierung der bereits erwähnten kartentypischen Elemente (Maßstabsleisten etc.) beeinflussen.

Menü „Zeichnen": Stellt Ihnen Werkzeuge zur Verwaltung, Bearbeitung und genauen Platzierung von Graphiken und graphischen Texten zur Verfügung. Die wichtigsten Funktionen sollen hier beschrieben werden:

„Neue Annotation-Gruppe…" öffnet ein Dialogfenster, in dem Sie zur besseren Organisation Ihrer Kartendokument-Annotations Annotations-Gruppen (siehe auch Kap. 6.2.10) anlegen können. Unter „Aktives Annotation-Ziel" aktivieren Sie diejenige Annotation-Gruppe, in der Sie die von Ihnen hinzuzufügenden Annotations ablegen wollen.

Beachten Sie, dass nur diejenigen Texte und Graphiken Annotations sind und als solche in Annotation-Gruppen abgelegt werden können, die im geographischen Datenraum der ArcMap Sitzung erstellt wurden. Um sie von den in Geodatabases gespeicherten Feature-Klassen-Annotations zu unterscheiden, spricht man genauer auch von Kartendokument-Annotations. Graphiken und Texte, die sich nur auf dem Layout befinden, werden nicht als Annotations bezeichnet.

 TIPP: Die räumlichen Daten von Features und Annotations können nicht nur innerhalb der Daten-Ansicht, sondern auch von der Layout-Ansicht aus bearbeitet werden. Dazu müssen Sie den entsprechenden Datenrahmen in der Layout-Ansicht fokussieren, indem Sie in dem Werkzeug „Elemente auswählen" der Werkzeugleisten „Zeichnen" oder „Werkzeuge" doppelklicken. Um wieder in den normalen Modus der Layout-Ansicht zurückzukehren, klicken Sie mit dem Werkzeug „Elemente auswählen" auf einen beliebigen Punkt außerhalb des fokussierten Datenrahmens.

Die gängigsten Befehle der nun folgenden Untermenüs sind in den Befehlsgruppen der Werkzeugleiste „Graphiken" (Kap. 6.1.3.7) zu finden und werden deswegen hier nicht näher erläutert.

„Standard-Symboleigenschaften…" öffnet ein Dialogfenster, in dem Sie die Standardsymbologie für die Erstellung von Marker-, Linien-, Füllungs-, Text- und Bannertext-Elementen verändern können.

 „Elemente auswählen": Mit diesem Werkzeug können Sie folgende Elemente auswählen, verschieben oder in ihrer Größe ändern:

• Kartenelemente (wie Maßstabsleisten, Legenden oder Datenrahmen), die in der Layout-Ansicht auf dem Karten-Layout dargestellt werden.

- Graphik- und Textelemente, die in der Layout-Ansicht auf dem Karten-Layout dargestellt werden.

- Graphiken und Texte, die als sog. Kartendokument-Annotations im geographischen Datenraum Ihrer ArcMap Sitzung erstellt und gespeichert wurden.

Halten Sie die „Strg"- oder „Shift"-Taste gedrückt, um mehrere Elemente auszuwählen. Bei einigen Funktionen des Menüs „Zeichnen" in der Werkzeugleiste „Zeichnen" ist die Reihenfolge, mit der Sie Elemente selektieren, von Bedeutung, so beispielsweise bei den Funktionen des Untermenüs „Ausrichten". Die Ausrichtung der Elemente orientiert sich in diesem Fall nämlich immer am zuletzt selektierten (sog. „dominierenden") Element, das an der blau gestrichelten Umrahmung (mit blauen Ziehpunkten) zu erkennen ist, während alle anderen Elemente der Auswahl grün gestrichelt umrandet sind.

 TIPP: Sie können mit dem Werkzeug „Elemente auswählen" Annotations, die in Feature-Klassen von Geodatabases (Kap. 7) abgespeichert sind, zwar auswählen. Um sie zu verschieben oder zu bearbeiten, müssen Sie sich jedoch in einer Editier-Sitzung (siehe Kap. 10.8) befinden.

„Freies Drehen": Es können bei gedrückter Maustaste ausgewählte Texte und Graphiken um einen mit „x" markierten Ursprung gedreht werden. Um den Ursprung zu verschieben, bewegen Sie den Mauszeiger auf das „x" zu, bis sich das Zeigersymbol ändert und ziehen den Ursprung dann bei gedrückter Maustaste in die gewünschte Position. Wenn Sie ein selektiertes Element um einen bestimmten Wert drehen wollen, klicken Sie zunächst auf den Befehl „Freies Drehen". Drücken Sie dann die Taste „a", so erscheint ein kleines Dialogfenster, in das Sie manuell einen Winkelwert eingeben können.

Kartenelemente wie Maßstabsleisten oder Datenrahmen können mit diesem Tool nicht gedreht werden. Wie Sie Datenrahmen trotzdem drehen können, erfahren Sie im Kapitel 6.1.3.12)

„Auf selektierte Elemente zoomen": Zoomt auf die aktuell ausgewählten Karten-, Graphik- und Textelemente.

Graphik-Werkzeuge: Dieses Menü bietet dem Nutzer Werkzeuge zur Erstellung verschiedener graphischer Elemente wie Rechtecke, Polygone, Linien und Punkte. Wie bereits erwähnt, können Sie solche Elemente sowohl in der Daten- als auch in der Layout-Ansicht erstellen. Werden sie in der Datenansicht eingefügt, so befinden sie sich fest verortet im geographischen Datenraum und passen ihre Darstellungsgröße dem aktuellen Maßstab an. Man spricht in diesem Fall auch von Kartendokument-Annotations (siehe dazu auch Kapitel 6.2.10). In den Eigenschaften dieser Elemente (*Kontextmenü des Elements* ⇨ *„Eigenschaften..." ⇨ Register „Fläche"*) sehen Sie die wahre Größe des Elements auf der Erdoberfläche, während Elemente ohne räumlichen Bezug, die auf dem Layout platziert wurden, an dieser Stelle stattdessen die Flächengröße auf dem Karten-Layout enthalten.

Im Unterschied zu Layer-Features verfügen graphische Elemente nicht über Attribut-Tabellen und sind in der Regel kartenspezifisch.

Graphik-Text-Werkzeuge: Dieses Menü enthält Werkzeuge zur Erstellung von graphischen Texten. Diese können, genauso wie die im vorigen Absatz beschriebenen graphischen Elemente, im geographischen Datenraum oder auf dem Layout erstellt werden. Im ersteren Fall zählen auch sie zu den sog. Kartendokument-Annotations. Wenn Sie Ihrer Karte

Kartendokument-Annotations hinzufügen, werden diese in der unter Werkzeugleiste „Zeichnen" ⇨ „Zeichnen" ⇨ „Aktives Annotation-Ziel" aktivierten Annotation-Gruppe abgelegt. Lesen Sie dazu bitte auch das Kapitel 6.2.10. Neue Feature-Klassen-Annotations können Sie mit den Werkzeugen der Werkzeugleiste „Annotation" erstellen.

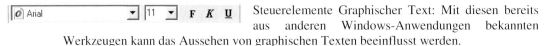

„Stützpunkte bearbeiten": Erlaubt die Bearbeitung der Stützpunkte der ausgewählten Linie, Kurve oder des Polygons. Nach Anklicken der Schaltfläche werden alle Stützpunkte des selektierten Graphik-Elements angezeigt. Führen Sie den Mauszeiger auf den zu bearbeitenden Stützpunkt, bis sich die Zeigerform ändert. Nun können Sie ihn bei gedrückter Maustaste an die gewünschte Position ziehen. Löschen Sie den Stützpunkt, indem Sie im Kontextmenü des entsprechenden Punktes „Stützpunkt löschen" wählen. Wenn Sie der Graphik einen Stützpunkt hinzufügen möchten, platzieren Sie den Mauszeiger auf der entsprechenden Stelle und wählen im Kontextmenü „Stützpunkt hinzufügen".

Steuerelemente Graphischer Text: Mit diesen bereits aus anderen Windows-Anwendungen bekannten Werkzeugen kann das Aussehen von graphischen Texten beeinflusst werden.

 „Füllfarbe": Ändert die Farbe von Graphiken.

 „Linienfarbe": Ändert die Linienfarbe von Graphiken.

„Markerfarbe": Ändert die Farbe von Marker-Graphiken.

6.1.3.7 Werkzeugleiste „Graphiken"

Die Werkzeugleiste „Graphiken" enthält Befehle, die der Gruppierung und gleichmäßigen Platzierung von Graphiken, Graphiktexten und kartentypischen Elementen (Maßstabsleiste, Nordpfeil etc.) dienen. Es handelt sich ausschließlich um Funktionen, die auch in der Werkzeugleiste „Zeichnen" zu finden, dort aber nur relativ umständlich über Untermenüs zu erreichen sind.

Befehlsgruppe Gruppieren: Mit „Gruppieren" werden die aktuell ausgewählten Graphik- und Text-Elemente oder Annotations zu einem Element zusammengefasst. „Gruppierung aufheben" löst die Element-Gruppierung wieder in ihre Bestandteile auf. Bereits bestehende Elementgruppen können genauso in eine Gruppierung mit einbezogen werden wie Einzelelemente.

Befehlsgruppe Reihenfolge: Mit diesen Befehlen können Sie steuern, welches der sich überlappenden Elemente in der obersten Ebene liegt und deshalb vollständig sichtbar ist.

Befehlsgruppe Ausrichten: Diese Befehle helfen Ihnen dabei, Graphik-Elemente an der Lage eines bestimmten, sog. dominierenden Elements auszurichten. Selektieren Sie mehrere Elemente, so ist immer das letzte ausgewählte Element das dominierende (zu erkennen an der blauen Umrandung mit blauen Ziehpunkten), an dem die vorher selektierten Elemente ausgerichtet werden.

Befehlsgruppe Verteilen und Angleichen: Mit „Verteilen" können Sie die 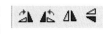 ausgewählten Elemente (mindestens drei) horizontal bzw. vertikal so anordnen, dass die Abstände zwischen den Außenkanten aller Elemente gleich groß sind. Die „Angleichen"-Befehle bringen alle ausgewählten Elemente auf die gleiche Breite, Höhe oder Größe wie das blau umrandete (sog. dominierende) Element in der Auswahl.

Befehlsgruppe Drehen und Kippen: Mit „Drehen" wird ein Element um 90 Grad mit oder gegen den Uhrzeigersinn gedreht. „Kippen" spiegelt ein Element entlang seiner horizontalen bzw. vertikalen Mittelachse.

6.1.3.8 Werkzeugleiste „Georeferenzierung"

Gescannte Rasterdaten, wie beispielsweise Flurkarten oder Luftbilder, dienen häufig als Grundlage für GIS-Projekte. Diese sind, wenn sie käuflich erworben werden, i. d. R. schon georeferenziert. Sollte dies nicht der Fall sein, muss ihnen mit Hilfe der Werkzeugleiste „Georeferenzierung" ein räumlicher Bezug gegeben werden. Wie Sie dazu Schritt für Schritt vorgehen müssen, erfahren Sie in Beispiel-Lektion 10.9. Beachten Sie, dass die räumliche Referenzierung von Feature-Datasets mit der Werkzeugleiste „Räumliche Anpassung" vorzunehmen ist.

Menü „Georeferenzierung": Dieses Menü enthält Befehle, die Sie zur Georeferenzierung eines Raster-Files benötigen. Welche Befehle zum Einsatz kommen, entnehmen Sie Kapitel 10.9.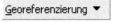

Dropdown-Liste „Georeferenzierungs-Layer wählen": Wählen Sie aus den in dieser Liste aufgeführten Raster-Layern denjenigen, den Sie neu georeferenzieren wollen.

Werkzeuge „Drehen" und „Verschieben": Häufig liegen Rasterdaten nach dem Scannen um 90 oder 180 Grad verdreht vor. Bevor Sie mit der Georeferenzierung beginnen, können Sie solche Bilder mit dem Werkzeug „Drehen" in die richtige Position bringen. Mit „Verschieben" können Sie ein noch nicht referenziertes Bild im Kartenfenster in eine für die Feinjustierung bessere Lage bewegen.

„Kontrollpunkte hinzufügen": Mit diesem Werkzeug weisen Sie einem Punkt in den Rasterdaten einen entsprechenden Passpunkt im räumlichen Datenraum zu.

„Link-Tabelle anzeigen": Ruft ein Dialogfenster auf, in dem die von Ihnen hinzugefügten Kontrollpunkte aufgelistet sind. Je größer die Zahl im Feld „Gesamt RMS Fehler" ist, desto ungenauer ist Ihre Georeferenzierung.

6.1.3.9 Werkzeugleiste „Räumliche Anpassung"

Die Werkzeugleiste „Räumliche Anpassung" stellt Werkzeuge zur Verfügung, mit deren Hilfe Sie Feature-Datasets oder Teile davon räumlich neu referenzieren können. Da die Anpassung stets innerhalb einer Editier-Sitzung stattfinden muss, können die

Fangfunktionen (siehe Kap. 10.8.2) verwendet werden. Beachten Sie, dass räumliche Referenzierung von Raster-Datasets mit der Werkzeugleiste „Georeferenzierung" bewerkstelligt wird.

Räumliche Anpassung ▼ Menü „Räumliche Anpassung": Dieses Menü enthält Befehle, die Sie zur räumlichen Referenzierung von Feature-Daten benötigen. Mit „Daten zur Anpassung festlegen…" öffnen Sie ein Dialogfenster, in dem Sie die anzupassenden Daten auswählen können. Außerdem können Sie hier entscheiden, ob sich die Anpassung nur auf die selektierten oder auf alle Features der Daten auswirken soll. Im Untermenü „Anpassungs-Methoden" wählen Sie die Transformation, mit der Sie die Anpassung vornehmen möchten. In der Regel erfüllt bereits die „Affine Transformation" (Transformation 1. Ordnung) die Anforderungen an die Anpassung. Der Befehl „Anpassen" führt die räumliche Anpassung aus, sofern mindestens die erforderliche Anzahl von Passpunkten für die ausgewählte Anpassungs-Methode vorhanden ist. Mit „Vorschau-Fenster" öffnen Sie ein verankerbares Fenster, das das Ergebnis der räumlichen Anpassung unter Verwendung der aktuellen Einstellungen und Versatz-Links (s. u.) anzeigt. Im Kontextmenü dieses Vorschau-Fensters können Sie weitere Darstellungs-Einstellungen treffen. Mit den Befehlen des Untermenüs „Links" können u. a. Link-Dateien gespeichert oder geöffnet werden. Dabei handelt es sich um Textdateien, die durch Tabulatoren getrennte Spalten mit Quell- und Zielkoordinaten von Versatz-Links enthalten. Der Prozess der Link-Erstellung (s. u.) kann dadurch bei Bedarf automatisiert werden. Der Befehl „Zuordnung der Attribut-Übertragung…" öffnet ein Dialogfenster, in dem zunächst Quell- und Ziel-Layer für die Attribut-Übertragung (s. u.) definiert werden. In den Attributs-Listen dieser beiden Layer können Sie festlegen, welche Attribute des Quell-Layers auf welche Felder des Ziel-Layers übertragen werden. Bestätigen Sie Ihre Zuordnung jeweils mit „Hinzufügen". „Automatische Übereinstimmung" ordnet bei Übereinstimmung des Feldnamens entsprechende Felder des Quell-Layers automatisch dem Ziel-Layer zu. Mit „Optionen…" gelangen Sie in das Dialogfenster „Eigenschaften: Anpassung", in dem Sie die Symbolik einiger Anpassungs-Werkzeuge ändern und weitere Einstellungen zu den Anpassungs-Methoden „Rubbersheet" und „Edge-Snap" vornehmen können. Für den Einsteiger ist es empfehlenswert, hier die Standard-Einstellungen zu belassen.

 „Elemente auswählen": Mit „Elemente auswählen" können Sie u. a. Versatz- und Identity-Links selektieren. Eine genaue Beschreibung dieses Werkzeugs finden Sie in der Beschreibung der Werkzeugleiste „Zeichnen" (Kap. 6.1.3.6).

 „Neuer Versatz-Link": Bevor Sie Daten anpassen, müssen Sie Versatz-Links erstellen, um die Quellen- und Zielkoordinaten festzulegen. Mit diesem Werkzeug können Sie solche Links manuell erstellen, indem Sie einmal auf den Quell- und dann einmal auf den Ziel-Punkt klicken.

 „Link verändern": Hiermit können Sie einzelne Quell- oder Zielpunkte von Versatz-Links verschieben.

 „Mehrere Versatz-Links": Dieses Werkzeug erlaubt es, anhand eines Features (z. B. einer Linienkurve) gleichzeitig mehrere Versatz-Links zu erstellen. Klicken Sie dazu zunächst auf das anzupassende Quell-Feature und anschließend auf das entsprechende Ziel-Feature.

 „Neuer Identity-Link": Diese Funktion ist nur verfügbar, wenn mit der Anpassungs-Methode „Rubbersheet" gearbeitet wird. Es handelt sich um eine spezielle Art Versatz-

Link, bei der der Zielpunkt dem Quellpunkt entspricht. Verwenden Sie dieses Werkzeug als Anker, um zu verhindern, dass sich bestimmte Features während des Anpassungsvorgangs verschieben.

„Neuer begrenzter Anpassungs-Bereich": Auch diese Funktion ist nur verfügbar, wenn mit der Anpassungs-Methode „Rubbersheet" gearbeitet wird. Mit diesem Werkzeug zeichnen Sie ein Polygon um diejenigen Features herum, die Sie anpassen möchten. Alle Features, die außerhalb dieses Polygon-Bereichs liegen, bleiben von der Anpassung unberührt.

„Begrenzten Anpassungs-Bereich löschen": Löscht den begrenzten Anwendungsbereich.

„Link-Tabelle anzeigen": Zeigt eine Liste mit allen aktuell vorhandenen Versatz-Links an. Die Koordinaten können manuell geändert werden. Mit dem Kontextmenü der Links können Sie u. a. auf einen bestimmten Link schwenken oder zoomen.

„Kanten-Anpassung": Mit diesem Werkzeug können Sie mehrere Versatz-Links erstellen, die die Kanten zweier benachbarter Layer miteinander verbinden. Ziehen Sie mit dem Werkzeug einen Rahmen um die Features, deren Kanten Sie anpassen wollen. Die ArcMap Fangoptionen (siehe Kap. 10.8.2) sowie verschiedene, unter *„Räumliche Anpassung"* ⇨ *„Optionen…"* ⇨ Register *„Kanten-Anpassung"* in derselben Werkzeugleiste veränderbare Einstellungen unterstützen Sie bei der korrekten Kanten-Anpassung.

„Attribut-Übertragung": Mit Hilfe dieses Werkzeugs kopieren Sie die Attribute von einem Feature in ein anderes. Definieren Sie zunächst unter *„Räumliche Anpassung"* ⇨ *„Zuordnung der Attribut-Übertragung…"* Quell- und Ziel-Layer sowie die zu übertragenden Attribute. Klicken Sie dann mit diesem Werkzeug auf das Feature des Quell-Layers und anschließend auf das Features des Ziel-Layers. Halten Sie die Umschalttaste gedrückt, wenn Sie mehrere Ziel-Features auswählen möchten.

6.1.3.10 Werkzeugleiste „Effekte"

Mit den Steuerelementen der Werkzeugleiste „Effekte" können Darstellungseffekte auf einzelne Layer angewendet werden.

„Effekt-Layer auswählen": Aus der Dropdown-Liste, in der nur diejenigen Layer des aktiven Datenrahmens  enthalten sind, für die Darstellungseffekte festgelegt werden können, ist der Ziel-Layer auszuwählen.

„Kontrast anpassen": Anhand eines Schiebereglers kann der Kontrast des Ziel-Layers definiert werden. Diese Funktion steht nur für Raster-Layer und auf einer CAD-Zeichnung basierende Layer zur Verfügung.

„Helligkeit anpassen": Mittels eines Schiebereglers kann die Helligkeit des Ziel-Layers verändert werden. Auch diese Funktion steht nur für Raster-Layer und auf einer CAD-Zeichnung basierende Layer zur Verfügung.

„Transparenz anpassen": Es erscheint ein Schieberegler, mit dem die Transparenz des Ziel-Layers verändert werden kann.

NEU: Die Werkzeugleiste „Effekte" wurde um das Werkzeug „Swipe" ergänzt. Damit können einzelne Layer dynamisch ausgeblendet werden, so dass die darunter liegenden Layer temporär sichtbar werden.

6.1.3.11 Werkzeugleiste „Karten-Cache"

Mit Hilfe des Karten-Caches können die Features eines bestimmten Kartenausschnittes, sofern diese in einer Geodatabase gespeichert sind, temporär im Arbeitsspeicher Ihres Computers zwischengespeichert werden. Auf diese Weise können Sie – beispielsweise beim Arbeiten mit sehr großen Datenmengen in einem Netzwerk – die Geschwindigkeit bei der Darstellung und Bearbeitung der Features innerhalb des gecachten Bereichs erhöhen. Näheres zum Karten-Cache finden Sie im Kapitel 6.2.6.

 „Karten-Cache erstellen": Erstellt aus den Features in der aktuellen Ausdehnung des Kartenfensters einen Karten-Cache. Mit der Taste „Esc" können Sie diesen Vorgang abbrechen.

 „Karten-Cache leeren": Der aktuelle Karten-Cache wird gelöscht. Die entsprechenden Features werden nicht mehr im Arbeitsspeicher, sondern wieder direkt in der Geodatabase abgerufen. Befinden sich keine Features im Karten-Cache, ist der Befehl deaktiviert.

 „Auto-Cache ein-/ausschalten": Der Karten-Cache wird jedes Mal automatisch neu erstellt, wenn Sie den Kartenausschnitt schwenken oder zoomen.

 „Auto-Cache-Maßstab festlegen": Legt den aktuellen Maßstab als Minimalmaßstab für die Erstellung des Auto-Cache fest. Ist der Maßstab kleiner als hier angegeben, wird kein Auto-Cache erstellt. Eine manuelle Eingabe ist im Register „Karten-Cache" der Datenrahmen-Eigenschaften möglich.

 „Auto-Cache-Maßstab löschen": Der Minimalmaßstab für die Erstellung des Auto-Cache wird gelöscht.

 „Karten-Cache anzeigen": Die Position des aktuellen Karten-Cache wird durch Aufblinken auf dem Bildschirm angezeigt. Das Symbol in der Mitte der Schaltfläche ist grün, wenn der Karten-Cache Daten enthält und sich die momentane Ausdehnung des Kartenfensters komplett innerhalb des gecachten Bereichs befindet. Das Symbol in der Mitte der Schaltfläche ist rot, wenn der Karten-Cache zwar Daten enthält, sich die momentane Ausdehnung des Kartenfensters jedoch nur teilweise innerhalb des gecachten Bereichs befindet. Der Daten-Cache wird in diesem Fall nicht verwendet. Die Schaltfläche ist deaktiviert, wenn entweder der Karten-Cache keine Daten enthält oder sich die momentane Ausdehnung des Kartenfensters vollständig außerhalb des gecachten Bereichs befindet.

 „Auf Karten-Cache zoomen": Die Anzeige wird auf die aktuelle Ausdehnung des Karten-Cache gezoomt.

6.1.3.12 Werkzeugleiste „Datenrahmen-Werkzeuge"

Die in dieser Werkzeugleiste enthaltenen Befehle dienen der Drehung des Datenrahmens. Beachten Sie, dass sich die Drehung nur auf die Darstellung des Datenrahmens auswirkt. Die darin enthaltenen Daten werden nicht geändert.

„Datenrahmen drehen" (interaktiv): Klicken Sie auf den Datenrahmen und drehen Sie ihn bei gedrückter Maustaste in die gewünschte Position.

„Drehung zurücksetzen": Setzt den Datenrotationswinkel zurück auf Null.

„Datenrahmen drehen" (um einen bestimmten Wert): In dieses Feld können Sie manuell einen genauen Winkel-Wert eingeben, um den der Datenrahmen gegen den Uhrzeigersinn gedreht werden soll. Geben Sie eine negative Zahl ein, wenn Sie den Datenrahmen mit dem Uhrzeigersinn drehen wollen.

Im Ordner „ArcGIS\Utilities" finden Sie die Datei „AdvancedArcMapSettings.exe", in der Sie im Register „Symbols/Graphics" das Verhalten von Texten und im Register „Data Frame / TOC" das von Markersymbolen bei gedrehten Datenrahmen einstellen können.

6.1.3.13 Werkzeugleiste „Erweiterte Bearbeitung"

Die Werkzeugleiste „Erweiterte Bearbeitung" stellt weitere, über die Funktionen der Werkzeugleiste „Editor" hinausgehende Werkzeuge zur Bearbeitung von Features zur Verfügung. Allerdings sind nur fünf davon in der Ausbaustufe ArcView aktiv, für alle anderen benötigen Sie eine ArcEditor- oder ArcInfo-Lizenz.

„Verlängern": Verlängert eine Linie, bis sie eine bestimmte andere Linie berührt. Selektieren Sie zunächst das Linien-Feature, bis zu dem Sie Linien verlängern wollen. Klicken Sie anschließend auf die Linien, die verlängert werden sollen.

„Kürzen": Kürzt einander schneidende Linien am Schnittpunkt. Wählen Sie das Linien-Feature aus, das als Schnittlinie dienen soll und klicken Sie anschließend auf die Liniensegmente, die Sie abschneiden wollen.

„Multipart Feature trennen (Explode)": Mit Hilfe dieses Befehls können Sie ein mehrteiliges Feature (= Multipart-Feature) in die einteiligen Features aufteilen, aus denen es zusammengesetzt ist.

„Rechteck": Erstellt ein rechteckiges Feature in dem in der Werkzeugleiste „Editor" definierten Ziel-Layer. Dabei kann es sich um einen Linien- oder Polygon-Layer handeln. Klicken Sie im Kartenfenster auf eine Position, an der sich eine Ecke des Rechtecks befinden soll und ziehen Sie dann das Rechteck auf. Halten Sie dabei die Umschalttaste gedrückt, wenn Sie ein Quadrat erstellen wollen.

„Kreis": Erstellt in dem in der Werkzeugleiste „Editor" definierten Ziel-Layer ein Kreis-Feature. Dabei kann es sich um einen Linien- oder Polygon-Layer handeln. Klicken Sie im

Kartenfenster auf die Position, an der sich der Mittelpunkt des Kreises befinden soll und ziehen Sie dann den Kreis auf. Mit der Taste „R" können Sie anschließend einen exakten Radius angeben.

6.1.3.14 Werkzeugleiste „Topologie"

Unter Topologie versteht man eine Sammlung von Regeln und Beziehungen, die in Verbindung mit einem Satz von Editierwerkzeugen und -techniken eine realistischere und qualitative bessere Abbildung realer geometrischer Beziehungen mit digitalen raumbezogenen Daten ermöglicht. In ArcMap unterscheidet man zwei verschiedene Arten von Topologien: Die Geodatabase-Topologie und die Karten-Topologie. Für den Aufbau und die Benutzung einer Geodatabase-Topologie ist eine ArcEditor- oder ArcInfo-Lizenz nötig. Wenn Sie mit einer ArcView Lizenz arbeiten, können Sie Daten nur einer Karten-Topologie unterwerfen. Mit Hilfe einer Karten-Topologie können einfache Features in Shapefiles und Feature-Klassen, die sich überlagern oder aneinander stoßen, gleichzeitig bearbeitet werden. Im Gegensatz zur Geodatabase-Topologie ist die Karten-Topologie nur für die Dauer einer Editier-Sitzung gültig und beinhaltet keine Regeln und Überprüfungsprozesse. Dementsprechend sind nur wenige Werkzeuge dieser Werkzeugleiste in ArcView ausführbar.

„Karten-Topologie": Mit diesem Befehl öffnen Sie das Dialogfenster „Karten-Topologie", das eine Auflistung der Layer enthält, die Sie gerade bearbeiten und die in eine Karten-Topologie aufgenommen werden können. Setzen Sie einen Haken in die Kontrollkästchen derjenigen Layer, deren Features an der Erstellung und Bearbeitung gemeinsam genutzter Geometrie beteiligt sein sollen. Unter Cluster-Toleranz versteht man den in der Karteneinheit des Datenrahmens angegebenen Mindestabstand zwischen den Stützpunkten und Knoten von Features. Stützpunkte und Knoten, die in die Cluster-Toleranz fallen, werden innerhalb der Topologie als koinzident definiert und aneinander gesnapt. In den meisten Fällen kann der standardmäßig eingetragene Wert belassen werden.

„Topologie-Bearbeitung": Mit diesem Werkzeug wählen Sie per Mausklick oder durch Aufziehen einer Box Topologie-Elemente aus, die bearbeitet werden sollen. Topologie-Elemente sind Kanten und Knoten, die nur zum Vorschein kommen, wenn Sie das Werkzeug „Topologie-Bearbeitung" verwenden. Als Kanten bezeichnet man Linienfeatures und die Außengrenzen von Polygonen. Knoten befinden sich an den Schnitt- und Endpunkten von Kanten. Punktfeatures verhalten sich wie Knoten, wenn Sie mit anderen Features einer Topologie zusammenfallen. Nach Auswahl eines Topologie-Elements bewegen Sie den Mauszeiger auf dieses Element zu, bis sich das Zeiger-Symbol in ein Verschiebe-Symbol ändert und verschieben Sie es per Drag&Drop an die gewünschte Position. Auf diese Weise können beispielsweise die Kante zweier genau aneinander grenzender Polygone oder Stützpunkte davon so verschoben werden, dass beide Polygone gleichzeitig umgeformt werden und ihre gemeinsame Grenze lückenlos erhalten bleibt. Dabei ist es bedeutungslos, ob sich die beiden Polygon-Features im gleichen Datensatz befinden. Wichtig ist nur, dass sich beide Layer in der Karten-Topologie befinden. Wenn Sie eine Kante nicht verrücken, sondern umformen wollen, müssen Sie sie nach der Auswahl zunächst doppelklicken, so dass ihre Stützpunkte sichtbar werden. Diese können nun einzeln per Drag&Drop verschoben werden. Weitere Funktionen stehen Ihnen im Kontextmenü der ausgewählten Topologie-Elemente zur Verfügung. Beispielsweise sind die manuelle Eingabe von X- und Y-Werten zur exakten Verschiebung von Elementen sowie die Teilung von Kanten möglich.

„Gemeinsame Features anzeigen": Zeigt eine nach Layern geordnete Auflistung von Features an, die die ausgewählten Topologie-Elemente gemein haben.

6.1.3.15 Werkzeugleiste „Beschriftung"

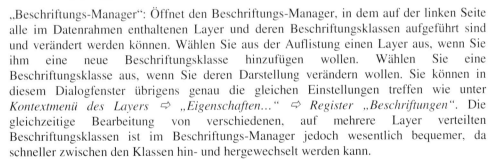

Diese Werkzeugleiste stellt dem Nutzer Werkzeuge zur Steuerung der Beschriftung zur Verfügung. Worum es sich bei Beschriftungen handelt, wie sie erzeugt werden und wie ihre Darstellung beeinflusst werden kann, lesen Sie in Kapitel 6.3.8. Einige Befehle dieser Werkzeugleiste sind nur verwendbar, wenn die ArcMap Erweiterung „Maplex" (lizenzpflichtig) freigeschaltet ist.

Dropdown-Menü „Beschriftung": Hier finden Sie den Befehl „Optionen...", der das Dialogfenster „Beschriftungs-Optionen" öffnet. In diesem können Sie die Farbe verändern, mit der die nicht platzierten dynamischen Beschriftungen dargestellt werden sollen. Der entsprechende Befehl zur Einblendung der nicht platzierten Beschriftungen befindet sich ebenfalls in dieser Werkzeugleiste. Wenn Sie wollen, dass beim Drehen eines Datenrahmens mit dem Werkzeug „Datenrahmen drehen" der Werkzeugleiste „Datenrahmen-Werkzeuge" (Kap. 6.1.3.12) die Punkt- und Polygonbeschriftungen ebenfalls gedreht werden sollen, setzen Sie einen Haken in die entsprechende Checkbox. Unter „Ausrichtung vertikaler Beschriftung" können Sie einen Winkel-Wert eingeben. Dies ist der maximale Winkel über die Vertikale hinaus, in den eine Linien- oder Polygon-Beschriftung gekippt werden darf, ohne dass sie automatisch von ArcMap umgedreht wird.

„Beschriftungs-Manager": Öffnet den Beschriftungs-Manager, in dem auf der linken Seite alle im Datenrahmen enthaltenen Layer und deren Beschriftungsklassen aufgeführt sind und verändert werden können. Wählen Sie aus der Auflistung einen Layer aus, wenn Sie ihm eine neue Beschriftungsklasse hinzufügen wollen. Wählen Sie eine Beschriftungsklasse aus, wenn Sie deren Darstellung verändern wollen. Sie können in diesem Dialogfenster übrigens genau die gleichen Einstellungen treffen wie unter *Kontextmenü des Layers* ⇨ *„Eigenschaften..."* ⇨ *Register „Beschriftungen"*. Die gleichzeitige Bearbeitung von verschiedenen, auf mehrere Layer verteilten Beschriftungsklassen ist im Beschriftungs-Manager jedoch wesentlich bequemer, da schneller zwischen den Klassen hin- und hergewechselt werden kann.

„Rangstufen der Beschriftungs-Priorität": Öffnet ein Dialogfenster, in dem alle im Datenrahmen enthaltenen Beschriftungsklassen aufgelistet sind. Je weiter oben in der Liste die Beschriftungsklasse steht, desto höher ist ihre Priorität. Mit der Priorität wird die Reihenfolge gesteuert, in der die Beschriftungen auf der Karte platziert werden. Beschriftungen mit höherer Priorität werden grundsätzlich zuerst platziert. Wenn Beschriftungen im Konflikt stehen, werden diejenigen mit der niedrigeren Priorität – wenn möglich – an eine anderen Position versetzt oder aus der Karte entfernt.

„Rangstufen der Beschriftungs-Gewichtung": Öffnet ein Dialogfenster, in dem Sie steuern können, inwieweit Features als Barrieren bei der Beschriftungsplatzierung dienen sollen. Dazu kann jedem Layer jeweils eine relative Gewichtung seiner Features und Beschriftungsklassen zugewiesen werden. Geben Sie den Features eines Layers eine hohe Gewichtung, so ist es bei Konflikten (= Überlappungen) mit Beschriftungen sehr wahrscheinlich, dass letztere ausgeblendet werden.

 „Beschriftungen fixieren": Verwenden Sie dieses Steuerelement, um die dynamische Platzierung von Beschriftungen zu deaktivieren. Die Positionen der Beschriftungen für die aktuelle Ausdehnung des Kartenfensters bleiben so lange erhalten, bis das Steuerelement wieder deaktiviert wird. Beim Zoomen oder Schwenken über die ursprüngliche Ausdehnung des Kartenfenster hinaus werden neue Beschriftungen nicht angezeigt.

 „Nicht platzierte Beschriftungen anzeigen": Mit diesem Steuerelement können Sie Beschriftungen darstellen lassen, die nicht platziert werden können, weil sie den im Dialogfenster „Platzierungseigenschaften" *(Kontextmenü des Layers* ⇨ *„Eigenschaften…"* ⇨ *Register „Beschriftungen")* getroffenen Einstellungen nicht entsprechen.

6.1.3.16 Werkzeugleiste „Annotation"

Mit den Werkzeugen der Werkzeugleiste „Annotation" können innerhalb einer Editier-Sitzung Geodatabase-Annotations erstellt und bearbeitet werden. Sie ist als Erweiterung der Werkzeugleiste „Editor" zu sehen, da ihre Werkzeuge funktionell zusammenhängen. Beachten Sie, dass Kartendokument-Annotations (siehe auch Kap. 6.2.10) nicht mit dieser Werkzeugleiste, sondern mit der Werkzeugleiste „Zeichnen" (Kap. 6.1.3.6) bearbeitet werden können. Einige Werkzeuge der Werkzeugleisten „Zeichnen" und „Graphiken" (Kap. 6.1.3.7) sind zudem auch auf Geodatabase-Annotations anwendbar. Weitere Bearbeitungsmöglichkeiten von Geodatabase-Annotations bietet die Werkzeugleiste „Editor" (Kap. 6.1.3.4).

 „Annotation editieren": Mit diesem Werkzeug können Sie Geodatabase-Anntotations auswählen, verschieben und bearbeiten. Zur Auswahl klicken Sie die gewünschte Annotation an oder ziehen Sie eine Box um mehrere Annotations. Wenn Sie eine bereits bestehende Auswahl erweitern wollen, halten Sie währenddessen die Umschalttaste gedrückt. Ist nur ein Feature ausgewählt, so befindet sich am oberen Rand der Umrahmung ein kleines Dreieck, an dem Sie durch Ziehen mit der Maus die Größe der Annotation interaktiv verändern können. An den beiden unteren Ecken, die mit kleinen Kreissegmenten markiert sind, können Sie das Feature um den jeweils gegenüberliegenden Eckpunkt rotieren.

 „Horizontale Annotation konstruieren": Richtet die Bearbeitungsumgebung für die Konstruktion neuer horizontaler Annotations ein. Hierzu werden in der Werkzeugleiste „Editor" die aktuelle Aufgabe auf „Neues Feature erstellen" und das Skizzen-Werkzeug als aktuelles Werkzeug eingestellt. Der Anntotation-Konstruktor (s. u.) wird auf „Horizontal" gestellt. Nun kann mit einem Klick auf die gewünschte Position der in das Feld „Text:" eingegebene Text als neues Feature hinzugefügt werden.

 „Gerade Annotation konstruieren": Richtet die Bearbeitungsumgebung für die Konstruktion neuer, gerader (jedoch schräg verlaufender) Annotations ein. Die automatischen

Einstellungen, die dieses Werkzeug auslöst, entsprechen denen des Werkzeugs „Horizontale Annotation konstruieren", mit dem Unterschied, dass der Anntotation-Konstruktor (s. u.) auf „Gerade" gestellt wird. Mit dem ersten Klick im Kartenfenster legen Sie den Mittelpunkt des neuen Features fest, mit dem zweiten seinen Neigungsgrad.

„Annotation mit einer Führungslinie konstruieren": Richtet die Bearbeitungsumgebung für die Konstruktion neuer Annotations mit Führungslinien (= Zuweisungsstriche) ein. Die automatischen Einstellungen, die dieses Werkzeug auslöst, entsprechen denen des Werkzeugs „Horizontale Annotation konstruieren", mit dem Unterschied, dass der Anntotation-Konstruktor (s. u.) auf „Führungslinie" gestellt wird. Mit dem ersten Klick im Kartenfenster legen Sie den Endpunkt der Führungslinie fest, mit dem zweiten die Position des Textes.

„Annotation-Konstruktor": Wählen Sie aus der Liste dieses Steuerelements die gewünschte Konstruktions-  methode zur Erstellung von neuen Anntoation-Features und fügen Sie mit dem Skizzenwerkzeug der Werkzeugleiste „Editor" den im Feld „Text:" eingegebenen Text als neues Annotation-Feature hinzu. Achten Sie darauf, dass in der Werkzeugleiste „Editor" unter „Ziel:" die korrekte Annotation-Feature-Klasse ausgewählt und die aktuelle Aufgabe auf „Neues Feature erstellen" eingestellt ist. Die Einträge „Horizontal", „Gerade" und „Führungslinie" sind bereits oben beschrieben worden. Mit „Geschwungen" können Sie eine Linie mit beliebig vielen Stützpunkten konstruieren, an der sich der Text orientiert. Bei der Methode „Entlang von Feature" wählen Sie mit dem ersten Mausklick das Feature, an das sich die neue Annotation anlehnt, und anschließend ihre genaue Position.

„Text für Annotation-Konstruktor": In dieses Feld wird der Text der neu zu erstellenden Annotation eingegeben.

„Annotation-Symbole": Wählen Sie ein Textsymbol aus der Auflistung aller in der aktuell zu editierenden Annotation-Feature-Klasse vorhandenen Textsymbole.

„Nicht platzierte Annotations": Öffnet das gleichnamige Dialogfenster, das zur Suche, Sortierung und Behebung von nicht platzierten Geodatabase-Annotations dient. Nicht platzierte Annotations sind nur in Annotation-Feature-Klassen möglich, die aus Beschriftungen erzeugt wurden, und auch nur dann, wenn vor der Konvertierung im Dialogfenster „Beschriftungen zu Annotation konvertieren" das Kontrollkästchen „Nicht platzierte Beschriftungen in nicht platzierbare Annotations konvertieren" aktiviert war. Genaueres hierzu entnehmen Sie bitte Kapitel 6.9. Im Dialogfenster „Nicht platzierte Annotations" müssen Sie zunächst aus der Dropdown-Liste „Anzeigen:" die zu bearbeitende Annotation-Feature-Klasse auswählen. Klicken Sie danach auf „Jetzt suchen", so listet die Tabelle alle nicht platzierten Annotations auf. Über das Kontextmenü der einzelnen Listeneinträge können Sie jede Annotation zunächst anzoomen, dann mit „Annotation platzieren" anzeigen lassen und anschließend an einen geeigneten Platz im Kartenfenster verschieben oder – falls verzichtbar – löschen. Auf diese Weise

kann die Liste Schritt für Schritt abgearbeitet werden.

 TIPP: Sehr hilfreiche Tastenkombinationen für das Arbeiten mit Annotations finden Sie in der ArcGIS Desktop-Hilfe im *Register „Inhalt" unter „Neuheiten in ArcGIS Desktop 9.0"* ⇨ *„Willkommen bei ArcGIS Desktop 9.0"* ⇨ *„Neues bei Annotations"* ⇨ *„Bearbeiten von Annotations"*.

 NEU: Die Werkzeugleiste „Netzwerk-Bearbeitung", die hier nicht beschrieben wird, da die Nutzung ihrer Funktionalitäten eine ArcEditor- bzw. ArcInfo-Lizenz voraussetzt, wurde in „Geometrische Netzwerk-Bearbeitung" umbenannt, um Verwechslungen mit der neu hinzugekommenen Erweiterung „Network Analyst" zu vermeiden.

 NEU: Die Werkzeugleiste „Routen-Bearbeitung", die ebenfalls bisher erst ab ArcEditor funktionell verfügbar war, steht nun auch unter ArcView zur Verfügung. Eine genaue Beschreibung aller Befehle finden Sie in Kapitel 11.3.

6.1.3.17 Erstellung einer neuen Werkzeugleiste

Wie bereits erwähnt, hat der Nutzer die Möglichkeit, selbst neue Werkzeugleisten zu erstellen und diese nach seinen individuellen Bedürfnissen mit beliebig vielen ArcGIS Befehlen zu bestücken. Wie Sie zu diesem Zweck vorgehen, soll im Anschluss beispielhaft Schritt für Schritt erklärt werden.

Öffnen Sie mit Werkzeugleiste *„Hauptmenü"* ⇨ *„Ansicht"* ⇨ *„Werkzeugleisten"* ⇨ *„Anpassen..."* das gleichnamige Dialogfenster.

Klicken Sie im Dialogfenster „Anpassen" im Register „Werkzeugleisten" auf die Schaltfläche „Neu…".

Im nun erscheinenden Dialogfenster „Neue Werkzeugleiste" definieren Sie einen Namen („Beispiel") und legen unter „Speichern in:" fest, ob die neue Werkzeugleiste nur für dieses Kartendokument (Speicherort: „<Name des Dokuments>.mxd") oder für alle ArcMap Sitzungen (Speicherort: „Normal.mxt") zur Verfügung stehen soll. Bestätigen Sie abschließend mit „OK".

Sowohl in der Liste der Werkzeugleisten als auch auf Ihrer Arbeitsfläche befindet sich jetzt die neue, noch leere Werkzeugleiste. Beginnen Sie nun, diese mit den gewünschten Befehlen zu bestücken. Wechseln Sie dazu in das Register „Befehle".

Markieren Sie – als Beispiel für eine Schaltfläche – in der Kategorie „Auswahl" den Befehl „Auf selektierte Features zoomen" und ziehen Sie diesen per Drag&Drop in die Werkzeugleiste (Abb. 6.14).

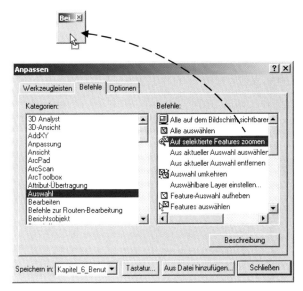

Abb. 6.14: Dialogfenster „Anpassen", Befehl „Auf selektierte Features zoomen" ergänzen

Als Beispiel für ein Werkzeug fügen Sie Ihrer Leiste auf die gleiche Weise aus der Kategorie „Ansicht" den Befehl „Erstellen…" (erstellt ein neues Lesezeichen) hinzu. Einen bereits eingefügten Befehl können Sie aus der Werkzeugleiste wieder entfernen, indem Sie mit der rechten Maustaste auf den Befehl klicken und im erscheinenden Kontextmenü den Befehl „Löschen" ausführen.

Wählen Sie, um ein neues Menü hinzuzufügen, die Kategorie „Neues Menü" und ziehen Sie den Befehl „Neues Menü" auf Ihre Werkzeugleiste. Klicken Sie mit der rechten Maustaste auf das Menü in der Werkzeugleiste und geben Sie dem Menü im entsprechenden Feld des Kontextmenüs gleich einen passenden Namen (Abb. 6.15).

Abb. 6.15: Dialogfenster „Anpassen", Benennung des neuen Menüs in der Werkzeugleiste

Als Beispiel zur Bestückung des Menüs ziehen Sie zunächst den Befehl „Beschriftungs-Manager…" (Kategorie: „Beschriftung") auf den Menünamen, so dass sich die noch leere Befehlsliste öffnet, und legen den Befehl dann dort ab (Abb. 6.16).

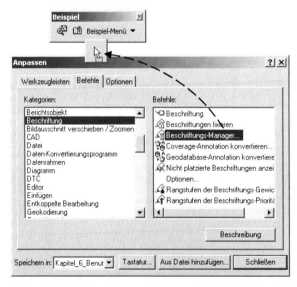

Abb. 6.16: Dialogfenster „Anpassen", Befehl „Beschriftungs-Manager" hinzufügen

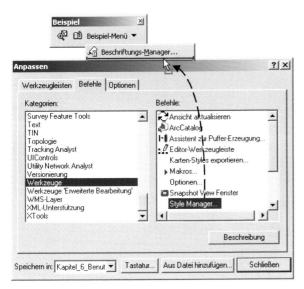

Abb. 6.17: Dialogfenster „Anpassen", Befehl „Style Manager" hinzufügen

Wechseln Sie nun in die Kategorie „Werkzeuge" und fügen Sie dem Menü auf die gleiche Weise den Befehl „Style Manager" hinzu (Abb. 6.17).

Werkzeugleisten und Menüs können optisch durch Hinzufügen kleiner Trennstriche in sog. Befehlsgruppen unterteilt werden. Klicken Sie im Kontextmenü des Befehls „Beispiel-Menü" auf „Eine Gruppe beginnen", so wird links neben dieser Schaltfläche ein Trennstrich eingefügt.

Beenden Sie die Erstellung der neuen Werkzeugleiste, indem Sie auf „Schließen" klicken. Abbildung 6.18 zeigt, wie Ihre Werkzeugleiste „Beispiel" aussehen sollte. Testen Sie die Funktionsfähigkeit der Befehle. Der Befehl „Auf selektierte Features zoomen" kann nur ausgeführt werden, wenn aktuell Features im Datenrahmen selektiert sind.

Abb. 6.18: Die neue Werkzeugleiste „Beispiel"

TIPP: Beachten Sie, dass Befehle, die sich direkt auf einen Layer beziehen, wie beispielsweise „Auf Layer zoomen" oder „Daten exportieren...", nicht funktionieren, wenn sie in eine Werkzeugleiste eingebaut werden. Solche Befehle befinden sich normalerweise in Kontextmenüs.

ArcMap bietet dem Nutzer die Möglichkeit, selbst neue Steuerelemente zu erstellen. Markieren Sie dazu die Kategorie „UIControls" (UI steht für „User Interface", deutsch:

Benutzer-Oberfläche, d. h. Schnittstelle zwischen Software und User) und klicken Sie auf die nur hier zur Verfügung stehende Schaltfläche „Neue UIControl…". Sie können nun entscheiden, ob Sie eine Schaltfläche, ein Werkzeug, ein Bearbeitungsfeld oder ein Kombinationsfeld erstellen möchten. Die Belegung des neuen Steuerelements mit einer Ereignisprozedur erfordert allerdings Kenntnisse in VBA-Programmierung.

6.1.4 Inhaltsverzeichnis

6.1.4.1 Allgemein

Das Inhaltsverzeichnis gibt eine Übersicht über alle im Projekt angelegten Datenrahmen und die darin enthaltenen Layer. Standardmäßig ist das Inhaltsverzeichnis auf der linken Seite des Desktops angeordnet und enthält einen Datenrahmen mit dem Namen „Layer".

Grundlegendes zur Bedienung des Inhaltsverzeichnisses wird auch im Übungsprojekt (Kap. 10.2) erläutert.

Über *Hauptmenüleiste* ⇨ *„Fenster"* ⇨ *„Inhaltsverzeichnis"* können Sie das Inhaltsverzeichnis – falls notwendig – aus- und wieder einblenden.

Die momentan verfügbaren Ansichtsarten befinden sich als Registerkarten am unteren Rand des Inhaltsverzeichnisses.

Unter *Hauptmenüleiste* ⇨ *„Werkzeuge"* ⇨ *„Optionen…"* können Sie im Register „Inhaltsverzeichnis" das Erscheinungsbild des Inhaltsverzeichnisses ändern. Je nach Bedarf können Sie hier die zur Verfügung stehenden Registerkarten aktivieren, so dass sie, wie oben beschrieben, auf Ihrer Arbeitsoberfläche am unteren Rand des Inhaltsverzeichnisses eingeblendet werden und anwählbar sind. Die bei der Arbeit mit ArcMap am häufigsten verwendete Registerkarte „Anzeige" listet die Datenrahmen mit ihren Layern auf und zwar in der Reihenfolge, in der sie im Kartenfenster dargestellt werden. Dabei überlagert jeder Layer immer alle unter ihm aufgelisteten Layer desselben Datenrahmens. Die Reihenfolge kann durch Ziehen und Ablegen der Layer jederzeit geändert werden. Auch die Registerkarte „Quelle" zeigt alle Datenrahmen mit den darin enthaltenen Layern an. Allerdings sind die Layer hier nach den Speicherpfaden sortiert, in denen sich die von den Layern referenzierten Datenquellen befinden. Tabellen, die dem Kartendokument als Daten hinzugefügt wurden, sehen Sie ausschließlich in dieser Ansicht. In der Registerkarte „Auswahl" können Sie in einer Liste diejenigen Layer des aktiven Datenrahmens aktivieren, die mittels interaktiver Auswahl selektierbar sein sollen. (Interaktive Auswahl siehe auch Kap. 6.1.2.5.) Layer, in denen bereits Features ausgewählt sind, werden in Fettschrift angezeigt. Dahinter steht in Klammern die Anzahl der selektierten Features. Mit der rechten Maustaste auf einem Layer gelangen Sie in ein Kontextmenü mit auswahlbezogenen Befehlen.

9.1 **NEU:** Im Register „Auswahl" des Inhaltsverzeichnisses wird die Anzahl der selektierten Features nun übersichtlicher angezeigt, da der Anzeigetext auf die entsprechende Zahl in Klammern ohne das Anhängsel „…Features ausgewählt" gekürzt wurde (Genaueres siehe Kap. 11.1).

Wird keine Registerkarte aktiviert, verhält sich das Inhaltsverzeichnis automatisch wie unter der Registerkarte „Anzeige".

Im unteren Teil des Registers „Inhaltsverzeichnis" unter „Anzeigeoptionen für Inhaltsverzeichnis" ist es schließlich möglich, das Erscheinungsbild der Layer im Inhaltsverzeichnis zu ändern. Hier können Sie Schriftart und -größe sowie Form und Größe der Mustersymbole anpassen.

Innerhalb des Inhaltsverzeichnisses haben Sie mit der rechten Maustaste Zugriff auf zwei wichtige Kontextmenüs, die bei der Arbeit mit ArcMap sehr häufig aufgerufen werden: das Kontextmenü der Datenrahmen und die Kontextmenüs der Layer.

6.1.4.2   Kontextmenü des Datenrahmens

Rechte Maustaste auf einem Datenrahmen öffnet das Kontextmenü dieses Datenrahmens (Abb. 6.19). Da ein großer Teil der Befehlseinträge selbsterklärend ist bzw. an anderer Stelle näher erläutert wird, soll im Anschluss nur auf einige wichtige Menüeinträge ausführlich eingegangen werden.

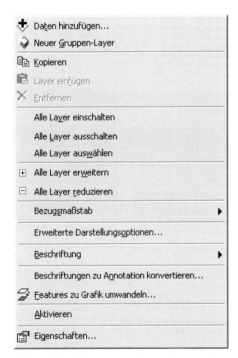

Abb. 6.19: Kontextmenü des Datenrahmens

Mit dem Befehl „Daten hinzufügen…" können Sie dem Datenrahmen geographische Daten wie Shapefiles oder Rasterbilder hinzufügen. Derselbe Befehl ist – ohne Umweg über ein Kontextmenü und deswegen bequemer – auch als Schaltfläche auf der Werkzeugleiste „Standard" ausführbar.

Mit „Neuer Gruppen-Layer" erstellen Sie in diesem Datenrahmen einen neuen, leeren Gruppen-Layer, den Sie mit *Kontextmenü dieses Gruppen-Layers* ⇨ „Daten hinzufügen…"

oder durch Drag&Drop mit bereits im Inhaltsverzeichnis vorhandenen Layern bestücken können.

Der Befehl „Kopieren" legt eine Kopie des kompletten Datenrahmens mit allen Layern in die Windows-Zwischenablage, von wo aus er mit *Hauptmenüleiste* ⇨ *„Bearbeiten"* ⇨ *„Einfügen"* beispielsweise in das Kartendokument einer anderen ArcMap Sitzung eingefügt werden kann.

Der Befehl „Bezugsmaßstab" öffnet ein Untermenü, mit dem Sie den aktuellen Maßstab des Kartenfensters als Bezugsmaßstab festlegen können. Wurde bereits ein Bezugsmaßstab definiert, können Sie auf diesen zoomen oder ihn löschen. Worum es sich bei einem Bezugsmaßstab handelt, lesen Sie bitte in Kapitel 6.2.1.

Mit Hilfe der Funktion „Erweiterte Darstellungsoptionen…" kann eine Layer-Maskierung für den Datenrahmen festgelegt werden. Es können nur Polygon-Layer zum Maskieren (verbergen, ausblenden) ausgewählt werden. Wird z. B. ein Linienthema als maskiertes Thema definiert, so werden diejenigen Linien, die im Bereich des Maskierungs-Layers liegen, nicht mehr dargestellt. Im Prinzip ist dies ein lagebezogener Darstellungsausschluss bestimmter Linien, der die Features in der Attribut-Tabelle jedoch weiterhin aufführt. Im Gegensatz dazu kann ein attributbezogener Darstellungsausschluss unter *Kontextmenü des Layers* ⇨ *„Eigenschaften…"* ⇨ *„Definitionsabfrage"* definiert werden. Eine häufige Anwendung der Maskierung ist die Freistellung von Texten. Dies lässt sich im Register „Maske" der Symboleigenschaften von Texten einstellen.

Der Befehl „Beschriftung" eröffnet dem Nutzer über ein Untermenü eine Reihe von Möglichkeiten, die Beschriftungen der Layer des aktiven Datenrahmens zu beeinflussen. Der Funktionsumfang des Untermenüs zum Menübefehl „Beschriftung" entspricht dem der Werkzeugleiste „Beschriftung" (Kap. 6.1.3.15). Diese können Sie, wie in Kapitel 6.1.3.1 beschrieben, jederzeit Ihrer Arbeitsfläche hinzufügen. Wie Sie in ArcMap die Beschriftung eines Layers verwalten können, lesen Sie bitte in den Kapiteln 6.3.8 und 6.1.3.15.

Auf die Menüfunktion „Beschriftungen zu Annotation konvertieren…" wird im Kapitel 6.9 näher eingegangen.

Der Befehl „Features zu Graphik umwandeln…" öffnet ein Dialogfenster, mit dem Sie alle oder nur die aktuell selektierten Features eines Layers zu Graphiken konvertieren können. Auf solche Weise erstellte Graphiken sind in ihrer Größe und Position frei veränderbar. Diese Funktion ist somit beispielsweise dann von Nutzen, wenn Sie bestimmte Features hervorheben oder in einem Maßstab sichtbar machen wollen, in dem sie normalerweise nicht zu sehen wären, ohne die vom Layer referenzierten Quelldaten zu verändern. Es ist nicht möglich, die Features mehrerer Layer gleichzeitig zu konvertieren. Definieren Sie in der Dropdown-Liste rechts oben im Dialogfenster den gewünschten Layer und legen Sie links daneben fest, ob alle Features oder nur die gerade selektierten betroffen sind. Entscheiden müssen Sie außerdem, ob die zu Graphiken konvertierten Features nach der Umwandlung von der Darstellung ausgeschlossen werden oder nicht. Im ersteren Fall finden Sie die betroffenen Features in einer Liste im Register „Anzeige" der Layer-Eigenschaften unter „Feature-Ausschluss". Dort können die Features einzeln („Zeichnung wiederherstellen") oder in der Gesamtheit („Alles wiederherstellen") der Darstellung wieder hinzugefügt werden.

Der Befehl „Eigenschaften…" öffnet das Dialogfenster „Datenrahmen-Eigenschaften", dem das Kapitel 6.2 gewidmet ist.

6.1.4.3 Kontextmenüs der Layer

Rechte Maustaste auf einen Layer öffnet das Kontextmenü des Layers (Abb. 6.20).

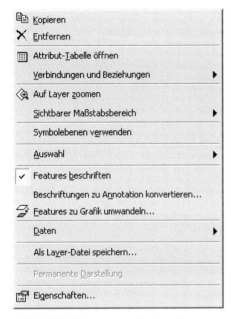

Abb. 6.20: Kontextmenü eines Layers

Sind mehrere Layer ausgewählt, sieht das Kontextmenü anders aus als in Abbildung 6.20 zu sehen. Dasselbe gilt für das Kontextmenü eines Gruppen-Layers sowie für die Kontextmenüs einiger spezieller Layer wie Rasterdaten, CAD-Zeichnungen oder Tabellen. Lesen Sie dazu bitte die unteren Abschnitte dieses Kapitels.

Der Befehl „Kopieren" kopiert den ausgewählten Layer in die Zwischenablage, von wo aus er beispielsweise in den gleichen oder einen anderen Datenrahmen eingefügt werden kann. Betätigen Sie dazu in der Hauptmenüleiste unter „Bearbeiten" den Befehl „Einfügen" oder klicken Sie mit der rechten Maustaste auf den Datenrahmen, in den Sie den Layer einfügen wollen, und führen den Befehl „Layer einfügen" aus. Es ist auf diese Weise auch möglich, die Daten aus der Zwischenablage in den Datenrahmen einer anderen ArcMap Sitzung einzufügen.

Mit „Entfernen" werden die ausgewählten Layer aus dem Datenrahmen gelöscht. Die Quelldaten, auf die der Layer verweist, sind vom Löschvorgang nicht betroffen.

Klicken Sie auf „Attribut-Tabelle öffnen", wenn Sie eine Tabelle mit den Attributen aller Features des Layers anzeigen wollen. Zum Arbeiten mit Attribut-Tabellen lesen Sie bitte die Kapitel 6.10 und 10.3.

Unter „Verbindungen und Beziehungen" können Sie die Attributdaten Ihres Layers mit externen Tabellen verbinden bzw. in Beziehung setzen oder bereits bestehende Verbindungen und Beziehungen lösen. Einen Überblick über die aktuellen Verbindungen und Beziehungen des Layers bekommen Sie unter *„Eigenschaften..."* ⇨ *Register „Verbindungen & Beziehungen"* im selben Kontextmenü. Mehr zur Anwendung von Verbindungen und Beziehungen erfahren Sie in Kapitel 10.3.

Der Befehl „Auf Layer zoomen" zoomt auf die geographische Ausdehnung aller Features im ausgewählten Layer. Verwenden Sie diesen Befehl, um sicherzustellen, dass die Ausdehnung Ihres Kartenfensters alle Features des ausgewählten Layers umfasst. Beachten Sie, dass dieser Befehl eine eventuell unter *Kontextmenü des Layers* ⇨ *„Eigenschaften..."* ⇨ *Register „Definitionsabfrage"* formulierte Definitionsabfrage nicht berücksichtigt und immer auf die volle Ausdehnung der vom Layer dargestellten Quelldaten zoomt.

Unter *„Sichtbarer Maßstabsbereich"* ⇨ *„Minimalen Maßstab festlegen"* definieren Sie den aktuellen Maßstab des Datenrahmens (siehe Maßstabsfeld in der Werkzeugleiste „Standard") als diejenige Zoomstufe, unterhalb der der Layer automatisch ausgeblendet wird.

Unter *„Sichtbarer Ma stabsbereich"* ⇨ *„Maximalen Ma stab festlegen"* legen Sie eine obere Maßstabsgrenze fest.

Das Festlegen dieser beiden Werte, die den sichtbaren Maßstabsbereich des Layers definieren, kann auch bequem durch manuelle Eingabe der Werte unter *„Eigenschaften..."* ⇨ *Register „Allgemein"* im selben Kontextmenü erfolgen (siehe Kap. 6.3.1).

Klicken Sie auf „Symbolebenen verwenden", um die Darstellung der Symbolebenen zu aktivieren. Die Verwendung der Symbolebenen-Darstellung überschreibt die Standard-Darstellungsreihenfolge von ArcMap. Mit *Kontextmenü des Layers* ⇨ *„Eigenschaften..."* ⇨ *Register „Symbologie"* ⇨ *„Erweitert"* ⇨ *„Symbolebenen..."* öffnen Sie ein Dialogfenster, in dem Sie die Darstellung der Symbolebenen steuern können. Näheres dazu finden Sie im Kapitel 6.3.5.

Das Untermenü des Befehls „Auswahl" bietet einige häufig verwendete, auswahlbezogene Funktionen, die teilweise bereits aus dem Menü „Auswahl" der Hauptmenüleiste (Kap. 6.1.2.5) bekannt sind, die sich hier aber natürlich nicht auf alle Layer des Datenrahmens, sondern nur auf diesen einen Layer beziehen. Zu den sehr häufig verwendeten Auswahl-Befehlen zählt „Auswahl umkehren". Hierbei wird bei allen momentan selektierten Features die Auswahl aufgehoben. Im Gegenzug werden alle nicht selektierten Features in die Auswahl aufgenommen. Anwendungsbeispiel: Sie wollen alle Städte Europas selektieren, die nicht in Deutschland liegen. Am schnellsten dürften Sie dieses Ziel erreichen, indem Sie zunächst alle Städte in Deutschland selektieren und anschließend die Auswahl umkehren. Der Befehl „Datensätze für ausgewählte Features kopieren" legt die Attribut-Werte aller selektierten Features in Form eines Textes in die Windows-Zwischenablage, von wo aus sie in verschiedenste Windows-Anwendungen eingefügt werden können. „Ausgewählte Features beschriften" beschriftet die momentan selektierten Features des Layers und speichert die Beschriftung in einer vorhandenen Annotation-Feature-Klasse, die mit den Features im Layer verbunden ist. (Man spricht von einer sog. featurebezogenen Annotation-Feature-Klasse.) Eine Annotation-Feature-Klasse enthält Annotations (Texte und Graphiken mit räumlichen Bezug) und wird in einer Geodatabase

(Kap. 7) gespeichert. Eine featurebezogene Annotation-Feature-Klasse ist eine spezielle Annotation-Feature-Klasse, die automatisch aktualisiert wird, sobald die Position oder die Attribute der annotierten Features verändert werden. Dieser Befehl ist nur aktiviert, wenn aktuell Features ausgewählt sind und die Karte einen Layer enthält, der auf einer wie oben beschrieben gearteten Annotation-Feature-Klasse basiert. Der Befehl „Layer aus selektierten Features erstellen" fügt dem Datenrahmen einen neuen Layer hinzu, der die selektierten Features enthält. Verwenden Sie diesen Befehl, wenn Sie die ausgewählten Features eines Layers als separaten Layer bearbeiten möchten. Beachten Sie, dass der neu erstellte Layer auf dieselben Daten verweist wie der Ursprungs-Layer, so dass sich eine Bearbeitung der Geometrie oder der Attribute in beiden Layern direkt auf diese zugrunde liegenden Daten auswirkt.

 NEU: Im Kontextmenü der Layer im Inhaltsverzeichnis sind unter „Auswahl" zwei neue Funktionalitäten hinzugekommen: das Werkzeug „Auf Auswahl zentrieren" und die Funktion „Zum einzigen selektierbaren Layer machen". Außerdem wurde im Dialogfenster „Daten exportieren" (*Kontextmenü des Layers* ⇨ *„Daten"* ⇨ *„Daten exportieren…"*) ein dritter Radio-Button hinzugefügt, der es erlaubt, das Koordinatensystem des Feature-Datasets, in das die Daten exportiert werden sollen, zu übernehmen (Genaueres siehe Kap. 11.2).

Mit „Features beschriften" aktivieren bzw. deaktivieren Sie die Beschriftung von Layer-Features. Zur detaillierten Steuerung der Feature-Beschriftung unter *Kontextmenü des Layers* ⇨ *„Eigenschaften…"* ⇨ *Register „Beschriftung"* bzw. unter *Werkzeugleiste „Beschriftung"* ⇨ *„Beschriftungs-Manager"* lesen Sie bitte die Kapitel 6.3.8 und 6.1.3.15.

Mit dem Befehl „Beschriftungen zu Annotation konvertieren…" öffnen Sie in ein Dialogfenster, in dem Sie bei Bedarf aktuell in der Karte dargestellte Beschriftungen zu Annotations umwandeln können. Genaueres hierzu erfahren Sie in Kapitel 6.9.

„Features zu Graphik umwandeln…" öffnet genau dasselbe Dialogfenster, das Sie auch mit dem gleichnamigen Befehl im Kontextmenü des Datenrahmens erreichen. Lesen Sie dazu bitte die Erläuterung in Kapitel 6.1.4.2.

Wenn in ArcMap die Datenquelle eines Layers nicht gefunden wird oder Sie keinen Lesezugriff mehr auf die vom Layer referenzierten Daten haben, taucht neben diesem Layer ein rotes Ausrufezeichen auf. Dieses signalisiert, dass der Layer repariert werden muss. Der Befehl *Kontextmenü des Layers* ⇨ *„Daten"* ⇨ *„Datenquelle festlegen"* öffnet ein Dialogfenster, mit dem Sie einen solchen „beschädigten" Layer reparieren können, indem Sie den Pfad zu den entsprechenden Daten neu definieren. Befinden sich unter dem neuen Pfad Daten zu weiteren beschädigten Layern, werden diese automatisch mit repariert. Schnellzugriff auf diesen Befehl haben Sie, indem Sie mit der linken Maustaste auf das rote Ausrufezeichen klicken. Beachten Sie, dass dieser Befehl nur zur Verfügung steht, wenn eine Datenverbindung verloren geht.

 TIPP: Wenn Sie die Datenquelle eines nicht beschädigten Layers neu definieren wollen, können Sie dies unter *Kontextmenü des Layers* ⇨ *„Eigenschaften…"* ⇨ *Register „Quelle"* tun (siehe Kap. 6.3.2).

Mit *Kontextmenü des Layers* ⇨ *„Daten"* ⇨ *„Daten exportieren…"* können die Daten, die der Layer darstellt, als neues Shapefile oder neue Geodatabase-Feature-Class gespeichert werden. Der Nutzer entscheidet, ob nur die Features in der Ansichtsausdehnung oder alle

Features des Layers exportiert werden sollen. Sind zum Zeitpunkt des Exports Features selektiert, so werden auch nur diese gespeichert. Beachten Sie, dass nur die Daten, nicht aber die Eigenschaften (Symbologie etc.) des Layers gespeichert werden. Des Weiteren muss der Nutzer entscheiden, ob die Daten im Koordinatensystem des Datenrahmens oder im Koordinatensystem der Datenquelle des Layers exportiert werden sollen. Ob und welche Koordinatensysteme für Datenrahmen und Quelldaten des Layers definiert sind, können Sie unter *Kontextmenü des Datenrahmens* ⇨ *„Eigenschaften..."* ⇨ *Register „Koordinatensystem"* bzw. *Kontextmenü des Layers* ⇨ *„Eigenschaften..."* ⇨ *Register „Quelle"* überprüfen. Ist weder für den Datenrahmen noch für die Quelldaten des Layers ein Koordinatensystem definiert oder ist für beide dasselbe System festgesetzt, so spielt es keine Rolle, für welche Option Sie sich entscheiden. Unterscheiden sich beide, so ist es aus Performance-Gründen ratsam, das Koordinatensystem des Datenrahmens zu wählen, da die Daten des Layers dann nicht mehr „on the fly" projiziert werden müssen. Lesen Sie dazu bitte auch das Kapitel 6.2.3.

Im Gegensatz zum eben erläuterten Befehl „Daten exportieren…" (s. o.), speichern Sie mit dem Befehl *Kontextmenü des Layers* ⇨ *„Als Layer-Datei speichern..."* die Eigenschaften des Layers als Layer-Datei mit der Datei-Endung LYR, nicht aber die vom Layer referenzierten Daten. Die Erzeugung einer lyr-Datei ist hilfreich und sinnvoll, wenn die vom Nutzer definierte Symbologie eines Layers in einer anderen Karte wieder verwendet werden soll.

Der Befehl *Kontextmenü des Layers* ⇨ *„Permanente Darstellung"* wandelt einen temporären Layer in einen permanenten Layer um. Der Befehl ist nur aktiviert, wenn es sich bei dem entsprechenden Layer um einen temporären Layer handelt. Temporäre Layer werden unter Umständen als Ergebnis eines Geoverarbeitungsvorgangs in der ArcToolbox (siehe dazu Kap. 9) oder in verschiedenen Erweiterungen erstellt. Sie heißen deswegen „temporär", weil sie aus dem Inhaltsverzeichnis und von der Festplatte automatisch gelöscht werden, wenn Sie Ihr Dokument schließen, ohne vorher abzuspeichern. Beachten Sie, dass zur Verwendung temporärer Layer unter *Hauptmenüleiste* ⇨ *„Werkzeuge"* ⇨ *„Optionen..."* ⇨ *„Geoverarbeitung"* die Option „Ergebnisse sind standardmäßig temporär" aktiviert sein muss. Sobald Sie Ihr Dokument abspeichern, werden alle eventuell im Inhaltsverzeichnis vorhandenen temporären Layer automatisch in permanente Layer umgewandelt. Sie benötigen den Befehl *Kontextmenü des Layers* ⇨ *„Permanente Darstellung"* also nur, um aus mehreren, durch Geoverarbeitungsvorgänge erzeugten temporären Layern einen bestimmten als permanent zu definieren, bevor Sie die restlichen durch Schließen des Dokuments, ohne vorher abzuspeichern, löschen lassen.

Sind beim Aufruf des Kontextmenüs mehrere Layer oder ein Gruppen-Layer markiert, steht nur eine begrenzte Auswahl der oben erläuterten Befehle zur Verfügung. Diese Befehle haben die gleichen Auswirkungen wie oben beschrieben, mit der Einschränkung, dass sie nicht nur für einen Layer, sondern für alle markierten Layer bzw. den kompletten Gruppen-Layer einschließlich aller darin enthaltenen Layer durchgeführt werden. Allerdings kommen auch einige neue Befehle hinzu, die hier kurz beschrieben werden sollen.

Abbildung 6.21 zeigt das Kontextmenü mehrerer Layer.

Abb. 6.21: Kontextmenü mehrerer Layer

Der Befehl „Gruppieren" macht aus den markierten Layern einen neuen Gruppen-Layer. Es handelt sich hierbei um eine rein optisch-organisatorische Gruppierung, die auf Quelldaten und Eigenschaften der einzelnen Layer keine Auswirkung hat. In Karten mit einer großen Anzahl von Layern ist eine Zusammenfassung zu thematisch geordneten Gruppenlayern für die Organisation oft unerlässlich. Mit „Ein-" und „Ausschalten" können Sie alle markierten Layer im Kartenfenster gleichzeitig ein- bzw. ausblenden.

Abbildung 6.22 zeigt das Kontextmenü eines Gruppen-Layers.

Abb. 6.22: Kontextmenü eines Gruppen-Layers

Mit „Daten hinzufügen…" können Sie dem Gruppen-Layer geographische Daten hinzuladen. Im Unterschied zum gleichlautenden Befehl im Kontextmenü des Datenrahmens bzw. in der Werkzeugleiste „Standard" wird der neue Layer hier allerdings direkt in den Gruppen-Layer eingefügt. Bereits im Inhaltsverzeichnis vorhandene Layer können auch per Drag&Drop in den Gruppen-Layer verschoben werden.

„Neuer Gruppen-Layer" erstellt innerhalb des markierten Gruppen-Layers einen neuen „Gruppen-Layer".

„Kopieren" legt den Gruppen-Layer inklusive enthaltener Layer in die Windows-Zwischenablage.

„Entfernen" löscht den Gruppen-Layer samt der enthaltenen Layer aus dem Inhaltsverzeichnis.

Wenn Sie nur den Gruppen-Layer, nicht aber die enthaltenen Layer aus dem Inhaltsverzeichnis entfernen wollen, verwenden Sie den Befehl „Gruppierung aufheben".

Mit Klick auf den Menüeintrag „Symbolebenen verwenden" aktivieren bzw. deaktivieren Sie – analog zum gleichlautenden Befehl im bereits in diesem Kapitel beschriebenen Layer-Kontextmenü – die Darstellung von Symbolebenen. Standardmäßig ist diese Funktion deaktiviert. Die Darstellung der Symbolebenen kann in diesem Fall unter *Kontextmenü des Gruppen-Layers* ⇨ *„Eigenschaften…"* ⇨ *Register „Gruppieren"* ⇨ *Schaltfläche „Symbolebenen…"* im Dialogfenster *„Symbolebenen"* gesteuert werden, das bezüglich seiner Einstellungsmöglichkeiten dem gleichnamigen Dialogfenster unter *Kontextmenü eines einzelnen Layers* ⇨ *„Eigenschaften…"* ⇨ *Register „Symbologie"* ⇨ *„Erweitert"* ⇨ *„Symbolebenen…"* entspricht. Lesen Sie dazu bitte Kapitel 6.3.5.

Der Befehl „Eigenschaften…" öffnet das Dialogfenster „Eigenschaften: Gruppen-Layer" mit zwei Registern. Im Register „Allgemein" können Sie dem Gruppen-Layer einen neuen Namen geben und im Eingabefeld darunter einen beschreibenden Text einfügen. Außerdem können Sie in diesem Register einen Maßstabsbereich definieren. Dieser setzt die in den Eigenschaften der Einzel-Layer eventuell definierten Maßstabsbereiche außer Kraft. Zur Definition eines Maßbereichs lesen Sie bitte Kapitel 6.3.1. Im zweiten Register „Gruppieren" werden die im Gruppen-Layer enthaltenen Layer verwaltet. Sie können Layer entfernen oder hinzufügen und gelangen über den Button „Eigenschaften…" in das Dialogfenster „Layer-Eigenschaften" (siehe Kap. 6.3). Wie oben bereits beschrieben öffnet der Button „Symbolebenen…" das gleichnamige Dialogfenster, dessen Bedienung im Kapitel 6.3.5 erläutert wird.

Das Kontextmenü eines Rasterdaten-Layers (Abb. 6.23) stellt einige der aus dem Kontextmenü eines „Standard"-Layers bekannten Einträge zur Verfügung, die auch in ihrer Funktionalität mit den entsprechenden – oben beschriebenen – Befehlen übereinstimmen:

Abb. 6.23: Kontextmenü eines Rasterdaten-Layers

Zusätzlich ist im Kontextmenü eines Rasterdaten-Layers der Befehl „Auf Raster-Auflösung zoomen" verfügbar. Die Raster-Auflösung beschreibt das Verhältnis von Bildschirm-Pixeln zu Bild-Pixeln im aktuellen Kartenmaßstab. So kann ein Bildschirm-Pixel je nach Maßstab mehrere Rasterzellen darstellen, wodurch das Bild nicht sehr klar und detailliert erscheint. Entsteht z. B. ein Bildschirm-Pixel aus dem Resampling von 10 Bild-Pixeln, so liegt eine Raster-Auflösung von 1 : 10 vor. Mit dem Befehl „Auf Raster-Auflösung zoomen" erreichen Sie eine Auflösung von 1 : 1. Bei dieser Auflösung zeigt jeder Bildschirm-Pixel genau eine Raster-Zelle des Bildes an.

Um das Kontextmenü einer geladenen (externen) Tabelle (Abb. 6.24) zu erreichen, müssen Sie unterhalb des Inhaltsverzeichnis-Fensters zunächst in das Register „Quelle" wechseln. Hier werden alle geladenen Daten mit ihrem Quellpfad angezeigt. Hier haben Sie auch Zugriff auf Tabellen und deren Kontextmenü, das sich in einigen Punkten von dem eines „Standard"-Layers unterscheidet.

Abb. 6.24: Kontextmenü einer Tabelle

Mit dem Eintrag „Datensätze kopieren" kopieren Sie alle in der Tabelle enthaltenen Daten in die Zwischenablage. Der Befehl „Öffnen" öffnet die Tabelle in einem neuen Fenster.

Die Befehle „Adressen geokodieren…", „Routen-Ereignisse anzeigen…" und „XY-Daten anzeigen" bieten dieselben Funktionalitäten wie die entsprechenden Befehle im Menü „Werkzeuge" des ArcMap Hauptmenüleiste. Näheres dazu finden Sie in Kapitel 6.1.2.6. Alle übrigen Befehle des Kontextmenüs von Tabellen entsprechen in ihren Funktionen den jeweiligen Befehlen im Kontextmenü eines „Standard"-Layers.

Das Kontextmenü eines Layers, der auf einer CAD-Zeichnung basiert, enthält folgende Einträge (siehe Abb. 6.25):

Abb. 6.25: Kontextmenü einer CAD-Zeichnung

Diese Befehle stimmen in ihrer Funktionalität mit den – zu Beginn dieses Kapitels beschriebenen – Befehlen eines „Standard"-Layers überein.

6.1.5 Kartenfenster

Im Kartenfenster werden die Daten des momentan aktiven Datenrahmens visualisiert, sofern sie im Inhaltsverzeichnis im Kontrollkästchen angehakt sind und sich der aktuelle Ausschnitt des Kartenfensters im Bereich dieser Daten befindet.

Im Kartenfenster stehen zwei Optionen zum Anzeigen der Kartendaten zur Verfügung: die Daten-Ansicht und die Layout-Ansicht.

Die Daten-Ansicht dient der Anzeige, Abfrage, Bearbeitung und Analyse der Geodaten Ihres Kartendokuments. In dieser Ansicht sind alle Kartenlayout-Elemente wie Titelleisten, Nordpfeile und Maßstabsleisten verborgen.

Die Layout-Ansicht wird benötigt, um eine Karte zu Präsentationszwecken zu entwerfen, beispielsweise als Wandkarte, als Karte für einen Bericht oder zur Veröffentlichung im Internet. In der Layout-Ansicht wird eine virtuelle Seite angezeigt, auf der Sie Kartenelemente positionieren und anordnen können. Unter *Hauptmenüleiste* ⇨ *„Datei"* ⇨ *„Seiten- und Druckeinrichtung..."* können Sie die Seitengröße des Layouts festlegen.

 Am unteren linken Rand des Kartenfensters sehen Sie drei kleine Buttons. Mit dem linken gelangen Sie in die Daten-, mit dem mittleren in die Layout-Ansicht. Mit dem rechten Schalter können Sie, falls der Bild-Aufbau unterbrochen wurde, die jeweilige Ansicht aktualisieren (entspricht damit der Taste F5). Beachten Sie, dass Sie diese Symbole nur sehen, wenn unter *Werkzeugleiste „Hauptmenü"* ⇨ *„Ansicht"* der Eintrag *„Bildlaufleiste"* aktiviert ist.

  NEU: Am unteren linken Rand des Kartenfensters ist die Schaltfläche „Zeichnen anhalten" neben dem Button „Ansicht aktualisieren" neu hinzugekommen. Die Funktionstaste **F9** ist das entsprechende Tastatur-Kürzel zu dieser Funktion.

6.1.6 Statusleiste

Die Statusleiste befindet sich am unteren Rand des Kartenfensters und ist über *Hauptmenüleiste* ⇨ *„Ansicht"* ⇨ *„Statusleiste"* ab- bzw. zuschaltbar. Während der Arbeit mit ArcMap können Sie der Statusleiste nützliche Informationen entnehmen. Wenn sich der Mauszeiger im Kartenfenster befindet, zeigt die Statusleiste auf der rechten Seite die X- und Y-Koordinaten an. Halten Sie den Mauszeiger über eine Schaltfläche oder einen

Menübefehl, so erhalten Sie auf der linken Seite eine kurze Beschreibung dieses Befehls. Ebenfalls auf der linken Seite sehen Sie, wie viele Features momentan im aktiven Datenrahmen selektiert sind.

6.2 Datenrahmen: Eigenschaften

Der Datenrahmen ist ein zentrales Element bei der Arbeit mit ArcMap. Er stellt eine geographische Position oder Ausdehnung dar und gruppiert die zusammen darzustellenden Layer eines Kartendokuments (*.mxd) in einem eigenen Rahmen. Im Inhaltsverzeichnis von ArcMap funktioniert ein Datenrahmen als eine Art Container für mehrere Layer. Eine Karte kann durchaus mehrere Datenrahmen enthalten: Wenn z. B. zur Hauptkarte eine dynamische Übersichtskarte erzeugt werden soll, so geschieht dies mit Hilfe eines eigenen Datenrahmens.

Bei der Erstellung einer neuen Karte in ArcMap wird automatisch ein leerer Datenrahmen mit der Bezeichnung „Layer" angelegt. Jeder Datenrahmen wird im ArcMap Inhaltsverzeichnis mit den enthaltenen Daten in einer Baumstruktur dargestellt und im Kartenfenster als eigener Bearbeitungs- bzw. Zeichenbereich wiedergegeben. Verfügt eine Karte über mehrere Datenrahmen, so ist der, mit dem Sie gerade arbeiten, der derzeit aktive Datenrahmen. Beim Hinzufügen von Daten zu einer Karte werden diese stets in den aktiven Datenrahmen eingefügt.

In der Daten-Ansicht ist jeweils nur der aktive Datenrahmen bearbeitbar. Der Name des aktiven Datenrahmens ist hier fett formatiert. In der Layout-Ansicht dagegen sind alle Datenrahmen sichtbar, wobei der aktive Datenrahmen durch einen speziellen Rahmen gekennzeichnet ist (vgl. Abb. 6.26).

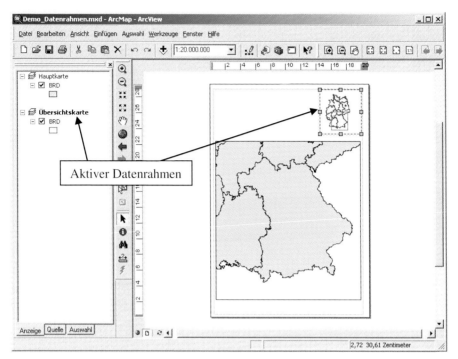

Abb. 6.26: Datenrahmen in ArcMap (Datenfenster in Layout-Ansicht)

Grundsätzlich ist bei der Arbeit mit Datenrahmen in ArcMap Folgendes zu beachten:

- Eine Karte muss mindestens einen Datenrahmen enthalten.

- Es ist stets ein Datenrahmen aktiv. Dieser aktive Datenrahmen ist das Ziel für die meisten Werkzeuge und Befehle von ArcMap.

- Es können nicht Features aus mehreren Datenrahmen gleichzeitig bearbeitet werden.

Über die Eigenschaften eines Datenrahmens lassen sich zahlreiche grundlegende Einstellungen zur Kartenerstellung vornehmen. Diese betreffen u. a. Koordinatensystem, Maßeinheiten, Maßstab, Namen, Position und Größe des Datenrahmens. Sie erreichen die Eigenschaften eines Datenrahmens auf mehreren Wegen:

- Doppelklick auf den Datenrahmen im Inhaltsverzeichnis

- *Kontextmenü des Datenrahmens* ⇨ *„Eigenschaften..."*

- *ArcMap Hauptmenüleiste* ⇨ *„Ansicht"* ⇨ *„Eigenschaften..."* (öffnet das Eigenschaften-Dialogfenster des aktiven Datenrahmens!)

Die folgenden Kapitel liefern einen Überblick über die zehn Register des Dialogfensters *„Datenrahmen Eigenschaften"* in ArcMap.

6.2.1 Register „Allgemein"

In diesem Register (Abb. 6.27) können (und sollten) Sie dem Datenrahmen einen (neuen) aussagekräftigen Namen geben. Zudem steht ein Textfeld für Kommentare oder Beschreibungen zur Verfügung.

Unter „Einheiten" werden die Karten- sowie die Anzeigeeinheiten festgelegt. Die Karteneinheiten sind die Einheiten, in denen die Daten des Datenrahmens dargestellt werden. Sie sind von dem für den Datenrahmen festgelegten Koordinatensystem abhängig. Wenn bereits ein Koordinatensystem für den Datenrahmen bzw. die Karte festgelegt wurde, wird dieses Steuerelement deaktiviert und die Karteneinheiten können nicht mehr geändert werden. Die Anzeigeeinheiten dagegen können unabhängig von dem gewählten Koordinatensystem und damit auch unabhängig von den Karteneinheiten festgelegt werden. Die Anzeigeeinheiten sind Grundlage für das Werkzeug „Messen", für die Maßstabsleisten sowie für die Anzeige der Koordinaten in der Statusleiste von ArcMap.

Das Dialogfenster „Bezugsmaßstab" gibt den Maßstab an, zu dem alle Symbol- und Textgrößen in der Karte des Datenrahmens in Bezug gesetzt werden. Mit der Angabe eines Bezugsmaßstabs fixieren Sie die Größe von Texten und Symbolen auf den entsprechenden Maßstabswert, d. h. Symbole und Texte werden beim Vergrößern bzw. Verkleinern des Kartenausschnitts entsprechend skaliert. Ist kein Bezugsmaßstab angegeben (Standard) bleiben Symbole und Texte beim Vergrößern und Verkleinern stets gleich groß. Einstellungen zum Bezugsmaßstab lassen sich auch über *Kontextmenü des Datenrahmens* ⇨ *„Bezugsmaßstab"* vornehmen.

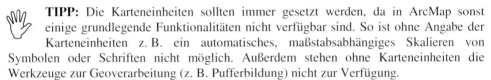 **TIPP:** Die Karteneinheiten sollten immer gesetzt werden, da in ArcMap sonst einige grundlegende Funktionalitäten nicht verfügbar sind. So ist ohne Angabe der Karteneinheiten z. B. ein automatisches, maßstabsabhängiges Skalieren von Symbolen oder Schriften nicht möglich. Außerdem stehen ohne Karteneinheiten die Werkzeuge zur Geoverarbeitung (z. B. Pufferbildung) nicht zur Verfügung.

Unter „Rotation" ist die Eingabe einer Gradzahl möglich, die die Drehung des Datenrahmens von Nord aus gegen den Uhrzeigersinn festlegt. Diese Funktion ist z. B. zum blattrandparallelen Drucken georeferenzierter Rasterdaten bzw. darauf basierender Karten unentbehrlich, da diese projektionsbedingt generell eine von Nord abweichende Drehung aufweisen.

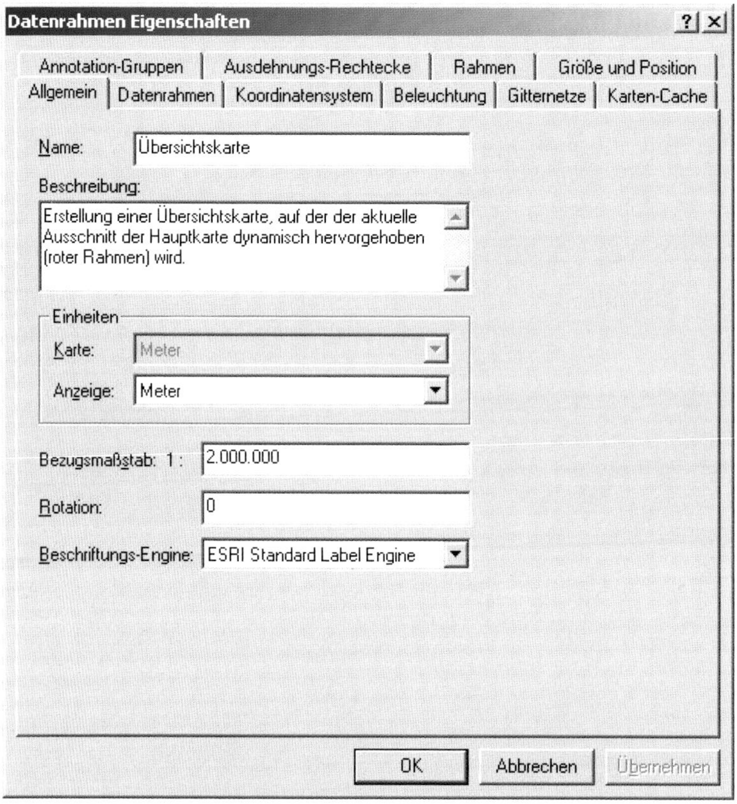

Abb. 6.27: Datenrahmen Eigenschaften: Register „Allgemein"

Die Beschriftungs-Engine steuert die Beschriftungen (Platzierung, Anzeige etc.) der im entsprechenden Datenrahmen vorhandenen Layer. Standardmäßig steht hier nur die „ESRI Standard Label Engine" zur Verfügung.

6.2.2 Register „Datenrahmen"

In diesem Register (Abb. 6.28) kann die Ausdehnung der im Kartenfenster dargestellten Daten eines Datenrahmens festgelegt werden.

Die Einstellung „Automatisch" bewirkt dabei, dass Ausdehnung und Maßstab der Karte automatisch an das Kartenfenster angepasst werden, wenn gezoomt oder verschoben wird. „Fester Maßstab" hingegen hält den Maßstab konstant, d. h. die Karte kann verschoben, aber nicht mehr gezoomt werden. Dementsprechend wird das Auswahlfenster „Karten-Maßstab" bei der Angabe eines festen Maßstabs inaktiv. Bei „Feste Ausdehnung" hingegen bleibt die Ausdehnung der Karte im Kartenfenster konstant, so dass weder verschoben noch gezoomt werden kann. Ändert sich allerdings Rahmen- oder Seitengröße, so ändert sich dementsprechend auch der Maßstab. Die Ausdehnung wird dabei in Karteneinheiten angegeben und bezieht sich auf die linke untere und rechte obere Ecke des Datenrahmens.

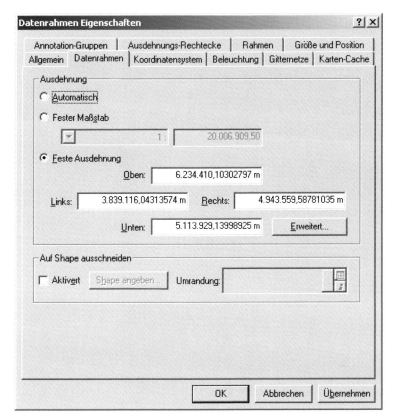

Abb. 6.28: Datenrahmen Eigenschaften: Register „Datenrahmen"

Mit Hilfe des Dialogfensters „Auf Shape ausschneiden" lassen sich die Daten und damit die Karte des Datenrahmens auf die Form des angegebenen Shapes zuschneiden. Das ausgewählte Shape fungiert damit als Stanzvorlage für die restlichen Daten des Datenrahmens. Diese Funktion ist z. B. sehr hilfreich, wenn Sie in einer gescannten Rasterkarte nur den Bereich eines Ihnen zur Verfügung stehenden Shapes bearbeiten wollen.

6.2.3 Register „Koordinatensystem"

Über dieses Register (Abb. 6.29) können Sie Einstellungen und Änderungen hinsichtlich des im aktiven Datenrahmen zur Darstellung Ihrer Daten verwendeten Koordinatensystems vornehmen. Wenn kein Koordinatensystem ausgewählt ist oder der Datenrahmen keine Daten enthält, wird hier die Information „Keine Projektion" angezeigt.

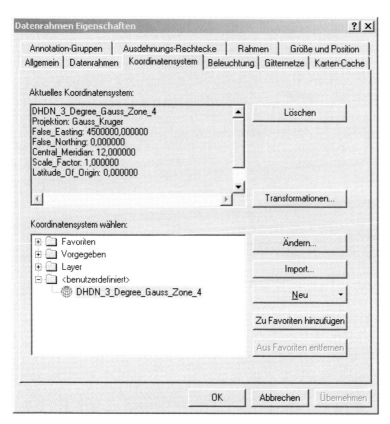

Abb. 6.29: Datenrahmen Eigenschaften: Register „Koordinatensystem"

In einem (nicht bearbeitbaren) Textfeld („Aktuelles Koordinatensystem") erhalten Sie Informationen zum aktuell festgelegten Koordinatensystem. Alle Layer innerhalb dieses Datenrahmens werden einheitlich im Koordinatensystem des Datenrahmens dargestellt, selbst wenn einzelne Layer ein anderes Koordinatensystem aufweisen. Diese Layer werden zur Darstellung automatisch („on the fly") in das Koordinatensystem des Datenrahmens umprojiziert, sofern ArcMap eine passende Transformation finden kann. Während dieses Vorgangs weist Sie ArcMap mit einer entsprechenden Warnmeldung (Abb. 6.30) auf mögliche Ausrichtungs- bzw. Genauigkeitsprobleme aufgrund unterschiedlicher Koordinatensysteme hin.

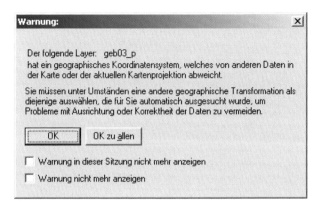

Abb. 6.30: Warnung in ArcMap bei Daten mit abweichenden Koordinatensystemen

Sollten Sie tatsächlich Probleme bei dem projizierten Layer hinsichtlich Ausrichtung oder Lagegenauigkeit feststellen, lässt sich über die entsprechende Schaltfläche („Transformationen…") auch nachträglich noch eine passende Transformation auswählen.

Über den Button „Löschen" kann das aktuell zugewiesene Koordinatensystem aus dem Datenrahmen entfernt werden.

In einem weiteren Textfeld („Koordinatensystem wählen") wird Ihnen in Form einer Verzeichnisstruktur eine Liste aller verfügbaren Koordinatensysteme zur Verfügung gestellt. Im Ordner „Favoriten" lassen sich mit Hilfe der entsprechenden Schaltfläche häufig benutzte Koordinatensysteme ablegen. Diese stehen Ihnen dann auch in anderen ArcMap Projekten zur Verfügung. Mit dem Button „Aus Favoriten entfernen" lassen sich nicht mehr benötigte Koordinatensysteme aus diesem Ordner löschen. Im Ordner „Vorgegeben" finden Sie alle Koordinatensysteme, die ArcMap standardmäßig mitbringt. Unter *„Projected Coordinate Systems"* ⇨ *„National Grids"* finden Sie z. B. die für Deutschland gebräuchlichen Gauß-Krüger-Koordinatensysteme „DHDN 3 Degree Gauss Zone 1-5" (7 Parameter) bzw. „German Zone 1-5" (3 Parameter) Der Ordner „Layer" enthält für jeden im Datenrahmen vorhandenen Layer einen Ordner mit dem diesem Layer zugewiesenen Koordinatensystem. Unter „benutzerdefiniert" finden Sie schließlich selbst definierte Projektionen.

Um ein Koordinatensystem für einen Datenrahmen festzulegen, gibt es grundsätzlich mehrere Möglichkeiten:

In dem Textfeld „Koordinatensystem wählen" können Sie aus der Verzeichnisstruktur der vorhandenen Koordinatensysteme das für Ihr Projekt passende System auswählen. Mit Klick auf das entsprechende Koordinatensystem wird dieses automatisch für den Datenrahmen übernommen.

Über die Schaltfläche „Import…" lässt sich das Koordinatensystem einer vorhandenen Datenquelle (Shapefile, Feature-Klasse) importieren.

Mit Klick auf den Button „Neu" gelangen Sie in eine Dropdown-Liste, die Ihnen die Definition eines neuen geographischen oder projizierten Koordinatensystems nach eigenen Parametern erlaubt.

Mit Hinzufügen des ersten Layers in einen leeren Datenrahmen wird automatisch das Koordinatensystem dieses Layers übernommen. Ist allerdings auch diesem Layer keine Projektion zugewiesen, so bleibt das Koordinatensystem des Datenrahmens zunächst „Unbekannt".

TIPP: Wollen Sie einem Shape bzw. einer Feature-Klasse ohne Koordinatensystem eine Projektion zuweisen, so ist dies nur unter ArcCatalog möglich (siehe dazu Kap. 5). Möchten Sie jedoch die Daten eines Layers umprojizieren, d. h. ihnen ein anderes als das ursprüngliche Koordinatensystem zuweisen, ist das nicht direkt über ArcCatalog realisierbar. In diesem Fall müssen Sie im Kontextmenü des entsprechenden Layers (Inhaltsverzeichnis) den Punkt *„Daten"* ⇨ *„Daten exportieren"* auswählen. Im entsprechenden Dialogfenster (Abb. 6.31) haben Sie dann die Möglichkeit, die Layer-Daten mit ihrem ursprünglichen Koordinatensystem oder mit dem des Datenrahmens zu exportieren. So können Daten von ihrer Ausgangsprojektion in das Koordinatensystem des Datenrahmens umprojiziert werden.

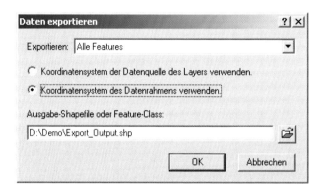

Abb. 6.31: Dialog „Daten exportieren": Umprojizieren von Layer-Daten

Hinsichtlich des „On-the-fly-Projizierens" von Daten in ArcMap ist allerdings zu beachten, dass dies bei großen Datenmengen zu einem erheblichen Geschwindigkeitsverlust u. a. beim Bildschirmaufbau nach dem Verschieben oder Zoomen des Kartenausschnitts führen kann.

6.2.4 Register „Beleuchtung"

Mit Hilfe dieses Registers (Abb. 6.32) lassen sich die Parameter Azimut, Höhe und Kontrast für die Schummerung (Beleuchtung) eines TINs (**T**riangulated **I**rregular **N**etwork: durch Dreiecksvermaschung erzeugtes Digitales Höhenmodell) einstellen bzw. ändern.

Der „Azimut" gibt dabei den Kompasswinkel der simulierten Lichtquelle an, wobei Werte zwischen 0° und 360° (Nord) möglich sind. In Grad wird auch die Höhe der Lichtquelle angegeben. Hier reicht der mögliche Wertebereich von 0° (horizontal) bis 90° (vertikal). Schließlich lässt sich über einen Schieberegler bzw. direkte Zahleneingabe der gewünschte Kontrast festlegen. In der „Vorschau" werden die Auswirkungen vorgenommener Änderungen sofort sichtbar. Auf Wunsch lassen sich alle Werte per Klick auf „Standard herstellen" auf ihre Ausgangswerte zurücksetzen.

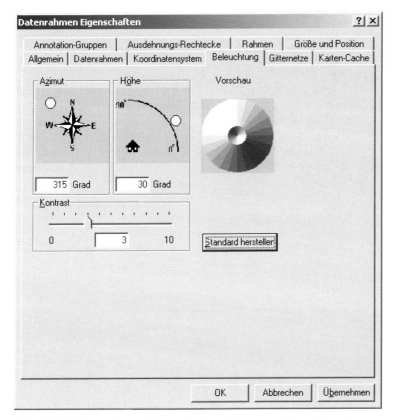

Abb. 6.32: Datenrahmen Eigenschaften: Register „Beleuchtung"

6.2.5 Register „Gitternetz"

In diesem Register können Sie die Karte des aktiven Datenrahmens mit verschiedenen Arten von Bezugssystemen (Gitter- und Gradnetze) versehen. Alle für diesen Datenrahmen bereits definierten Gitter- und Gradnetze werden in einem Textfeld aufgelistet. Diese Bezugssysteme werden jeweils nur in der Layout-Ansicht des Datenrahmens dargestellt. In der Daten-Ansicht werden sie nicht dargestellt. Mit Klick auf die Schaltfläche „Neues Gitternetz…" kann (mit Hilfe eines Assistenten) eine neues Gitter- bzw. Gradnetz hinzugefügt werden. Dabei können für jeden Datenrahmen mehrere Bezugssysteme definiert werden, die sich je nach Bedarf ein- oder ausblenden lassen. Grundsätzlich stehen mehrere verschiedene Bezugssysteme zur Verfügung, wobei auch ein anderes als das dem Datenrahmen zugrunde liegende Koordinatensystem gewählt werden kann:

- **Gradnetz:** Hier können Sie die Karte mit einem Gitter versehen, das Positionen in Längen- und Breitenangaben (geographische Koordinaten in Grad, Minuten und Sekunden) wiedergibt.

- **Bemaßtes Gitternetz:** Mit dieser Option versehen Sie den Datenrahmen mit einem Maßraster, das die Karte nach Karteneinheiten unterteilt, d. h. Positionen anhand projizierter Koordinaten (z. B. Gauß-Krüger in Metern) wiedergibt.

- **Referenz-Gitternetz:** Hier können Sie den Datenrahmen mit einem Gitter versehen, das die Karte in Spalten und Zeilen unterteilt, wie Sie es von Ortsregistern (Stadtplänen) kennen.

TIPP: Die Erzeugung eines Bezugssystems kann bequem über einen Gitter- und Gradnetz-Assistenten erfolgen, der Sie Schritt für Schritt durch diese Funktionalität führt. Sollte bei Ihrer gegenwärtigen ArcMap Konfiguration dieser Assistent nach Klick auf die Schaltfläche „Neues Gitternetz..." nicht angezeigt werden, kann er nachträglich aktiviert werden. Dies geschieht im Dialogfenster „Optionen" (*Hauptmenüleiste* ⇨ *„Werkzeuge"* ⇨ *„Optionen..."*). Hier können Sie auf der Registerkarte „Allgemein" im Bereich „Assistentenmodus" die Option „Assistenten anzeigen (falls vorhanden)" ein- oder ausschalten.

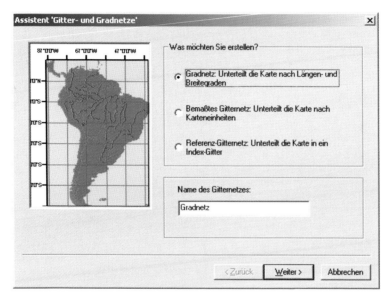

Abb. 6.33: Assistent zur Erzeugung von Bezugssystemen im Datenrahmen

Nach der Erzeugung des gewünschten Bezugssystems lassen sich mit Hilfe der Buttons „Style..." sowie „Eigenschaften" in der Registerkarte „Gitternetze" jederzeit Änderungen an den einzelnen Gitter- oder Gradnetzen vornehmen. Über den Button „In Graphik umwandeln" lässt sich jedes Bezugssystem in eine Graphikgruppe umwandeln, die dann mit den Zeichenwerkzeugen bearbeitet werden kann.

6.2.6 Register „Karten-Cache"

Mit Hilfe des Karten-Caches können die Daten (Features) eines bestimmten Kartenausschnittes, wenn diese in einer Geodatabase gespeichert sind, temporär im Arbeitsspeicher Ihres Computers zwischengespeichert werden. Dies kann gängige Operationen in ArcMap, wie z. B. das Auswählen, Bearbeiten, Beschriften oder Zeichnen von Features, deutlich beschleunigen, da das Abrufen von Daten aus dem Hauptspeicher generell sehr schnell erfolgt. Allerdings kann der Karten-Cache nur Features aus

Geodatabases speichern! Rasterdaten, Coverages oder Shapefiles werden nicht zwischengespeichert.

Für einen sinnvollen Einsatz des Karten-Caches sind einige Einschränkungen zu beachten:

- Der Karten-Cache ist am nützlichsten, wenn innerhalb eines feststehenden Kartenausschnittes gearbeitet wird. Bei häufigem Verschieben oder Zoomen des Ausschnittes bringt er hingegen keine Vorteile, da sich in diesem Fall die benötigten Daten nicht im Arbeitsspeicher befinden. Hier kann die Funktion „Auto-Cache" nützlich sein, die den Karten-Cache automatisch aktualisiert, sobald Sie den aktuell zwischengespeicherten Kartenausschnitt verlassen. Um nicht versehentlich einen Karten-Cache für die gesamte Geodatabase zu erstellen, ist bei der Auto-Cache-Funktion die Angabe eines Minimalmaßstabs möglich.

- Die größten Geschwindigkeitsvorteile bringt der Karten-Cache, wenn die Datenquelle eine Multiuser-Geodatabase ist, auf die per Netzwerk zugegriffen wird. In diesem Fall kann die Zugriffslast für Netzwerk und Geodatabase erheblich reduziert werden, indem die Daten aus dem lokalen Arbeitsspeicher des einzelnen Benutzers abgerufen werden, anstatt jedes Mal von Neuem aus der Geodatabase geladen werden zu müssen. Außerdem lässt sich die Darstellung von Features mit Definitionsabfragen mit Hilfe des Karten-Caches wesentlich effektiver gestalten. Auch bei Personal-Geodatabases, auf die über ein Netzwerk zugegriffen wird, sind mit Hilfe des Karten-Caches Leistungssteigerungen möglich. Sonst sind beim Einsatz von Personal-Geodatabases die Leistungsverbesserungen durch den Karten-Cache in der Regel eher gering.

- Da der Karten-Cache im Arbeitsspeicher des Computers abgelegt wird, ist v. a. bei der Erstellung eines Karten-Caches für einen großen Kartenausschnitt mit vielen Features ausreichend RAM notwendig.

Für die Erstellung und Verwendung des Karten-Caches bietet ArcMap auch eine eigene Werkzeugleiste „Karten-Cache" (siehe Kap. 6.1.3.11).

6.2.7 Register „Größe und Position"

Innerhalb dieser Registerkarte (Abb. 6.34) lassen sich Größe und Position eines Datenrahmens in der Layout-Ansicht festlegen bzw. ändern.

Unter „Position" kann hier der gewünschte Ankerpunkt des Datenrahmens gewählt werden, wobei die vorgegebenen Ankerpunkte Punkte Ihres aktuellen Datenrahmens wiedergeben, d. h. der linke untere Ankerpunkt entspricht der linken unteren Ecke des Datenrahmens, der mittlere Ankerpunkt entspricht dem Mittelpunkt des Datenrahmens usw. Die Textfelder „X" und „Y" geben dabei den Abstand des gewählten Ankerpunktes von der linken unteren Ecke Ihrer Seite in horizontaler („X") und vertikaler („Y") Richtung wieder. Ist allerdings die Funktion „Als Versatzentfernung" aktiviert, so geben „X" und „Y" den entsprechenden Versatz des Datenrahmens ausgehend von der aktuellen Position an. Damit verschieben Sie also den Datenrahmen um die angegebenen Werte. Die Werte werden jeweils in den Seiten-Einheiten angegeben.

Unter Größe können Sie Höhe und Breite des aktiven Datenrahmens (in Seiten-Einheiten) angeben. Wird die Funktion „Als Prozent" aktiviert, so wird die aktuelle Größe des Datenrahmens als Ausgangsgröße festgelegt. Dementsprechend werden Breite und Höhe auf den Wert „100%" gesetzt. Die Größe des Rahmens lässt sich dann prozentual ändern. Über „Seitenverhältnis beibehalten" kann schließlich festgelegt werden, ob Breite und Höhe des Datenrahmens unabhängig voneinander geändert werden können oder nicht.

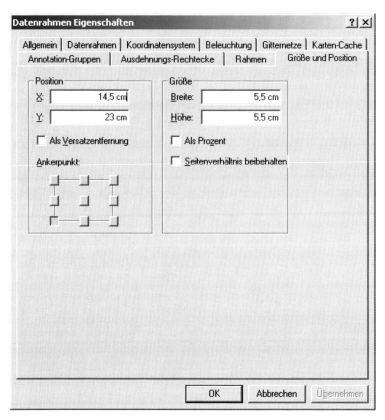

Abb. 6.34: Datenrahmen Eigenschaften: Register „Größe und Position"

6.2.8 Register „Rahmen"

Innerhalb der Registerkarte „Rahmen" (Abb. 6.35) lässt sich das Aussehen des Datenrahmens in der Layout-Ansicht hinsichtlich Umrandung, Hintergrund und Schatten anpassen. Für jedes der drei Elemente sind zahlreiche Einstellungen, z. B. bezüglich Farbe, Eckenrundung oder Abstand zu den Rahmenkanten möglich. Dazu steht jeweils ein Auswahlfenster (①) mit vordefinierten Styles zur Verfügung. Diese Styles lassen sich auch über eine Schaltfläche (②) auswählen bzw. weiterbearbeiten und für zukünftige Projekte abspeichern. Über eine weitere Schaltfläche (③) lassen sich schließlich die aktuell definierten Eigenschaften der einzelnen Elemente bearbeiten.

Über entsprechende Felder kann der Abstand von Linie, Hintergrund oder Schatten zur Rahmenkante sowie Grad der Eckenrundung angegeben werden. Mit Hilfe des Kontrollkästchens „Entwurfsmodus – nur Name anzeigen" wird in der Layout-Ansicht die Karte ausgeblendet und nur der Rahmen dargestellt. Dies ist z. B. bei komplexen

Signaturen empfehlenswert, die sehr viel Zeit für den Bildschirmaufbau benötigen. Mit Hilfe des Entwurfsmodus kann die Arbeit hier erheblich beschleunigt werden.

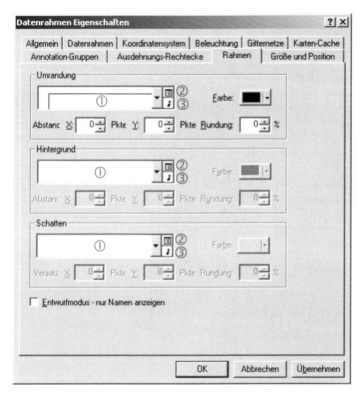

Abb. 6.35: Datenrahmen Eigenschaften: Register „Rahmen"

6.2.9 Register „Ausdehnungs-Rechtecke"

Mit Hilfe des Registers „Ausdehnungs-Rechtecke" haben Sie die Möglichkeit, Ihrem Projekt dynamische Übersichts- oder Nebenkarten hinzuzufügen. Grundsätzlich stellen Ausdehnungs-Rechtecke die Ausdehnung eines Datenrahmens innerhalb eines weiteren Datenrahmens dar. So kann die jeweilige Ausdehnung Ihrer Hauptkarte durch das farblich frei gestaltbare Ausdehnungs-Rechteck in einer Übersichtskarte kleineren Maßstabs hervorgehoben werden. Haben Sie in Ihrer Hauptkarte z. B. auf Bayern gezoomt, können Sie in einem weiteren Datenrahmen die Lage Bayerns innerhalb Deutschlands mit einem Ausdehnungs-Rechteck hervorheben (siehe Abb. 6.36). Ausdehnungs-Rechtecke sind dynamisch. Wenn also in der Hauptkarte gezoomt oder der Ausschnitt verschoben wird, wird das Ausdehnungs-Rechteck automatisch aktualisiert.

Innerhalb der Registerkarte „Ausdehnungs-Rechtecke" sind im linken Textfeld zunächst alle in Ihrem Projekt vorhandenen Datenrahmen aufgelistet, ausgenommen der, in dem Sie gerade arbeiten. Über die „>"-Schaltfläche können Sie den Datenrahmen auswählen, dessen Ausdehnung Sie auf dem gerade aktiven Datenrahmen anzeigen wollen. Im oben genannten Beispiel sollte die Übersichtskarte (BRD) aktiv sein, und die Hauptkarte

(Bayern) mit „>" in das rechte Textfeld verschoben werden. Mit den Pfeiltasten lässt sich hier schließlich die Darstellungsreihenfolge der Ausdehnungs-Rechtecke festlegen.

Über die Schaltfläche „Rahmen" können Sie Rahmenlinie, Hintergrundfarbe und Schatten des Ausdehnungs-Rechtecks festlegen bzw. ändern. Standardmäßig ist hier als Rahmenfarbe „rot" voreingestellt. Soll eine Führungslinie zwischen den beiden Datenrahmen angezeigt werden, ist die entsprechende Checkbox anzuhaken.

TIPP: Ausdehnungs-Rechtecke können auch für Datenrahmen mit unterschiedlichen Koordinatensystemen erstellt werden. In diesem Fall wird das Ausdehnungs-Rechteck automatisch in ArcMap projiziert. Zudem können innerhalb eines Datenrahmens auch mehrere Ausdehnungs-Rechtecke eingesetzt werden, um die Ausdehnung bzw. Lage von mehreren anderen Datenrahmen darzustellen.

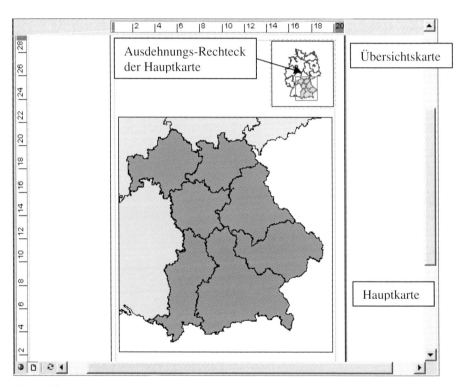

Abb. 6.36: Einsatz eines Ausdehnungs-Rechtecks in ArcMap

6.2.10 Register „Annotation-Gruppen"

Für die Beschriftung einer Karte stehen unter ArcMap mehrere Möglichkeiten zur Verfügung. Die beiden wichtigsten Texttypen sind Beschriftungen und Annotations.

Beschriftungen sind dabei die schnellste und einfachste Methode, eine Karte mit beschreibendem Text für ein Feature zu versehen. Eine Beschriftung ist ein automatisch platziertes Textsegment, dessen Text bzw. Zeichenfolge auf einem oder mehreren (frei wählbaren) Feld(er) der Attribut-Tabelle des entsprechenden Features basiert. Dadurch aber eignen sich Beschriftungen nur zum Hinzufügen von bestehendem Attribut-Text. Zudem werden hier standardmäßig alle Features eines Layers beschriftet. Lesen Sie zum Thema Beschriftungen bitte die Kapitel 6.1.3.15 (Werkzeugleiste „Beschriftung") und 6.3.8 (Layer-Eigenschaften, Register „Beschriftungen"). Im Kapitel 10.2.10 werden ausführlich an einem Beispiel die vielfältigen Möglichkeiten der automatischen Beschriftungen gezeigt.

Sollen dagegen nur einzelne Features beschriftet oder eine Karte mit allgemeinen Informationen versehen werden, bietet sich der Einsatz von Annotations an. Annotations verhalten sich wie Graphikelemente und sind damit hinsichtlich Darstellung und Platzierung von Texten wesentlich flexibler als Beschriftungen. So können z. B. einzelne Textteile ausgewählt und mit den Graphikwerkzeugen der Werkzeugleiste „Zeichnen" (Kap. 6.1.3.6) bearbeitet werden. Grundsätzlich unterscheidet man zwei Hauptarten von Annotations. Sie können nämlich entweder im Kartendokument als sog. graphischer Text erstellt oder als eigene Feature-Class in einer Geodatabase gespeichert werden, wobei jede Annotation ihre Position, ihre Textzeichenfolge und Anzeigeeigenschaften speichert. Weitere Eigenschaften von Geodatabase-Annotations: Geodatabase-Annotations sind Layer und verhalten sich auch so, sie können abgefragt, symbolisch gruppiert und transparent dargestellt werden, sind editierbar und können nicht nur Text, sondern auch Attribute enthalten (siehe Kap. 6.9).

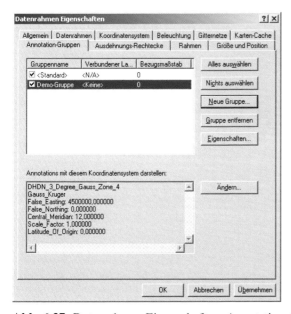

Abb. 6.37: Datenrahmen Eigenschaften: Annotation-Gruppe

Kartendokument-Annotations stehen allerdings nur im entsprechenden Projekt zur Verfügung, während Geodatabase-Annotations auch zu beliebigen anderen Karten hinzugefügt werden können. Kartendokument-Annotations können zudem aus

Organisationsgründen in beliebig vielen verschiedenen sog. Annotation-Gruppen abgelegt werden.

Innerhalb des Registers „Annotation-Gruppen" (Abb. 6.37) sind alle für Ihre aktuelle ArcMap Sitzung definierten Annotation-Gruppen aufgelistet. Diese lassen sich nach Bedarf ein- und ausblenden oder löschen. Standardmäßig enthält ein Kartendokument nur die Gruppe „<Standard>". Zum Hinzufügen weiterer Annotation-Gruppen wählen Sie das Werkzeug „Neue Gruppe…" oder klicken Sie in der Werkzeugleiste „Zeichnen" (siehe auch Kap. 6.1.3.6) im Menü „Zeichnen" auf „Neue Annotation-Gruppe. Über die Schaltfläche „Eigenschaften…" gelangen Sie in das Eigenschaften-Dialogfenster einer Annotation-Gruppe (Abb. 6.38). Hier können Sie den Namen der Gruppe ändern, ihr einen Layer zuweisen und einen Bezugsmaßstab festlegen. Zusätzlich kann hier festgelegt werden, in welchen Maßstabsbereichen die entsprechende Annotation-Gruppe angezeigt werden soll.

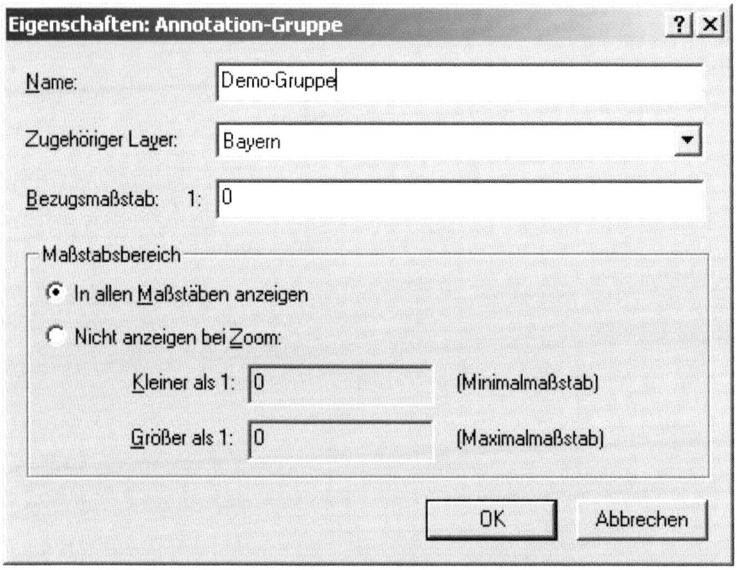

Abb. 6.38: Dialogfenster „Eigenschaften: Annotation-Gruppe"

TIPP: Geben Sie für eine Annotation-Gruppe einen zugehörigen Layer an, so wird diese Gruppe entsprechend angezeigt oder ausgeblendet, wenn der Layer im ArcMap Inhaltsverzeichnis aktiviert bzw. deaktiviert ist. Ein Anwendungsbeispiel hierfür wäre ein Kartendokument, in dem zwei verschiedene Varianten eines Planungsvorhabens präsentiert werden sollen und nur die Annotations der jeweils eingeblendeten Variante sichtbar sein sollen.

Für die Ausrichtung bzw. Platzierung von Annotations, die ja – im Gegensatz zu den in der Layout-Ansicht angelegten graphischen Texten und Elementen – generell im Datenraum (geographischer Raum) des Kartendokuments gespeichert werden, wird standardmäßig das Koordinatensystem des entsprechenden Datenrahmens verwendet. Allerdings kann das

Koordinatensystem für Annotation-Gruppen unabhängig vom Datenrahmen geändert werden, um z. B. Graphiken abweichend von den Feature-Layern zu projizieren. Über die Schaltfläche „Ändern…" lässt sich das bestehende Koordinatensystem einer Annotation-Gruppe ändern.

6.3 Layer-Eigenschaften

In den Layer-Eigenschaften können Sie alle Gestaltungsaspekte eines Layers bestimmen, etwa auf welche Datenquelle der Layer zugreift, wie er dargestellt und ob er beschriftet wird. Es gibt mehrere Wege, das Dialogfenster „Layer-Eigenschaften" zu öffnen:

- Doppelklicken Sie den entsprechenden Layer im Inhaltsverzeichnis.

- Markieren Sie den Layer und betätigen Sie die Eingabetaste oder die Funktionstaste F12.

- Klicken Sie mit der rechten Maustaste auf den gewünschten Layer und wählen Sie im Kontextmenü des Layers (siehe Kap. 6.1.4.3) den Befehl „Eigenschaften…".

Das Dialogfenster „Layer-Eigenschaften" besteht in der Regel aus insgesamt neun Registern, die hier beschrieben werden sollen (Kap. 6.3.1 bis 6.3.9). Einzelne spezielle Layertypen, wie z. B. Rasterdaten, Raster-Kataloge, CAD-Daten, externe Tabellen oder Routen weisen allerdings andere Layer-Eigenschaften auf und verfügen daher über weitere bzw. andere Registerkarten, auf die ab Kapitel 6.4 näher eingegangen wird.

6.3.1 Register „Allgemein"

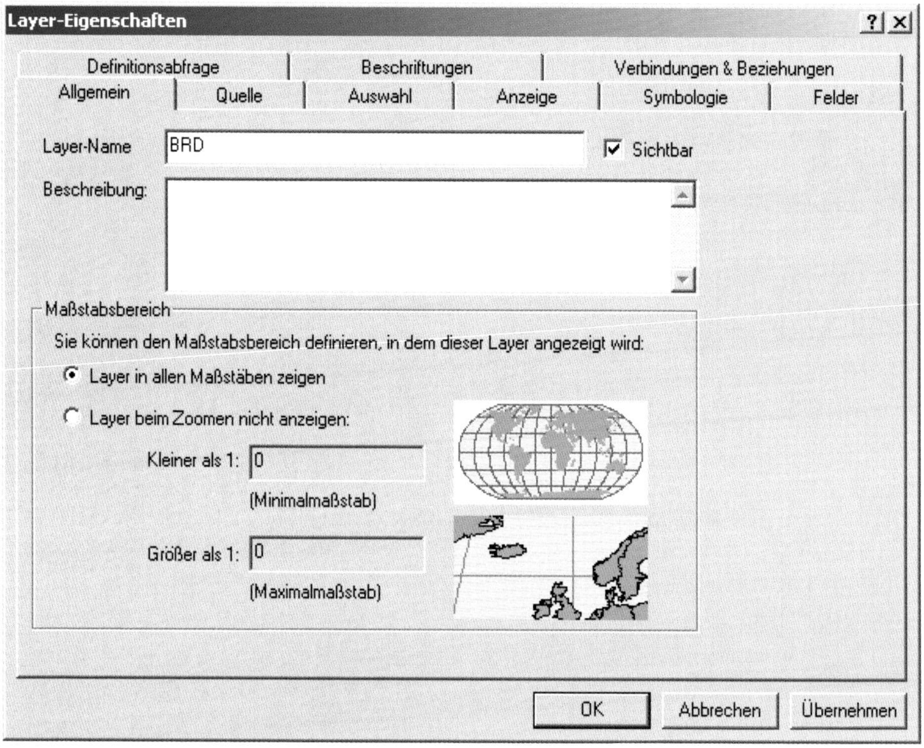

Abb. 6.39: Layer-Eigenschaften: Register „Allgemein"

Im Register „Allgemein" (Abb. 6.39) können Sie den Namen des Layers für das Inhaltsverzeichnis ändern und im Feld „Beschreibung" einen beliebigen Text, Kommentar oder Notiz zum Layer eingeben.

Die Checkbox „Sichtbar" hat dieselbe Funktion wie die Checkbox neben dem Layernamen im Inhaltsverzeichnis und legt die Sichtbarkeit des Layers in der Daten- bzw. Layout-Ansicht fest.

In einem Projekt, das verschiedene Layer mit sehr unterschiedlichen räumlichen Ausdehnungen enthält, finden sich mit hoher Wahrscheinlichkeit Layer, deren Darstellung nur in sehr großen oder sehr kleinen Maßstäben nützlich ist. Es lohnt sich in diesem Fall, für solche Layer einen Schwellenwert in Form eines Minimal- bzw. Maximalmaßstabs zu definieren, unterhalb bzw. oberhalb dessen der entsprechende Layer ausgeblendet wird. Aktivieren Sie dazu „Layer beim Zoomen nicht anzeigen:" und tragen Sie in die darunter liegenden Steuerungsfelder den minimalen bzw. den maximalen Maßstab ein. Füllen Sie beide Felder aus, wenn Sie einen „Maßstabsbereich" definieren wollen, innerhalb dessen der Layer sichtbar ist. Sobald Sie sich außerhalb des Maßstabsbereichs befinden, wird als Hinweis darauf die Checkbox neben dem ausgeblendeten Layer im Inhaltsverzeichnis grau dargestellt.

6.3.2 Register „Quelle"

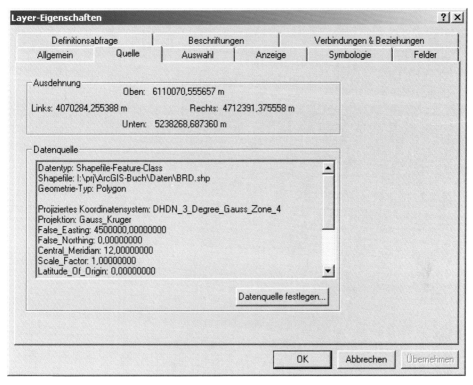

Abb. 6.40: Layer-Eigenschaften: Register „Quelle"

Das Register „Quelle" (Abb. 6.40) zeigt einige wichtige Informationen zu Typ, Name, Speicherort, Koordinatensystem und Projektion der von diesem Layer dargestellten Quelldaten. Das Koordinatensystem der Daten kann an dieser Stelle nicht geändert werden. Innerhalb ArcMap besteht lediglich die Möglichkeit, durch den Export der Daten über *Kontextmenü des Layers* ⇨ *„Daten"* ⇨ *„Daten exportieren..."* neue Daten zu erzeugen und diesen dabei das Koordinatensystem des Datenrahmens zuzuweisen.

Betätigen Sie die Schaltfläche „Datenquelle festlegen...", wenn Sie eine neue Datenquelle für diesen Layer definieren wollen. Grund hierfür kann sein, dass Sie einen Ordner mit Quelldaten verschoben oder umbenannt haben, so dass der Quellverweis des Layers ungültig geworden ist und keine Daten mehr angezeigt werden können. Die Reparatur beschädigter Layer ist auch mit dem Befehl *Kontextmenü des Layers* ⇨ *„Daten"* ⇨ *„Datenquelle festlegen..."* möglich. Lesen Sie dazu bitte Kapitel 6.1.4.3. Vorteil der zuletzt genannten Methode ist, dass andere beschädigte Layer, deren Bezugs-Daten sich im selben Ordner befinden wie diejenigen des gerade reparierten Layers, automatisch mit repariert werden. Weitergehende Möglichkeiten der Transformation in andere Koordinatensysteme bzw. Umprojizierung bietet die ArcToolbox (Kap. 9).

6.3.3 Register „Auswahl"

Im Register „Auswahl" kann eine Farbe eingestellt werden, mit der die selektierten Features dieses Layers dargestellt werden. Damit wird die unter *Werkzeugleiste „Hauptmenü"* ⇨ *„Auswahl"* ⇨ *„Optionen..."* gesetzte Einstellung zumindest für diesen Layer außer Kraft gesetzt.

6.3.4 Register „Anzeige"

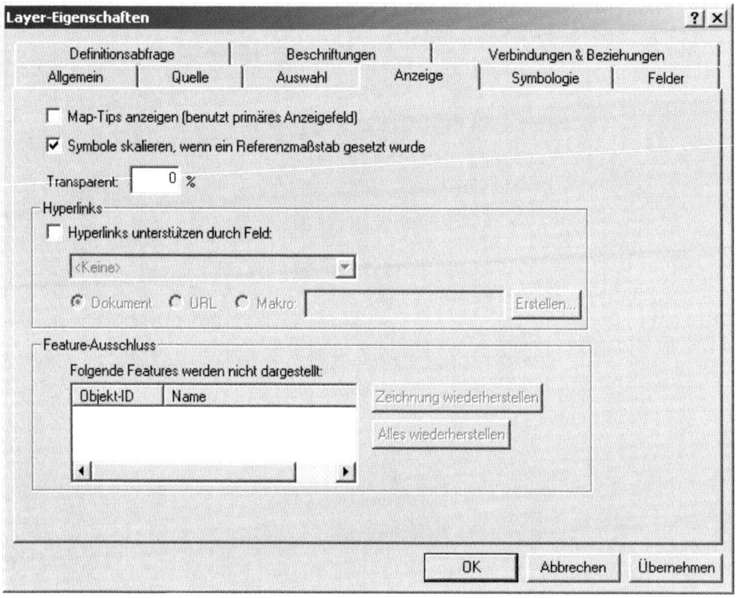

Abb. 6.41: Layer-Eigenschaften: Register „Anzeige"

Um den Eintrag des im Register „Felder" definierten Primäranzeigefeldes als Map-Tip im ArcMap Kartenfenster anzeigen zu lassen, sobald der Mauszeiger im Kartenfenster auf einem Feature des Layers ruht, aktivieren Sie im Register „Anzeige" das entsprechende Kontrollkästchen. Die Anzeige der Map-Tips ist nur möglich, wenn die Datenquelle des Layers einen räumlichen Index aufweist. Die Zuweisung eines räumlichen Index wird im ArcCatalog vorgenommen. Lesen Sie dazu bitte Kapitel 10.3.2.

„Symbole skalieren, wenn ein Referenzmaßstab gesetzt wurde" fixiert gewissermaßen die Symbol- und Textgröße innerhalb des Datenrahmens, so dass die Symbole und Texte relativ zu den Kartenfeatures in jedem Maßstab das gleiche Aussehen haben. Voraussetzung dafür ist, dass ein Bezugsmaßstab für den Datenrahmen gesetzt ist. Den Bezugsmaßstab können Sie mit *Kontextmenü des Datenrahmens* ⇨ *„Bezugsmaßstab"* ⇨ *„Bezugsmaßstab festlegen"* setzen oder unter *Kontextmenü des Datenrahmens* ⇨ *„Eigenschaften..."* ⇨ *Register „Allgemein"* manuell eingeben.

Im Eingabefeld „Transparenz" können Sie die Durchsichtigkeit des Layers in Prozent festlegen, so dass trotz eingeblendetem Layer die Features oder Rasterdaten von anderen, weiter unten liegenden Layern im Kartenfenster zu erkennen sind. Standardmäßig steht der Wert bei 0%, d. h. der Layer ist nicht transparent.

 TIPP: Sie können den Transparenz-Wert auch interaktiv festlegen. Aktivieren Sie dazu die Werkzeugleiste „Effekte" (Kap. 6.1.3.10) und wählen Sie in der Dropdown-Liste den gewünschten Layer aus. Die Schaltfläche „Transparenz anpassen" öffnet den entsprechenden Schieberegler.

Mit der Aktivierung des Kontrollkästchens „Hyperlinks unterstützen durch Feld:" und der Auswahl des gewünschten Hyperlink-Felds aus der Attribut-Tabelle des Layers in der Dropdown-Liste machen Sie für die Features dieses Layers die so genannte Hyperlink-Funktion verfügbar.

Das entsprechende Werkzeug „Hyperlink", mit dem der Hyperlink ausgeführt werden kann, befindet sich in der Werkzeugleiste „Werkzeuge" (Kap. 6.1.3.3).

Mit diesem Werkzeug können Sie per Mausklick externe Dokumente oder Webseiten aufrufen, die sich auf Features beziehen. Nach dem Klick auf die Schaltfläche erscheinen diejenigen Features, denen Hyperlinks hinterlegt sind, im Kartenfenster blau umrandet.

Hyperlinks ermöglichen es, aus ArcMap heraus zusätzlich räumlich relevante Daten aufzurufen, deren Informationen weit über die Sachdaten-Einträge in den Attribut-Tabellen hinausgehen können.

Es stehen drei Arten von feldbasierten Hyperlinks zur Verfügung:

Dokument: Wenn Sie mit dem Werkzeug „Hyperlink" auf ein Feature klicken, wird die im Hyperlink-Feld eingetragene Datei von der ihr aktuell zugeordneten Anwendung gestartet. Enthält das Hyperlink-Feld beispielsweise einen Verweis auf eine Datei mit der Endung XLS, so wird diese Datei bei Anklicken des entsprechenden Features mit derjenigen Anwendung geöffnet, die im Betriebssystem dieser Endung zugeordnet ist. In den meisten Fällen dürfte dies Microsoft Excel sein.

URL: Wenn Sie mit dem Werkzeug „Hyperlink" auf ein Feature klicken, wird die im Hyperlink-Feld dieses Features angegebene Website mit Ihrem Standard-Webbrowser aufgerufen.

Makro: Wenn Sie mit dem Werkzeug „Hyperlink" auf ein Feature klicken, wird der im Hyperlink-Feld eingetragene Wert an das im Eingabefeld „Makros:" definierte Makro gesendet.

Bevor die Hyperlink-Funktion aktiviert und sinnvoll verwendet werden kann, muss der Attribut-Tabelle des entsprechenden Layers ein Hyperlink-Feld in Form eines Textfeldes hinzugefügt werden, das für die gewünschten Features die passenden Einträge enthält. Bei den Feldeinträgen dieser so genannten „feldbasierten Hyperlinks" eröffnen sich zwei Alternativen: Entweder enthalten sie die kompletten Pfadnamen zum Ziel-Dokument bzw. den kompletten URL der Ziel-Website, oder sie enthalten nur die Namen des Ziel-Dokuments bzw. der Ziel-Website. Im letzten Fall ist im Eingabefeld *Hauptmenüleiste* ⇨ *„Datei"* ⇨ *„Karteneigenschaften..."* ⇨ *„Hyperlink-Basis"* der Pfad bzw. die URL zu definieren, unter dem sich alle Ziel-Dateien bzw. Ziel-Websites befinden.

TIPP: Neben den feldbasierten Hyperlinks gibt es noch eine zweite Möglichkeit, für einzelne Features eines Layers Hyperlinks zu erstellen, und zwar durch die Verwendung eines sog. „dynamischen Hyperlinks".

Einen dynamischen Hyperlink weisen Sie folgendermaßen zu:

- Betätigen Sie auf der Werkzeugleiste „Werkzeuge" die Schaltfläche „Features identifizieren" und klicken Sie auf das gewünschte Feature im Kartenfenster.

- Klicken Sie im Fenster „Abfrageergebnisse" mit der rechten Maustaste auf das Feature, für das Sie einen Hyperlink festlegen wollen.

- Im Kontextmenü klicken Sie auf „Hyperlink hinzufügen…" und definieren dann eine Ziel-Webadresse oder ein Ziel-Dokument. (Dynamische Hyperlinks unterstützen keine Makrowerte als Ziele.)

Auf diese Weise können Sie für ein und dasselbe Feature beliebig viele Hyperlinks definieren, die Sie unter „Hyperlinks verwalten…" einsehen und gegebenenfalls wieder entfernen können.

Klicken Sie mit dem Werkzeug Hyperlink (Werkzeugleiste „Werkzeuge") auf ein Feature, für das mehrere dynamische Hyperlinks hinterlegt sind, erscheint eine Liste, aus der Sie einen Hyperlink aufrufen können.

Dynamische Hyperlinks werden im Gegensatz zu feldbasierten Hyperlinks weder von einem eventuellen Eintrag im Eingabefeld *Hauptmenüleiste* ⇨ *„Datei"* ⇨ *„Karteneigenschaften…"* ⇨ *„Hyperlink-Basis"* beeinflusst, noch setzen sie ein Feld in der Attribut-Tabelle voraus, das die Ziel-Einträge enthält.

Im unteren Bereich des Registers „Anzeige" werden in einer Liste diejenigen Features aufgezählt, die momentan von der Darstellung ausgeschlossen sind, weil sie mit dem Befehl *Kontextmenü des Datenrahmens im Inhaltsverzeichnis* ⇨ *„Features zu Graphik umwandeln…"* in Graphiken umgewandelt wurden. Um einen oder mehrere ausgeschlossene Features wieder anzeigen zu lassen, markieren Sie die entsprechenden Features in der Liste und betätigen „Zeichnung wiederherstellen". Wollen Sie alle Features der Liste anzeigen lassen, führen Sie „Alles wiederherstellen" aus. Näheres dazu finden Sie in Kapitel 6.1.4.

6.3.5 Register „Symbologie"

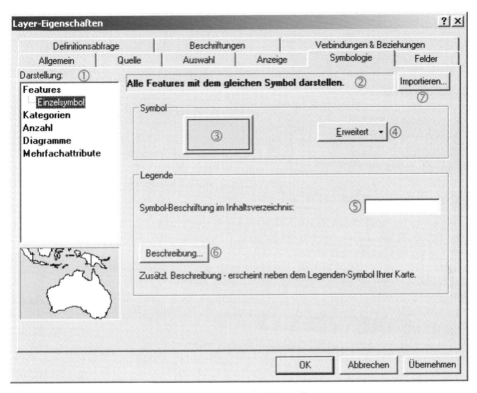

Abb. 6.42: Register „Symbologie", Einzelsymboldarstellung

Eines der wichtigsten Register der Layer-Eigenschaften ist wohl das Register „Symbologie" (Abb. 6.42). Es erlaubt das Visualisieren von Features eines Layers mit verschiedenen Darstellungen. Folgende Darstellungs-Möglichkeiten bietet ArcMap:

- Alle Features eines Layers mit dem gleichen Symbol darstellen
- Kategorien bilden und jede Kategorie mit einem eigenen Symbol versehen
- Größenordnungen anhand quantitativer Werte darstellen
- Punktwolken oder Diagramme

Das Register „Symbologie" ist in mehrere Bereiche aufgeteilt. Im Auswahlfeld „Darstellung" (①) kann die Symbologiekategorie festgelegt werden. Je nach Auswahl ändert sich der rechte Bereiche des Registers. Der rechte Bereich ist immer mit einem Textfeld (②) überschrieben, der die entsprechende Auswahl anzeigt. Die Schaltfläche „Übernehmen" erlaubt die Zuweisung der gewählten Auswahl auf die Features des Layers, ohne das Dialogfenster „Layer-Eigenschaften" zu schließen. Leider gibt es hier keine „Zurück"-Taste, d. h. Änderungen in der Symboldarstellung, die einmal getätigt wurden, können nicht mehr so einfach rückgängig gemacht werden. Für die Darstellungsart gibt es folgende Möglichkeiten:

6.3.5.1 Darstellungsart „Einzelsymbol"

Die Darstellung aller Features eines Layers mit dem gleichen Symbol ist die Standardeinstellung, die ArcMap nach dem Hinzufügen eines Layers in ein Projekt benutzt. Die Farbe, die für die Features – gleich welchen Geometrietyps – verwendet wird, ist zufällig.

Im Bereich „Symbol" erreicht man durch Klick auf das Symbol (③) das Dialogfenster „Symbol-Auswahl", in dem einfach die Farbe bzw. Umrissfarbe (bei Punkt-Layern Größe und Winkel, bei Linien-Layern die Breite) geändert werden kann. Über die Schaltfläche „Eigenschaften..." erreicht man ein weiteres Dialogfenster „Symboleigenschaften-Editor". Dort kann je nach Geometrietyp (Fläche, Linie, Punkt, Text etc.) im Bereich „Eigenschaften" ein Typ gewählt werden, der wiederum eine Reihe von Einstellmöglichkeiten bietet. Siehe dazu auch Kapitel 10.2.

Mit der Schaltfläche „Erweitert" (④) können Sie Features eine Transparenz zuweisen. Im Gegensatz zur Transparenz, die Sie im Register „Anzeige" vergeben können und die allen Features gleiche Transparenz zuweist, können Sie hier auf ein Zahlen-Feld der Attribut-Tabelle zugreifen und damit jedem Feature des Layers eine unterschiedliche Transparenz zuweisen. Mit der gleichen Schaltfläche gelangen Sie auch in das Dialogfenster „Symbolebenen". Mit der Symbolebenen-Darstellung geben Sie die Reihenfolge an, in der die Symbole und Symbolebenen (für Multi-Layer-Symbole) innerhalb eines Layers in der Karte gezeichnet werden. Für Linien-Symbole können Sie beispielsweise die Verwendung der Optionen für Verbinden und Zusammenführen festlegen. Über die Schaltfläche „Info zu Symbolebenen..." erhalten Sie eine sehr anschauliche Hilfe mit Beispielabbildungen.

Im Bereich „Legende" (⑤) kann für das Einzelsymbol eine Beschriftung vergeben werden, die im Inhaltsverzeichnis neben dem Symbol erscheint. Mit der Schaltfläche „Beschreibung…" (⑥) können Sie noch mehr Text als Beschreibung eingeben, der aber nicht im Inhaltsverzeichnis, sondern nur im Layout, wenn Sie Ihrer Karte eine Legende hinzufügen, (siehe Kap. 10.7) erscheint.

Mit der Schaltfläche „Importieren..." (⑦) können Sie die Symbologie aus einem anderen Layer (gleichen Geometrie-Typs) oder einer Layer-Datei importieren. Alternativ können Sie auch die Symbologie aus einer ArcView 3-Legenden-Datei (*.avl) importieren. Diese Option muss im Einzelfall aber getestet werden, da nur Standardsymboleigenschaften übernommen werden. Des Weiteren kann eingestellt werden, ob die vollständige Symboldefinition, nur die Symbole oder nur die Klassifizierung importiert werden soll.

6.3.5.2 Darstellungsart „Einzelwerte"

Durch die Verwendung der Kategorie „Einzelwerte" (Abb. 6.43) werden alle Features eines Layers, die im spezifizierten Feld der Attribut-Tabelle den gleichen Wert besitzen, mit demselben Symbol dargestellt. Dazu muss im Bereich „Wertefeld" ein Feld aus der Attribut-Tabelle des Layers ausgewählt werden. Durch die Schaltfläche „Alle Werte hinzufügen" fügen Sie alle vorkommenden Werte der ausgewählten Spalte der Liste hinzu. Dabei werden die Farben des Farbschemas verwendet, das im Bereich „Farbschema" eingestellt ist, und nach Zufallsprinzip den vorkommenden Werten zugewiesen.

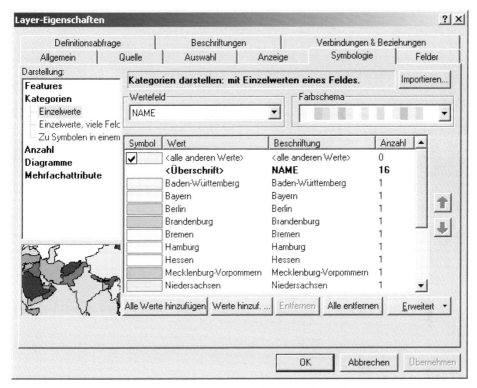

Abb. 6.43: Register „Symbologie", Kategorie Einzelwertdarstellung

Durch Doppelklick auf das Symbol, das links vor jedem Wert angezeigt wird, gelangt man, wie oben beschrieben, in das Dialogfenster „Symbol-Auswahl", in dem das Symbol beliebig geändert werden kann.

Mit der Schaltfläche „Entfernen", die nur aktiv ist, wenn in der Einzelwert-Liste Einträge markiert sind, können Sie Werte, die Sie nicht benötigen, entfernen. Über die Schaltfläche „Alle entfernen" entfernen Sie alle Werte aus der Einzelwert-Liste. Dabei werden aber keine Datensätze gelöscht, diese werden nur nicht mehr angezeigt. Über die Schaltfläche „Alle Werte hinzufügen" erzeugen Sie wieder die Originaldarstellung.

Sind in der Attribut-Tabelle nicht alle Werte vorhanden, die Sie gerne in der Liste und damit auch im Inhaltsverzeichnis angezeigt haben möchten, oder haben Sie Werte aus der Liste entfernt, die Sie gerne wieder aufnehmen möchten, können Sie mit der Schaltfläche „Werte hinzuf. ..." Werte im erscheinenden Dialogfenster hinzufügen. Werte, die in der Attribut-Tabelle vorkommen und die aus der Einzelwert-Liste entfernt wurden, erscheinen jetzt in der Liste „Wert(e) zum Hinzufügen wählen". Bei neuen, nicht in der Attribut-Tabelle vorkommenden Werten im Bereich „Neuer Wert" den gewünschten Wert eingeben und die Schaltfläche „Zur Liste hinzufügen" betätigen. Damit wird der Wert in die darüberliegende Liste aufgenommen. Durch Markieren eines Wertes in der Liste wird die Schaltfläche „OK" aktiviert und Sie können den Wert in die Einzelwert-Liste der Symboldarstellung übernehmen.

Die Schaltfläche „Erweitert" wurde bereits im Kapitel Einzelsymboldarstellung (Kap. 6.3.5.1) beschrieben.

Sind in der Einzelwert-Liste Einträge markiert, kann die Reihenfolge der Einträge zueinander geändert werden. Dazu können die Schaltflächen der Pfeiltasten rechts der Einzelwert-Liste verwendet werden. Damit können Werte nach oben bzw. unten verschoben werden.

Durch Klicken auf einen Einzelwert in die Spalte „Beschriftung" kann die Beschriftung geändert werden. Für die Beschriftung wird standardmäßig immer der Eintrag des Wertefeldes verwendet. Will man im Inhaltsverzeichnis von ArcMap eine andere Beschriftung der Werte, weil beispielsweise für das Wertefeld eine Spalte der Attribut-Tabelle verwendet wird, die codierte Werte enthält, so können diese hier geändert werden.

Kontextmenü der Einzelwert-Liste

Die Einzelwert-Liste besteht aus den Spalten „Symbol", „Wert", „Beschriftung" und „Anzahl". Durch Klicken mit der linken Maustaste auf eine Spaltenüberschrift gelangen Sie in ein Kontextmenü, das weitere Optionen anbietet. Die Summe aller Funktionen in den Kontextmenüs der Spalten finden Sie auch, wenn Sie mit der rechten Maustaste in die Einzelwert-Liste klicken. Mit einer Ausnahme: Durch Klicken auf die Spalte „Anzahl" wird die Anzahl der vorkommenden Werte pro Einzelwert neu ermittelt. Diese Funktion fehlt im Kontextmenü. In der Spalte „Symbol" kann die Symbolreihenfolge umgekehrt werden. Dabei werden nur die Symbole umgekehrt, nicht die dazugehörenden Werte samt Beschriftung. Über „Eigenschaften der ausgewählten Symbole..." können für alle ausgewählten Symbole bestimmte Eigenschaften (Umrissfarbe, Umrissstärke etc.) gleichzeitig geändert werden. Über „Eigenschaften für alle Symbole..." ändern Sie nicht nur die ausgewählten Symbole, sondern alle Symbole.

 TIPP: Wird die Registerkarte „Symbologie" erneut geöffnet, werden aus Leistungsgründen in der Einzelwert-Liste in der Spalte „Anzahl" nur Fragezeichen angezeigt. Durch Klicken auf den Spaltenkopf wird die Anzahl der vorkommenden Werte pro Legendeneintrag neu ermittelt und angezeigt.

„In Überschrift verschieben" erlaubt das Erzeugen einer neuen Überschrift. In Abbildung 6.44 wurden die Einzelwerte „Bayern" und „Baden-Württemberg" unter der neuen Überschrift „Süddeutschland" zusammengefasst. Einzelwerte können auch zwischen Überschriften verschoben werden, indem unter der Funktion „In Überschrift verschieben" die entsprechende Überschrift ausgewählt wird.

Symbol	Wert	Beschriftung	Anzahl
☑	‹alle anderen Werte›	‹alle anderen Werte›	0
	‹Überschrift›	**Süddeutschland**	**2**
	Baden-Württemberg	Baden-Württemberg	1
	Bayern	Bayern	1
	‹Überschrift›	**NAME**	**14**
	Berlin	Berlin	1
	Brandenburg	Brandenburg	1
	Bremen	Bremen	1
	Hamburg	Hamburg	1
	Hessen	Hessen	1
	Mecklenburg-Vorpommern	Mecklenburg-Vorpommern	1

Abb. 6.44: Einzelwertdarstellung mit zweiter Überschrift „Süddeutschland"

Werden mindestens zwei Werte der Liste markiert, können diese im Kontextmenü mit „Werte gruppieren" gruppiert werden. Dabei erhalten alle markierten Werte das gleiche Symbol. In Abbildung 6.45 wurden „Berlin" und „Brandenburg" gruppiert.

Symbol	Wert	Beschriftung	Anzahl
☑	‹alle anderen Werte›	‹alle anderen Werte›	0
	‹Überschrift›	**Süddeutschland**	**2**
	Baden-Württemberg	Baden-Württemberg	1
	Bayern	Bayern	1
	‹Überschrift›	**NAME**	**14**
	Berlin; Brandenburg	Berlin; Brandenburg	2
	Bremen	Bremen	1
	Hamburg	Hamburg	1
	Hessen	Hessen	1
	Mecklenburg-Vorpommern	Mecklenburg-Vorpommern	1
	Niedersachsen	Niedersachsen	1

Abb. 6.45: Einzelwertdarstellung mit zwei gruppierten Werten (Berlin und Brandenburg)

Die Gruppierung der Werte hebt man mit dem gleichnamigen Befehl im Kontextmenü wieder auf. Allerdings wird das ursprüngliche Symbol des Wertes nicht mehr hergestellt, sondern alle Werte der aufgelösten Gruppierung erhalten das gleiche Symbol.

„Sortierung umkehren" sortiert die gesamte Liste inkl. der Symbole in umgekehrter Reihenfolge. „Sortierung zurücksetzen" stellt die ursprüngliche Sortierung wieder her.

Jedem Einzelwert in der Liste kann über „Beschreibung bearbeiten..." weiterer Text zur Beschriftung hinzugefügt werden. Dieser erscheint nicht im Inhaltsverzeichnis von ArcMap, sondern nur in der Legende, die einem Layout hinzugefügt wurde.

Über „Wert(e) entfernen" können einzelne Werte aus der Liste entfernt werden.

6.3.5.3   Darstellungsart „Einzelwerte, viele Felder"

Die Kategorie „Einzelwerte, viele Felder" entspricht im Wesentlichen der Kategorie „Einzelwerte". Einziger Unterschied ist, dass die Einzelwerte, die für die Darstellung verwendet werden, sich nicht nur aus einer Spalte der Attribut-Tabelle des Layers ableiten, sondern dass diese aus einer Kombination von bis zu drei Spalten gebildet werden.

Beispielsweise ergibt sich die Flächenfüllung bei Forstkarten oft nicht nur aus der Baumart, sondern auch aus der Altersklasse der entsprechenden Baumart. In diesem Fall werden zwei Spalten für die Flächenfüllung benötigt.

6.3.5.4 Darstellungsart „Zu Symbolen aus einem Style anpassen"

Wie in der Kategorie „Einzelwerte" muss auch hier ein Wertefeld definiert werden, das die Einzelwerte für die Darstellung enthält. Neu ist der Bereich „Zu Symbolen aus einem Style anpassen", in dem ein Style angegeben werden kann, aus dem die Symbole für die zu verwendenden Einzelwerte verwendet werden. Über die Schaltfläche „Symbole anpassen" kann das Auslesen der Symbole aus dem Style erfolgen. Voraussetzung ist, dass im zu verwendenden Style Symbole (Flächenfüllungen – Fill Symbols, Liniensymbole – Line Symbols, Punktsymbole – Marker Symbols etc.) definiert sind, deren Namen identisch zu den Werten der Attribut-Tabelle sind. Die Zuweisung der Symbole zu den Werten geschieht dann automatisch, was bei einer großen Anzahl von Einzelwerten eine enorme Zeitersparnis darstellt. Die Zuweisung funktioniert aber nur für als Zeichenfolge definierte Spalten der Attribut-Tabelle. Mit Symbolnamen, die aus Zahlen bestehen, kann die Symbolzuweisung leider nicht durchgeführt werden.

6.3.5.5 Darstellungsart „Abgestufte Farben"

Die Darstellungsart „Abgestufte Farben" (Abb. 6.46) kann nur für Felder der Attribut-Tabelle verwendet werden, die Zahlenwerte enthalten. Im Bereich „Felder" kann für Werte keine Spalte angegeben werden, die Zeichen enthält. Durch diese Darstellungsart bildet ArcGIS aus den vorkommenden Zahlenwerten der ausgewählten Spalte standardmäßig fünf Klassen nach der Klassifizierungsmethode „Natürliche Unterbrechungen" und stellt diese unter Verwendung des eingestellten Farbverlaufs dar. Die Anzahl der Klassen kann einfach über die Dropdown-Liste „Klassen" geändert werden. Auch die zu verwendenden Farben können leicht über eine Änderung der Dropdown-Liste „Farbverlauf" geändert werden. Unter „Normierung" wird der Prozess der Teilung eines Attributwertes durch einen anderen Attributwert verstanden. Das Ergebnis ist ein Bezugswert des Einzelwertes auf die Gesamtheit aller Werte. Wenn beispielsweise der Attributwert einer Fläche durch die Flächengröße geteilt wird, erhält man den Attributwert bezogen auf die Fläche (= Dichte). Dieser Wert kann dann sinnvoll mit anderen Werten verglichen werden. Bei der Normierungs-Einstellung <PERCENT OF TOTAL> wird der Wert durch seinen Prozentanteil am Gesamtwert normalisiert.

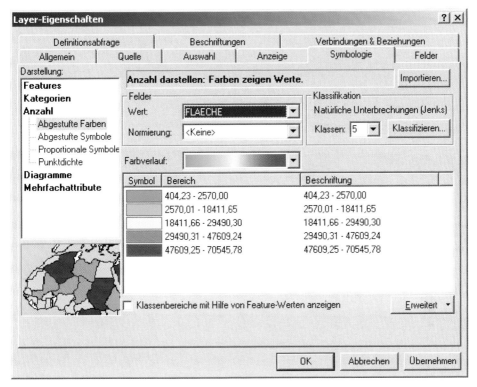

Abb. 6.46: Register „Symbologie", Darstellungsart „Abgestufte Farben"

 TIPP: Unter dem Bereich Darstellung wird für jede Darstellungsart ein Vorschaubildchen angezeigt, das zeigt, wie sich die entsprechende Auswahl auf die Darstellung in der Karte auswirkt.

Über die Schaltfläche „Klassifizieren" gelangt man in das Dialogfenster Klassifizieren (Abb. 6.47). Im Bereich „Klassifikation" kann die Methode, die zur Klassenbildung führt, eingestellt werden. Darunter können im Bereich „Datenausschluss" über ein Abfrage-Dialogfenster bestimmte Werte von der Darstellung ausgeschlossen werden. In der Schaltfläche „Stichproben" können Sie die Anzahl der zu verwendenden Datensätze einstellen, aus der die Klassifizierung berechnet wird. Im Bereich „Klassifikationsstatistik" links daneben werden statistische Werte des Wertebereiches dargestellt. Im linken unteren Bereich können die Klassengrenzen direkt geändert werden, indem auf die blauen Linien geklickt wird und diese dann verschoben werden. Rechts daneben können die Klassenwerte mit der Tastatur eingegeben werden.

Für die Methode der Klassifizierung gibt es sechs Auswahlmöglichkeiten:

- „Manuell" erlaubt die manuelle Einstellung der Klassengrenzen

- „Gleiches Intervall" teilt den Wertebereich in gleich große Intervalle.

- „Definiertes Intervall" entspricht der Methode „Gleiches Intervall" mit dem Unterschied, dass die Klassenanzahl automatisch berechnet wird, wenn die Größe des Intervalls festgelegt wird.

- „Quantil" bedeutet, dass die Anzahl der Einzelwerte pro Klasse in jeder Klasse gleich groß ist.

- Die Methode „Natürliche Unterbrechung (Jenks)" bildet an auffälligen Häufigkeitsänderungen in der Normalverteilung aller Werte Klassengrenzen.

- Die „Standardabweichung" vergleicht die Einzelwerte mit der Abweichung vom Mittelwert aller Werte und bezieht aus diesem Zusammenhang die Klassengrenzen.

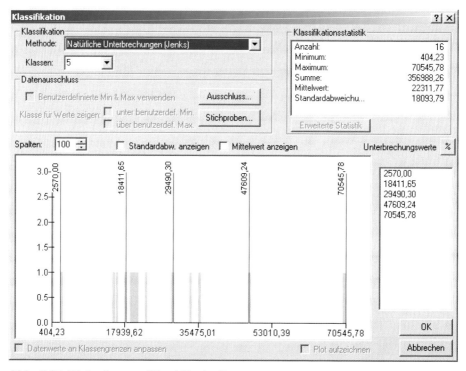

Abb. 6.47: Dialogfenster „Klassifikation"

In Kapitel 10.2 ist an einem Beispiel beschrieben, wie Sie Änderung an der Klassifizierung vornehmen.

6.3.5.6 Darstellungsart „Abgestufte Symbole"

Auch für die Darstellung „Abgestufte Symbole" können nur Felder der Attribut-Tabelle verwendet werden, die Zahlenwerte enthalten. Aus diesen Zahlenwerten werden Klassen gebildet (siehe Kap. 10.2), die mit zunehmender Klassengröße mit größeren Symbolen visualiert werden. Natürlich kann die Symbolgröße von aufsteigend auch auf absteigend geändert werden (Kontextmenü Symbolreihenfolge umkehren).

Bei der Erstellung einer Karte mit abgestuften Symbolen ist es wichtig, die möglichen Symbolgrößen sorgfältig auszuwählen. Die größten Symbole müssen so klein sein, dass sich nebeneinander liegende Symbole nicht gegenseitig verdecken. Gleichzeitig muss der Größenunterschied zwischen den kleinsten und den größten Symbolen jedoch groß genug sein, um eine eindeutige Differenzierung der verschiedenen Klassen zu gewährleisten.

Die Symbolart und -größe kann im Bereich „Vorlage" geändert werden. Für Flächenlayer kann im Bereich Hintergrund die Farbfüllung der Flächen eingestellt werden. Über die Schaltfläche „Erweitert" kann für die Symbole ein Feld aus der Attribut-Tabelle definiert werden, das einen Rotationswinkel für die Symbole enthält.

6.3.5.7 Darstellungsart „Proportionale Symbole"

Die Darstellung „Proportionale Symbole" entspricht der Darstellung „Abgestufte Symbole", mit dem Unterschied, dass die Symbolgröße in Bezug zu den Werten der Attribut-Tabelle gesetzt wird. Dabei kann die Steuerung der Symbolgröße ArcGIS überlassen werden, wenn als Einheit „Unbekannte Einheiten" eingestellt bleibt, oder die Symbolgröße wird über die Zuweisung von Einheiten (Meter, Kilometer) gesteuert. Natürlich kann wieder die Symbolart und -größe, das Aussehen (Kompensation nach Flannery), die Anzahl der im Inhaltsverzeichnis sichtbaren Größenklassen und bei Flächen die Hintergrundfarbe eingestellt werden. Auch die Rotation und der Ausschluss von Werten können, wie weiter oben bereits behandelt, eingestellt werden.

6.3.5.8 Darstellungsart „Punktdichte"

Das Darstellen von Mengen anhand von Punktdichten ist nur mit Flächenlayern möglich. Die Darstellungsart „Punktdichte" ist in Linien- oder Punktlayern nicht vorhanden. Punktdichtekarten zeigen graphisch die Dichte an, keinen genauen Wert (z. B. Bevölkerungsdichte). Die Dichte gibt einen Wert relativ zu Fläche an. Die Punkte werden im Polygon zufällig verteilt. Je dichter die Punkte liegen, desto höher ist der Wert pro Fläche. Eine Punktdichtekarte ähnelt der Symbolisierung mit Farbabstufungen, jedoch wird anstelle der Farbe als Mengenmerkmal die Punktdichte verwendet. Im Bereich „Dichten" kann die Punktgröße und der Punktwert angegeben werden. Der Punktwert regelt, wie groß die Zahl ist, die durch einen Punkt repräsentiert wird.

6.3.5.9 Darstellungsart „Diagramme"

Bei der Darstellungsart „Diagramme" kann zwischen „Kreis", „Balken/Säulen" und „Gestapelt" gewählt werden. Kreisdiagramme, Balkendiagramme und gestapelte Balkendiagramme sind gut geeignet, umfangreiche numerische Daten effektiv zu präsentieren. Allen gemeinsam ist, dass ein Diagramm, sich aus den zu wählenden Feldern der Attribut-Tabelle ergibt. Für das Diagramm können die Eigenschaften (2D, 3D), Farbe, Größe, Aussehen der Führungslinien (Zuweisungsstriche), Neigung, Ausrichtung etc. festgelegt werden.

6.3.5.10 Darstellungsart „Mehrfachattribute"

Die Darstellungsart „Mehrfachattribute" kombiniert die Darstellung „Einzelwerte" mit der Darstellung „Abgestufte Symbole". Diese beiden Darstellungsarten wurden in den jeweiligen Kapiteln schon beschrieben. Die Darstellung „Einzelwerte" erfolgt über das

Wählen eines Feldes aus der Attribut-Tabelle, die Darstellung „Abgestufte Symbole" erfolgt im Bereich „Variation von", indem ein Farbverlauf und eine Symbolgröße durch Klick auf die entsprechenden Schaltflächen eingestellt werden.

6.3.6 Register „Felder"

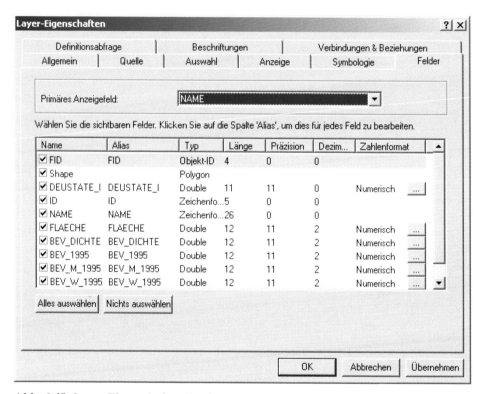

Abb. 6.48: Layer-Eigenschaften: Register „Felder"

Das Register „Felder" (Abb. 6.48) verschafft dem Nutzer einen Überblick über die Feldstruktur der Attribut-Tabelle des Layers.

Zunächst kann das „Primäre Anzeigefeld" geändert werden. Standardmäßig ist hier das erste Feld der Attribut-Tabelle vom Typ „Zeichenfolge" eingetragen, in dem der Begriff „Name" vorkommt. Wenn kein Feld beide Bedingungen erfüllt, wird das erste Feld mit dem Typ „Zeichenfolge", dann das erste Feld vom Typ „Integer", dann das erste Feld eines beliebigen Typs verwendet.

Der Inhalt des Primären Anzeigefelds wird in ArcMap als Map-Tip angezeigt, wenn der Mauszeiger im Kartenfenster auf einem Feature dieses Layers ruht. Die Aktivierung/Deaktivierung der Map-Tips erfolgt im Register „Anzeige" im selben Dialogfenster.

Außerdem wird auf das Primäre Anzeigefeld auf der linken Seite des Fensters „Abfrageergebnisse" zurückgegriffen, um die mit dem Werkzeug „Identifizieren" (Werkzeugleiste „Werkzeuge") angewählten Features darzustellen.

Unter „Primäres Anzeigefeld" sollte deswegen immer ein Feld eingetragen werden, durch dessen Einträge die Features eines Layers sinnvoll und eindeutig identifiziert und voneinander unterschieden werden können.

Mit Eingaben im unteren Teil des Registers können Sie beeinflussen, wie die Felder in der geöffneten Attribut-Tabelle (*Kontextmenü des Layers* ⇨ *„Attribut-Tabelle öffnen"*) und im Fenster *„Abfrageergebnisse"* (*Werkzeugleiste „Werkzeuge"* ⇨ *„Identifizieren"* ⇨ *Mausklick auf gewünschtes Feature*) dargestellt werden. Beachten Sie, dass die in diesem Register getätigten Veränderungen keine Auswirkungen auf die Daten in den Attribut-Tabellen selbst, sondern nur auf Ihre Anzeige in den gerade erwähnten Fenstern haben.

Deaktivieren Sie das Kontrollkästchen neben dem Feldnamen, um die entsprechenden Felder auszublenden. In der Spalte „Alias" können Sie jedem Feld einen sog. Alias geben, d. h. eine Bezeichnung, die Sie für aussagekräftiger halten als den eigentlichen Feldnamen und der anstelle des Feldnamens auftaucht. Klicken Sie auf die Schaltfläche in der Spalte „Zahlenformat", um die Darstellung eines numerischen Feldes (z. B. durch Streichung der Nachkommastellen) zu ändern, ohne die dem Layer zugrunde liegenden Daten ändern zu müssen. Beachten Sie, dass die hier vorgenommenen Veränderungen nicht durchgängig Auswirkungen auf alle Funktionen in ArcMap haben, die die Attribut-Tabelle betreffen. So greifen die Funktionen *Hauptmenüleiste* ⇨ *„Auswahl"* ⇨ *„Nach Attributen auswählen…"* und *Kontextmenü des Feldnamens in der Attribut-Tabelle* ⇨ *„Werte berechnen…"* (Feldwertberechnung) auf die ursprünglichen Feldnamen zurück, auch wenn vom Nutzer Alias-Namen vergeben wurden.

In den Spalten „Typ", „Länge", „Präzision" und „Dezimalstellen" können Sie keine Änderungen vornehmen. Auch die Reihenfolge der Felder kann hier nicht geändert werden. Rufen Sie zu diesem Zweck die Attribut-Tabelle des Layers auf und verschieben Sie die Felder, bis die gewünschte Reihenfolge hergestellt ist.

6.3.7 Register „Definitionsabfrage"

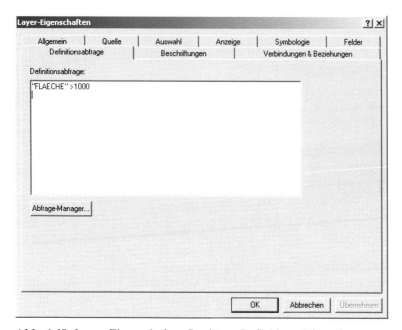

Abb. 6.49: Layer-Eigenschaften: Register „Definitionsabfrage"

Im Register „Definitionsabfrage" (Abb. 6.49) können Sie durch Formulierung einer attributbezogenen Abfrage die Einblendung der Layer-Features im Kartenfenster und in der Attribut-Tabelle selektiv einschränken. Wie auch in Kapitel 10.2 erläutert, ist dies beispielsweise dann sinnvoll, wenn Sie von einem Datensatz mit allen Städten Deutschlands nur diejenigen Städte darstellen lassen wollen, die über 100.000 Einwohner haben. Beachten Sie, dass die auf diese Weise von vornherein ausgeklammerten Features auch von nachfolgenden Selektionen und Prozessen ausgeschlossen werden. Beispiel: Sie wollen aus den deutschen Städten per lagebezogener Auswahl die im Bundesland Bayern liegenden auswählen und in einen neuen Datensatz exportieren. Sie haben vorher in der Definitionsabfrage die Darstellung derart eingeschränkt, dass im Kartenfenster nur die Städte in Deutschland mit mehr als 100.000 Einwohnern eingeblendet werden. Wenn Sie nun den Städte-Layer mit dem Bundesland Bayern verschneiden und die Selektion in ein neues Shapefile oder eine neue Geodatabase-Feature-Class schreiben, so enthält die Ergebnis-Datei nur die Städte in Bayern mit mehr als 100.000 Einwohnern, da alle kleineren Städte durch die Definitionsabfrage bereits vorher ausgeschlossen waren.

Mit Klick auf die Schaltfläche „Abfrage-Manager…" gelangen Sie in ein Dialogfenster, das Sie bei der Formulierung einer Definitionsabfrage unterstützt.

Alles Weitere zu attributbezogenen Abfragen finden Sie in Kapitel 10.4.

6.3.8 Register „Beschriftungen"

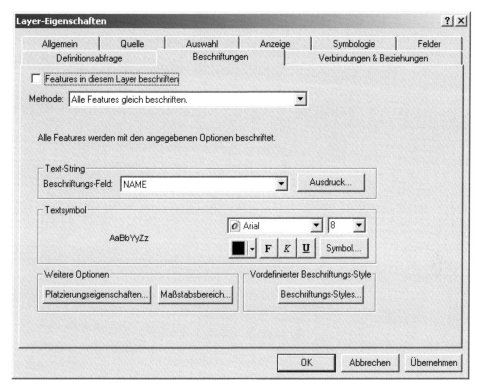

Abb. 6.50: Layer-Eigenschaften: Register „Beschriftungen"

Im Register „Beschriftungen" (Abb. 6.50) können Sie die Beschriftung des Layers verwalten.

Zur Vermittlung von raumbezogenen Informationen ist es in den meisten Fällen unabdingbar, die Darstellung der geographischen Features einer Karte (Punkte, Linien, Polygone) durch die Hinzunahme von Texten zu ergänzen.

ArcMap stellt drei Haupttypen von Texten zur Verfügung, die je nach Zweck der Betextung zur Anwendung kommen: Beschriftung, Annotation und graphischen Text. Die Beschriftung ist dabei das einfachste und schnellste Mittel, um einzelnen oder auch einer großen Anzahl von Features einen beschreibenden Text hinzuzufügen. Bei einer Beschriftung in ArcMap handelt es sich um ein Textsegment, das automatisch platziert wird und dessen Textzeichenfolge auf einem oder mehreren Feature-Attributen basiert. Beschriftungen sind dynamisch, d. h. bei Änderung eines Attributs ändert sich auch die Beschriftung, bzw. bei Verschiebung des Kartenfensters wird die Platzierung der Beschriftung neu berechnet. Wie Sic auf schnellem Wege einen Layer auf Attribut-Grundlage beschriften lassen können, wird auch in Kapitel 10.2 (Beispielprojekt) erläutert.

TIPP: Wenn Sie gleichzeitig die Beschriftung mehrerer Layer bearbeiten wollen, ohne dafür permanent zwischen den Registerkarten dieser Layer hin- und herwechseln zu müssen, sollten Sie den „Beschriftungs-Manager" verwenden. Diesen starten Sie, indem Sie in der Werkzeugleiste „Beschriftung" (Kap. 6.1.3.15) auf die entsprechende Schaltfläche klicken, oder über *Kontextmenü des Datenrahmens* ⇨ *„Beschriftungs-Manager"*. Der Beschriftungs-Manager eröffnet Ihnen dieselben Möglichkeiten, Ihre Beschriftungen zu bearbeiten, wie das hier beschriebene Register „Beschriftungen".

Um die Beschriftung des Layers zu aktivieren, setzen Sie einen Haken in das Kontrollkästchen „Features in diesem Layer beschriften".

Unter „Methode:" können Sie entscheiden, ob Sie alle Features gleich beschriften wollen, oder ob Sie die Features in Beschriftungsklassen einteilen wollen, die jeweils auf unterschiedliche Weise beschriftet werden sollen. Wählen Sie im letzteren Fall den Eintrag „Klassen von Features definieren und unterschiedlich beschriften". Mit „Hinzufügen…" können Sie dann neue Beschriftungsklassen erzeugen und für jede einzeln die Einstellungen anpassen.

Im „Beschriftungsfeld" wählen Sie aus der Dropdown-Liste das Attributfeld, dessen Werte bei Aktivierung der Beschriftung angezeigt werden sollen. Standardmäßig ist hier das erste Feld der Attribut-Tabelle vom Typ „Zeichenfolge" eingetragen, in dem der Begriff „Name" vorkommt. Wenn kein Feld beide Bedingungen erfüllt, wird das erste Feld mit dem Typ „Zeichenfolge", dann das erste Feld vom Typ „Integer", dann das erste Feld eines beliebigen Typs verwendet.

Im Bereich „Textsymbol" können Sie Eigenschaften wie Schriftgröße und -art der zur Darstellung der Beschriftung verwendeten Textsymbole überprüfen und gegebenenfalls verändern.

Wenn Sie auf die Schaltfläche „Platzierungseigenschaften…" klicken, öffnen Sie ein gleichnamiges Dialogfenster mit zwei Registern.

Das Register „Platzierung" (Abb. 6.51, 6.52, 6.53) unterscheidet sich je nachdem, welcher Geometrietyp beschriftet werden soll.

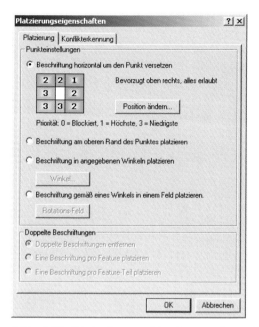

Abb. 6.51: Dialogfenster „Platzierungseigenschaften", Register „Platzierung" (Punktlayer)

Punktlayer:

Im Bereich Punkteinstellungen sind vier Alternativen aufgeführt: „Beschriftungen horizontal um den Punkt versetzen" gibt eine ganze Reihe von vordefinierten Prioritätsreihenfolgen vor, wie eine Beschriftung um einen Punkt platziert wird. Diese wird durch die Schaltfläche „Position verändern" eingestellt. „Beschriftung am oberen Rand des Punktes platzieren" erzeugt eine Beschriftung, die horizontal und vertikal zentriert auf dem Punkt liegt. Die Option „Beschriftung im angegebenen Winkel platzieren" erlaubt die Definition beliebig vieler Winkel, die zur Platzierung der Beschriftung in einer festzulegenden Reihenfolge verwendet werden. Die letzte Option „Beschriftung gemäß eines Winkels in einem Feld platzieren" erfordert ein Feld in der Attribut-Tabelle, in dem für jeden Punkt ein Winkel angegeben sein kann, der für die Platzierung verwendet wird. Der Bereich „Doppelte Beschriftung" ist für Punktlayer nicht verfügbar.

Abb. 6.52: Dialogfenster „Platzierungseigenschaften", Register „Platzierung" (Linienlayer)

Linienlayer:

Im Bereich Linieneinstellungen sind vier Alternativen aufgeführt: Die Ausrichtungsoption „Horizontal" platziert die Beschriftung immer horizontal zentriert auf die Linie. Die Bereiche „Position" und „Verzeichnis" sind deaktiviert. Die Ausrichtungsoptionen „Parallel" und „Rechtwinklig" erlauben die Einstellung einer exakten Platzierungsposition mit der Möglichkeit, einen Versatz zur Linie zu definieren. Zusätzlich kann im Bereich „Verzeichnis" festgelegt werden, an welcher Position entlang einer Linie die Beschriftung platziert werden soll. In der Ausrichtungsoption „Geschwungen" kann die Beschriftung so definiert werden, dass diese dem Linienverlauf folgt.

Im Bereich „Doppelte Beschriftungen" platziert die Option „Doppelte Beschriftungen entfernen", wenn zwei oder mehrere aneinander grenzende Linienstücke dieselbe Beschriftung aufweisen würden, nur eine Beschriftung. Bei der Option „Eine Beschriftung pro Feature platzieren" erhält jedes Linienstück eine eigene Beschriftung. Bei Multipart-Geometrien erhält diese Geometriegruppe nur eine Beschriftung. Im Gegensatz dazu erhält bei der Option „Eine Beschriftung pro Feature-Teil platzieren" jedes der Multipart-Geometrien eine eigene Beschriftung.

Flächenlayer:

Im Bereich „Polygon-Einstellungen" sehen Sie sehr schön anhand des Vorschaubildes, welche Auswirkung Ihre Einstellung auf die Platzierung der Beschriftung hat. Der Bereich „Doppelte Beschriftung" wurde bereits oben bei Linienlayer beschrieben.

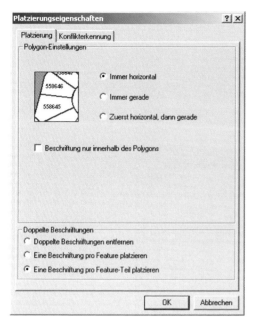

Abb. 6.53: Dialogfenster „Platzierungseigenschaften", Register „Platzierung" (Polylay.)

Das Register „Konflikterkennung" ist für alle Geometrietypen gleich und regelt, inwieweit Beschriftungen bei Platzierungskonflikten Rücksicht auf Beschriftungen und Geometrien anderer Layer nehmen. Hohe Gewichtung bedeutet, dass diese Beschriftung von keiner Beschriftung eines anderen Layers gleicher oder niedriger Gewichtung überlagert oder verdrängt werden kann. Beschriftungen hoher Gewichtung werden daher eher platziert als mit niedrigerer Gewichtung. Da diese Einstellungen der Rangfolge bei Platzierungsschwierigkeiten für jeden Layer eigens eingestellt werden können und dies bereits bei einigen wenigen Layern sehr unübersichtlich wird, bietet die Werkzeugleiste „Beschriftung" mit der Schaltfläche „Rangstufen der Beschriftungs-Gewichtung" die Möglichkeit, diese Einstellungen für alle Layer eines Datenrahmen im Überblick vorzunehmen. Der Bereich „Puffer" bietet die Möglichkeit, den Abstand einzelner Beschriftungen zueinander als Vielfaches der eigenen Schriftgröße zu definieren. Als letzten Punkt kann die Platzierung sich überlappender Beschriftungen zugelassen oder verhindert werden.

Unter „Maßstabsbereich…" können Sie einen Maßstabsbereich festlegen, außerhalb dessen die Beschriftung des Layers ausgeblendet wird. Wenn Sie möchten, dass die Anzeige der Beschriftung in Abhängigkeit vom Maßstab so geregelt wird, wie es im Register „Allgemein" bereits für den Layer definiert ist, markieren Sie den entsprechenden Radio-Button (Standardeinstellung).

Wenn die Beschriftung mit dem unter „Beschriftungsfeld" angegebenen Attribut nicht ausreichend ist, gelangen Sie mit Klick auf die Schaltfläche „Ausdruck…" in ein Dialogfenster, das es Ihnen ermöglicht, einen komplexeren Beschriftungs-Ausdruck zu formulieren (Abb. 6.54).

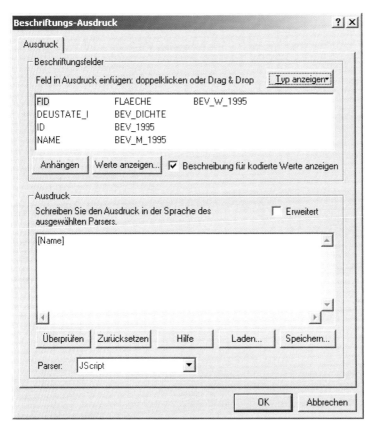

Abb. 6.54: Dialogfenster „Beschriftungs-Ausdruck"

Der Beschriftungs-Ausdruck ist im Bereich „Ausdruck" des Dialogfensters in das Textfeld einzugeben. Standardmäßig steht hier nur der Name des Feldes, das im Register „Beschriftung" als „Beschriftungsfeld" definiert ist. Auf recht einfachem Wege ist es möglich, die Werte mehrerer Felder nebeneinander in die Beschriftung aufzunehmen. Markieren Sie in der Liste der in diesem Layer zur Verfügung stehenden Felder einzeln die zusätzlich zur Beschriftung benötigten Felder und fügen Sie sie dann mit Klick auf den Befehl „Anhängen" dem Ausdruck hinzu.

Für alle darüber hinaus gehenden Anforderungen an die Beschriftung ist der Ausdruck manuell zu modifizieren. Wählen Sie aus der Dropdown-Liste „Parser" die für den Ausdruck verwendete Skriptsprache (JScript oder VBScript) aus. Ob Ihre Ausdruck-Syntax formal fehlerfrei ist, können Sie jederzeit mit dem Befehl „Überprüfen" testen lassen. Wertvolle Hilfe bei der Formulierung des Ausdrucks erhalten Sie von der ArcGIS Dialog-Hilfe, die sich mit Klick auf den Befehl „Hilfe" öffnet, sowie von der ArcGIS Desktop Hilfe und von der Direkthilfe des Dialogfensters. So können beispielsweise die Werte mehrerer Felder nicht nur nebeneinander, sondern auch geschachtelt untereinander angezeigt werden. Des Weiteren können Sie den Werten konstante textliche Erweiterungen (z. B. Abkürzungen für Maßeinheiten wie „mm") beifügen oder durch Einfügen von

Textformatierungs-Tags Beschriftungen mit gemischter Formatierung (z. B. erstes Wort unterstrichen, zweites Wort kursiv usw.) erstellen. Speichern und laden Sie die von Ihnen erstellten Ausdrücke, indem Sie die entsprechenden Schaltflächen betätigen. Sobald Sie einen vom gewählten Parser interpretierbaren Beschriftungs-Ausdruck erstellt und mit Schaltfläche „OK" bestätigt haben, ist eine Auswahl eines Layers unter „Beschriftungsfeld" nicht mehr möglich. Das entsprechende Dropdown-Menü enthält dann den Text „<Ausdruck>" und ist deaktiviert. Wenn Sie zur Beschriftung wieder nur auf ein Feld zurückgreifen wollen, müssen Sie zunächst im Dialogfenster „Ausdruck…" den momentan gültigen Ausdruck löschen. Markieren Sie anschließend in der Liste der zur Verfügung stehenden Layer den gewünschten, klicken dann auf die Schaltfläche „Anhängen" und bestätigen abschließend mit „OK".

Im Kapitel 10.2.10 werden ausführlich an einem Beispiel die vielfältigen Möglichkeiten der automatischen Beschriftungen gezeigt.

6.3.9 Register „Verbindungen & Beziehungen"

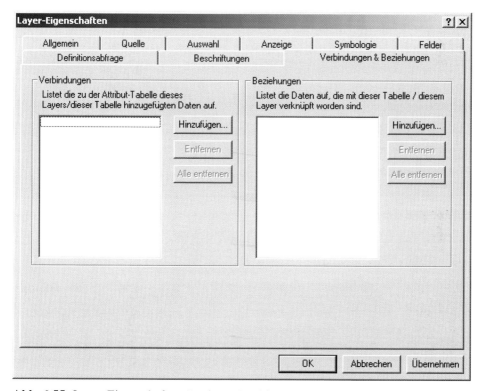

Abb. 6.55: Layer-Eigenschaften: Register „Verbindungen & Beziehungen"

In diesem Register (Abb. 6.55) können die mit dem Layer bzw. mit der Attribut-Tabelle des Layers in Verbindung bzw. Beziehung stehenden Tabellen und Daten verwaltet werden.

Auf der linken Seite dieses Registers sind diejenigen Daten aufgelistet, die mit der Attribut-Tabelle des Layers verbunden sind. Auf der rechten Seite sehen Sie in einer Liste die Daten, die zu diesem Layer in Beziehung gesetzt worden sind.

Eine weitere Möglichkeit, die Verbindungen und Beziehungen des Layers zu verwalten, besteht unter *Kontextmenü des Layers* ⇨ *„Verbindungen und Beziehungen"*.

Mehr zur Anwendung von Verbindungen und Beziehungen erfahren in Kapitel 10.3.

6.4 Layer-Eigenschaften von Rasterdaten

Innerhalb der Eigenschaften eines Rasterdaten-Layers (Raster-Dataset) stehen fünf bzw. sieben Registerkarten zur Verfügung, mit deren Hilfe Sie das Aussehen und Verhalten des entsprechenden Rasterbildes beeinflussen können. Die Register „Felder" und „Verbindungen & Beziehungen" sind nur dann verfügbar, wenn das Raster-Dataset eine Attribut-Tabelle besitzt.

Die Registerkarten „Allgemein", „Felder" sowie „Verbindungen & Beziehungen" entsprechen in ihren Funktionen dabei im Wesentlichen den in Kapitel 6.3 beschriebenen, gleichnamigen Registern. Zusätzliche bzw. andere Funktionalitäten bieten folgende Registerkarten:

6.4.1 Register „Quelle"

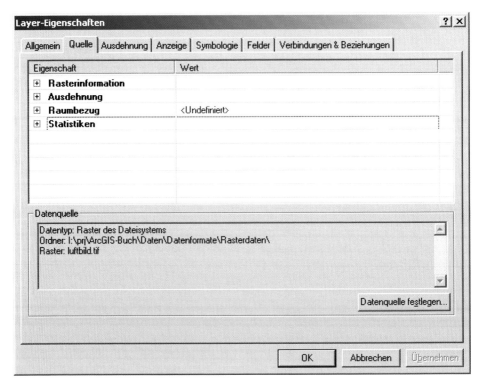

Abb. 6.56: Register „Quelle" in den Eigenschaften eines Raster-Datasets

Im Register „Quelle" (Abb. 6.56) werden in einem Tabellen-Fenster zahlreiche Informationen zum aktuellen Rasterbild aufgelistet. Diese Bildinformationen sind in vier Bereiche gegliedert:

„Rasterinformation": Hier werden Sie u. a. über die Größe des Bildes (in Pixel sowie unkomprimierte Dateigröße), die Zellengröße, das Bildformat, die Anzahl an Bändern, die Pixeltiefe oder den Komprimierungstyp informiert. Ebenso erfahren Sie hier, ob für das Bild eine Colormap (= Farbtafel) vorhanden ist.

„Ausdehnung": Enthält jeweils die minimale und maximale X- und Y-Koordinate der Datenquelle, auf die der Layer verweist.

„Raumbezug": Zeigt die Projektionsparameter für das Raster-Dataset an.

„Statistiken": Enthält statistische Informationen (Min.-, Max.- und Durchschnittswert etc.) zu den Farb-Bändern des Raster-Datasets.

Des Weiteren haben Sie mit Klick auf die Schaltfläche „Datenquelle festlegen…" auch hier die Möglichkeit, eine neue Datenquelle für das Raster-Dataset zu definieren. Grund hierfür kann sein, dass Sie einen Ordner mit Quelldaten verschoben oder umbenannt haben, so dass der Quellverweis des Layers ungültig geworden ist und keine Daten mehr angezeigt werden können. Mehr zur Reparatur beschädigter Layer lesen Sie bitte in Kapitel 6.1.4.3.

6.4.2 Register „Ausdehnung"

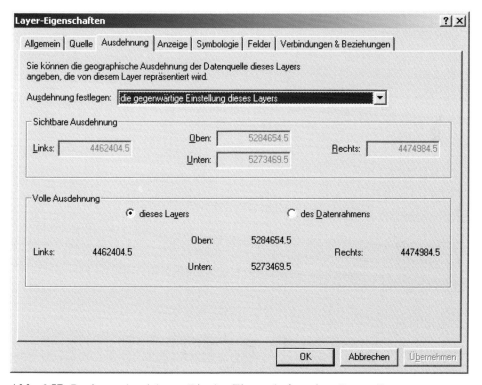

Abb. 6.57: Register „Ausdehnung" in den Eigenschaften eines Raster-Datasets

Im Register „Ausdehnung" (Abb. 6.57) lässt sich zunächst die geographische bzw. sichtbare Ausdehnung angeben, um die Fläche des anzuzeigenden Rasters zu begrenzen. Damit können Sie die Anzeige des aktuellen Raster-Datasets auf einen bestimmten Bereich begrenzen. Die Ausdehnung des Layers lässt sich über die entsprechende Auswahlliste mit folgenden Methoden begrenzen:

„Die gegenwärtige Einstellung des Layers": Setzt alle eventuell vorgenommenen Änderungen, sofern diese noch nicht übernommen wurden, auf die aktuellen Einstellungen zurück.

„Die aktuelle Anzeigeausdehnung": Legt die sichtbare Ausdehnung auf die aktuelle Anzeigeausdehnung des Datenrahmens fest.

„Die volle rechteckige Ausdehnung aller Layer": Legt die sichtbare Ausdehnung auf die volle Ausdehnung des aktuellen Datenrahmens fest.

„Eine benutzerdefinierte Ausdehnung wie unten eingegeben": Legt die sichtbare Ausdehnung auf die von Ihnen im Bereich „Sichtbare Ausdehnung" angegebenen Werte fest.

„Die Standardausdehnung dieses Layers": Legt die sichtbare Ausdehnung auf die volle Ausdehnung des ursprünglichen Raster-Datasets fest.

„Die Rechtecksausdehnung von <Layer-Name>": Stellt die sichtbare Ausdehnung des Raster-Datasets auf die Ausdehnung eines anderen Layers im aktuellen Datenrahmen ein.

Im Bereich „Volle Ausdehnung" können Sie sich schließlich die volle geographische Ausdehnung des Raster-Datasets bzw. des aktuellen Datenrahmens anzeigen lassen.

6.4.3 Register „Anzeige"

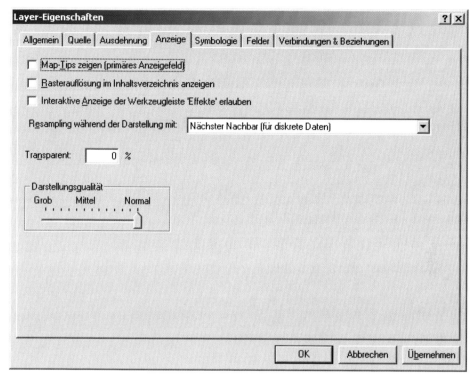

Abb. 6.58: Register „Anzeige" in den Eigenschaften eines Raster-Datasets

Auch die Registerkarte „Anzeige" in den Layer-Eigenschaften eines Raster-Datasets (Abb. 6.58) unterscheidet sich geringfügig von der eines „Standard-Layers". Mit einem Haken in die Check-Box „Map-Tips zeigen (primäres Anzeigefeld)", legen Sie fest, ob ein sog. „Map-Tip" angezeigt wird, sobald Sie mit der Maus auf das Rasterbild im Datenrahmen zeigen. Welche Information der Map-Tip enthält, hängt davon ab, mit welcher Legendendarstellung der Raster-Layer angezeigt wird.

Aktivieren Sie die Option „Rasterauflösung im Inhaltsverzeichnis anzeigen", so wird die Rasterauflösung im Inhaltsverzeichnis unterhalb des Layer-Namens angezeigt. Unter „Rasterauflösung" versteht man dabei das Verhältnis von Bildschirm-Pixeln zu den Bild-Pixeln im aktuellen Kartenmaßstab.

Mit der Check-Box „Interaktive Anzeige der Werkzeugleiste ‚Effekte' erlauben" steuern Sie das Verhalten des Layers, wenn Sie mit der Werkzeugleiste „Effekte" Kontrast, Helligkeit oder Transparenz des Rasterbildes ändern. Ist die Check-Box deaktiviert, wird der Layer erst aktualisiert, wenn die Anpassungen mit der Werkzeugleiste „Effekte" abgeschlossen sind. Ist diese Option aktiviert, wird der Layer während der Arbeit mit der Werkzeugleiste „Effekte" sofort aktualisiert. Ändern Sie mit dieser Option z. B. die Helligkeit des Bildes, so wird Ihr Rasterbild schon heller oder dunkler, während Sie den entsprechenden Schieberegler bewegen. Dies kann allerdings zu erheblichen Geschwindigkeitseinbußen führen, wenn das Rasterbild sehr groß ist und damit die Darstellung des Layers viel Zeit erfordert.

Mithilfe der Auswahlliste „Resampling während der Darstellung mit:" können Sie zwischen drei Methoden für die Anzeige des Raster-Layers auswählen:

Die Methode „Nächster Nachbar" ist für die Darstellung diskontinuierlicher Daten wie z. B. Landnutzung, Bodentypen etc.

Mit der Einstellung „Bilineare Interpolation", die für kontinuierliche Daten geeignet ist (z. B. Höhe), erzielen Sie das „glatteste" Erscheinungsbild Ihrer Daten.

Die Methode „Kubische Faltung" ist ebenfalls für kontinuierliche Daten geeignet, wobei das Erscheinungsbild der Daten schärfer ist als bei der bilinearen Interpolation.

Mit der Eingabe eines Zahlenwertes in das Feld „Transparenz" können Sie das aktuelle Rasterbild mehr oder weniger durchsichtig erscheinen lassen, so dass auch Daten sichtbar sind, die unter dem Raster-Layer liegen.

 TIPP: Die Festlegung einer Transparenz eignet sich auch hervorragend dazu, ein (farbstarkes) Rasterbild bei der Darstellung etwas in den Hintergrund treten zu lassen, so dass darüber liegende Vektordaten deutlicher sichtbar werden. Ein weiterer Anwendungsbereich für Transparenz-Einstellungen ist das Georeferenzieren eines Rasterbildes auf Grundlage eines weiteren Raster-Datasets. In diesem Fall kann das transparente, zu referenzierende Bild auf das Referenzbild gelegt werden.

Mit dem Schieberegler im Bereich „Qualität" stellen Sie schließlich die gewünschte Anzeigequalität Ihres Rasterbildes ein. Je weiter Sie den Regler in Richtung „Grob" ziehen, desto geringer wird die Anzeigequalität, während die Darstellungsgeschwindigkeit allerdings zunimmt.

6.4.4 Register „Symbologie"

Grundsätzlich ist die Anzeige bzw. Symbologie eines Rasterbildes vom jeweiligen Bild- bzw. Datentyp abhängig. Einige Raster verfügen über ein vordefiniertes Farbschema, eine sog. Colormap, die ArcMap automatisch zur Anzeige des Bildes verwendet. Für Rasterbilder, die nicht über eine solche Colormap verfügen, wählt ArcMap eine passende Anzeigemethode aus, die noch individuell bearbeitet werden kann.

Mithilfe der Registerkarte „Symbologie" (Abb. 6.59) stehen Ihnen je nach Bildtyp unterschiedliche Darstellungs-Arten zur Verfügung. So können Sie u. a. die Anzeigefarben (Einzelwerte) ändern, Datenwerte in Klassen gruppieren oder Werte strecken, um so den Kontrast zu erhöhen. Bei Multiband-Rastern lassen sich drei Bänder zusammen als Red-Green-Blue-Komposit (RGB) darstellen. Durch diese Darstellungsmethode haben Sie die Möglichkeit, Features, die durch bestimmte Farbwerte wiedergegeben werden, stärker hervorzuheben.

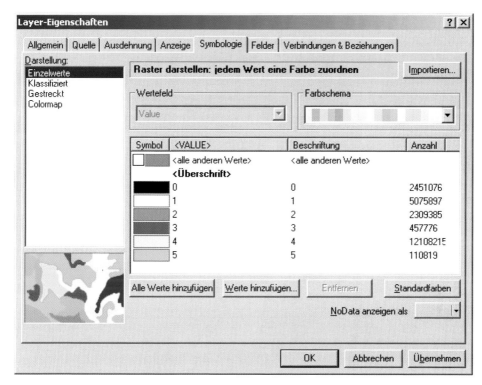

Abb. 6.59: Register „Symbologie" in den Eigenschaften eines Raster-Datasets

6.5   Layer-Eigenschaften eines Raster-Katalogs

Raster-Kataloge werden in ArcGIS zur Anzeige mehrerer oder aneinander angrenzender Rasterbilder verwendet, ohne diese in einer großen Datei zusammenzuführen. Ein Raster-Katalog kann dabei mehrere Raster-Typen, Formate, Auflösungen und Dateigrößen enthalten.

Öffnen Sie die Eigenschaften eines Raster-Katalogs, den Sie wie einen Layer in ArcMap laden, so sind hier insgesamt neun Registerkarten verfügbar. Die meisten dieser Registerkarten entsprechen in ihrer Funktionalität den Registern eines „Standard"-Layers (siehe Kap. 6.3) bzw. den Registern eines Rasterdaten-Layers (siehe Kap. 6.4). Lediglich die Registerkarte „Anzeige" (Abb. 6.60) weist hier zusätzliche bzw. andere Funktionalitäten auf.

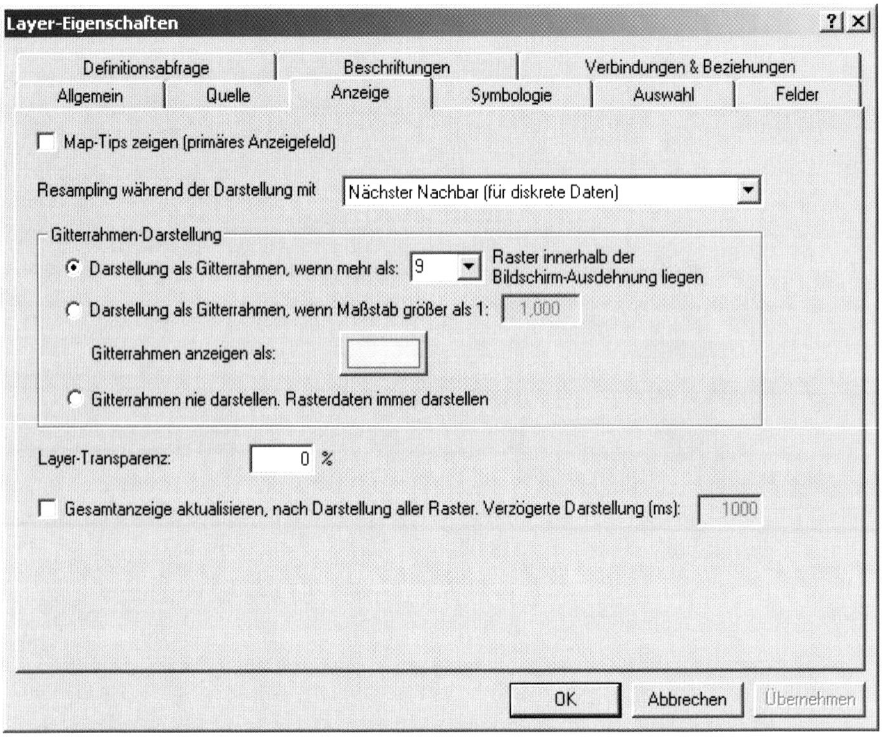

Abb. 6.60: Register „Anzeige" in den Eigenschaften eines Raster-Katalogs

Die Funktionalitäten der Option „Map-Tips zeigen (primäres Anzeigefeld)" sowie der Auswahlliste „Resampling während der Darstellung mit:" wurden bereits in Kapitel 6.4 erläutert.

Bei einer sehr großen Anzahl an Rasterbildern (Raster-Datasets), die Sie in Ihrem Raster-Katalog verwalten und in Ihrem ArcMap Projekt einsetzen, kann die Anzeige der entsprechenden Bilder einige Zeit in Anspruch nehmen. In diesem Fall haben Sie die Möglichkeit, in Ihrem Projekt anstelle des Raster-Katalogs bzw. der enthaltenen Raster-Datasets einen Gitterrahmen anzeigen zu lassen. Damit lässt sich die Darstellungsgeschwindigkeit drastisch erhöhen. Wann und unter welchen Bedingungen der Gitterrahmen angezeigt und wie er dann dargestellt werden soll, legen Sie im Bereich „Gitterrahmen-Darstellung" fest. Dazu stehen drei Optionen zur Verfügung (Abb. 6.61):

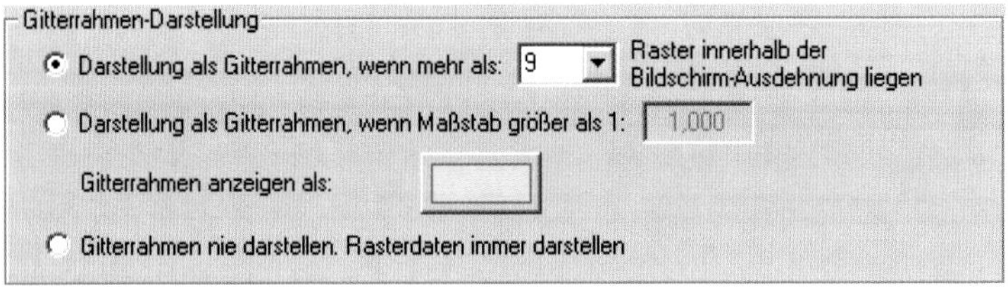

Abb. 6.61: Optionen der Gitterrahmen-Darstellung bei Raster-Katalogen

Mit der ersten Option legen Sie den Anzeigegrenzwert für das Gitternetz, basierend auf der Anzahl der Rasterbilder in der aktuellen Anzeige, fest. So können Sie hier einstellen, dass ein Gitterrahmen angezeigt wird, wenn mehr als „x" Raster innerhalb der aktuellen Bildschirm-Ausdehnung liegen.

Die zweite Option macht die Darstellung des Gitternetzes abhängig vom jeweiligen Maßstab. Den gewünschten Maßstab legen Sie individuell fest.

Per Klick auf die entsprechende Schaltfläche gelangen Sie in das – bereits bekannte – Dialogfenster „Symbol Auswahl". Hier definieren Sie das Aussehen des anzuzeigenden Gitterrahmens.

Möchten Sie stets alle im Raster-Katalog enthaltenen Raster-Datasets anzeigen, so aktivieren Sie die dritte Option. Damit wird niemals ein Gitterrahmen dargestellt.

Auch die Funktionalität des Feldes „Transparenz", mit dessen Hilfe Sie die Rasterbilder des aktuellen Katalogs mehr oder weniger durchsichtig erscheinen lassen können, kennen Sie bereits aus Kapitel 6.4.

| Gesamtanzeige aktualisieren, nach Darstellung aller Raster. Verzögerte Darstellung (ms): | 1000 |

Mit der letzten Option auf dieser Registerkarte können Sie festlegen, dass die einzelnen Raster-Datasets des Raster-Katalogs nacheinander in der Reihenfolge, wie sie im Katalog durchnummeriert sind, eingeblendet werden. Mit Angabe eines Wertes in Millisekunden (ms) definieren Sie die Pause, die zwischen der Darstellung der einzelnen Bilder liegen soll. Bei einem Wert von 1000 wird dementsprechend jede Sekunde ein weiteres Bild angezeigt. Diese Option eignet sich besonders zur Anzeige von Zeitserien-Raster-Katalogen.

6.6   Layer-Eigenschaften von externen Tabellen

Haben Sie in Ihr ArcMap Inhaltsverzeichnis (Register „Quelle") eine externe Tabelle geladen, so steht Ihnen auch für diesen „Layer" über das Kontextmenü der Befehl „Eigenschaften…" zur Verfügung. Innerhalb der Layer-Eigenschaften einer externen Tabelle gibt es die drei Registerkarten „Felder", „Definitionsabfrage" sowie „Verbindungen & Beziehungen". Diese Register entsprechen in ihren Funktionalitäten den entsprechenden Registerkarten eines „Standard-Layers". Näheres dazu lesen Sie in den Kapiteln 6.3.6, 6.3.7 bzw. 6.3.9.

6.7   Layer-Eigenschaften von CAD-Layern

Wenn Sie in Ihrem ArcMap Projekt eine CAD-Zeichnung als Layer geladen haben, stehen Ihnen innerhalb der Layer-Eigenschaften fünf Registerkarten zur Verfügung. Die Register „Allgemein" und „Quelle" weisen die gleichen Einstellungsmöglichkeiten und Funktionalitäten wie die entsprechenden Register eines „Standard"-Layers auf (siehe Kap. 6.3.1 bzw. 6.3.2). Die Registerkarte „Anzeige", die Sie bereits aus Kapitel 6.3.4 kennen, weist im Falle einer CAD-Zeichnung etwas andere Einstellungen auf. Die beiden Registerkarten „Zeichnungs-Layer" und „Transformationen" schließlich sind nur bei CAD-Layern verfügbar.

6.7.1 Register „Anzeige"

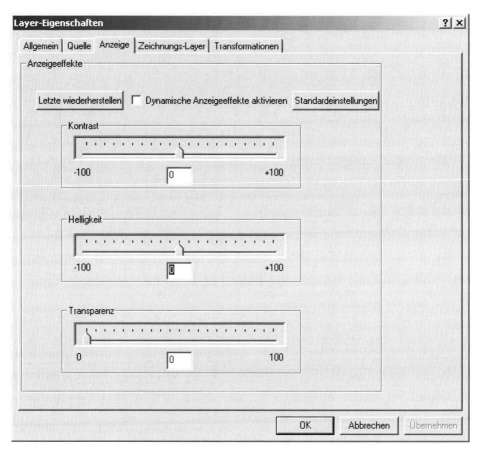

Abb. 6.62: Register „Anzeige" in den Layer-Eigenschaften eines CAD-Layers

Hauptelemente dieser Registerkarte (Abb. 6.62) sind die Bereiche „Kontrast", „Helligkeit" und „Transparenz", mit deren Hilfe Sie die Darstellung der CAD-Zeichnung in Ihrem Projekt anpassen können. Die hier verfügbaren Schieberegler entsprechen in ihrer Funktionalität den Werkzeugen der Werkzeugleiste „Effekte" (siehe Kap. 6.1.3.10). Mit dem Button „Letzte wiederherstellen" können Sie bei Bedarf nach vorgenommenen Änderungen die vorhergehenden Einstellungen der Anzeigeeffekte wiederherstellen. Über die Schaltfläche „Standardeinstellungen" können die aktuellen Einstellungen als Standardwerte festgelegt werden. Mit Hilfe der Option „Dynamische Anzeigeeffekte aktivieren" legen Sie das Verhalten der entsprechenden Werkzeuge in der Werkzeugleiste „Effekte" fest. Ist die Check-Box deaktiviert, wird der Layer erst aktualisiert, wenn die Anpassungen mit der Werkzeugleiste „Effekte" abgeschlossen sind. Ist diese Option dagegen aktiviert, wird der Layer sofort während der Arbeit mit der Werkzeugleiste „Effekte" aktualisiert. Ändern Sie mit dieser Option z. B. die Helligkeit des Bildes, so wird Ihre CAD-Zeichnung schon heller oder dunkler, während Sie den entsprechenden

Schieberegler bewegen. Diese Einstellung ist allerdings nicht empfehlenswert, wenn es sich um große CAD-Zeichnungen handelt, da in diesem Fall die Darstellung des Layers viel Zeit erfordert und es somit zu erheblichen Geschwindigkeitseinbußen kommen kann.

6.7.2 Register „Zeichnungs-Layer"

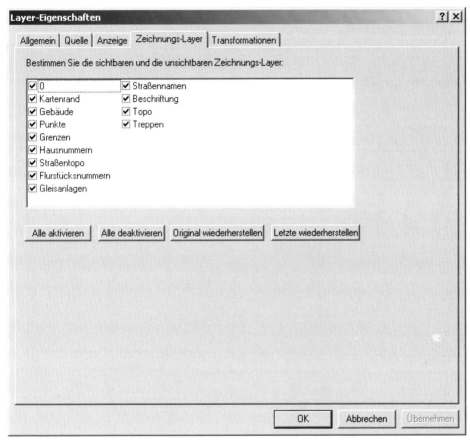

Abb. 6.63: Register „Zeichnungs-Layer" in den Layer-Eigenschaften eines CAD-Layers

Innerhalb dieser Registerkarte (Abb. 6.63) werden alle Layer der aktuellen CAD-Zeichnung aufgelistet. In der entsprechenden Liste können Sie die Anzeige einzelner Layer der CAD-Zeichnung steuern. Aktivieren bzw. deaktivieren Sie einzelne Kontrollkästchen, um die jeweiligen Layer der Zeichnung in Ihrem Projekt ein- bzw. auszublenden. Mit den Schaltflächen „Alle aktivieren" bzw. „Alle deaktivieren" können Sie entsprechend alle Layer gleichzeitig ein- bzw. ausschalten. Der Button „Original wiederherstellen" setzt die Layer-Anzeige Ihrer CAD-Zeichnung auf die ursprünglichen Einstellungen zurück. Mit Klick auf den Button „Letzte wiederherstellen" kehren Sie nach einer Änderung zur vorherigen Ansicht-Einstellung zurück.

6.7.3 Register „Transformationen"

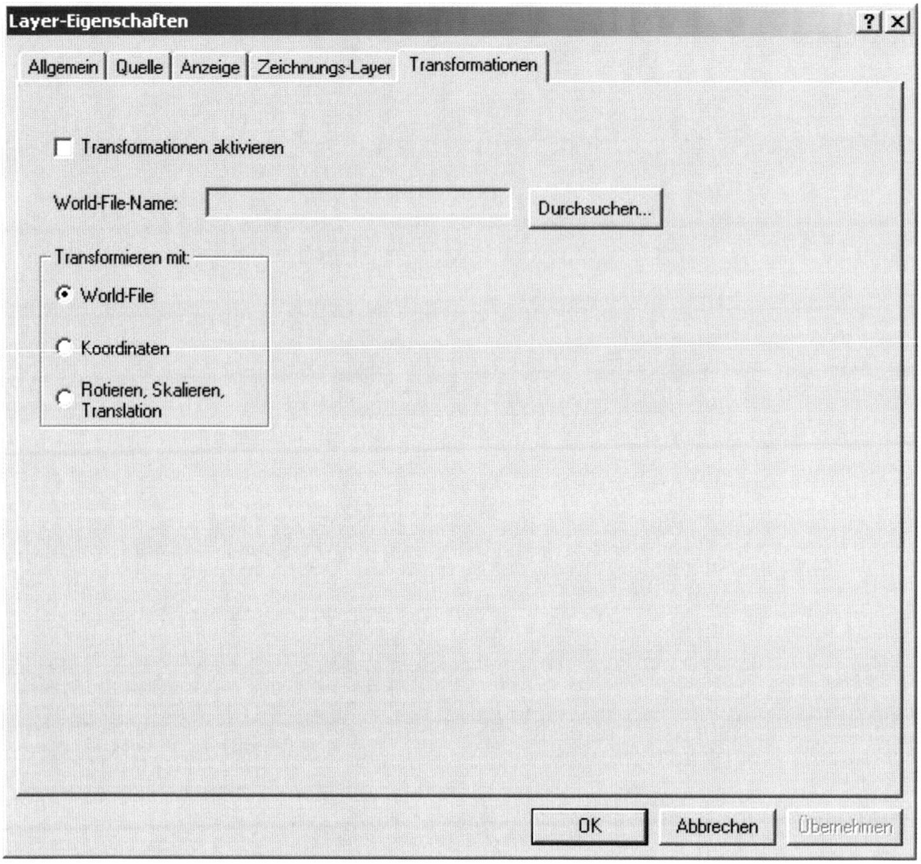

Abb. 6.64: Register „Zeichnungs-Layer" in den Layer-Eigenschaften eines CAD-Layers

Nachdem CAD-Zeichnungen häufig mit Bildschirm- bzw. Seiteneinheiten wie Zentimeter oder z. T. mit tatsächlichen Bodenkoordinaten digitalisiert werden, kann oft nicht gewährleistet werden, dass die Features das gleiche Koordinatensystem wie die Daten anderer Layer des aktuellen Projekts aufweisen. In diesem Fall können CAD-Layer mit Hilfe der vorliegenden Registerkarte (Abb. 6.64) mit entsprechenden Koordinatentransformationen versehen werden. Dazu stellt ArcMap zwei unterschiedliche Transformationsarten zur Verfügung:

Einpunkttransformation

Hier wird die CAD-Zeichnung lediglich an eine andere Stelle im geographischen Raum versetzt. Diese Transformation erfolgt über Koordinaten, wobei hier zwei XY-Koordinatenpaare benötigt werden: ein Paar aus der Quelle und ein Paar für das Ziel.

Zweipunkttransformation

Bei dieser Transformation wird eine Transformationsmatrix benutzt, die an allen eingelesenen Koordinaten einen Koordinatenversatz, eine Skalierung und eine Rotation bewirkt. Die dazu nötigen Parameter werden aus einem sog. World-File ausgelesen oder durch die Eingabe entsprechender Parameter wie z. B. Koordinatenwerte oder Rotationswinkel zur Verfügung gestellt.

Um eine Transformation anzuwenden, setzen Sie in der Registerkarte „Transformationen" zunächst einen Haken in die Option „Transformationen aktivieren". Im Bereich „Transformieren mit:" wählen Sie die gewünschte Transformationsart, um schließlich das entsprechende World-File auszuwählen bzw. die benötigten Parameter einzugeben.

6.8 Layer-Eigenschaften von Routen-Layern

Routen setzen sich aus linearen Features zusammen, wie Straßen, Flüsse oder Leitungen, die über eine eindeutige Kennung, ein Maßsystem und eine (Digitalisier-)Richtung verfügen. Neben den im Kapitel 6.3 beschriebenen Layer-Eigenschaften verfügt ein Routen-Layer über zwei weitere Registerkarten:

6.8.1 Register „Routen"

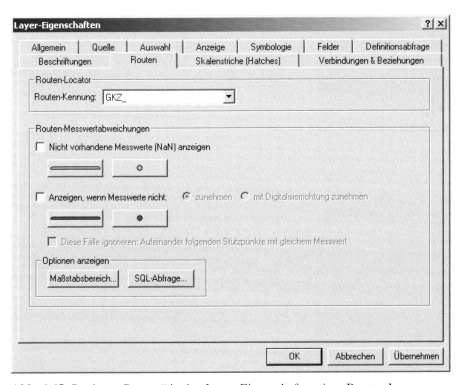

Abb. 6.65: Register „Routen" in den Layer-Eigenschaften eines Routen-Layers

Im Bereich „Routen-Locator" dieser Registerkarte (Abb. 6.65) legen Sie das Feld (Attribut) fest, mit dessen Hilfe sich jede Route im Layer eindeutig identifizieren lässt. Dabei kann es sich um ein numerisches oder um ein Textfeld handeln. Dieses Routenkennungsfeld wird für unterschiedlichste Funktionalitäten bzw. zur Speicherung einzelner Schritte bei der Arbeit mit Routen benötigt.

Im Bereich „Routen-Messwertabweichung" kann festgelegt werden, in welcher Form Routenabschnitte dargestellt werden sollen, auf denen die Maße nicht den Standardvorgaben Ihrer Anwendung entsprechen. Wenn Sie die Option „Nicht vorhandene Messwerte (NaN) anzeigen" aktivieren, werden die Routenabschnitte, deren Maße unbekannt sind, entsprechend farblich hervorgehoben. Über die beiden darunter liegenden Schaltflächen lässt sich das Linien- bzw. Punktsymbol auswählen, mit dessen Hilfe angezeigt wird, wo Routenmesswerte fehlen.

Mit Hilfe der Option „Anzeigen, wenn Messwerte nicht:" können Routenabschnitte, deren Messwerte nicht „zunehmen" bzw. nicht „mit Digitalisierrichtung zunehmen", andersfarbig dargestellt werden. Die beiden darunter liegenden Buttons dienen zur Festlegung der Symbolik für die entsprechenden Routenabschnitte. Einen Sonderfall stellen hier unterbrochene Routen dar, bei denen der Messwert des letzten Stützpunktes eines Abschnitts dem Wert des ersten Punktes des folgenden Abschnitts entspricht. Mit Aktivierung der entsprechenden Option ignoriert ArcMap diese Fälle, so dass diese nicht farblich gekennzeichnet werden.

Im Bereich „Optionen anzeigen" stehen Ihnen noch zwei weitere Schaltflächen zur Verfügung: Mit dem Button „Maßstabsbereich…" legen Sie fest, in welchem Maßstabsbereich die weiter oben festgelegten Routenmaßabweichungen dargestellt werden sollen. Mit dem Button „SQL-Abfrage…" schließlich gelangen Sie in den ArcMap Abfrage-Manager. Hier können Sie mit Hilfe eines entsprechenden Abfrageausdrucks die Darstellung von Maßabweichungen auf bestimmte Features beschränken.

6.8.2 Register „Skalenstriche (Hatches)"

Skalenstriche (Hatches) stellen eine Art Beschriftung linearer Features (Routen) dar, bei der in regelmäßigen Abständen entlang der Routen Marker- oder Linien-Symbole gesetzt und beschriftet werden. Oft werden Skalenstriche für entfernungsbasierte Messwerte (Kilometer, Meter, Meilen, …) verwendet. Sie können aber auch zur Beschriftung nicht entfernungsbasierter Messwerte (z. B. Messpunktnummern) herangezogen werden.

Layern, die auf linearen Features mit entsprechenden Messwerten basieren, ist immer mindestens eine sog. „Skalenstrichklasse" zugeordnet. Eine Skalenstrichklasse wiederum setzt sich aus mehreren „Skalenstrichdefinitionen" zusammen. Am einfachsten lässt sich das Konzept der Skalenstrichklassen und -definitionen am Beispiel eines Lineals veranschaulichen. In regelmäßigen Abständen – normalerweise nach jedem Millimeter – gibt es auf dem Lineal Skalenstriche, die allerdings nicht alle identisch sind. Dabei hängen Länge und Beschriftung der einzelnen Skalenstriche vom jeweiligen Skalenstrichintervall ab. Die Skalenstriche in Millimeterabstand sind die kürzesten und nicht beschriftet. Die Striche mit fünf Millimetern Abstand sind etwas länger, aber ebenfalls nicht beschriftet. Die Skalenstriche in Zentimeterabstand schließlich sind die längsten und mit dem Messwert beschriftet.

In diesem Beispiel stellt das Lineal selbst die Skalenstrichklasse dar, die insgesamt drei Skalenstrichdefinitionen mit unterschiedlichen Eigenschaften enthält. Das Skalenstrichintervall beträgt 0,1 cm.

Einen speziellen Skalenstrich-Typ stellen die sog. „Endskalenstriche" dar. Bei der entsprechenden Endskalenstrichdefinition spielt das für die übrigen Skalenstriche festgelegte Intervall keine Rolle. Endskalenstriche werden am Start- und Endpunkt einer Route platziert. Damit kann ein lineares Feature an seinem Endpunkt z. B. mit seiner Gesamtlänge beschriftet werden.

Die Erstellung und Verwaltung von Skalenstrichklassen und -definitionen erfolgt in den Layer-Eigenschaften der entsprechenden Route innerhalb der Registerkarte „Skalenstriche (Hatches)". Um Skalenstriche entlang einer Route zu platzieren, müssen Sie hier zunächst die Option „Features in diesem Layer mit Skalenstrichen versehen" aktivieren.

Grundsätzlich gibt es für diese Registerkarte drei Ansichten, die Sie jeweils per Auswahl des entsprechenden Eintrags im linken Fenster der Registerkarte erreichen können. In diesem Fenster werden alle mit dem Layer verbundenen Skalenstrichklassen und -definitionen aufgelistet. Vom Benutzer vorgenommene Änderungen an Skalenstrichklassen oder -definitionen werden sofort in einem Vorschaufenster angezeigt.

6.8.2.1 Erstellen und Verwalten von Skalenstrichklassen

Klicken Sie im linken Fenster der Registerkarte „Skalenstriche (Hatches)" (Abb. 6.66) auf den Eintrag „Hatch Class", um in die Ansicht zur Verwaltung von Skalenstrichklassen zu gelangen.

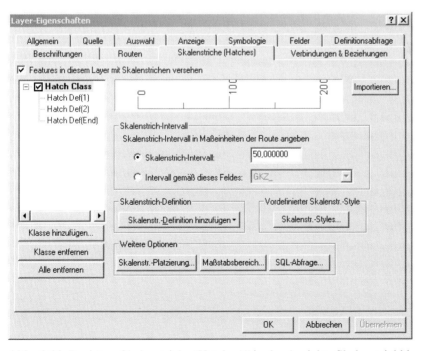

Abb. 6.66: Register „Skalenstriche (Hatches)" in der Ansicht „Skalenstrichklasse"

Hier stehen Ihnen umfangreiche Funktionalitäten zur Erstellung bzw. Anpassung von Skalenstrichklassen zur Verfügung. Jedes lineare Feature verfügt über mindestens eine Skalenstrichklasse, die wiederum mindestens eine Skalenstrichdefinition enthält. Wird diese Standard-Skalenstrichklasse gelöscht, so wird automatisch eine neue erstellt. Die einzelnen Skalenstrichklassen können Sie ein- und ausblenden, was v. a. bei der Definition mehrerer Klassen sinnvoll ist.

Im Bereich „Skalenstrich-Intervall" können Sie für die aktive Skalenstrichklasse ein Strich-Intervall (in der Maßeinheit der Route) angeben. Möchten Sie dagegen, dass das Intervall für jedes Feature von einem bestimmten Feld (Attribut) abgeleitet wird, so aktivieren Sie die Option „Intervall gemäß diesem Feld:" und wählen Sie das entsprechende Feld aus der Auswahlliste aus.

Eine zusätzliche Skalenstrichdefinition können Sie mit Klick auf die Schaltfläche „Skalenstr.-Definition hinzufügen" erzeugen, wobei Sie hier noch auswählen können, welcher Typ von Skalenstrichdefinition („Hatch Definition" oder „End Hatch Definition") hinzugefügt werden soll. Verfügen Sie bereits über vordefinierte Skalenstrich-Styles, die Sie verwenden möchten, so können diese über den Button „Skalenstr.-Styles…" importiert werden. Über den Button „Importieren…" ist es auch möglich, Skalenstriche aus einem anderen Layer des Projekts bzw. aus einer Layer-Datei (*.lyr) anzuwenden.

Im Bereich „Weitere Optionen" haben Sie weitere Einstellungsmöglichkeiten hinsichtlich der Skalenstrich-Platzierung (Anfangswert, Endwert, Abstandseinheit) sowie hinsichtlich des Maßstabsbereichs, innerhalb dessen die Skalenstriche der aktuellen Klasse angezeigt werden sollen. Zudem lassen sich SQL-Abfragen definieren, die die Darstellung der Skalenstriche auf bestimmte Features beschränken.

Möchten Sie eine weitere Skalenstrichklasse hinzufügen oder eine bestehende löschen, so stehen dazu die entsprechenden Schaltflächen unterhalb des linken Fensters in der Registerkarte zur Verfügung.

Wählen Sie nun im linken Fenster der Registerkarte den Eintrag „Hatch Def(1)", um in die Ansicht zur Erstellung und Verwaltung von Skalenstrichdefinitionen zu gelangen.

6.8.2.2 Erstellung und Verwaltung von Skalenstrichdefinitionen

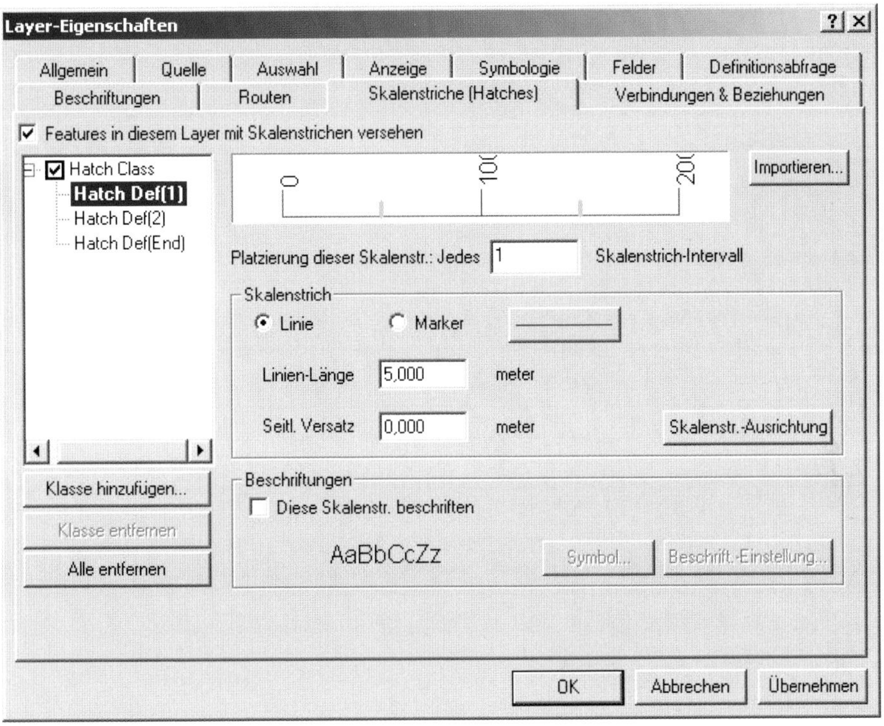

Abb. 6.67: Register „Skalenstriche (Hatches)" in der Ansicht „Skalenstrichdefinition"

In dieser Ansicht (Abb. 6.67) stehen Ihnen entsprechende Funktionalitäten zur Anpassung und Verwaltung der jeweiligen Skalenstrichdefinition zur Verfügung.

Im Textfeld „Platzierung dieser Skalenstr." geben Sie über einen entsprechenden Zahlenwert ein Mehrfaches des Skalenstrichintervalls an, an dem die aktuelle Skalenstrichdefinition platziert werden soll. Im Klartext heißt das bei einem Skalenstrichintervall von 50 Metern und einem hier eingegebenen Wert „2", dass alle 100 Meter ein Skalenstrich gesetzt wird.

Im Bereich „Skalenstrich" haben Sie zahlreiche Einstellungsmöglichkeiten hinsichtlich der Darstellung der Skalenstriche. So lassen sich hier Form (Linie oder Marker), Farbe, Linienlänge und -stärke bzw. Marker-Größe sowie ein eventuell gewünschter seitlicher Versatz und die Skalenstrich-Ausrichtung festlegen.

Im Bereich „Beschriftungen" schließlich können Sie bestimmen, ob die Skalenstriche beschriftet werden sollen. Außerdem können hier Einstellungen zu Schriftart, -größe, -farbe etc. getroffen werden. Mit Hilfe des Buttons „Beschrift.-Einstellung…" lässt sich außerdem festlegen, womit die Messwerte beschriftet werden sollen (Messwerte, Text, Präfix, Suffix etc.).

Benötigen Sie eine weitere Skalenstrichdefinition, so können Sie diese über das Kontextmenü der Skalenstrichklasse im linken Fenster der Registerkarte erstellen („*Kontextmenü: Skalenstrichklasse* ⇨ *Skalenstr.-Definition hinzufügen*").

Wählen Sie nun im linken Fenster der Registerkarte den Eintrag „Hatch Def (End)". Dieser Eintrag steht allerdings nur zur Verfügung, wenn Sie in der Ansicht „Skalenstrichklasse" über den Button „Skalenstr.-Definition hinzufügen" eine „End Hatch Definition" erstellt haben.

6.8.2.3 Erstellen und Verwalten von Endskalenstrichdefinitionen

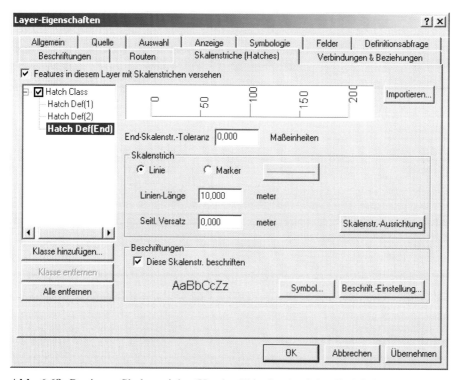

Abb. 6.68: Register „Skalenstriche (Hatches)" in der Ansicht „Endskalenstrichdefinition"

Pro Skalenstrichklasse kann eine Endskalenstrichdefinition angelegt werden. Dies geschieht in der Ansicht „Skalenstrichklasse" über die Schaltfläche „Skalenstr.-Definition hinzufügen" bzw. über das Kontextmenü der Skalenstrichklasse im linken Fenster.

Grundsätzlich bietet Ihnen diese Ansicht (Abb. 6.68) entsprechende Funktionalitäten zur Anpassung und Verwaltung der Endskalenstrichdefinition. So lässt sich hier eine „End-Skalenstr.-Toleranz" festlegen. Sie bestimmen damit, in welchem Abstand zum Endskalenstrich kein anderer Skalenstrich mehr gezeichnet werden soll. Alle übrigen Einstellungsmöglichkeiten entsprechen denen der Ansicht „Skalenstrichdefinition" (siehe Kap. 6.8.2.2).

TIPP: Haben Sie Skalenstrichklassen oder -definitionen eingerichtet oder angepasst, und es werden keine Skalenstriche angezeigt, so kann dies mehrere Ursachen haben: Ist das Kontrollkästchen neben der Skalenstrichklasse („Hatch Class") aktiviert? Ist die Option „Features in diesem Layer mit Skalenstrichen versehen" aktiviert? Haben Sie innerhalb der Skalenstrichklasse („Hatch Class") ein Skalenstrich-Intervall festgelegt? Haben Sie innerhalb der Skalenstrichdefinition („Hatch Def") eine Skalenstrich-Länge angegeben?

6.9 Annotations

Grundsätzlich sind in ArcMap zwei verschiedene Arten von Annotations zu unterscheiden: Einerseits Feature-Klassen-Annotations (= Geodatabase-Annotations), die in Feature-Klassen von Geodatabases gespeichert werden, und andererseits Kartendokument-Annotations, die nur in einem bestimmten Kartendokument (ArcMap Sitzung) abgelegt werden und in sog. Annotation-Gruppen (siehe Kap. 6.2.10) organisiert sind. Kartendokument-Annotations werden innerhalb der MXD gespeichert und beeinflussen so dessen Größe und Ladezeit. Zu den Kartendokument-Annotations zählen nicht nur Texte, sondern auch graphische Elemente (z. B. Bilder und Rahmen). Kartendokument-Annotations werden mit den Werkzeugen der Werkzeugleiste „Zeichnen" (Kap. 6.1.3.6) erstellt und bearbeitet. Beachten Sie, dass man bei Texten und graphischen Elementen nur dann von „Annotations" spricht, wenn diese in der Daten-Ansicht erstellt und damit im geographischen Datenraum gespeichert wurden. Im Gegensatz dazu spricht man bei Texten und graphischen Elementen, die in der Layout-Ansicht angelegt sind, nicht von „Annotations". Geodatabase-Annotations können innerhalb einer Editier-Sitzung mit der Werkzeugleiste „Annotation" (Kap. 6.1.3.16) sowie mit einigen Werkzeugen der Werkzeugleiste „Zeichnen" (Kap. 6.1.3.6) bearbeitet werden.

Für die Erstellung einer neuen Annotation-Feature-Klasse gibt es grundsätzlich zwei verschiedene Möglichkeiten: Sie kann entweder aus Beschriftungen (Kap. 6.3.8) erzeugt oder im ArcCatalog (Kap. 5) neu angelegt werden. Im ersteren Fall werden die Textsegmente der Beschriftung zu Annotation-Features der neuen Anntotation-Feature-Klasse.

Wie Sie in ArcCatalog innerhalb einer Geodatabase eine neue, leere Annotation-Feature-Klasse generieren können, erfahren Sie anhand eines Beispiels in Kapitel 10.5.3

An dieser Stelle soll nun Schritt für Schritt erklärt werden, wie Sie aus den Beschriftungen eines oder mehrerer Layer eine Annotation-Feature-Klasse erzeugen können. Als Datenquelle kommen dabei alle beschrifteten Layer mit einer Geodatabase-, Coverage-, Shapefile- oder CAD-Feature-Klasse als Datenquelle in Frage.

Bei einer Beschriftung in ArcMap handelt es sich um Textsegmente, die automatisch platziert werden und deren Textzeichenfolge auf einem oder mehreren Feature-Attributen basiert. Die Beschriftung eines Layers wird im Register „Beschriftungen" der Layer-Eigenschaften verwaltet. Lesen Sie dazu bitte Kapitel 6.3.8. Wenn Sie nicht nur einen, sondern mehrere, sich überlagernde Layer beschriften lassen wollen, bietet Ihnen die Werkzeugleiste „Beschriftung" (Kap. 6.1.3.15) weitere Einflussmöglichkeiten. Unter anderem können Sie von hier aus den sog. Beschriftungs-Manager starten, der ein bequemes, paralleles Bearbeiten der Beschriftungen mehrerer Layer erlaubt.

Sobald Sie alle Einstellungen zur optimalen Darstellung der Beschriftungen aller Layer vorgenommen haben, können Sie mit der Konvertierung in Annotations beginnen. Öffnen Sie dazu über *Kontextmenü des Datenrahmens* ⇨ *„Beschriftungen zu Annotations konvertieren..."* das gleichnamige Dialogfenster (Abb. 6.69). Wenn Sie nur die Beschriftungen eines bestimmten Layers umwandeln wollen, rufen Sie das Dialogfenster aus dem Kontextmenü des entsprechenden Layers heraus auf.

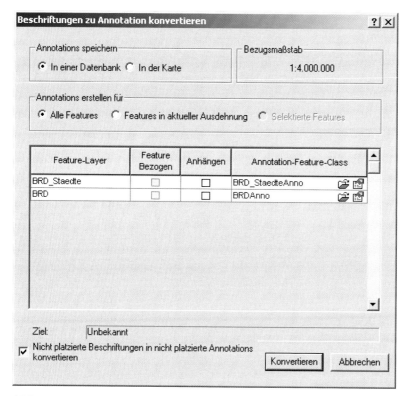

Abb. 6.69: Dialogfenster „Beschriftungen zu Annotation konvertieren"

Im Bereich „Annotations speichern" legen Sie fest, ob die Annotations als Features in einer Geodatabase-Feature-Klasse oder als sog. Kartendokument-Annotations (stehen nur für dieses Dokument zur Verfügung, Kap. 6.2.10) abgelegt werden sollen. Den Bezugsmaßstab können Sie unter *Kontextmenü des Datenrahmens* ⇨ *„Eigenschaften..."* ⇨ *Register „Allgemein"* ⇨ *Eingabefeld „Bezugsmaßstab:"* ändern.

Mit hoher Wahrscheinlichkeit werden einige Ihrer Beschriftungen ausgeblendet, weil Sie sonst andere Beschriftungen oder Features überdecken würden. Zur Überprüfung können Sie diese per Klick auf die Schaltfläche „Nicht platzierbare Beschriftungen anzeigen" in roter Farbe einblenden lassen. Aktivieren Sie am unteren Rand des Dialogfensters das Kontrollkästchen „Nicht platzierbare Beschriftungen in nicht platzierbare Annotations umwandeln", damit auch diese Beschriftungen bei der Konvertierung berücksichtigt werden. Innerhalb der Anntotation-Feature-Klasse können Sie die nicht platzierbaren

Annotations später mit Hilfe des Werkzeugs „Nicht platzierte Annotations" (Kap. 6.1.3.16) einzeln manuell verschieben oder löschen.

Sofern Sie das Dialogfenster aus dem Kontextmenü des Datenrahmens aufgerufen haben, sind in der Fenstermitte alle Layer des Datenrahmens aufgelistet, die momentan beschriftet sind. Haben Sie das Dialogfenster aus dem Kontextmenü eines Layers aufgerufen, befindet sich auch nur dieser in der Liste. Nun müssen Sie für jeden Layer in der Liste einige Einstellungen vornehmen. Die Option „Feature Bezogen" steht nur mit ArcEditor- oder ArcInfo-Lizenz zur Verfügung. Feature-bezogene Annotations stellen eine spezielle Art von Geodatabase-Annotations dar, die über Beziehungsklassen direkt mit Features einer Point-, Line- oder Polygonfeature-Klasse verbunden sind. In ArcView können Sie nur Standard-Annotation-Feature-Klassen erstellen und bearbeiten. Wenn die neuen Annotation-Features einer bereits bestehenden Feature-Klasse hinzugefügt werden sollen, aktivieren Sie das Kontrollkästchen „Anhängen". Aktivieren Sie diese Checkbox nicht, wenn eine neue Annotation-Feature-Klasse erzeugt werden soll. Klicken Sie anschließend auf das kleine Ordnersymbol in der Spalte „Annotation-Feature-Class" und navigieren Sie im Dialogfenster „Annotation-Feature-Class erstellen" in diejenige Geodatabase, in die die neue Feature-Klasse eingefügt werden soll. Im Eingabefeld „Name:" können Sie der Feature-Klasse schließlich einen passenden Namen geben. Falls Sie, wie oben beschrieben, vorher festgelegt haben, dass die Daten einer bestehenden Feature-Klasse angehängt werden sollen, müssen Sie im Dialogfenster „Annotation-Feature-Class erstellen" nicht eine neue Feature-Klasse definieren, sondern natürlich eine bereits bestehende als Ziel auswählen. Bestätigen Sie abschließend mit „Speichern". Auf diese Weise legen Sie die Ziel-Feature-Klassen für jeden beschrifteten Layer in der Liste fest. Beachten Sie, dass für alle Layer unterschiedliche Ziel-Klassen definiert sein müssen. Es ist also nicht möglich, die Beschriftung mehrerer Layer in einem Schritt in ein und dieselbe Ziel-Feature-Klasse zu schreiben.

Um die Konvertierung schließlich ausführen zu lassen, klicken Sie auf die Schaltfläche „Konvertieren". Die erzeugten bzw. erweiterten Annotation-Feature-Klassen werden nach Abschluss der Umwandlung automatisch als Layer dem aktiven Datenrahmen hinzugefügt. Falls Sie unterschiedliche Beschriftungsklassen mit abweichender Symbolik (Kap. 6.3.8) definiert haben, werden diese zu sog. Annotation-Klassen innerhalb der Annotation-Feature-Klasse konvertiert, sofern Sie über eine ArcInfo- oder ArcEditor-Lizenz verfügen. Wenn Sie mit ArcView 9.0 arbeiten, können keine Annotation-Klassen gebildet werden (ab ArcView 9.1 schon). Die unterschiedlichen Symbole der Beschriftungsklassen bleiben in den Annotations jedoch erhalten und können in den Eigenschaften der erzeugten Annotation-Feature-Klasse (im ArcCatalog Inhaltsverzeichnis: Kontextmenü der Annotation-Feature-Klasse ⇨ „Eigenschaften…") im Register „Annotation" eingesehen und bearbeitet werden.

6.10 Attribut-Tabellen

Die Grundphilosophie eines Geographischen Informationssystems ist die Zusammenführung von geographischen Objekten und zugehörigen Sachinformationen bzw. Sachdaten. Dementsprechend ist in ArcMap i. d. R. jeder Layer mit Sachdaten, so genannten Attributen, verbunden. Diese Sachdaten werden in einer oder mehreren Tabellen gespeichert, wobei jede Zeile (= Datensatz) dieser Tabelle ein geographisches Objekt (= Feature) darstellt – ein Bundesland, eine Stadt, eine Autobahn oder einen See – und jede

Spalte (= Feld) ein bestimmtes Attribut des Features beschreibt, etwa Einwohnerzahl, Länge oder Fläche.

In ArcMap werden die jeweiligen Sachdaten eines Layers in einer Attribut-Tabelle dargestellt, wo sie überprüft, geändert, gelöscht oder um neue Daten ergänzt werden können. Zudem stehen die tabellarischen Daten der Attribut-Tabelle eines Layers u. a. für das Inhaltsverzeichnis, das Werkzeug „Identifizieren", das Werkzeug „Suchen" oder für Karten-Legenden zur Verfügung.

Im vorliegenden Kapitel werden Ihnen wichtige theoretische Grundlagen zu Sachdaten (sog. Attributen) und deren Organisation in Attribut-Tabellen vermittelt. Die Arbeit mit Attribut-Tabellen und damit deren grundlegende Funktionsweise in ArcMap wird Ihnen in Lektion 3 des Kapitels „Schnelleinstieg in ArcGIS" (Kapitel 10.3) anhand einiger praktischer Beispiele näher gebracht. Hier erfahren Sie z. B., wie Sie Spalten verschieben, fixieren oder sortieren, wie Sie Felder hinzufügen oder löschen, wie sich Feldwerte berechnen lassen, wie Sie Feldstatistiken erstellen, Datensätze exportieren oder externe Tabellen an eine Attribut-Tabelle anbinden.

6.10.1 Aufbau und Elemente einer Attribut-Tabelle

Grundsätzlich besteht jede (Attribut-)Tabelle aus Zeilen (Datensätze) und Spalten (Felder, Attribute). Die Grundstruktur einer solchen Tabelle wird bei ihrer Erstellung festgelegt und entscheidet u. a. darüber, welche Informationen zu den einzelnen Objekten in der Tabelle gespeichert werden können und in welcher Form diese Informationen abgelegt werden (Datentyp). So kann ein Feld Informationen in Form von Zahlenwerten, Texten, Datumsangaben oder gar komplexen Multimediaformaten speichern.

Im Falle einer Shape-Datei (*.shp) wird die zugehörige Attribut-Tabelle immer in einer eigenen Datei (*.dbf) verwaltet. Diese Datei trägt – bis auf die Dateiendung – stets denselben Namen wie das Shapefile.

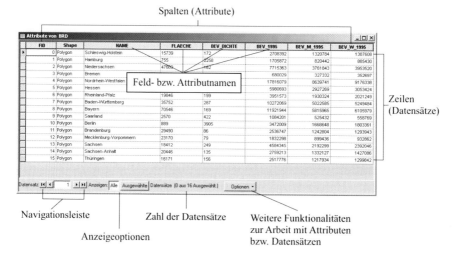

Abb. 6.70: Überblick über den Aufbau einer Attribut-Tabelle

Sehen wir uns nun eine Attribut-Tabelle etwas genauer an. Sie öffnen die Attribut-Tabelle eines Layers, indem Sie zunächst über das ArcMap Inhaltsverzeichnis das Kontextmenü des entsprechenden Layers öffnen und hier den Befehl „Attribut-Tabelle öffnen" wählen. Daraufhin öffnet sich ein neues Fenster „Attribute von <Layername>", das die Attribut-Tabelle des Layers sowie einige Schaltflächen zur Arbeit mit der Tabelle enthält (Abb. 6.70).

Die im Hauptbereich des Fensters dargestellte Tabelle gibt die zum entsprechenden Layer gehörenden Sachdaten wieder, die bei einem Shape in der zugehörigen DBF-Datei und bei einer Feature-Klasse in der Geodatabase gespeichert sind. Die beiden ersten Spalten „FID" und „Shape" enthalten dabei ganz zentrale Informationen zu jedem Objekt bzw. Datensatz. In der Spalte „FID" wird an jeden Datensatz eine eindeutige ID-Nummer vergeben, während unter „Shape" der Geometrie-Typ des Layers und damit des einzelnen Features festgehalten wird. Die übrigen – vom Benutzer angelegten – Spalten enthalten weitere Informationen zu den einzelnen Geometrie-Objekten des Layers, wobei die Kopfzeile jeder Spalte den Namen des entsprechenden Attributs wiedergibt.

Klicken Sie mit der rechten Maustaste auf die Kopfzeile einer Spalte (Feldname), so werden Ihnen zusätzlich einige Befehle zur Arbeit mit der jeweiligen Spalte zur Verfügung gestellt:

So lassen sich die Datensätze bezogen auf die entsprechende Spalte auf- oder absteigend sortieren. Sie können sich statistische Größen zu dem jeweiligen Attribut anzeigen bzw. Feldstatistiken erstellen lassen. Mit Hilfe des Befehls „Werte berechnen..." können Sie die Werte des entsprechenden Feldes auf Grundlage anderer Felder der Tabelle neu berechnen lassen. Zudem können Sie Spalten fixieren oder eine bestehende Spalten-Fixierung aufheben. Auch das Löschen der Spalte ist über dieses Menü möglich.

Die Funktionsweise der einzelnen Befehle dieses Kontextmenüs werden Ihnen in Kapitel 10.3 anhand praktischer Beispiele näher erläutert.

Klicken Sie mit der rechten Maustaste auf das graue Feld vor einem bestimmten Datensatz in der Attribut-Tabelle, so steht Ihnen der Befehl „Identifizieren" zur Verfügung, den Sie aus der Werkzeugleiste „Werkzeuge" kennen.

Klicken Sie auf den Befehl „Identifizieren" und Ihnen werden in einem weiteren Fenster die Sachdaten zu diesem Feature zusammenfassend aufgelistet.

Im unteren Bereich des Attribut-Tabellenfensters finden Sie neben einer „Navigationsleiste" zum Vor- und Zurückblättern innerhalb der Datensätze auch zwei Schaltflächen, mit deren Hilfe Sie entweder alle oder nur die aktuell selektierten Datensätze in der Tabelle anzeigen lassen können. Außerdem wird Ihnen hier die Gesamtzahl der vorhandenen sowie der daraus selektierten Datensätze angezeigt.

6.10.2 Schaltfläche „Optionen"

Mit der Schaltfläche „Optionen" (Abb. 6.71) erreichen Sie schließlich zahlreiche weitere
Funktionen zur Arbeit mit den Sachdaten sowie zur Anpassung der aktuellen Attribut-
Tabelle.

Abb. 6.71: Schaltfläche „Optionen" mit zugehörigem Dropdown-Menü

Mit dem Befehl „Suchen & Ersetzen…" können Sie die Attribut-Tabelle nach einem
bestimmten Wert durchsuchen und diesen durch einen anderen ersetzen lassen. Das
Ersetzen von Attributwerten ist allerdings nur während einer Editiersitzung möglich
(*Werkzeugleiste „Editor"* ⇨ *„Editor"* ⇨ *„Bearbeitung starten"*).

Wollen Sie Datensätze nach ganz speziellen Kriterien auswählen, steht Ihnen dazu der
Befehl „Nach Attributen auswählen…" zur Verfügung. Mit dem sich öffnenden Abfrage-
Manager lassen sich mit Hilfe der Datenbanksprache SQL (Structured Query Language)
Abfragen zur Auswahl einzelner Features generieren.

Mit Klick auf den Befehl „Alles auswählen" werden alle in der Attribut-Tabelle enthaltenen
Datensätze selektiert und dementsprechend markiert.

Der Befehl „Auswahl aufheben" hebt die aktuelle Selektion des Layers auf und entspricht
damit dem Befehl „*Auswahl ⇨ Feature-Auswahl aufheben*" im Kontextmenü des
entsprechenden Layers.

Der Befehl „Auswahl umkehren" kehrt die aktuelle Selektion um.

Möchten Sie die Attribut-Tabelle eines Layers um ein weiteres Feld bzw. Attribut, d. h. um
eine Spalte erweitern, so ist dies mit Hilfe des Befehls „Feld hinzufügen…" möglich. Sie
können der neuen Spalte einen Namen, den gewünschten Wertetyp (Zahl oder Text) sowie
weitere Feldeigenschaften zuweisen.

Zu der aktuellen Attribut-Tabelle „in Beziehung stehende Tabellen" werden Ihnen über die entsprechende Schaltfläche angezeigt. Zwei Tabellen in Beziehung zueinander zu setzen heißt, basierend auf einem gemeinsamen Feld eine Beziehung zwischen ihnen herzustellen. Im Gegensatz zum Verbinden von Tabellen werden hier die Attribute der einen Tabelle jedoch nicht an die andere Tabelle angefügt.

Benötigen Sie einen graphischen Überblick über die Sachdaten bzw. einzelne Attribute des aktuellen Layers, ermöglicht Ihnen der Befehl „Diagramm erstellen…" die Darstellung der entsprechenden Daten in einem Diagramm. Dazu stehen innerhalb des Diagramm-Assistenten alle geläufigen Diagrammtypen (Fläche-, Balken-, Spalten-, Linien-, …, Kreis-Diagramm) mit zahlreichen Subtypen zur Verfügung. Des Weiteren lassen sich zahlreiche Einstellungen hinsichtlich anzuzeigender Attribute, Diagrammtitel, Legende, Beschriftung etc. vornehmen. Als Ergebnis wird das entsprechende Diagramm in einem eigenen Fenster ausgegeben. Sehr nützlich ist dabei, dass das Diagramm dynamisch auf bestimmte Benutzereingaben reagiert. Aktivieren Sie z. B. das Werkzeug „Features auswählen" in der Werkzeugleiste „Werkzeuge" und selektieren Sie mehrere Features in Ihrer Karte. Wie Sie sehen aktualisiert ArcMap das Diagramm mit den Attribut-Werten der ausgewählten Features. Über das Kontextmenü des Diagramm-Fensters lässt sich das Diagramm auch in das Layout des aktuellen Projekts einfügen.

Mit dem Befehl „Tabelle dem Layout hinzufügen" können Sie auch die Attribut-Tabelle in das Layout des aktuellen Projekts einfügen.

Wenn Sie mit Tabellen arbeiten, die in Datenbanken gespeichert sind, können mehrere Benutzer gleichzeitig die Inhalte der Tabelle anzeigen und bearbeiten. Wenn es also zu einer Änderung der Werte in der Tabelle kommen kann, sollten Sie den Inhalt regelmäßig neu laden, damit Sie immer die aktuellen Werte sehen. Klicken Sie dazu auf „Cache neu laden", um die Werte der Tabelle zu aktualisieren.

Über den Befehl „Exportieren…" lässt sich die Attribut-Tabelle als Personal-Geodatabase-Tabelle, als dBASE-Tabelle oder als Textdatei exportieren.

Mit Hilfe des Befehls „Aussehen…" können Sie schließlich die Darstellung der Attribut-Tabelle hinsichtlich Schriftart, -größe und -farbe ändern. Außerdem lassen sich u. a. die Farben festlegen, mit denen markierte bzw. selektierte Datensätze hervorgehoben werden sollen.

Die Funktionsweise der meisten Befehle, die sich hinter der Schaltfläche „Optionen" „verbergen", werden Sie in Kapitel 10.3 im praktischen Einsatz genauer kennen lernen.

7   Geodatabase

Grundsätzlich gibt es zwei Arten der Geodatabase: Mehrbenutzer-Geodatabase und Personal-Geodatabase. Für die Mehrbenutzer-Geodatabase ist die Verwendung der ESRI Software ArcSDE und verschiedener DBMS-Speichermodelle (IBM DB2, Informix, Oracle, SQL Server) erforderlich. Die Mehrbenutzer-Geodatabase eignet sich damit für den Einsatz mit sehr großen Datenmengen, auf die mehrere Nutzer gleichzeitig lesend und schreibend zugreifen wollen. Die Personal-Geodatabase ist die wohl am häufigsten benutzte Form der Geodatabase, benötigt keine weitere Software und soll in den folgenden Kapiteln beschrieben werden. Die Lektion 5 in Kapitel 10 befasst sich mit der Erstellung von Feature-Datasets, Feature-Klassen und Raster-Katalogen innerhalb einer Geodatabase.

7.1   Grundlagen der Personal-Geodatabase

Die Personal-Geodatabase verwendet die Datenbank-Dateistruktur der Microsoft Jet Engine für die Speicherung der Daten. Dabei wird Microsoft Access für das Arbeiten mit Attribut-Tabellen verwendet. Mit der Lizenz ArcGIS ArcView steht ausschließlich die Personal-Geodatabase zur Verfügung. Damit ist kein Einsatz für eine Mehrbenutzerumgebung möglich. Die maximale Größe einer Personal-Geodatabase beträgt 2 GB. Wenn im Folgenden der Begriff *Geodatabase* verwendet wird, bezieht sich dies immer auf die Personal-Geodatabase. In der Geodatabase sind geographische Daten in einer Hierarchie von Datenobjekten angeordnet. Diese Datenobjekte sind in Objektklassen, Feature-Klassen und Feature-Datasets gespeichert. Folgende Datenobjekte können in der Geodatabase gespeichert werden: Simple-Feature-Klassen (Punkt, Linie, Polygon), Annotation-Feature-Klassen (Texte), Routen-Feature-Klassen (bemaßte Linien, z. B. Gewässernetz mit Kilometrierung), Tabellen (ohne Geometrie), Raster-Datasets, Raster-Kataloge, Toolboxes sowie innerhalb von Feature-Datasets die Objektklassen Topologie, Beziehungsklasse und Netzwerk.

7.1.1 Feature-Klassen und Feature-Datasets

Als Feature bezeichnet man einzelne Geometrieobjekte (Punkt, Linie, Polygon, Texte usw.). Eine Feature-Klasse ist eine Sammlung von Features (Geometrieobjekten) mit gleichem Geometrietyp und einer identischen Attribut-Tabellenstruktur.

Ein Feature-Dataset ist ein Container (Ordner), in dem sich ein oder mehrere Feature-Klassen befinden können (auch unterschiedliche Geometrietypen). Dabei besitzt ein Feature-Dataset bestimmte Eigenschaften und Möglichkeiten. So werden die Ausdehnung und der Raumbezug für alle Feature-Klassen innerhalb des Feature-Datasets einheitlich definiert. Das weitere Anlegen von Feature-Datasets innerhalb eines Feature-Datasets ist nicht möglich. Das Erstellen und Arbeiten mit Topologie, einer Beziehungsklasse oder eines geographischen Netzwerkes zwischen den einzelnen Feature-Klassen ist nur innerhalb eines Feature-Datasets möglich. Feature-Klassen, die außerhalb eines Feature-Datasets bestehen, bezeichnet man als Standalone-Feature-Klassen.

7.1.2 Rasterdaten und Raster-Kataloge

Rasterdaten (Raster-Datasets) sind als Rasterformate gespeicherte Daten (TIF, GIF, MrSID etc.), die in bis zu drei Bändern organisiert sind (1 bit, 8 bit, 24 bit Farbtiefe). Jedes Band besteht aus einem räumlich definierten Bereich von Pixel, wobei jeder Pixel einen (Farb-)Wert besitzt. Ein Raster-Dataset weist mindestens ein Band auf. Die Geodatabase ist in der Lage, Rasterdaten zu speichern oder neue leere Raster-Datasets zu erzeugen. Die Rasterdaten können dabei als Attribut eines Features oder als Geodaten direkt in der Geodatabase gespeichert werden.

Darüber hinaus ist die Geodatabase in der Lage, Raster-Kataloge zu erstellen und zu verwalten (siehe Kap. 10.5.5.3). Ein Raster-Katalog ist eine Sammlung von Rastern, deren Umgriffe ermittelt und als Polygone in einer Tabelle gespeichert werden. Ein Raster-Katalog wird dann eingesetzt, wenn aneinander grenzende, vollständig überlappende oder teilweise überlappende Raster-Datasets angezeigt werden sollen. In ArcMap wird ein Raster-Katalog mit beliebig vielen Rasterdaten als *ein* Layer angezeigt. Hier hat man die Wahl, ob nur die Umgriffe der einzelnen Rasterdaten oder der eigentliche Inhalt angezeigt werden sollen. In der Geodatabase stehen zwei Arten von Raster-Katalogen zur Verfügung: „verwaltet" (die Raster-Datasets werden in der Geodatabase gespeichert) und „nicht verwaltet" (die Raster-Datasets werden nicht in der Geodatabase gespeichert, sondern es wird ein Link, der auf den Speicherort des Raster-Datasets verweist, erzeugt). Die Option „Nicht verwaltet" benötigt daher keinen Speicherplatz innerhalb der Geodatabase, was bei einem Raster-Katalog mit vielen Raster-Datasets sehr von Vorteil ist. Allgemeines zum Thema Rasterdaten entnehmen Sie Kapitel 4.1.3.1.

7.1.3 Objektklassen

Zu den Objektklassen zählen Tabellen, Toolboxes, Topologie, Netzwerke und Beziehungsklassen.

Im Gegensatz zur Attribut-Tabelle einer Feature-Klasse gibt es innerhalb der Geodatabase auch Tabellen, die keinen Raumbezug besitzen. Diese werden in der Geodatabase mit einem eigenen Symbol gekennzeichnet und können in ArcMap als Layer einem Dokument hinzugefügt sowie mit Attribut-Tabellen in Verbindung oder Beziehung gesetzt werden.

Eine Toolbox ist ein Objekt, das Toolsets, Scripte, Modelle und Werkzeuge zur Geoverarbeitung enthalten kann und wird als TBX-Datei auf der Festplatte oder als Tabelle in einer Geodatabase gespeichert. Toolboxes können in ArcCatalog oder in ArcMap verwendet werden. Weiteres zum Thema Toolbox siehe Kapitel 9.

Topologie, Netzwerke und Beziehungsklassen werden noch in diesem Kapitel beschrieben. Allerdings ist zu beachten, dass für die Verwendung dieser Objektklassen eine ArcEditor- oder ArcInfo-Lizenz erforderlich ist.

7.2   Raumbezug und Genauigkeit

Für die Speicherung von Koordinaten steht in der Geodatabase ein gewisser Speicherplatz zur Verfügung (4 Byte pro Koordinate). Dies bedeutet: je größer die Koordinate (Anzahl der Stellen vor dem Komma), desto ungenauer wird diese gespeichert, da weniger Platz für die Speicherung von Nachkommastellen zur Verfügung steht. Wie viel Platz für die Speicherung von Nachkommastellen verwendet wird, hängt von der definierten räumlichen

Ausdehnung ab. Je größer die Ausdehnung, desto geringer die Genauigkeit. Bedingt durch diese Tatsache muss beim Erstellen einer Geodatabase für eine Standalone-Feature-Klasse oder ein Feature-Dataset ein Raumbezug definiert werden.

Der Raumbezug beschreibt das Koordinatensystem, die räumliche Ausdehnung (Domäne) und daraus resultierend die Genauigkeit (Präzision) der Koordinaten. Die räumliche Ausdehnung beschreibt den zulässigen Koordinatenbereich für die XY-Koordinaten, M-Werte (Messwerte – Bemaßung) und Z-Werte (Höhenwerte). Die zulässigen Zahlenwerte des Koordinatenbereiches hängen dabei vom eingestellten Koordinatensystem ab. Die Genauigkeit beschreibt die Zahl der Systemeinheiten pro Maßeinheit. Beispiel: Die Ausdehnung der Bundesrepublik im Koordinatensystem „Gauß-Krüger 4" beträgt in Nord-Südrichtung 871.802 m (YMax = 6.110.070 – YMin 5.238.268), in Ost-West 642.107 m (XMax = 4.712.391 – XMin = 4.070.284). Damit ergibt sich eine maximale Genauigkeit von 2463. Daraus resultiert eine maximale Genauigkeit, in der Daten deutschlandweit gespeichert werden können, von 0,0004 m.

Nachdem der Raumbezug für ein Feature-Dataset oder eine Standalone-Feature-Klasse eingestellt wurde, kann nur noch das Koordinatensystem geändert werden, die räumliche Ausdehnung kann nicht mehr verändert werden. Dies bedeutet, dass Daten außerhalb dieses Bereiches nicht erfasst werden können. Wenn Sie versuchen, Features außerhalb der räumlichen Domäne hinzuzufügen, erhalten Sie folgende Fehlermeldung: „Die Koordinaten oder Messwerte liegen außerhalb der Grenzwerte". Bei Feature-Datasets wird für alle enthaltenen Feature-Klassen derselbe Raumbezug definiert. Die Ausdehnung sollte also bereits beim Erstellen der Feature-Klasse oder des Feature-Dataset immer in ausreichender Größe gewählt werden. Dies gilt auch für Z- und M-Werte.

7.2.1 Koordinatensystem

Wenn Feature-Klassen in einer Geodatabase erstellt werden, muss nicht zwangsläufig ein Koordinatensystem angegeben werden. Solange alle Daten, die Sie verwenden, in einem einheitlichen Koordinatensystem vorliegen (die relative Lage zueinander stimmt), können sie auf die Definition verzichten. Das Festlegen eines Koordinatensystems kann auch zu einem späteren Zeitpunkt erfolgen. Wenn Sie mit einem Koordinatensystem arbeiten wollen oder müssen, können Sie aus über 3300 vordefinierten Koordinatensystemen wählen, von einer bestehenden Feature-Klasse das Koordinatensystem übernehmen oder selbst ein eigenes definieren. Mehr zum Thema Koordinatensysteme finden Sie in Kapitel 8.

7.2.2 Räumlicher Index

Ein räumlicher Index erlaubt es, lagebezogene Abfragen und Geoverarbeitungsfunktionen schneller auszuführen. Auch hat dieser erheblichen Anteil an der Darstellungsgeschwindigkeit. Im Shape-Format muss der räumliche Index explizit erstellt werden, bei der Geodatabase wird er automatisch erzeugt.

7.2.3 Gittergröße des räumlichen Index

Ein weiterer Bestandteil der Geodatabase ist die Gittergröße des räumlichen Index. Dabei handelt es sich um ein zweidimensionales schachbrettartiges Gitternetz zum schnellen Lokalisieren von Features in Feature-Klassen. Beim Erstellen einer Feature-Klasse sowie beim Importieren von Daten anderer Datenformate, wird auf der Grundlage des

Raumbezugs, der durchschnittlichen Feature-Größe und der Anzahl an Features in der Eingabe-Feature-Klasse automatisch eine Gittergröße erzeugt. Eine Feature-Klasse kann bis zu drei Gitter aufweisen, wobei jedes Gitter mindestens das Dreifache der vorherigen Gittergröße betragen muss. Für die meisten Feature-Klassen ist aber nur eine Gittergröße erforderlich.

7.3 Eigenschaften

Die Geodatabase besitzt eine ganze Reihe von Funktionen, die das Arbeiten mit räumlichen Daten sowie deren Verwaltung vereinfachen. Dazu gehören die bereits oben beschriebenen Feature-Datasets zum Organisieren von Feature-Klassen, das Verwalten oder Speichern von Rasterdaten sowie die im Folgenden aufgeführten Funktionen.

7.3.1 Aliasnamen für Felder, Tabellen und Feature-Klassen

Namen von Feature-Klassen, Tabellen und Feldern von Attribut-Tabellen in einer Geodatabase unterliegen gewissen Konventionen. So dürfen Feldnamen in der Personal-Geodatabase nicht mit einer Zahl beginnen und es dürfen keine Sonder- oder Leerzeichen verwendet werden. Umlaute können dagegen verwendet werden. Um dies zu umgehen, können Sie für Felder, Tabellen und Feature-Klassen so genannte Aliasnamen vergeben. Ein Aliasname ist eine alternative Bezeichnung, die die Verwendung von Sonderzeichen etc. zulässt. Wenn Sie in ArcMap Daten mit Aliasnamen verwenden, werden automatisch diese Namen für Feature-Klassen, Tabellen und Felder verwendet. In ArcCatalog werden diese Objekte allerdings aber immer mit ihrem ursprünglichen Namen angezeigt. Sie können sich den Aliasnamen für Feature-Klassen, Tabellen und Felder anzeigen lassen, indem Sie sich deren Eigenschaften ansehen. Aliasnamen können bei der Erstellung einer Feature-Klasse oder Tabelle festgelegt und jederzeit geändert werden.

7.3.2 Automatische Berechnung der Geometriefelder

Beim Erstellen einer Feature-Klasse in einer Personal-Geodatabase werden automatisch, je nach Geometrietyp, Felder mit den entsprechenden Geometrieeigenschaften angelegt. Bei einer Polygon-Feature-Klasse die Felder „Shape_Area" und „Shape_Length". Im Feld „Shape_Area" wird beim Erstellen oder Verändern einer Fläche automatisch die Flächengröße in m² eingetragen, im Feld „Shape_Length" der Umfang der Fläche in Metern. Bei einer Linien-Feature-Klasse wird im Feld „Shape_Length" die Länge der Linie in Metern eingetragen. Point- und Multipoint-Feature-Klassen besitzen keines dieser Felder. Diese Felder sind interne Felder, deren Inhalt schreibgeschützt ist. Sie können diese Spalten nicht löschen, Aliasnamen hingegen können vergeben werden.

7.3.3 Subtypes

Subtypes definieren Wertebereiche für bestimmte Felder, erleichtern damit die Attributierung und vermeiden Falscheingaben. Subtypes können aber noch mehr. Jedem definierten Codewert eines Subtypes können Standardeinträge in anderen Feldern der Attribut-Tabelle zugewiesen werden. So kann definiert werden, dass bei Änderungen im Subtype-Feld mehreren anderen Feldern automatisch vorher festgelegte Standardwerte zugewiesen werden.

Beispiel: Man legt in der Feature-Klasse „Flächennutzungsplan" ein Feld „Nutzung" (Short Integer) für die Art der baulichen Nutzung an und legt dieses als Subtype-Feld fest.

Anschließend vergibt man Codewerte, die die Nutzungsart repräsentieren. (110 = Wohnbaufläche, 111 = Kleinsiedlungsgebiete, 112 = Reine Wohngebiete, 113 = Allgemeine Wohngebiete, 114 = Besondere Wohngebiete). Wenn jetzt Flächen in ArcMap erfasst werden, stehen Ihnen in der Attribut-Tabelle im Feld „Nutzung" nur noch diese Werte per Dropdown-Liste als mögliche Einträge zur Verfügung. Die Codewerte, die tatsächlich in der Datenbank gespeichert werden, sehen Sie in der Attribut-Tabelle nicht, sondern nur deren Beschreibung.

 NEU: Seit der Version 9.1 können Subtypes in ArcView nicht nur verwendet, sondern auch erzeugt werden. Subtypes können für Felder der Attribut-Tabelle, die als „Short Integer" oder als „Long Integer" definiert sind, erzeugt werden. Dabei legt man für dieses Subtype-Feld gültige Einträge fest, die intern mit Codes verwaltet werden.

7.3.4 Attributdomänen

Attributdomänen sind Regeln, die die zulässigen Werte eines Feldtyps beschreiben. Mehrere Feature-Klassen und Tabellen können sich Attributdomänen teilen. Es gibt zwei verschiedene Typen von Attributdomänen: Wertebereichs-Domänen und Domänen mit kodierten Werten. Eine Wertebereichs-Domäne legt einen gültigen Bereich von Werten für ein numerisches Attribut fest. Eine Domäne mit kodierten Werten kann auf jede Art von Attribut (Text, Zahl, Datum usw.) angewendet werden. Kodierte Werte definieren einen Satz gültiger Werte für ein Attribut. Jede Domäne besitzt einen Namen, eine Beschreibung und einen bestimmten Attributtyp, für den sie verwendet werden kann. Jede Feature-Klasse oder Tabelle besitzt einen Satz Attributdomänen, die auf verschiedene Attribute und/oder Subtypes passen.

7.3.5 Topologie

Unter Topologie versteht man die räumliche Beziehung benachbarter Geometrien. Die Beziehungen können innerhalb einer Feature-Klasse (gleicher Geometrietyp der einzelnen Features) oder über mehrere Feature-Klassen (unterschiedliche Geometrietypen) hinweg bestehen. Für eine Topologie können Regeln definiert werden, deren Gültigkeit in ArcMap überprüft werden können. So ändert sich beispielsweise beim Bestehen einer topologischen Regel die Lage einer Flurstücksgrenze, wenn sich die Lage eines Grenzsteines verändert. Eine Topologie kann in einer Geodatabase nur innerhalb eines Feature-Datasets erstellt werden. Da für die Erstellung oder Bearbeitung von Geodatabase-Topologien aber eine ArcEditor- oder ArcInfo-Lizenz erforderlich ist, wird dieses Thema im Rahmen dieses Einsteigerbuches nicht weiter vertieft.

Neben der Geodatabase-Topologie gibt es in ArcMap auch eine Kartentopologie. Eine Kartentopologie ist eine einfache Topologie, die Sie während einer Editiersitzung in ArcMap Simple-Feature-Klassen (Punkt, Linie, Polygon) zuordnen und die es ermöglicht, einander überlagernde oder aneinander stoßende Features gleichzeitig zu bearbeiten. Mehr zur Kartentopologie erfahren Sie in Kapitel 6.1.3.14.

7.3.6 Geometrische Netzwerke

Geometrische Netzwerke ermöglichen die Umwandlung einfacher Punkt- und Linien-Features in Kanten- und Knoten-Features im Netzwerk, die für die Netzwerkanalyse verwendet werden können. Mit Hilfe der Verbindungsregeln geometrischer Netzwerke können Sie steuern, welche Arten von Netzwerk-Features bei der Bearbeitung des Netzwerks miteinander verbunden werden können. Geometrische Netzwerke müssen, wie auch Topologien, aus einem Satz von Feature-Klassen innerhalb desselben Feature-Datasets erstellt werden. Da für die Erstellung von geometrischen Netzwerken eine ArcEditor- oder ArcInfo-Lizenz erforderlich ist, wird im Rahmen dieses Buches auf eine weitergehende Beschreibung verzichtet.

7.3.7 Beziehungsklassen

Beziehungsklassen definieren Beziehungen zwischen Objekten in der Geodatabase. Dies können einfache „1 : 1-Beziehungen" sein, oder komplexere „1 : n"- oder „n : m"-Beziehungen zwischen Features und Tabellenzeilen. Einige Beziehungen sind so aufgebaut, dass ein Feature, eine Zeile oder eine Tabelle nicht nur in Beziehung zu einem anderen Objekt steht, sondern auch das Erstellen, Bearbeiten oder Löschen eines Objekts eine bestimmte Auswirkung auf das andere Objekt hat. Diese bezeichnet man als abhängige Beziehungen. Sie können verwendet werden, um sicherzustellen, dass die Verknüpfungen zwischen Objekten in der Datenbank erhalten und aktuell bleiben. Für die Erstellung von geometrischen Netzwerken ist eine ArcEditor- oder ArcInfo-Lizenz erforderlich.

8   Koordinatensysteme

Der Umgang mit Koordinatensystemen in ArcGIS ist relativ einfach. ArcGIS bietet über die Layer-Eigenschaften die Möglichkeit, Informationen über das verwendete Koordinatensystem abzufragen, ein Koordinatensystem zuzuweisen oder Daten in ein anderes Koordinatensystem zu transformieren. Das Auslesen der Information, ob und welches Koordinatensystem verwendet wird, kann in ArcCatalog oder in ArcMap erfolgen. Die Zuweisung eines Koordinatensystems erfolgt in ArcCatalog (siehe Kap. 10.1.5 oder Kap 10.5.2.4). Die Projizierung in ein anderes Koordinatensystem erfolgt in ArcMap (siehe Kap. 10.6.3).

Koordinatensysteme müssen verwendet werden, da die Erde ein dreidimensionaler Körper ist, Karten aber zweidimensional dargestellt werden. Um Karten oder Daten zu verebnen, müssen diese projiziert werden. Die Projektion ist nur eine Eigenschaft eines Koordinatensystems, weitere Eigenschaften sind das Datum und das Ellipsoid.

8.1   Die Projektion „The World from Space"

Die Abbildungen in diesem Kapitel wurden in der Layoutansicht von ArcMap erzeugt und stellen in unterschiedlichen Projektionen immer den gleichen Kartenausschnitt in zwei Maßstäben (welt- und deutschlandweit) dar. Abbildung 8.1 zeigt die „The World From Space"-Projektion, die ArcGIS zur Verfügung stellt. Links mit einer 5-Grad-Auflösung, rechts mit einer 1-Grad-Auflösung des Gitternetzes.

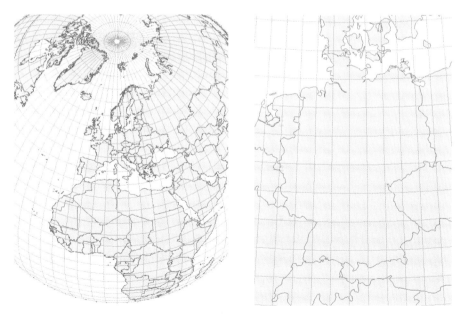

Abb. 8.1: Orthographische Darstellung der „The World From Space"-Projektion

Da die Erde eine sehr unregelmäßige Form aufweist, kann sie mathematisch nicht exakt beschrieben werden. Man behilft sich mit Näherungen. Durch die Abflachung der Erdkugel an den Polen spricht man von einem Rotationsellipsoid. Um eine noch genauere mathematische Beschreibung der Erde zu erzielen, werden für verschiedene Teile der Erde unterschiedliche Ellipsoide (z. B. Bessel) verwendet. Auf diesen Ellipsoiden werden nun bestimmte Punkte lage- und höhenmäßig mathematisch exakt festgelegt und zu einem Netz vermascht, auf dem die einzelnen Punkte relativ zueinander die korrekte Lage aufweisen. Dieses Netz muss noch über ein Referenzsystem (Datum) einen absoluten Raumbezug erhalten. Das Deutsche Hauptdreiecksnetz (DHDN) ist ein solches Netz und wird in den alten Bundesländern üblicherweise verwendet.

Grundsätzlich gibt es zwei Arten von Koordinatensystemen: geographische und projizierte. Geographische Koordinatensysteme verwenden Längen- und Breitenkoordinaten auf einem (Rotations-)Ellipsoid. Projizierte Koordinatensysteme verwenden eine mathematische Konvertierung, um Längen- und Breitenkoordinaten, die auf der dreidimensionalen Erdoberfläche liegen, in eine zweidimensionale Oberfläche umzuwandeln.

8.2   Die Projektion „WGS84"

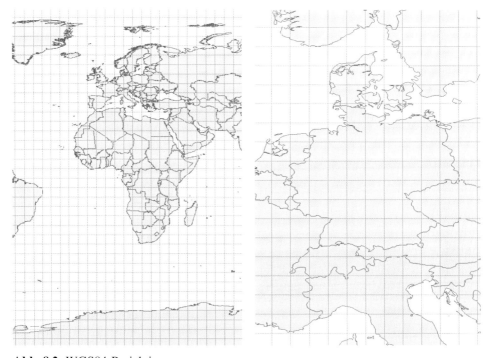

Abb. 8.2: WGS84-Projektion

Das WGS84 (World Geodetic System 1984) zählt zu den geographischen Koordinatensystemen. Es wird vom US-Verteidigungsministerium berechnet und weiterentwickelt. Damit ist die Transformation projizierter Koordinatensysteme in ein globales Bezugssystem möglich und wird vor allem bei der Satellitennavigation verwendet.

Abbildung 8.2 zeigt die Kartenausschnitte mit einer WGS84-Projektion wieder mit 5 Grad bzw. 1 Grad breitem Gitternetz. Es handelt sich um ein kartesisches Koordinatensystem mit quadratischem Gitternetz. Jedes Gitterquadrat ist gleich groß.

8.3 Die Projektion „Gauß-Krüger"

Zu den projizierten Koordinatensystemen zählt das Gauß-Krüger-Bezugssystem. Es handelt sich hierbei um eine transversale Merkatorprojektion (Abbildung erfolgt über einen Berührungszylinder). Diese ist konform (gemessene Winkel stimmen mit den tatsächlichen auf dem Ellipsoid überein), das heißt, die Form der Flächen wird erhalten und im Bereich des Bezugsmeridians ist dieses System längentreu. Je weiter man sich vom Bezugsmeridian entfernt, desto größer werden die Verzerrungen. Um diese Verzerrungen möglichst zu minimieren, gibt es das Gauß-Krüger-Bezugssystem in verschiedenen Streifen. In Abbildung 8.3 (links) ist der gleiche Ausschnitt wie oben mit einer Gauß-Krüger 4 Projektion (4. Hauptmeridian) und einem 1 Grad breiten Gitternetz dargestellt. In der Abbildung rechts ist die gesamte Gauß-Krüger 4 Projektion mit einem 5 Grad breiten Netz zu sehen. Deutlich sind die Unterschiede für die einzelnen Gitter im Vergleich der WGS84-Projektion zu sehen. Die Gitter laufen in zwei definierten Punkten zusammen. Damit ergibt sich für jedes Gitterquadrat eine andere Größe.

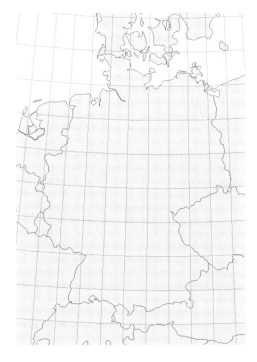

Abb. 8.3: Gauß-Krüger 4 Projektion

ArcGIS stellt im Ordner „Coordinate Systems" über 3300 vordefinierte Koordinaten-systeme (ca. 650 geographische und über 2700 projizierte Koordinatensysteme) zur Verfügung. Dieser Ordner kann in ArcCatalog als Systemordner angezeigt und verwaltet werden.

Als Vertiefung sei auf das Buch „Koordinatensysteme in ArcGIS" von Werner Flacke und Birgit Kraus verwiesen, das sich sehr ausführlich mit Koordinatensystemen, Projektionen und Transformationen in ArcGIS befasst. Das Buch ist erschienen im Points Verlag, 1. Auflage, 2003.

9   ArcToolbox

9.1   Allgemein

Die ArcToolbox stellt eine ganze Reihe von Funktionalitäten zur Bearbeitung raumbezogener Daten zur Verfügung (Abb. 9.1). Dazu gehören das Erstellen, Konvertieren und Analysieren von Daten, Tools zur kartographischen Darstellung und vieles mehr. In ArcGIS 8.x wurde die ArcToolbox als Standalone-Anwendung konzipiert. Seit der Version 9.0 ist die ArcToolbox ein verankerbares, in alle ArcGIS Desktop-Anwendungen integriertes Fenster. Wenn Sie beispielsweise ein Werkzeug über das ArcToolbox Fenster in ArcMap aufrufen, können Sie die Layer der aktuellen Karte als Eingangsdaten nutzen und die Ergebnisse als neue Layer direkt zur Karte hinzufügen.

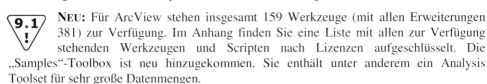 **NEU:** Für ArcView stehen insgesamt 159 Werkzeuge (mit allen Erweiterungen 381) zur Verfügung. Im Anhang finden Sie eine Liste mit allen zur Verfügung stehenden Werkzeugen und Scripten nach Lizenzen aufgeschlüsselt. Die „Samples"-Toolbox ist neu hinzugekommen. Sie enthält unter anderem ein Analysis Toolset für sehr große Datenmengen.

Gestartet wird die ArcToolbox in ArcMap oder in ArcCatalog durch einen Klick auf das ArcToolbox Symbol in der Standardwerkzeugleiste.

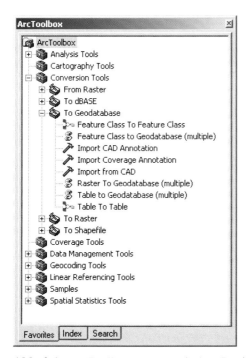

Abb. 9.1: ArcToolbox Fenster mit dem Registerreiter „Favoriten"

Folgende Elemente sind in der ArcToolbox enthalten:

![Toolset-Symbol]	Toolset: Ordner für Werkzeuge, Scripte und Modelle
![Werkzeug-Symbol]	Werkzeug: führt Funktion in der Geoverarbeitungsumgebung aus
![Script-Symbol]	Script: für Scripte nach COM-Norm (z. B. Python, JScript, VBScript)
![Modell-Symbol]	Modell: startet hinterlegtes Modell oder erlaubt dessen Bearbeitung

Im Registerreiter „Index" sind alle Funktionen nach Schlagworten sortiert aufgelistet. Hinter jeder Funktion ist in Klammern die Toolbox angegeben, unter der die Funktion im Registerreiter Favoriten gefunden werden kann. Diese kann aber auch per Doppelklick direkt gestartet werden.

Im Registerreiter „Suchen" können explizit Schlagwörter eingegeben und in den Toolboxes gesucht werden.

Für Toolboxes, Werkzeuge, Scripte und Modelle gibt es in deren Kontextmenü eine Menüoption „Hilfe", die die entsprechende ArcGIS Desktop Hilfe aufruft.

9.1.1 Kontextmenü der ArcToolbox

Über die Funktion „Neue Toolbox" (Abb. 9.2) können Sie eine neue, leere Toolbox erstellen, die der ArcToolbox hinzugefügt wird. Sobald Sie eine neue, leere Toolbox erstellt haben, können Sie dieser vorhandene Werkzeuge und Skripte hinzufügen und Modelle darin erstellen. Der integrierte Dokumentations-Editor im Kontextmenü der neu erstellten Toolbox, den man über „Dokumentation bearbeiten…" aufruft, erlaubt das Erstellen von Dokumentationen und Metadaten für die Werkzeuge und Modelle, die Sie für Ihre eigene Toolbox anlegen.

Abb. 9.2: Kontextmenü der ArcToolbox

TIPP: In ArcCatalog können Sie in der Hauptmenüleiste unter „*Werkzeuge*" ⇨ „*Optionen*" ⇨ „*Register Allgemein*" einstellen, dass die Toolboxes im Inhaltsverzeichnis erscheinen. Im Ordner „Toolboxes" gibt es zwei weitere Ordner. Im Ordner „System-Toolboxes". finden Sie die im Lieferumfang von ArcGIS enthaltenen Toolboxes. Selbst erstellte Toolboxes finden Sie im Ordner „Eigene Toolboxes".

Wenn Sie eine Toolbox mit „Toolbox hinzufügen…" hinzuladen möchten, finden Sie die Standard-Toolboxes unter dem ArcGIS Verzeichnis im Ordner „ArcToolbox \ Toolboxes".

Die Funktion „Gesperrte Werkzeuge ausblenden" entfernt die Werkzeuge aus den Toolboxes, für die Sie keine Lizenz besitzen.

Alle Einstellungen, die Sie am ArcToolbox Fenster vornehmen, können Sie mit „Einstellungen speichern" als XML-File abspeichern und diese gegebenenfalls zu einem späteren Zeitpunkt mit „Einstellungen laden" wieder laden.

 TIPP: Sie können auch innerhalb einer Geodatabase über das *Kontextmenü „Neu"* ⇨ „*Toolbox*" eine neue, leere Toolbox anlegen. Diese können Sie mit Werkzeugen aus dem ArcToolbox Fenster direkt per Drag&Drop bestücken und sich so eine eigene Werkzeugsammlung zusammenstellen. Toolboxes, die in Geodatabases verwaltet werden, können auch umgekehrt per Drag&Drop in das ArcToolbox Fenster gezogen werden und stehen dann dort zur Verfügung.

9.1.2 Kontextmenü der Toolboxes

Sie können Toolboxes, für die Sie keine Lizenz besitzen, bzw. die Sie nicht benötigen, entfernen, indem Sie im Kontextmenü der jeweiligen Toolbox „Entfernen" wählen. Über die Funktion „Neu" können Sie neue Toolsets oder Modelle innerhalb der Toolbox erzeugen, über „Hinzufügen" können dann der Toolbox oder Toolsets neue Scripte oder Werkzeuge hinzugefügt werden (Abb. 9.3).

Abb. 9.3: Kontextmenü der Toolboxes

Über „Hilfe" gelangt man in der ArcGIS Desktop Hilfe zu den einzelnen Hilfeeinträgen der Toolsets und deren Werkzeuge.

9.2 ModelBuilder

Die ArcToolbox stellt Werkzeuge zur Verfügung, die in Toolboxes organisiert sind. Diese Werkzeuge dienen der Geoverarbeitung räumlicher Daten. Um eine Reihe von Geoverarbeitungsprozessen aneinander zu reihen und diese Prozesse zu automatisieren, wurde der ModelBuilder in die ArcToolbox integriert. Der ModelBuilder erlaubt das Generieren und Bearbeiten von Modellen. Ein Modell umfasst einen bzw. meist mehrere miteinander verknüpfte Prozesse. Ein Prozess besteht aus einem Werkzeug (einem System- oder einem benutzerdefinierten Werkzeug) und dessen Parameterwerten.

Der ModelBuilder besteht aus einer Hauptmenüleiste, Werkzeugleiste und einem Anzeigefenster. In der Hauptmenüleiste kann über *„Modell"* ⇨ *„Exportieren"* ⇨ *„In Script"* das Modell in verschiedene Programmiersprachen exportiert und damit in andere Anwendungen integriert werden. Die Werkzeugleiste erlaubt das Navigieren im Modell, das Anordnen von Elementen sowie das Ausführen und Speichern von Modellen.

9.2.1 Erstellen eines Modells

Über das Kontextmenü einer Toolbox erzeugt man über *„Neu"* ⇨ *„Modell"* ein neues Modell (Abb. 9.4), das im Arbeitsbereich des ModelBuilder-Anzeigefensters bearbeitet werden kann. Per Drag&Drop kann das Modell mit Werkzeugen aus beliebigen Toolboxes bestückt werden.

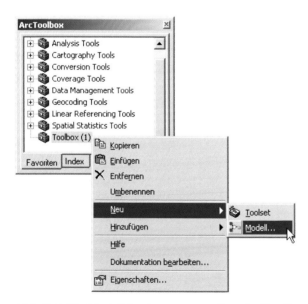

Abb. 9.4: Ein Modell in einer neu erstellten ArcToolbox anlegen

In Abbildung 9.5 wurde das Werkzeug „Ausschneiden" des Toolsets „Extrahieren" der Toolbox „Analysis Tools" per Drag&Drop in das Anzeigefenster des ModelBuilders gezogen. ArcGIS erzeugt ein Flussdiagramm mit verschiedenen Elementen, die noch keine Flächenfüllung besitzen. Diesen Zustand der Elemente bezeichnet man als nicht ausführungsbereit, da noch Parameterwerte fehlen. Durch Doppelklick auf den Rahmen „Ausschneiden" gelangt man in das Dialogfenster des Werkzeuges, in dem die zu verwendenden Layer eingegeben werden müssen.

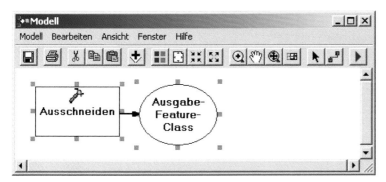

Abb. 9.5: Arbeitsbereich des Anzeigefenster des ModelBuilders

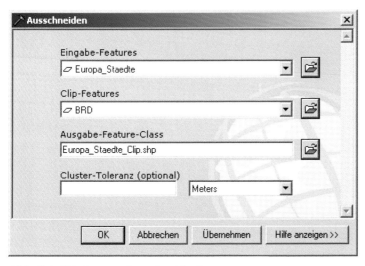

Abb. 9.6: Werkzeug „Ausschneiden"

Hier muss unterschieden werden, ob Sie die ArcToolbox von ArcCatalog oder von ArcMap aus gestartet haben. Wenn Sie die ArcToolbox innerhalb von ArcMap gestartet haben, können Sie bei der Auswahl der Eingabe-Features auf in ArcMap geladene Layer zugreifen. Diese erscheinen im Pulldown-Fenster mit einem gelben Rautensymbol. In ArcCatalog müssen Sie den Pfad der Eingabe-Features über die Schaltfläche „Öffnen" angeben (Abb. 9.6).

9.2.2 Ausführen eines Modells

Nachdem die entsprechenden Angaben eingegeben sind, ändert sich das Flussdiagramm im Anzeigefenster des ModelBuilders (Abb. 9.7). Die einzelnen Elemente, die vorher ohne Flächenfüllung waren, besitzen jetzt unterschiedliche Farbfüllungen. Dies bedeutet, dass die Elemente ausführungsbereit sind. Folgende Elemente verwendet der ModelBuilder:

- Gelbe Rechtecke bezeichnen Werkzeugelemente, die auf Werte von Eingabedatenparametern angewendet werden.

- Blaue Kreise sind Werteelemente, die als Eingaben in die entsprechenden Werkzeuge in einem Modell verwendet werden.

- Grüne Kreise sind abgeleitete Datenelemente, die die erzeugten Ausgabedaten eines Modells repräsentieren.

 Zum Ausführen eines Modells muss auf die Schaltfläche „Run" geklickt werden.

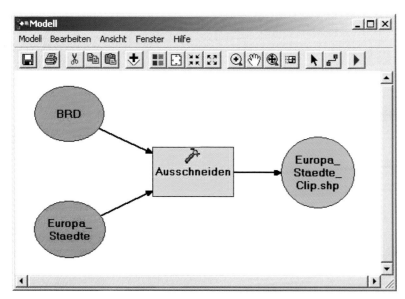

Abb. 9.7: Ausführungsbereite Elemente im ModelBuilder

Wurde ein Prozess erfolgreich ausgeführt, werden das Werkzeug und die abgeleiteten Datenelemente mit einem Schatteneffekt versehen, der angibt, dass der Prozess ausgeführt wurde und die abgeleiteten Daten erstellt wurden (Abb. 9.8).

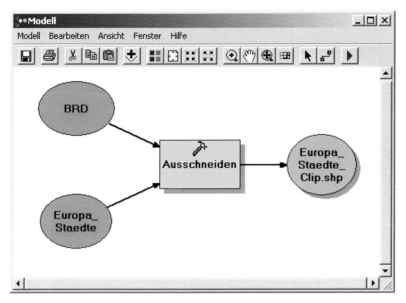

Abb. 9.8: Bereits ausgeführte Elemente im ModelBuilder

9.3 Neue ArcToolbox Werkzeuge für ArcView 9.1

In keinem anderen Werkzeug von ArcGIS ist der Unterschied zwischen den drei Lizenzmodellen (ArcView, ArcEditor und ArcInfo) deutlicher sichtbar als in der ArcToolbox. Für ArcInfo stehen 273 ArcToolbox Werkzeuge (inkl. Coverage-Werkzeuge), für ArcEditor 184 und für ArcView 159 Standardwerkzeuge zur Verfügung. In Tabelle 9.1 sind für das Lizenzmodell ArcView die 63 neuen ArcToolbox Werkzeuge aufgeführt.

Tab. 9.1: Auflistung der 63 neuen ArcToolbox Werkzeuge in der ArcView Version 9.1

Toolbox	Toolset	Werkzeug
Analysis	Extrahieren	Selektieren
		Tabelle selektieren
	Statistiken	Summenstatistiken
		Masken für Features
Data-Management	Datenbank	Komprimieren (Personal-GDB)
	Domäne	Codierten Wert aus Domäne löschen
		Codierten Wert zu Domäne hinzufüg.
		Domäne aus Feld löschen
		Domäne erstellen
		Domäne löschen
		Domäne zu Feld zuweisen
		Domäne zu Tabelle
		Tabelle zu Domäne
		Wert zu Bereichsdomäne festlegen

Toolbox	Toolset	Werkzeug
	Feature-Klasse	Integrieren
		Standard-Cluster-Toleranz berechnen
		Standardm. Indexgitter berechnen
	Features	Features löschen
	Felder	Standard dem Feld zuweisen
	Generalisierung	Zusammenführen (Dissolve)
	Indizes	Attributindex entfernen
		Attributindex hinzufügen
		Räumlichen Index entfernen
		Räumlichen Index hinzufügen
	Layer und Tabellensichten	In Layer-Datei speichern
		Layer nach Attributen auswählen
		Layer lagebezogen auswählen
	Subtypes	Standard-Subtype festlegen
		Subtype entfernen
		Subtype hinzufügen
		Subtype-Feld festlegen
	Verbindungen	Verbindungen entfernen
		Verbindungen hinzufügen
	Workspace	Feature-Dataset erstellen
		Ordner erstellen
		Personal-GDB erstellen

10 Schnelleinstieg in ArcGIS

Dieses Kapitel widmet sich anhand von einzelnen Lektionen, in denen Übungsbeispiele Schritt für Schritt erklärt werden, den wichtigsten Funktionen von ArcGIS. Die Änderungen, die sich durch die Version 9.1 im Vergleich zur Version 9.0 ergeben, wurden dabei berücksichtigt. Dies trifft vor allem die Lektion 5, die sich mit der Geodatabase beschäftigt, da sich für die Geodatabase unter ArcView Änderungen im Funktionsumfang ergeben haben. Die Daten, die in den Lektionen verwendet werden, finden Sie auf unserer Homepage www.gi-geoinformatik.de im Download-Bereich unter „ArcGIS-Buch".

10.1 Lektion 1: Erste Schritte in ArcCatalog

ArcCatalog stellt zahlreiche Funktionalitäten speziell zum Sichten und Verwalten von Geodaten zur Verfügung und übernimmt damit die Funktion eines (Geo-)Daten-Explorers innerhalb von ArcGIS. Geodaten können gesucht, neu angelegt, kopiert und gelöscht werden. Die Eigenschaften der Geometrie- bzw. Sachdaten können verändert oder neu definiert werden. In einem Vorschaufenster können Geodaten betrachtet und zugehörige Attribute angezeigt werden. Zudem können Sie sich zu Ihren Geodaten – soweit vorhanden – weitere Informationen (sog. Metadaten) über deren Inhalt, Aktualität, Qualität etc. anzeigen lassen, diese bearbeiten oder neu erstellen.

10.1.1 Die Benutzeroberfläche

Insgesamt wird Sie ArcCatalog hinsichtlich seines Aussehens, aber auch seiner Funktionalitäten stark an den aus Windows bekannten Windows-Explorer erinnern. Dementsprechend intuitiv ist die Arbeit mit ArcCatalog in vielen Bereichen. Es gibt grundsätzlich zwei Möglichkeiten, ArcCatalog zu starten:

„Start" ⇨ „Programme" ⇨ „ArcGIS" ⇨ „ArcCatalog"

Arbeiten Sie gerade in ArcMap, können Sie ArcCatalog mit Klick auf die Schaltfläche „ArcCatalog starten" in der Werkzeugleiste „Standard" starten.

Wie Sie in Abbildung 10.1 sehen, hat ArcCatalog tatsächlich starke Ähnlichkeit mit dem Windows-Explorer. Die Benutzeroberfläche gliedert sich in zwei Hauptfenster:

Das *Inhaltsverzeichnis-Fenster* (links), das in einer Baumstruktur die verfügbaren Datenordner auflistet.

Das *Datenfenster* (rechts), das den Inhalt des im linken Fenster ausgewählten Ordners anzeigt.

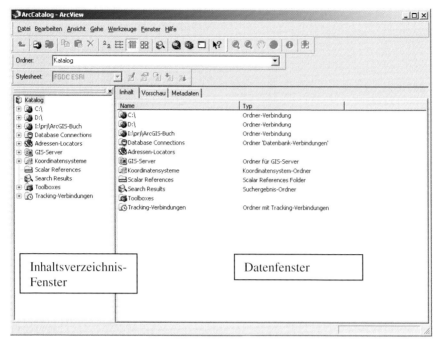

Abb. 10.1: Die Benutzeroberfläche von ArcCatalog

Hier unterscheidet sich ArcCatalog allerdings in seiner Funktionsweise vom Windows-Explorer: Standardmäßig werden in ArcCatalog nur Daten(typen) angezeigt, die in ArcGIS verwendbar sind. So sind in der Grundeinstellung z. B. Word-, Excel- oder PDF-Dateien in ArcCatalog nicht sichtbar. Dementsprechend ist v. a. beim Löschen von ganzen Ordnern unter ArcCatalog Vorsicht geboten, um nicht ungewollt einzelne „unsichtbare" Dateien zu verlieren.

 TIPP: Unter *„Werkzeuge"* ➪ *„Optionen"* ➪ *Registerkarte „Allgemein"* können Sie sehen, welche Dateitypen in ArcCatalog standardmäßig angezeigt werden. Hier lässt sich u. a. auch festlegen, ob ArcCatalog Dateiendungen ausblenden soll oder nicht. In der Registerkarte „Dateitypen" lassen sich mit Klick auf die Schaltfläche „Neuer Typ…" weitere Typen festlegen, die ArcCatalog in Zukunft anzeigen soll.

Außerdem stehen in der Hauptmenüleiste bzw. in den Werkzeugleisten von ArcCatalog zahlreiche Funktionen zum Suchen, Kopieren, Einfügen oder Löschen von Daten zur Verfügung. Auch die aktuelle Daten-Ansicht lässt sich, wie Sie es vom Windows-Explorer gewohnt sind, hinsichtlich der aktuellen Symbol-Darstellung bzw. der angezeigten Details ändern. Näheres zu den Funktionen der einzelnen Menüs bzw. Werkzeugleisten in ArcCatalog finden Sie in Kapitel 5.

10.1.2 Das Inhaltsverzeichnis

Im Inhaltsverzeichnis listet ArcCatalog standardmäßig alle lokalen Laufwerke mit ihren Unterverzeichnissen auf. Zudem sind im Inhaltsverzeichnis-Fenster neben Ihren (lokalen) Laufwerken noch einige weitere Einträge (Database Connections, Adressen-Locators, GIS-

Server, Koordinatensysteme etc.) zu finden. Was sich hinter diesen Ordnern verbirgt, wird in Kapitel 5.1.4 näher erläutert.

Zunächst nicht angezeigt werden eventuell vorhandene Netzlaufwerke. Allerdings können Laufwerke neu „angebunden" werden und stehen damit als eigener Eintrag im Inhaltsverzeichnis zur Verfügung. Gleiches gilt natürlich auch für einzelne Ordner. So können Sie häufig benutzte Projektordner dauerhaft anbinden, um einen schnellen Zugriff auf die entsprechenden Daten in ArcCatalog zu ermöglichen.

Zur Demonstration wollen wir eine neue Verbindung zu den heruntergeladenen Demodaten anlegen. Klicken Sie dazu in der Werkzeugleiste „Standard" auf das Symbol „Zum Ordner verbinden". Im folgenden Dialogfenster können Sie den Ordner auswählen, zu dem Sie eine Verbindung herstellen möchten. Wählen Sie hier den Ordner aus, in dem Sie die Demodaten zu diesem Buch abgespeichert haben, und bestätigen Sie mit „OK". Damit wird der Ordner „<Download-Ordner>" als neuer Eintrag im ArcCatalog Inhaltsverzeichnis aufgelistet. Mit einem Klick auf das „Plus"-Symbol vor diesem Ordner können Sie wie gewohnt die Anzeige um alle Unterordner bzw. die enthaltenen Dateien erweitern.

Hier werden Ihnen zunächst die unterschiedlichen Datei-Symbole (Icons) auffallen. ArcCatalog vergibt je nach Datei- bzw. Geometrietyp automatisch entsprechende Symbole.

Grundsätzlich lässt sich bei der Darstellung von Geometriedaten eine farbliche Gliederung erkennen. Shape-Dateien werden grün, Personal-Geodatabase-Dateien grau und Layer-Dateien gelb dargestellt, wobei die verwendeten Symbole auch Aufschluss über den jeweiligen Geometrietyp (Punkt, Linie, Polygon) geben. Eine vollständige Liste aller Icons finden Sie im Anhang dieses Buchs.

10.1.3 Das Datenfenster

Zweites Hauptfenster in ArcCatalog ist das Datenfenster auf der rechten Seite. Hier stehen die drei Registerkarten „Inhalt", „Vorschau" und „Metadaten" zur Verfügung, die jeweils einen anderen Blick auf Ihre Daten bzw. ArcMap Projekte ermöglichen.

Navigieren Sie im Inhaltsverzeichnis zu dem „<Download-Ordner>", der die mitgelieferten Beispieldaten enthält, und markieren Sie diesen Ordner. Im rechten Fenster werden in der Registerkarte „Inhalt" die enthaltenen Unterordner und Dateien aufgelistet. Die Ansicht der aktuellen Inhaltsliste lässt sich – wie von Windows gewohnt – über die entsprechenden Schaltflächen in der Werkzeugleiste „Standard" verändern. Die verwendete Ansicht wird gespeichert und bleibt beim Wechseln zu einer anderen Registerkarte oder nach einem Neustart von ArcCatalog erhalten.

Klicken Sie im Inhaltsverzeichnis nun z. B. auf die Datei „BRD.shp". Elemente wie Shapefiles, Feature-Klassen, Karten, Shapefiles und Tabellen enthalten keine weiteren Elemente. Wenn Sie diese Elemente im Katalog-Inhaltsverzeichnis auswählen, werden auf der Registerkarte „Inhalt" eine Miniaturansicht des Elements sowie einige weitere Informationen angezeigt.

Wechseln Sie nun in die Registerkarte „Vorschau" und Sie erhalten eine Vorschau auf das Shape in seiner gesamten Ausdehnung! Wenn Sie sich in dieser Registerkarte befinden, wird auch die Werkzeugleiste „Geographie" aktiv. Mit den hier zur Verfügung gestellten Werkzeugen können Sie z. B. in der Vorschau zoomen oder Informationen abrufen. Aktivieren Sie mit einem Klick z. B. das Werkzeug „Identifizieren" und klicken Sie auf die

Deutschlandkarte. Sie erhalten daraufhin in einem neuen Fenster einige Informationen zu dem entsprechenden Bundesland. Am unteren Rand des Datenfensters können Sie innerhalb der Registerkarte „Vorschau" auch auswählen, ob Sie eine Vorschau auf die Geographie oder die Attribute des Elements möchten. Wählen Sie hier den Eintrag „Tabelle" aus und Sie erhalten einen Überblick über die zum Shapefile „BRD.shp" gehörende Attribut-Tabelle.

Wechseln Sie schließlich in die dritte Registerkarte „Metadaten" und Sie erhalten – soweit verfügbar – Metainformationen zu dem ausgewählten Element. Im Fall unseres BRD-Shapes sind grundlegende Informationen zu Sach- und Raumbezug hinterlegt. Im Zusammenhang mit der Registerkarte „Metadaten" steht Ihnen auch eine Werkzeugleiste „Metadaten" zur Verfügung, die eine Bearbeitung der Metadaten eines Elements ermöglicht.

10.1.4 Verschieben, Kopieren und Löschen von Daten

Neben dem Sichten von Daten werden Sie ArcCatalog v. a. auch zur Verwaltung Ihrer Geodaten verwenden. Eine immer wiederkehrende Aufgabe ist dabei das Verschieben oder Kopieren von Daten. Hier ist ArcCatalog in jedem Fall dem Windows-Explorer vorzuziehen! Wenn Sie nämlich Elemente mit ArcCatalog kopieren, umbenennen oder löschen, werden auch alle mit den Elementen verknüpften Zusatzdateien kopiert, umbenannt oder gelöscht! Verschieben Sie z. B. ein Shapefile, das ja aus mehreren Einzeldateien besteht, so verschiebt ArcCatalog alle zu diesem Shapefile gehörenden Dateien automatisch mit. Im Windows-Explorer laufen Sie dagegen Gefahr, einzelne Dateien zu vergessen und Ihr Shapefile damit für ArcGIS unbrauchbar zu machen!

 TIPP: Grundsätzlich können Sie bei der Arbeit mit ArcCatalog alle Standard-Windows-Tastenkombinationen sowie die Drag&Drop-Methoden verwenden, um Elemente zu kopieren, zu verschieben, umzubenennen und zu löschen.

10.1.5 Erstellung von Geodaten

Neben den hier beschriebenen Aufgaben ist natürlich auch das Anlegen von neuen Geodaten ein zentraler Bestandteil der Datenverwaltung. Klicken Sie mit der rechten Maustaste in das Datenfenster von ArcCatalog, so können Sie über den Befehl „Neu" im Kontextmenü z. B. einen neuen Ordner, ein neues Shapefile oder eine Geodatabase erstellen. Zur Erstellung von Geodatabases, Feature-Datasets, Feature-Klassen und Raster-Katalogen lesen Sie bitte Kapitel 10.5.

Im Folgenden soll erläutert werden, wie Sie Schritt für Schritt ein neues Shapefile generieren können.

Navigieren Sie zunächst in das Verzeichnis, in dem Sie das neue Shapefile anlegen wollen. (beispielsweise d:\temp oder ein neuer leerer Ordner) Öffnen Sie im Datenfenster das Register „Inhalt" und rufen Sie mit der rechten Maustaste das Kontextmenü auf. Wählen Sie im Untermenü „Neu" den Eintrag „Shapefile…". Es erscheint das Dialogfenster „Neues Shapefile erstellen" (siehe Abb. 10.2).

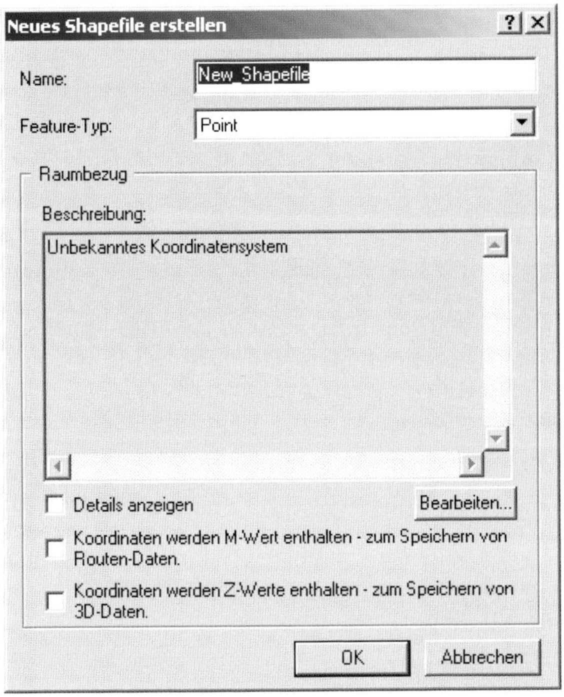

Abb. 10.2: Die Benutzeroberfläche von ArcCatalog

Hier müssen Sie als erstes einen Namen definieren. Es empfiehlt sich, hierbei auf Umlaute, Sonderzeichen und Leerzeichen zu verzichten sowie einen möglichst kurzen und dennoch eindeutigen Namen zu definieren. Anschließend wählen Sie aus einer Dropdown-Liste den Feature-Typ für Ihr neues Shapefile aus. Es stehen die drei sog. Simple-Feature-Klassen „Point", „Polyline" und „Polygon" sowie die Sonder-Klasse „Multipoint" zur Verfügung. In der Feature-Klasse „Multipoint" besteht ein Feature aus mehreren Punkten, die sich jedoch einen Datensatz in der Attribut-Tabelle teilen.

Wählen Sie für dieses Beispiel bitte den Feature-Typ „Polyline". Beachten Sie, dass diese Eigenschaft nicht mehr geändert werden kann, wenn das neue Shapefile einmal erzeugt ist.

Als nächster Schritt wird dem Shapefile ein Koordinatensystem zugewiesen. Klicken Sie dazu auf die Schaltfläche „Bearbeiten...". Es öffnet sich das Dialogfenster „Eigenschaften von Raumbezug", das verschiedene Möglichkeiten zur Zuweisung eines Koordinatensystems bietet. Mit der Schaltfläche „Import..." können Sie das Koordinatensystem eines bereits vorhandenen Shapefiles, einer Feature-Klasse oder einer Geodatabase für Ihr neues Shapefile übernehmen. Die Schaltfläche „Neu...", mit der Sie ein neues Koordinatensystem definieren können, ist – zumindest für den Einsteiger – uninteressant. In unserem Fall wollen wir ein vordefiniertes Koordinatensystem verwenden. Klicken Sie dazu auf die Schaltfläche „Auswählen...". Sie gelangen in das Dialogfenster „Nach Koordinatensystem durchsuchen", das automatisch das ArcGIS Verzeichnis „Koordinatensysteme" anzeigt. In diesem Verzeichnis wiederum befinden sich die beiden Ordner „Geographic Coordinate Systems" und „Projected Coordinate Systems" die sämtliche im Produkt enthaltenen Koordinatensystemdefinitionen enthalten. Wählen Sie im Pfad „Projected Coordinate Systems\NationalGrids" die Datei „Germany Zone 4.prj" und klicken Sie auf „Hinzufügen". Weitere Informationen zum Thema Koordinatensystem finden Sie in den Kapiteln 8 und 10.6.

Im Dialogfenster „Eigenschaften von Raumbezug" sind unter „Details:" die Parameter des eben zugewiesenen Koordinatensystems aufgeführt. Bestätigen Sie mit „OK".

Auch im Dialogfenster „Neues Shapefile erstellen" ist nun unter „Beschreibung:" das Koordinatensystem zu finden. Aktivieren Sie die Checkbox „Details anzeigen", wenn Sie noch einmal dessen Parameter einsehen wollen. Die beiden darunter stehenden Einträge benötigen Sie nur, wenn die Feature-Koordinaten Ihres neuen Shapefiles M-Werte (notwendig bei Routen-Daten) oder Z-Werte (notwendig bei 3D-Daten) enthalten sollen. Lassen Sie die beiden standardmäßig deaktivierten Optionen unverändert und lassen Sie mit einem Klick auf „OK" Ihr neues Shapefile erzeugen.

Starten Sie nun ArcMap, wenn Sie mit Lektion 2 beginnen wollen. Mit Klick auf die Schaltfläche „ArcMap starten" können Sie ArcMap auch direkt aus ArcCatalog heraus aufrufen. ArcMap startet auch, wenn Sie in ArcCatalog doppelt auf eine Projektdatei (*.mxd) klicken.

10.2 Lektion 2: Erste Schritte in ArcMap

In der vorliegenden Lektion werden Sie in die Arbeit mit ArcMap eingeführt. Sie werden ein neues Projekt erstellen und dabei die Benutzeroberfläche von ArcMap ebenso wie grundlegende Funktionalitäten des Programms zur Arbeit mit räumlich relevanten Daten kennen lernen.

10.2.1 Starten eines neuen Projekts in ArcMap

Grundsätzlich gibt es mehrere Wege, in ArcMap ein neues, leeres Projekt zu starten:

Starten Sie ArcMap per Doppelklick auf das entsprechende Symbol auf Ihrem Desktop bzw. über „*Start*" ⇨ „*Programme*" ⇨ „*ArcGIS*" ⇨ „*ArcMap*" oder, wenn Sie sich gerade in ArcCatalog befinden, per Klick auf das ArcMap Symbol. Im nun folgenden Startdialog können Sie auswählen, ob Sie eine neue, leere Karte, eine Vorlage oder eine vorhandene Karte öffnen wollen (Abb. 10.3). Wählen Sie hier im Bereich „ArcMap starten mit" den Punkt „Einer neuen, leeren Karte" und bestätigen Sie mit „OK".

TIPP: Den ArcMap Startdialog können Sie mit Aktivierung der Option „Diesen Dialog nicht mehr anzeigen" für zukünftige ArcMap Sitzungen ausschalten. Möchten Sie, dass er wieder angezeigt wird, so lässt sich dies über *Hauptmenüleiste* ⇨ „*Werkzeuge*" ⇨ „*Optionen*" ⇨ „*Allgemein*" einstellen. Setzen Sie dazu im Bereich „Programmstart" vor die Option „Startdialog zeigen" ein Häkchen. Entsprechend können Sie hier auch die Anzeige des Eröffnungsbildschirms ein- und ausschalten.

Wenn Sie ArcMap bereits gestartet haben, öffnen Sie ein neues Projekt, indem Sie in der Werkzeugleiste „Standard" auf das Symbol „Neues Kartendokument" bzw. in der *Hauptmenüleiste* auf „*Datei*" ⇨ „*Neu*" klicken. Im letzten Fall gelangen Sie zu einem Dialogfenster, das Ihnen verschiedene vordefinierte Layoutvorlagen zur Verfügung stellt.

Wählen Sie in der Registerkarte „Eigene Vorlagen" den Eintrag „Leeres Dokument" und bestätigen mit „OK".

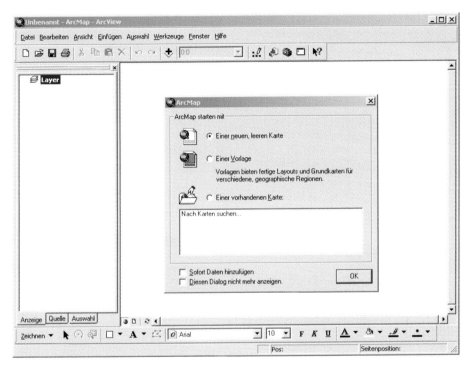

Abb. 10.3: Startdialog in ArcMap

10.2.2 Anpassen der ArcMap Oberfläche

Bevor Sie nun mit ArcMap arbeiten, sollten Sie zunächst einige Werkzeugleisten aktivieren, die Sie bei der Arbeit mit ArcMap regelmäßig benutzen werden. Wählen Sie dazu im Hauptmenü den Punkt „Werkzeuge" und hier den Eintrag „Anpassen...". Im Register „Werkzeugleisten" erhalten Sie eine Liste aller zur Verfügung stehenden Werkzeugleisten. Wählen Sie hier – sofern nicht schon geschehen – die Einträge „Hauptmenüleiste", „Layout", „Standard", „Werkzeuge" und „Zeichnen" aus und schließen Sie den Dialog über die entsprechende Schaltfläche. Jede dieser Werkzeugleisten können Sie innerhalb der ArcMap Oberfläche je nach Bedarf frei positionieren oder an ein bestehendes Fenster „andocken". Klicken Sie dazu auf den Anfasser (links neben dem ersten Symbol) bzw. in die Titelleiste einer Werkzeugleiste, halten Sie die Maustaste gedrückt und verschieben Sie die Werkzeugleiste an den gewünschten Ort. Auf diese Weise können Sie z. B. die Werkzeugleiste „Werkzeuge" rechts am Inhaltsverzeichnis-Fenster verankern (Abb. 10.4).

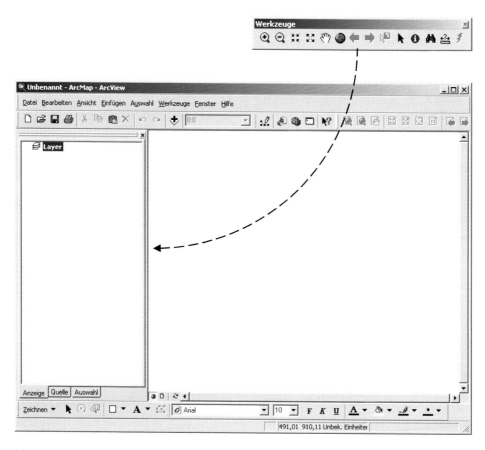

Abb. 10.4: Verankern von Werkzeugleisten in ArcMap

 TIPP: Möchten Sie beim Verschieben und Platzieren einer Werkzeugleiste verhindern, dass diese an ein bestehendes Fenster in ArcMap „angedockt" wird, halten Sie beim Ziehen der Leiste zusätzlich die „Strg"-Taste auf Ihrer Tastatur gedrückt.

Zudem lassen sich die einzelnen Werkzeugleisten um zusätzliche Befehle erweitern, so dass Sie ArcMap nach Ihren individuellen Bedürfnissen anpassen können. Wir wollen gleich der Werkzeugleiste „Werkzeuge" zwei sehr nützliche Werkzeuge hinzufügen. Klicken Sie dazu mit der rechten Maustaste in einen leeren Bereich der Leiste und wählen Sie im Kontextmenü den Befehl „Anpassen...". Wechseln Sie im folgenden Dialogfenster in die Registerkarte „Befehle" und wählen Sie im linken Listenfenster „Kategorien" den Eintrag „Auswahl". Im rechten Fenster werden nun alle Befehle aufgelistet, die für diese Kategorie zur Verfügung stehen. Klicken Sie in dieser Liste auf den Eintrag „Auf selektierte Features zoomen" und ziehen Sie diesen Eintrag mit gedrückter Maustaste in die Werkzeugleiste „Werkzeuge". Platzieren Sie hier das neue Symbol an geeigneter Stelle, z. B. oberhalb des Symbols „Features auswählen". Fügen Sie der Werkzeugleiste auf die gleiche Weise den Befehl „Feature-Auswahl aufheben" hinzu, den Sie ebenfalls in der Kategorie „Auswahl" finden (Abb. 10.5).

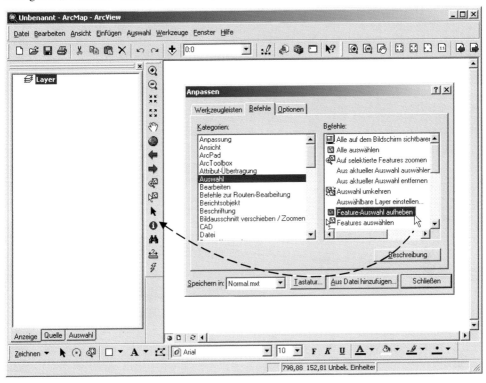

Abb. 10.5: Anpassen von Werkzeugleisten in ArcMap

Außerdem lassen sich Symbole innerhalb der Werkzeugleisten durch Einfügen von Trennlinien optisch auch zu Gruppen zusammenfassen. Klicken Sie dazu bei geöffnetem Dialogfenster „Anpassen" mit der rechten Maustaste auf ein Symbol innerhalb der Werkzeugleiste, um das entsprechende Kontextmenü zu öffnen. Mit dem Befehl „Eine Gruppe beginnen" fügen Sie dann vor dem markierten Symbol eine Trennlinie ein.

ArcMap „merkt sich", welche Werkzeugleisten aktiviert wurden, wo sie platziert sind und welche Anpassungen vorgenommen wurden und speichert diese Information in der Dokumentvorlage „Normal.mxt" ab. Damit sieht Ihre ArcMap Oberfläche für dieses und alle zukünftigen Projekte gleich aus.

Um eine von Ihnen oder einem anderen Nutzer veränderte anwendungseigene Werkzeugleiste in ihren Urzustand zu versetzen, wählen Sie im Dialogfenster „Anpassen" im Register „Werkzeugleisten" zunächst auf der linken Seite die entsprechende Werkzeugleiste und klicken dann auf „Zurücksetzen…". Wählen Sie im nun erscheinenden Dialogfenster den Eintrag „Normal.mxt" und bestätigen Sie mit „OK".

Als Nächstes widmen wir uns kurz dem standardmäßig geladenen Datenrahmen „Layer". Ein Datenrahmen stellt eine geographische Position oder Ausdehnung dar und gruppiert die zusammen darzustellenden Layer eines Kartendokuments (*.mxd) in einem eigenen Rahmen. Im Inhaltsverzeichnis von ArcMap funktioniert ein Datenrahmen als eine Art Container für mehrere Layer. Grundsätzlich sollten Sie jedem Datenrahmen einen aussagekräftigen Namen geben. Der Name lässt sich innerhalb der Datenrahmen-Eigenschaften ändern. Klicken Sie dazu doppelt auf den Datenrahmen „Layer" oder öffnen Sie über die rechte Maustaste das Kontextmenü des Datenrahmens, klicken Sie auf den letzten Eintrag „Eigenschaften" und tragen Sie im Register „Allgemein" unter „Name" als neuen Namen „Hauptkarte" ein.

10.2.3 Daten hinzufügen

Die Daten zu dieser Lektion finden Sie im Download-Bereich unserer Homepage unter www.gi-geoinformatik.de im Download-Bereich unter „ArcGIS-Buch"

Jetzt wollen wir die ersten Daten in unser neues Projekt laden. Auch hier gibt es mehrere Möglichkeiten:

- Wählen Sie in der *Hauptmenüleiste* ⇨ *„Datei"* ⇨ *„Daten hinzufügen"*.

- Klicken Sie in der Werkzeugleiste „Standard" auf das Symbol „Daten hinzufügen".

- Wählen Sie im Kontextmenü des Datenrahmens den Befehl „Daten hinzufügen".

Wählen Sie eine der beschriebenen Vorgehensweisen aus und navigieren Sie im Dialogfenster „Daten hinzufügen" zu der Datei „Lektion_2\BRD.shp". Wählen diese Datei über „Hinzufügen" aus.

TIPP: Wenn Sie ArcMap und ArcCatalog geöffnet haben, können Sie aus der Verzeichnisstruktur in ArcCatalog den gewünschten Layer per Drag&Drop auch direkt in Ihr ArcMap Projekt ziehen. Navigieren Sie dazu in ArcCatalog im Inhaltsverzeichnis-Fenster zu der Datei „Lektion_2\BRD.shp" und ziehen Sie diese mit gedrückter Maustaste aus ArcCatalog in das Inhaltsverzeichnis (rechtes Fenster) Ihres aktuellen Projektes.

Sehen wir uns hier zunächst einmal an, was passiert ist (Abb. 10.6):

Im linken Fenster in ArcMap, dem Inhaltsverzeichnis, wurde zu dem standardmäßig angelegten Datenrahmen „Layer" unser neuer Polygon-Layer „BRD" hinzugefügt. Entsprechend wird das Polygon im rechten Fenster, dem Karten-Fenster, graphisch dargestellt. Dabei wird automatisch auf die volle Ausdehnung des Layers gezoomt. In der Standard-Werkzeugleiste wird Ihnen der entsprechende Maßstab angezeigt.

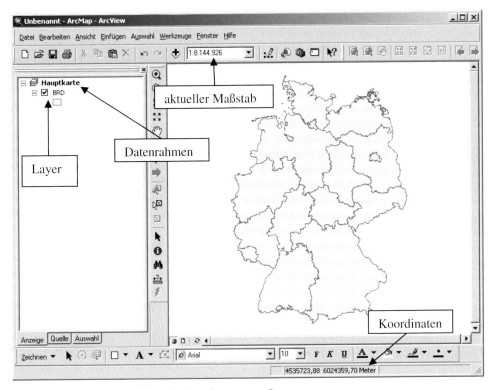

Abb. 10.6: ArcMap nach dem Laden eines ersten Layers

In der Statusleiste des aktuellen ArcMap Fensters werden Ihnen außerdem Koordinaten in der Anzeigeeinheit des Datenrahmens (hier Meter) angezeigt, sobald Sie den Mauszeiger im Kartenfenster bewegen. Dies zeigt uns, dass die gerade geladenen Daten in einem definierten Koordinatensystem vorliegen.

Damit haben Sie zum einen den ersten Layer in Ihr Projekt geladen, zum anderen wurde dem Datenrahmen „Hauptkarte" damit automatisch das Koordinatensystem der Datei „BRD.shp" zugewiesen.

TIPP: Die oben dargestellte Möglichkeit, einem Datenrahmen ein Koordinatensystem durch Hinzufügen eines Layers zuzuweisen, funktioniert nur, wenn der entsprechende Layer ein Koordinatensystem besitzt. Ist dies nicht der Fall, ist die Zuweisung eines Koordinatensystems über die Datenrahmen-Eigenschaften (Register „Koordinatensystem") möglich. Näheres dazu im Kapitel 10.5.2.4.

Laden Sie nun mit Hilfe des Befehls „Daten hinzufügen" noch folgende Layer:

- Lektion_2\Europa_Staedte.shp
- Lektion_2\BRD_Strassen.shp

… und Ihr Projekt sollte in etwa wie in Abbildung 10.7 aussehen.

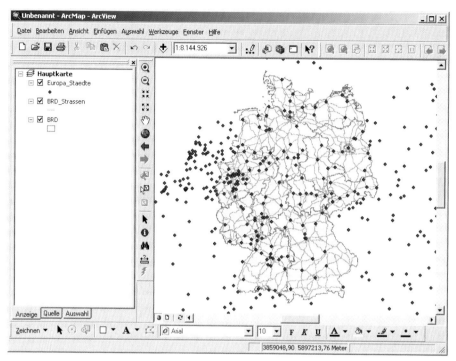

Abb. 10.7: Punkt-, Linien- und Polygon-Layer in ArcMap

10.2.4 Navigieren in ArcMap: Zoom, Pan, Ausdehnung ändern

Nachdem wir nun schon einige Daten in unserem Einstiegs-Projekt zur Verfügung haben, wollen wir einen ersten Blick auf einige grundlegende Werkzeuge in ArcMap werfen. Bei der Arbeit mit Daten in ArcMap werden Sie häufig den Kartenausschnitt durch Zoomen und Verschieben ändern müssen. Sehen wir uns dazu die Leiste „Werkzeuge" an, die wir bereits am Inhaltsverzeichnis-Fenster angedockt haben.

Die beiden Lupen-Symbole ermöglichen Ihnen, wie Sie wahrscheinlich schon vermuten, das Hinein- und Herauszoomen im Karten-Fenster. Zoomen können Sie auch mit den beiden darunter liegenden Symbolen, wobei Sie mit den Lupen den neuen Bildschirmausschnitt durch Aufziehen eines Rechtecks frei festlegen können, während die beiden anderen Zoom-Tools bezogen auf den Fenstermittelpunkt stufenweise zoomen.

Mit Klick auf das Symbol „Bildausschnitt verschieben" können Sie den aktuellen Kartenausschnitt im Kartenfenster stufenlos in jede beliebige Richtung verschieben.

Das Symbol „Volle Ausdehnung" zoomt so weit heraus, dass die maximale Ausdehnung aller Layer des aktuellen Datenrahmens vollständig im Kartenfenster dargestellt werden kann.

Haben Sie den Kartenausschnitt durch Zoomen oder Verschieben geändert und wollen zur vorherigen Ansicht zurückkehren, klicken Sie auf das Symbol „Zurück zur vorherigen Ausdehnung". Entsprechend können Sie auch „Vor zur nächsten Ausdehnung" springen.

Mit diesen Werkzeugen können Sie den aktuellen Kartenausschnitt stets Ihren jeweiligen Ansprüchen bei der Arbeit mit Ihren Daten anpassen. Die weiteren in dieser Leiste zur Verfügung stehenden Werkzeuge werden Sie an geeigneter Stelle zu einem späteren Zeitpunkt kennen lernen.

TIPP: Ihnen ist sicher schon aufgefallen, dass in den einzelnen Werkzeugleisten nicht immer alle Befehle bzw. Buttons aktiv sind. Dies hängt jeweils von der gerade aktuellen Arbeitssituation in ArcMap ab. So sind natürlich zahlreiche Werkzeuge und Befehle nicht verfügbar, solange keine Daten in ArcMap geladen sind.

10.2.5 Grundlegendes zur Arbeit mit Layern

Ihr Einstiegsprojekt enthält nun jeweils einen Punkt-, einen Linien- und einen Polygon-Layer, was Sie im Inhaltsverzeichnis am jeweiligen Layer-Symbol erkennen können. Zunächst ist hier festzuhalten, dass die im Inhaltsverzeichnis aufgeführten Layer lediglich Datenquellverweise darstellen und die Daten selbst nicht im Projekt gespeichert werden. Sollte der Verweis auf die Datenquelle eines Layers z. B. durch Löschen der entsprechenden Datengrundlage einmal verloren gehen, wird dies durch ein rotes Ausrufezeichen neben dem Layer angezeigt. Wie Sie in diesem Fall den Layer „reparieren" können, lesen Sie in Kapitel 6.1.4.3 nach.

Im Inhaltsverzeichnis haben Sie grundsätzlich Einfluss auf die Darstellung der jeweiligen Layer. Klicken Sie einmal auf das Kontrollkästchen eines aktiven Layers und Sie sehen, dass der entsprechende Layer im Kartenfenster ausgeschaltet wird. Mit einem erneuten Klick lässt er sich wieder einblenden. Markieren Sie bei gedrückter „Shift"- bzw. „Strg"-Taste mehrere Layer, so können diese gleichzeitig ein- und ausgeblendet, gruppiert oder auch gelöscht werden. Mit der Gruppierung mehrerer thematisch zusammengehörender Layer werden diese innerhalb eines Gruppen-Layers optisch zusammengefasst und können damit z. B. mit einem Klick ein- oder ausgeblendet werden.

Klicken Sie nun auf den Layer „BRD", halten Sie die linke Maustaste gedrückt und schieben Sie den Layer in der Liste über den Layer „BRD_Strassen". Lassen Sie die Maustaste los und sehen Sie sich das Ergebnis im Kartenfenster an. Obwohl der Straßen-Layer aktiv ist, ist er nicht mehr sichtbar! Er wird im Moment vom Polygon-Layer „BRD" überlagert. Die Reihenfolge der Layer im Inhaltsverzeichnis entspricht also auch deren Darstellungsreihenfolge in der Karte! Stellen Sie bitte die ursprüngliche Reihenfolge wieder her!

TIPP: Mit einem Doppelklick auf einen Layer-Namen bzw. über dessen Kontextmenü gelangen Sie in die Layer-Eigenschaften, wo Sie zahlreiche Einstellungen vornehmen und ändern können. Eine ausführliche Beschreibung der Layer-Eigenschaften finden Sie in Kapitel 6.3. Ebenso erreichen Sie per Doppelklick auf den Datenrahmen bzw. über dessen Kontextmenü die Datenrahmen-Eigenschaften (siehe Kap. 6.2).

10.2.6 Ändern von Symbol-Farben

Wie Sie vielleicht bereits festgestellt haben, sind die von ArcMap vergebenen Farben für neu hinzugeladene Daten rein zufällig, weshalb z. B. der Layer „BRD" in Ihrem Projekt höchstwahrscheinlich eine andere Farbe hat als in den hier vorliegenden Screenshots.

Die Farbgebung und Symbolik einer Karte ist ganz entscheidend für deren Übersichtlichkeit und Aussagekraft. Das Ändern und Anpassen von Symbolik und Füllfarben ist daher ein grundlegender Arbeitschritt in jedem ArcMap Projekt.

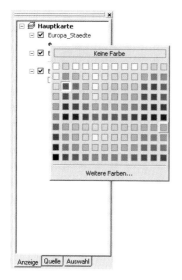

Abb. 10.8: Layer-Farben ändern

Wir wollen an dieser Stelle zunächst die standardmäßig von ArcMap vergebenen Layer-Farben in unserem Einstiegsprojekt ändern. Klicken Sie dazu im Inhaltsverzeichnis mit der rechten Maustaste auf das Symbol des Layers „Europa_Staedte". Im folgenden Fenster können Sie dann aus einer Farbpalette eine für den Layer passende Farbe auswählen – im vorliegenden Fall bietet es sich an, die kreisförmigen Stadtsymbole rot zu färben (Abb. 10.8).

Mit der Option „Keine Farbe" können Sie die Füllfarbe auch entfernen, so dass nur noch die Symbolumrisse sichtbar sind!

Mit Klick auf „Weitere Farben…" öffnet sich ein weiteres Fenster, in dem Sie u. a. mit Hilfe von Schiebereglern bzw. durch direkte Eingabe von Farbwerten eigene Farben definieren können. Diese selbst erzeugten Farben lassen sich dann auch unter einem neuen Namen speichern und stehen zukünftig in oben erwähnter Farbpalette direkt zur Verfügung.

TIPP: Benutzerdefinierte Farben lassen sich neben der oben beschriebenen Methode etwas komfortabler auch über den ArcMap Style Manager (*Hauptmenüleiste* ⇨ „*Werkzeuge*" ⇨ „*Styles*" ⇨ „*Style Manager*") erzeugen und – bei Bedarf – wieder entfernen. Dazu finden Sie neben dem Ordner „ESRI.style, der die ArcMap Standard-Styles enthält, einen weiteren Ordner „<Benutzerpfad>.style". Hier finden Sie u. a. den Unterordner „Colors", in dem Sie Ihre persönlichen Farben verwalten können.

Als nächsten Schritt ändern wir die Symbol-Farbe des Layers „BRD_Strassen" – allerdings auf einem anderen als dem gerade beschriebenen Weg: Klicken Sie dazu mit der linken Maustaste auf das Linien-Symbol des Layers. Sie erreichen damit ein Dialogfenster zur „Symbol-Auswahl" (Abb. 10.9). Hier stehen Ihnen neben vordefinierten Symbolvorlagen auch umfangreiche Funktionen zur freien Gestaltung und Bearbeitung der Layer-Symbole zur Verfügung. Wir beschränken uns hier aber zunächst auf die Auswahl einer neuen Symbolfarbe. Wählen Sie dazu im Bereich „Optionen" des Dialogfensters eine passende Farbe (grau) für den Straßen-Layer aus und bestätigen Sie mit „OK". In der an dieser Stelle verfügbaren Farbpalette sind auch evtl. selbst angelegte Farben aufgelistet.

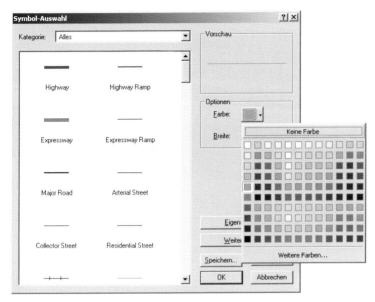

Abb. 10.9: Festlegen der Symbolfarbe im Dialogfenster „Symbol-Auswahl"

Schließlich ändern wir noch die Füllfarbe des Layers „BRD". Dazu gibt es, Sie ahnen es bereits, eine dritte mögliche Vorgehensweise. Klicken Sie mit der linken Maustaste doppelt auf den Layer-Namen, um in die Eigenschaften des Layers zu gelangen. Wechseln Sie hier in die Registerkarte „Symbologie" und klicken Sie im Bereich „Symbol" auf die farbige Symbol-Schaltfläche, um das Dialogfenster „Symbol-Auswahl" zu öffnen. Wählen Sie, wie bereits beschrieben, unter „Optionen" eine passende Füll- und evtl. eine neue Umrissfarbe und bestätigen Sie diesen Dialog sowie das Fenster „Layer-Eigenschaften" mit „OK".

10.2.7 Ändern von Layer-Namen

Jeder Layer in ArcMap wird beim Hinzufügen automatisch mit dem Namen der entsprechenden Datenquelldatei versehen. Dementsprechend werden Sie regelmäßig einzelne Layer mit aussagekräftigeren Namen versehen. Im vorliegenden Beispiel wollen wir zunächst den etwas unschönen Layer-Namen „Europa_Staedte" ändern. Öffnen Sie dazu (per Kontextmenü oder per Doppelklick auf den Layer) die Layer-Eigenschaften und wechseln Sie in die Registerkarte „Allgemein". Tragen Sie hier im Feld „Layer-Name" als neuen Namen „Europa: Großstädte" ein. In einem weiteren Textfeld können Sie eine kurze (inhaltliche) Beschreibung des Layers ablegen. Bestätigen Sie mit „OK". Benennen Sie entsprechend den Layer „BRD_Strassen" in „BRD: Hauptstraßen" um.

Mit der Umbenennung eines Layers, die auch den Einsatz von Sonderzeichen erlaubt, vergeben Sie lediglich einen Aliasnamen, ohne den Namen der eigentlichen Quelldatei zu ändern. Die (Alias-)Namen der einzelnen Layer speichert ArcMap in der entsprechenden Projektdatei (*.mxd).

10.2.8 Arbeiten mit Sachdaten und Attribut-Tabellen

Bislang haben wir die Daten unseres Projektes nur aus graphischer Sicht betrachtet. Die eigentliche Stärke eines GIS aber liegt in der Zusammenführung von Geographischen Informationen und zugehörigen Sachdaten und deren Verarbeitung bzw. Analyse. Dementsprechend ist in ArcMap jeder Layer mit Sachdaten, so genannten Attributen, verbunden. Diese Sachdaten werden in einer oder mehreren Tabellen gespeichert, wobei jede Zeile (jeder Datensatz) dieser Tabelle ein geographisches Objekt (Feature) darstellt – ein Bundesland, eine Stadt, eine Autobahn oder einen See – und jede Spalte (jedes Feld) ein bestimmtes Attribut des Features beschreibt, etwa Einwohnerzahl, Länge oder Fläche. Tabellen wiederum werden in einer Datenbank gespeichert, z. B. INFO, Access, dBASE, Oracle oder SQL Server.

In ArcMap werden die jeweiligen Sachdaten eines Layers in einer Attribut-Tabelle dargestellt, wo sie überprüft, geändert, gelöscht oder um neue Daten ergänzt werden können. Sehen wir uns die Attribut-Tabelle des Layers „BRD" einmal an. Klicken Sie dazu im Kontextmenü des Layers auf den Eintrag „Attribut-Tabelle öffnen". In einem neuen Fenster wird dann die Attribut-Tabelle des Layers angezeigt (Abb. 10.10).

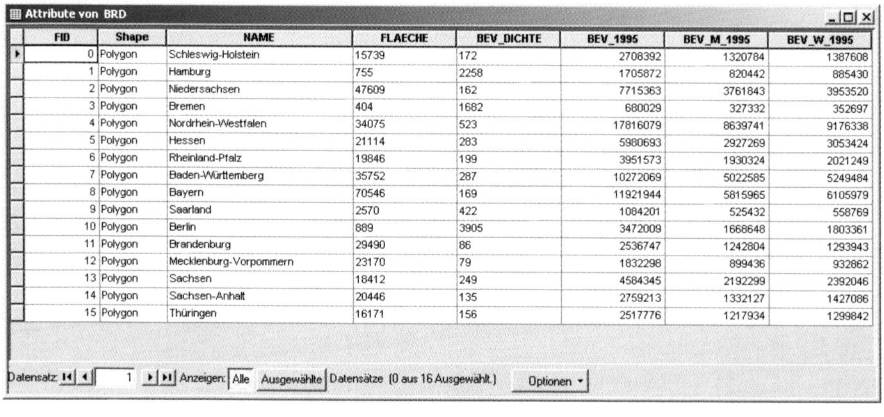

FID	Shape	NAME	FLAECHE	BEV_DICHTE	BEV_1995	BEV_M_1995	BEV_W_1995
0	Polygon	Schleswig-Holstein	15739	172	2708392	1320784	1387608
1	Polygon	Hamburg	755	2258	1705872	820442	885430
2	Polygon	Niedersachsen	47609	162	7715363	3761843	3953520
3	Polygon	Bremen	404	1682	680029	327332	352697
4	Polygon	Nordrhein-Westfalen	34075	523	17816079	8639741	9176338
5	Polygon	Hessen	21114	283	5980693	2927269	3053424
6	Polygon	Rheinland-Pfalz	19846	199	3951573	1930324	2021249
7	Polygon	Baden-Württemberg	35752	287	10272069	5022585	5249484
8	Polygon	Bayern	70546	169	11921944	5815965	6105979
9	Polygon	Saarland	2570	422	1084201	525432	558769
10	Polygon	Berlin	889	3905	3472009	1668648	1803361
11	Polygon	Brandenburg	29490	86	2536747	1242804	1293943
12	Polygon	Mecklenburg-Vorpommern	23170	79	1832298	899436	932862
13	Polygon	Sachsen	18412	249	4584345	2192299	2392046
14	Polygon	Sachsen-Anhalt	20446	135	2759213	1332127	1427086
15	Polygon	Thüringen	16171	156	2517776	1217934	1299842

Abb. 10.10: Attribut-Tabelle des Layers „BRD"

Hier sehen Sie alle Sachdaten, die in unserem Projekt dem Layer „BRD" hinterlegt sind. Jede Zeile repräsentiert in dieser Tabelle ein Bundesland, in den einzelnen Spalten wiederum sind die einzelnen Attribute des Layers mit entsprechenden Werten für jedes Bundesland enthalten. In der vorliegenden Tabelle erhalten Sie neben einigen von ArcMap automatisch erzeugten Attributen zahlreiche Informationen zu jedem Bundesland der Bundesrepublik, wie z. B. Fläche (in km^2), Bevölkerungsdichte (Einwohner pro km^2), Gesamtbevölkerung (Stand: 1995) etc.

Klicken Sie nun auf das graue Feld vor der ersten Spalte eines beliebigen Datensatzes und sehen Sie sich das Ergebnis im Karten-Fenster von ArcMap an (Abb. 10.11).

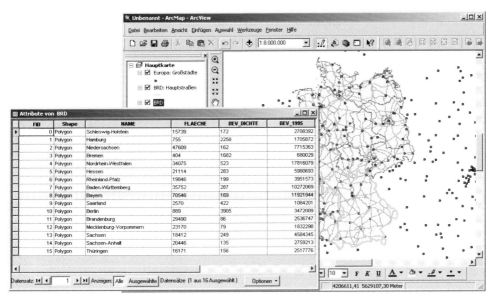

Abb. 10.11: Anzeige eines selektierten Datensatzes

Der in der Attribut-Tabelle selektierte Datensatz wird auch in der Karte farbig hervorgehoben. Bei gedrückt gehaltener „Strg"- bzw. „Shift"-Taste können auch mehrere Datensätze gleichzeitig markiert werden. Mit Klick auf die Schaltfläche „Ausgewählte" im Attribut-Tabellenfenster werden nur noch die selektierten Features in der Tabelle angezeigt.

Mit einem Klick auf die Schaltfläche „Auf selektierte Features zoomen" in der Werkzeugleiste „Werkzeuge" zoomt ArcMap auf die Ausdehnung der selektierten Datensätze.

Umgekehrt werden auch Features, die Sie in der Karte auswählen, in der Attribut-Tabelle hervorgehoben. Blenden Sie zunächst die beiden Layer „BRD: Hauptstraßen" und „Europa: Großstädte" im Inhaltsverzeichnis vorübergehend aus. Klicken Sie dann auf das Werkzeug „Features auswählen", um es zu aktivieren, und schließlich auf ein beliebiges Bundesland. Wenn Sie nun die Attribut-Tabelle öffnen, werden Sie feststellen, dass die entsprechende Zeile hervorgehoben ist.

TIPP: Wollen Sie in der Karte mehrere Features auswählen, halten Sie die Maustaste gedrückt und ziehen Sie ein Fenster über die entsprechenden Objekte oder klicken Sie bei gedrückter „Shift"-Taste die entsprechenden Features in der Karte an, um räumlich voneinander entfernte Objekte zu markieren. Sind mehrere Layer eingeblendet, können auch Features aus verschiedenen Layern gleichzeitig selektiert werden. Sollte ein Layer nicht auswählbar sein, kontrollieren Sie die aktuellen Einstellungen in *Hauptmenüleiste* ⇨ *„Auswahl"* ⇨ *„Auswählbare Layer einstellen…"* und markieren Sie die gewünschten Layer als auswählbar.

Die aktuelle Auswahl lässt sich mit einem Klick auf die entsprechende Schaltfläche in der Werkzeugleiste „Werkzeuge" aufheben. Damit werden alle Markierungen (für alle Layer!) sowohl in der Karte als auch in der Attribut-Tabelle aufgehoben. Arbeiten Sie gerade innerhalb der Attribut-Tabelle und möchten eine Auswahl im aktuellen Layer aufheben, so ist dies über die Schaltfläche „Optionen" und den Befehl „Auswahl aufheben" möglich. Heben Sie auf diese Weise eventuelle Markierungen in Ihrem Projekt auf!

Eine weitere Möglichkeit Informationen zu einem oder mehreren Features in ArcMap abzurufen, ist der Einsatz des Werkzeugs „Identifizieren" in der Werkzeugleiste „Werkzeuge". Mit Hilfe dieses Werkzeugs lassen sich Sachdaten von Features abrufen, die dem Anwender in einem eigenen Auskunftsfenster aufgelistet werden. Klicken Sie zunächst auf das entsprechende Symbol in der Werkzeugleiste. In dem sich dann öffnenden Fenster können Sie festlegen, auf welchen Layer Ihres Projekts sich die Sachdatenabfrage beziehen soll. Dies ist hilfreich, wenn Sie sehr viele Layer geladen haben, aber nur zu einem bestimmten Layer die Sachdaten entsprechender Features abrufen möchten. Wählen Sie aus der Liste den Layer „BRD" aus und klicken Sie auf ein beliebiges Bundesland in Ihrer Karte.

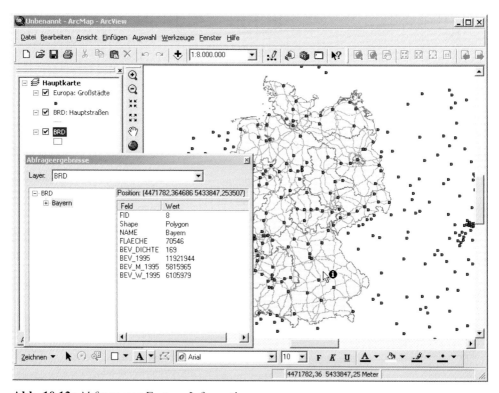

Abb. 10.12: Abfrage von Feature-Informationen

Als Ergebnis werden Ihnen in dem Auskunftsfenster alle Sachdaten zu diesem Feature angezeigt, die auch in der Attribut-Tabelle des entsprechenden Layers enthalten sind (Abb. 10.12). Halten Sie nun die Shift-Taste gedrückt und wählen Sie ein weiteres Bundesland aus. Die entsprechenden Daten werden im Auskunftsfenster als eigener Block hinzugefügt, wobei die Daten des ersten Layers erhalten bleiben. Klicken Sie allerdings auf ein weiteres

Feature, ohne die Shift-Taste gedrückt zu halten, werden alle bis dahin im Auskunftsfenster enthaltenen Daten anderer Objekte entfernt und durch die Daten des neu selektierten Features ersetzt.

Soweit an dieser Stelle zu den Möglichkeiten, die Attribute eines Kartenobjekts abzufragen. Was aber, wenn Sie umgekehrt ein Feature in Ihrer Karte suchen, das bestimmte Sachdaten enthält? Auch hier steht in der Werkzeugleiste mit dem Symbol „Suchen" die entsprechende Funktion zur Verfügung. Mit Klick auf das Symbol öffnet ArcMap ein Fenster, in dem Sie die entsprechenden Suchkriterien angeben können.

Geben Sie in das Feld „Suchen" den Wert „Augsburg" ein und wählen Sie in dem Dropdown-Fenster „In:" den Layer „Europa: Großstädte" aus. Schließlich können Sie die Suche innerhalb eines Layers auf ein bestimmtes Feld (Attribut) oder auf das Primäranzeigefeld aller Layer beschränken, wobei wir hier die Voreinstellungen übernehmen wollen. Mit Klick auf die Schaltfläche „Suchen" wird die Attribut-Tabelle des Layers nach Datensätzen durchsucht, die den angegebenen Suchkriterien entsprechen (Abb. 10.13).

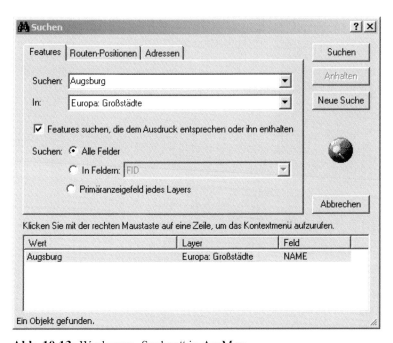

Abb. 10.13: Werkzeug „Suchen" in ArcMap

Sie erhalten hier eine Trefferliste, die einen Datensatz enthält. Klicken Sie doppelt auf den Treffer und Sie werden feststellen, dass im Kartenfenster „Augsburg" kurzzeitig farbig hervorgehoben wird. Klicken Sie mit der rechten Maustaste auf den Treffer, so gelangen Sie in ein Kontextmenü, das weitere Aktionen mit dem Treffer zulässt. So können Sie das Feature aufblinken lassen, was einem Doppelklick auf den Treffer entspricht. Sie können „Auf Feature(s) zoomen" oder „Feature(s) identifizieren", wodurch das bereits bekannte

Auskunftsfenster mit den entsprechenden Informationen zu dem Objekt geöffnet wird. Weiterhin kann das Feature mit einem räumlichen Lesezeichen versehen oder selektiert werden. Ist ein räumliches Lesezeichen gesetzt, so können Sie über „Ansicht" ⇨ „Lesezeichen" direkt auf den entsprechenden Kartenausschnitt zoomen. Außerdem lässt sich eine bestehende Auswahl über dieses Kontextmenü aufheben.

10.2.9 Anpassen der Layer-Symbologie

Nach diesem kleinen Exkurs in das Thema Sachdaten wenden wir uns noch einmal der Layer-Symbologie und deren Anpassung für unser Projekt zu. Wir wollen zunächst jedes der 16 Bundesländer in einer eigenen Farbe darstellen.

Öffnen Sie dazu das Dialogfenster „Layer-Eigenschaften" des Layers „BRD" und wechseln Sie in die Registerkarte „Symbologie". Im linken Bereich dieses Registers steht ein Auswahlfeld „Darstellung" zur Verfügung. Hier stehen mehrere Symbologiekategorien mit unterschiedlichen Optionen für die Darstellung Ihrer Daten zur Auswahl. Klicken Sie auf den Punkt „Kategorien" und auf „Einzelwerte" (Abb. 10.14). Damit legen Sie fest, dass jedes Feature des aktuellen Layers ein eigenes Symbol bzw. eine eigene Symbolfarbe erhält. In der Auswahlliste „Wertefeld" bestimmen Sie, auf welches Attribut des Layers sich die Symbolisierung beziehen soll. Damit werden Features, die im entsprechenden Feld den gleichen Wert enthalten, in eine gemeinsame Kategorie zusammengefasst und dementsprechend mit derselben Symbologie dargestellt. Wählen Sie hier „NAME" und schließlich ein Farbschema zur Vergabe der Farben. Mit einem Klick auf die Schaltfläche „Alle Werte hinzufügen" generiert ArcMap die darzustellenden Symbol-Kategorien aus allen Werten des Attributs in der Attribut-Tabelle und listet die entsprechenden Ergebnis-Kategorien mit den zugehörigen Werten auf. In unserem Beispielprojekt gibt es dementsprechend 16 Kategorien mit je einem Wert bzw. Feature. Bestätigen Sie das Dialogfenster mit „OK" und sehen Sie sich das Ergebnis im Karten-Fenster an.

Abb. 10.14: Vergabe von Feature-Symbolen nach Einzelwerten

Entsprechend der Darstellung im Kartenfenster wurde auch im Inhaltsverzeichnis die Legende des Layers „BRD" automatisch angepasst. Allerdings lässt sich die Darstellung hier noch etwas verbessern, indem wir den Eintrag „<alle anderen Werte>" sowie die Beschriftung des gewählten Wertefeldes „NAME" entfernen. Auch das ist über die Registerkarte „Symbologie" im Dialogfenster „Layer-Eigenschaften" möglich. Entfernen Sie zunächst unter *„Kategorien" ⇨ „Einzelwerte"* das Häkchen vor dem Kategorie-Symbol „<alle anderen Werte>". Klicken Sie dann neben dem Begriff „<Überschrift>" auf „NAME" und löschen Sie diesen Eintrag mit Hilfe der Taste „Entf" auf Ihrer Tastatur. Bestätigen Sie erneut mit „OK". Im Inhaltsverzeichnis sind nun innerhalb des Layers „BRD" alle nicht benötigten Einträge entfernt und nur noch alle wirklich vorhandenen Kategorien aufgelistet.

 TIPP: Gefällt Ihnen die Farbe eines Bundeslandes nicht, können Sie diese wie gewohnt mit einem Rechtsklick auf das entsprechende Feature-Symbol nachträglich jederzeit ändern.

10.2.10 Layer beschriften

Nachdem nun jedes Bundesland in unserem Projekt eine eigene Flächenfarbe erhalten hat, wollen wir im nächsten Schritt die einzelnen Länder zusätzlich noch mit ihrem Namen beschriften. Mit Beschriftungen können Sie auf einfache Weise beschreibenden Text zu den Features auf Ihrer Karte hinzufügen. Grundsätzlich basieren diese Beschriftungen, die sich dynamisch in der Karte platzieren lassen, auf Feature-Attributen der Attribut-Tabelle. Beschriftungen lassen sich auf einfache Weise aktivieren und deaktivieren oder sogar sperren, damit ihre Position beim Zoomen oder Schwenken der Karte fest bleibt. Neben den Beschriftungen gibt es mit „Annotations" und „Graphiktext" noch zwei weitere Arten der Betextung innerhalb von ArcGIS, auf die an anderer Stelle eingegangen wird.

Auch die Beschriftung der Bundesländer in unserem Projekt lässt sich über die Layer-Eigenschaften des Layers „BRD" realisieren. Wechseln Sie dazu in die Registerkarte „Beschriftungen". Mit einem Haken in der Check-Box „Features in diesem Layer beschriften" schalten Sie die Layerbeschriftung ein. Im Feld „Methode" wählen Sie den Eintrag „Alle Features gleich beschriften" aus. Als auszugebenden Text-String wählen Sie im „Beschriftungsfeld" den Eintrag „NAME". Im Bereich Textsymbol schließlich können Sie die Formatierung des Beschriftungstextes vornehmen. Legen Sie hier als Schriftart „Arial, 10, fett" fest. Behalten Sie alle anderen Einstellungen dieser Registerkarte zunächst bei und bestätigen Sie die vorgenommenen Änderungen mit „OK". Zoomen Sie sich nun etwas in die Karte und verschieben Sie sie in verschiedene Richtungen, um sich mit dem Verhalten der (Standard-)Beschriftungen vertraut zu machen. Mit den aktuellen Einstellungen bleiben die Beschriftungen in jedem Maßstab relativ zum Bildschirm gleich groß. Zudem werden sie automatisch so platziert, dass jeder sichtbare Teil eines Bundeslandes eindeutig beschriftet ist (Abb. 10.15).

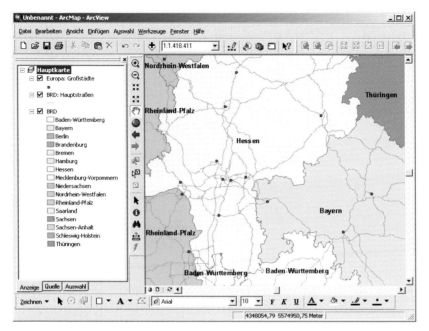

Abb. 10.15: Dynamische Platzierung von Beschriftungen in ArcMap

Dieses dynamische Verhalten von Beschriftungen lässt sich mit Hilfe zahlreicher Einstellungen innerhalb der Layer-Eigenschaften bzw. mit dem Beschriftungs-Manager in der Werkzeugleiste „Beschriftung" den jeweiligen Bedürfnissen anpassen. Näheres dazu erfahren Sie in den Kapiteln 6.3.8 und 6.1.3.15.

 TIPP: Wollen Sie die Beschriftung einmal schnell, d. h. ohne den Umweg über die Layer-Eigenschaften, aus- bzw. wieder einblenden, so ist das im Kontextmenü des entsprechenden Layers über den Befehl „Features beschriften" möglich.

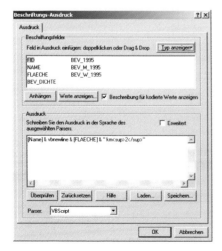

Abb. 10.16: Beschriftungen mit VBScript

Allerdings wollen wir an dieser Stelle die aktuelle Beschriftung der Bundesländer noch um eine Information erweitern. Zusätzlich zum Namen soll bei jedem Bundesland die Fläche in km² mit ausgegeben werden. Öffnen Sie dazu erneut die Registerkarte „Beschriftungen" in den Layer-Eigenschaften des Layers „BRD". Belassen Sie die aktuellen Einstellungen unverändert und klicken Sie im Bereich „Text-String" auf die Schaltfläche „Ausdruck". Im sich öffnenden Fenster haben Sie die Möglichkeit, den Beschriftungstext individuell anzupassen. Dazu stehen Ihnen im oberen Textfeld dieses Dialogfensters alle zu diesem Layer vorhandenen Attribute zur Verfügung. Im unteren Textfeld können Sie aus diesen Attribut-Namen in Verbindung mit einem (einfachen) Programm-Code den gewünschten Beschriftungstext generieren. Ergänzen Sie dazu zunächst den bereits vorhandenen Ausdruck „[Name]" um den Codeausdruck „& vbnewline &", wobei unter „Parser" die Sprache „VBScript" ausgewählt sein muss (Abb. 10.16). Damit erzeugen Sie im Beschriftungstext einen Zeilenumbruch. Ziehen Sie dann mit gedrückter linker Maustaste den Begriff „FLAECHE" aus dem oberen Textfeld in das Ausdruck-Textfeld. Klicken Sie dann auf die Schaltfläche „Überprüfen" und sehen Sie sich im Bereich „Musterbeschriftung" an, wie Ihr Beschriftungstext jetzt aussieht. So weit so gut! Allerdings sollten wir hinter der Flächenangabe noch eine Einheit angeben. Kehren Sie also mit „OK" zum Dialogfenster „Beschriftungs-Ausdruck" zurück und ergänzen Sie den bestehenden Code um den Ausdruck „&" km^2"", womit Sie die Flächeneinheit „km^2" erzeugen.

Bestätigen Sie zweimal mit „OK", so dass Sie zur Kartenansicht zurückkehren. Wie Sie sehen, wird zum Namen des jeweiligen Bundeslandes auch dessen Fläche ausgegeben.

 TIPP: Innerhalb des Dialogfensters „Beschriftungs-Ausdruck" kann Ihnen, gerade wenn Sie mit VBScript nicht vertraut sind, die Hilfe eine wertvolle Unterstützung sein. Hier erhalten Sie anhand zahlreicher nützlicher Beispiele eine kompakte, sehr gute Einführung in die Syntax von VBScript sowie recht ausführliche Tipps zur codebasierten Formatierung von Beschriftungstexten mit Hilfe sog. Formatierungs-Tags.

10.2.11 Features nach Attributen auswählen

Nachdem nun das Karten-Layout zusehends Gestalt annimmt, wollen wir uns noch der Darstellung des Layers „Europa: Großstädte" widmen. Der Layer soll – entsprechend den beiden anderen Layern unseres Projektes – nur Features, d. h. Städte, innerhalb der Bundesrepublik enthalten. Ziel ist es also, die Städte herauszufinden, die innerhalb Deutschlands liegen, und diese in eine neue Shape-Datei zu exportieren.

Sehen wir uns dazu zunächst die Attribut-Tabelle des Layers „Europa: Großstädte" an. Öffnen Sie das Kontextmenü des Layers und klicken Sie auf „Attribut-Tabelle öffnen". Daraufhin öffnet sich ein neues Fenster, das in einer Tabelle alle zu diesem Layer vorhandenen Attribute wiedergibt. Hier werden Sie neben zahlreichen anderen Attributen auch eine Spalte „CNTRYNAME" finden. Dieses Feld soll uns helfen, eine Auswahl nach Städten innerhalb Deutschlands zu treffen, indem wir mit Hilfe von SQL (Structured Query Language: Standardsprache für Datenbankoperationen) eine entsprechende Abfrage formulieren.

Rufen Sie dazu über die Schaltfläche „Optionen" den Befehl „Nach Attributen auswählen…" auf, um in den Abfrage-Manager von ArcMap zu gelangen (Abb. 10.17). Hier können Sie Abfragen zur Auswahl einzelner Features nach bestimmten Kriterien generieren. Für unseren Fall wollen wir alle Städte auswählen, die im Feld „CNTRYNAME" den Wert „Germany" enthalten. Unter „Methode" wählen Sie dazu zunächst den Eintrag „Neue Auswahl erstellen" (①). Dann beginnen wir mit der Erzeugung des Abfrage-Strings. Den ersten Teil hat ArcMap hier schon automatisch erzeugt (②). Den Rest stellen wir uns nach dem Baukastenprinzip zusammen. In der Liste „Felder" werden alle Attribute des Features aufgeführt. Klicken Sie hier doppelt auf den für uns interessanten Wert „CNTRYNAME" (③). Dieser wird daraufhin in das untere Textfeld übernommen. Nachdem wir diesen Wert mit einem anderen gleichsetzen wollen, klicken wir nun auf den „="-Button. Um nun alle in der Tabelle enthaltenen Werte dieses Attributs aufgelistet zu bekommen, klicken wir auf den Button „Einzelwerte anfordern" (④), wodurch das darüber liegende Fenster „Einzelwerte" mit den entsprechenden Werten gefüllt wird. Wählen Sie hier schließlich per Doppelklick den Wert „'Germany'". Der Abfrage-String sieht damit folgendermaßen aus:

```
"CNTRYNAME" = 'Germany'
```

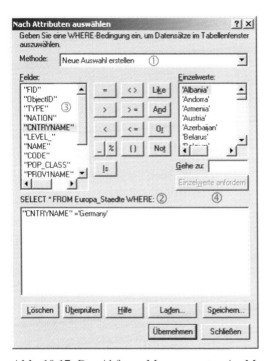

Abb. 10.17: Der Abfrage-Manager unter ArcMap

Mit Klick auf die Schaltfläche „Überprüfen" können Sie nun noch testen, ob die Syntax des erzeugten Strings korrekt ist. ArcMap liefert Ihnen eine entsprechende Meldung zurück. Wurde der Ausdruck erfolgreich ausgeführt, bestätigen Sie alles mit „Übernehmen". Damit wird der Abfrage-Manager geschlossen und Sie befinden sich wieder in der Attribut-Tabelle. Hier können Sie sich mit Klick auf den Button „Ausgewählte" die Ergebnis-Datensätze zusammengefasst anzeigen lassen. Hier sehen Sie, dass alle verbleibenden Datensätze in der Spalte „CNTRYNAME" den Wert „'Germany'" aufweisen. Schließen Sie nun das Tabellen-Fenster. Im Karten-Fenster Ihres Projekts sind nun die entsprechenden, d. h. selektierten Städte hellblau markiert. Auch hier wird deutlich: Alle liegen innerhalb Deutschlands.

 TIPP: Außerhalb der Attribut-Tabelle erreichen Sie das Dialogfenster „Nach Attributen auswählen" auch über den entsprechenden Eintrag im Hauptmenüpunkt „Auswahl".

10.2.12 Selektierte Features exportieren

Nun sollen diese Städte noch in ein eigenes Shape exportiert werden. Wählen Sie dazu im Kontextmenü des Layers „Europa: Großstädte" den Eintrag „Daten" und „Daten exportieren". Im nachfolgenden Dialog treffen Sie genaue Einstellungen zum Daten-Export (Abb. 10.18).

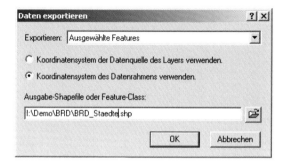

Abb. 10.18: Dialog zum Export von Daten aus ArcMap

Um tatsächlich nur die von uns selektierten Daten zu exportieren, wählen Sie in dem Dropdown-Feld „Exportieren" den Eintrag „Ausgewählte Features". Um den Daten bereits an dieser Stelle das richtige Koordinatensystem zuzuweisen, wählen wir außerdem die Option „Koordinatensystem des Datenrahmens verwenden". Schließlich geben Sie den gewünschten Speicherpfad sowie einen Namen (BRD_Staedte.shp) für das neue Shape an und bestätigen mit „OK". Bestätigen Sie auch die folgende Frage, ob Sie die exportierten Daten der Karte als Layer hinzufügen möchten, mit „Ja". Im Inhaltsverzeichnis Ihres Projekts gibt es nun einen neuen Punkt-Layer „BRD_Staedte". Deaktivieren Sie schließlich den Ausgangs-Layer „Europa-Staedte" und, wie Sie sehen, enthält der neue Layer nur noch deutsche Städte. Benennen Sie den Layer um in „BRD: Großstädte".

10.2.13 Formulieren einer Definitionsabfrage

Aus Gründen der Übersichtlichkeit wollen wir uns innerhalb unserer Karte nun auf die Darstellung von wirklichen Großstädten beschränken. Sehen wir uns dazu noch einmal die Attribut-Tabelle unseres neuen Layers an. Für unsere Zwecke bietet sich hier das Feld „POP_CLASS" an, das die Städte nach Einwohnerzahlen kategorisiert. Wir wollen, dass nur noch Städte mit über 100.000 Einwohnern angezeigt werden. Dies erreichen wir mit Hilfe einer Definitionsabfrage innerhalb des Layers „BRD: Großstädte", die die Sicht auf die Daten einschränkt, ohne diese aber zu verändern. Rufen Sie dazu per Doppelklick auf den Layer im Inhaltsverzeichnis dessen Eigenschaften-Dialogfenster auf und wechseln Sie in das Register „Definitionsabfrage" (Abb. 10.19). Mit Klick auf die entsprechende Schaltfläche gelangen wir auch hier in den uns schon bekannten Abfrage-Manager. Definieren Sie hier, wie oben beschrieben, einen Abfrage-String, der alle Datensätze selektiert, die im Feld „POP_CLASS" den Eintrag „'100,001 - 500,000'" oder „'> 500,000'" enthalten. Der entsprechende Abfrage-String sieht folgendermaßen aus:

```
"POP_CLASS" = '100,001 - 500,000' OR "POP_CLASS" = '> 500,000'
```

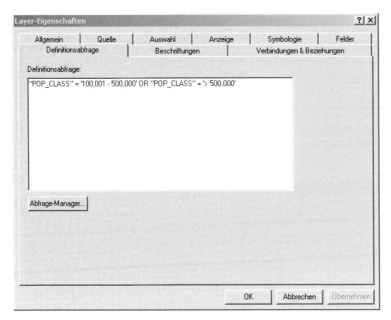

Abb. 10.19: Formulierung einer „Definitionsabfrage"

Bestätigen Sie diese Definitionsabfrage mit „Übernehmen" bzw. „OK". Im Kartenfenster werden daraufhin nur noch Städte mit mehr als 100.000 Einwohnern angezeigt. Den Layer „Europa: Großstädte" können Sie über das Kontextmenü mit einem Klick auf den Befehl „Entfernen" löschen.

10.2.14 Feature-Symbole nach Kategorien darstellen

Nachdem sich die Städte des Layers „BRD: Großstädte" hinsichtlich ihrer Einwohnerzahl in zwei Kategorien unterteilen lassen, soll dies auch durch die Symbolik entsprechend dargestellt werden. Öffnen Sie dazu erneut die Layer-Eigenschaften und wechseln Sie in das Register „Symbologie" (Abb. 10.20). Aktivieren Sie im Bereich „Darstellung" unter „Kategorien" den Eintrag „Einzelwerte". Wählen Sie dann als „Wertefeld" das Attribut „POP_CLASS" und klicken Sie schließlich auf den Button „Alle Werte hinzufügen", um aus allen in der Attribut-Tabelle vorhandenen Werten entsprechende Werte- bzw. Symbol-Kategorien erzeugen zu lassen. Als Ergebnis erhalten Sie eine Liste der erzeugten Kategorien, wobei in der Spalte „Anzahl" die Zahl der zu dieser Kategorie zusammengefassten Features angezeigt wird.

TIPP: Werden statt der Anzahl der Features pro Kategorie in der entsprechenden Spalte nur „?" angezeigt, klicken Sie auf die Spaltenüberschrift „Anzahl" und ArcMap ermittelt die entsprechenden Werte neu. Des Weiteren lassen sich die automatisch erzeugten Kategorien nachträglich durchaus noch individuell anpassen. So können Sie z. B. mehrere Kategorien zu Gruppen zusammenfassen oder für einzelne Kategorien eigene Legenden-Überschriften einfügen. Markieren Sie dazu jeweils die gewünschten Kategorien und öffnen Sie per Klick mit der rechten Maustaste das zugehörige Kontextmenü. Hier finden Sie zahlreiche Befehle zur Anpassung der Kategorien-Symbolik.

Wir wollen die Kategorien aber zunächst so übernehmen, wie sie ArcMap für uns automatisch erzeugt hat. Lediglich die Symbole der beiden Städte-Kategorien sollen noch geändert werden. Klicken Sie dazu doppelt auf die erste Kategorie „> 500.000". Sie gelangen damit in das Ihnen bereits bekannte Dialogfenster zur „Symbol-Auswahl".

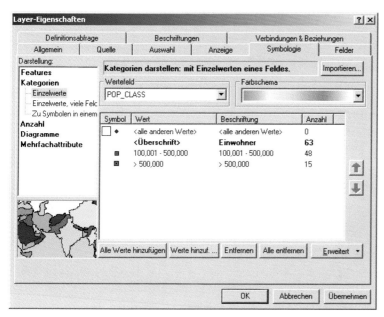

Abb. 10.20: Kategorisierung von Feature-Symbolen

Wählen Sie hier als Symbol für unsere Städte mit mehr als 500.000 Einwohnern das Symbol „Square 3" und legen Sie unter „Optionen" als „Farbe" rot und als „Größe" 8,00 fest. Entsprechend legen Sie ein passendes Symbol für die zweite Städte-Kategorie fest (z. B. „Square 2" in rot, Größe 7,00). Klicken Sie schließlich im Kategorienfenster in der Spalte „Beschriftung" auf den Eintrag „POP_CLASS". Sie können diesen Eintrag nun bearbeiten. Ersetzen Sie ihn durch den Eintrag „Einwohner".

TIPP: Einzelne Kategorien innerhalb der Symbolik lassen sich hinsichtlich der Darstellung noch weiter beeinflussen. So können die sog. „Symbolebenen" in ihrer Darstellungsreihenfolge geändert werden. Damit kann bei sich überlappenden Symbolen festgelegt werden, welche oben liegend (voll sichtbar) dargestellt werden sollen. Außerdem lassen sich Symbolebenen auch miteinander verbinden (gleiche Kategorie) oder zusammenführen (unterschiedliche Kategorien). Dies ist z. B. bei der Darstellung von Straßen sinnvoll, um sich überlagernde Straßen zu vermeiden und stattdessen „offene" Kreuzungen zu erzeugen. Sie erreichen die Funktionalitäten zu den Symbolebenen im Register „Symbologie" der Layer-Eigenschaften über die Schaltfläche *„Erweitert"* ⇨ *„Symbolebenen"*.

Exkurs: Kategorien oder Anzahl?

Bereits zweimal haben wir zur Darstellung unserer Daten nun schon die Symbolkategorie „Kategorien – Einzelwerte" eingesetzt. Grundsätzlich findet die Kategorie „Einzelwerte" Verwendung, wenn Sie nur wenige Features bzw. wenige unterschiedliche Werte darstellen und jedem Wert eine eigene Farbe zuweisen wollen, wie es in unserem Beispiel bei den Bundesländern und den Städten der Fall war. Jedes Bundesland erhielt, nachdem jeder Ländername einzigartig ist, ein eigenes Symbol bzw. eine eigen Füllfarbe. Bei den Städten gibt es zwar insgesamt recht viele Features, allerdings weist die Attribut-Tabelle für das Feld „POP_CLASS" nur zwei verschiedene Werte auf, so dass entsprechend nur zwei Symbole vergeben wurden.

Liegen allerdings zahlreiche Datenwerte vor, die nicht einzeln dargestellt werden können, sollten Sie die Daten in Klassen gruppieren, d. h. klassifizieren. Zudem ist es sinnvoll, Features nach Wertebereichen zu klassifizieren. Diese Möglichkeit steht Ihnen innerhalb der Symbolkategorie „Anzahl" zur Verfügung. Hier können Sie die Features eines Layers unter Angabe des entsprechenden Attributs zu Werteklassen zusammenfassen und entsprechend darstellen lassen.

Wir wollen dies in unserem Projekt auf die Bundesländer bzw. die Darstellung deren Flächengröße anwenden. Dabei soll nicht mehr jedes Bundesland eine eigene Flächenfärbung erhalten. Vielmehr sollen die Länder in Flächenklassen zusammengefasst und entsprechend eingefärbt werden. Wechseln Sie dazu in den Layer-Eigenschaften des Layers „BRD" in das Register „Symbologie". Aktivieren Sie im Bereich „Darstellung" unter „Anzahl" den Eintrag „Abgestufte Farben". Wählen Sie dann als „Wertefeld" diesmal das Attribut „FLAECHE" und suchen Sie sich in der entsprechenden Auswahlliste einen Farbverlauf aus. Wie Sie sehen, hat ArcMap aus den in der Attribut-Tabelle vorhandenen Werten automatisch fünf unterschiedliche Klassen gebildet. Hier haben Sie zahlreiche Möglichkeiten der Einflussnahme. Zum einen können Sie ganz einfach die Zahl der ermittelten Klassen ändern. Zum anderen können Sie über die Schaltfläche „Klassifizieren" zahlreiche Einstellungen hinsichtlich der verwendeten statistischen Methode zur Klassenbildung, der gewünschten Schwellenwerte und anderer Klassifikationsparameter vornehmen.

Wir wollen an dieser Stelle noch die von ArcMap automatisch vergebenen, „krummen" Flächenkategorien abändern und neue, „runde" Schwellenwerte vergeben. Klicken Sie dazu im Bereich „Klassifikation" auf die Schaltfläche „Klassifizieren…", um das Dialogfenster „Klassifikation" zu öffnen (Abb. 10.21). Klicken Sie hier im Fenster „Unterbrechungswerte" auf den ersten Wert „2570", löschen Sie diesen und tragen Sie dafür den Wert „2500" ein. Ebenso verfahren Sie mit den verbleibenden vier Werten, die Sie nacheinander durch die Werte „10000", „25000", „50000" und „75000" ersetzen (siehe Abb. 10.21). Lassen Sie alle anderen Werte unverändert und bestätigen Sie die Änderungen mit „OK".

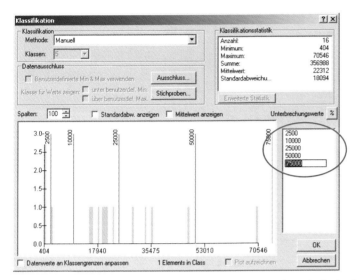

Abb. 10.21: Anpassung von Unterbrechungswerten innerhalb der Layer-Symbologie

In der Registerkarte „Symbologie" (Abb. 10.22) wollen wir zudem den Wertebereich der
ersten Kategorie dahingehend anpassen, dass er nicht mit dem Wert „404" sondern mit „0"
beginnt. Klicken Sie dazu in der Spalte „Beschriftung" auf den ersten Eintrag „404 - 2500"
und ändern Sie diesen in „0 - 2500". Bestätigen Sie auch hier mit „OK", um zum Projekt
zurückzukehren.

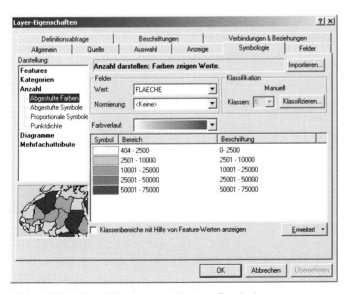

Abb. 10.22: Klassifikation von Feature-Symbolen

Wie Sie sehen, wurden die neuen Schwellenwerte übernommen, und ArcMap hat automatisch die Darstellung der einzelnen Bundesländer aktualisiert. Alle Länder, die einer der von uns gebildeten Kategorien zuzuordnen sind, werden in derselben Farbe dargestellt.

Ändern Sie nun noch die Legendenüberschrift dieses Layers in ArcMap: Klicken Sie dazu im Inhaltsverzeichnis mit der rechten Maustaste auf den aktuellen Legendentitel „FLAECHE". Wenn Sie nun noch mit der linken Maustaste auf den jetzt markierten Begriff klicken, wird er editierbar. Ändern Sie den Titel in „Fläche in km²" (die hochgestellte Ziffer erhalten Sie, indem Sie bei gedrückter „Alt Gr"-Taste die „2" drücken).

10.2.15 Layer entsprechend Symbol-Klassen beschriften

Als nächsten Schritt sollen nun die dargestellten Städte beschriftet werden. Auch hier können wir die beiden unterschiedlichen Städte-Kategorien berücksichtigen. Wechseln Sie dazu in den Layer-Eigenschaften des Layers „BRD: Großstädte" in die Registerkarte „Beschriftungen" (Abb. 10.23). Aktivieren Sie hier die Option „Features in diesem Layer beschriften" und wählen Sie unter Methode „Klassen von Features definieren und unterschiedlich beschriften". Damit erhalten Sie in dieser Registerkarte zahlreiche neue Funktionen zur Anpassung und Beschriftung von Werte-Klassen innerhalb eines Layers. So lassen sich neue Klassen hinzufügen, bestehende umbenennen oder löschen. Sind im Register „Symbologie" für diesen Layer bereits Werte-Klassen definiert, so können diese an dieser Stelle mit Klick auf die Schaltfläche „Symbol-Klassen anfordern" automatisch übernommen werden. Hinsichtlich der Beschriftung lässt sich das entsprechende Attribut auswählen, mit dem das Feature beschriftet werden soll. Zudem stehen umfangreiche Formatierungs-Funktionalitäten für den auszugebenden Text zur Verfügung.

Fordern Sie hier mit Hilfe der entsprechenden Schaltfläche („Symbol-Klassen anfordern") die für den Städte-Layer bereits bestehenden Klassen an und überprüfen Sie das Ergebnis, indem Sie die Auswahlliste „Klasse" öffnen. Wählen Sie hier zunächst den Eintrag „> 500,000". Im Bereich „Text-String" geben Sie als „Beschriftungsfeld" das Attribut „NAME" an. Die Textformatierung legen Sie im Bereich „Textsymbol" fest. Wählen Sie hier die Werte „Arial, fett, Größe 9".

Wählen Sie anschließend aus der Auswahlliste „Klasse" den zweiten Eintrag „100,001 – 500,000" aus und formatieren Sie den auszugebenden Symboltext mit „Arial, Größe 8". Die übrigen Einstellungen dieses Dialogfensters wollen wir an dieser Stelle zunächst unverändert übernehmen. Ausführlichere Informationen hierzu lesen Sie in Kapitel 6.3.5.

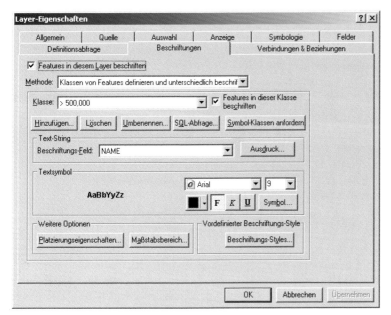

Abb. 10.23: Layer-Beschriftung mit Hilfe importierter Symbol-Klassen

TIPP: Der „Import" von Symbol-Klassen, die im Register „Symbologie" erzeugt wurden, funktioniert problemlos, solange es sich bei den entsprechenden Attributwerten um Texte (Strings) handelt. Sind es allerdings Zahlenwerte, d. h. wenn sie in der (Attribut-)Tabelle als Zahl gespeichert sind, gibt es ein Problem: ArcMap erweitert jede Zahl um einige Nachkommastellen, wobei, wie im Deutschen üblich, als Dezimaltrennzeichen ein Komma eingefügt wird. Damit ergibt sich allerdings ein Fehler bei der Ausführung des zugehörigen SQL-Befehls zur Datenbankabfrage.

Abb. 10.24: Dezimaltrennzeichen als mögliche Fehlerquelle in ArcMap

Erhalten Sie hier also eine Fehlermeldung (Abb. 10.24), lohnt sich per Klick auf die Schaltfläche „SQL-Abfrage" ein Blick auf den SQL-Befehl. Sind hier Dezimalstellen durch ein Komma getrennt, ersetzen Sie das Komma durch einen Punkt!

10.2.16 Layer als Layer-Datei speichern

Nachdem wir nun einige Anpassungen an unseren Projekt-Layern vorgenommen haben, sollen diese auch dauerhaft gespeichert werden. Grundsätzlich werden Layer, die in

ArcMap erstellt bzw. angepasst wurden, als Teil der Kartendokumentdatei gespeichert. Soll Ihnen aber ein Layer mit seiner Symbologie und Beschriftung unabhängig vom aktuellen Kartendokument zur späteren Verwendung auch in anderen Karten zur Verfügung stehen, müssen Sie diesen Layer explizit als Layer-Datei (*.lyr) abspeichern. Ein Layer speichert dabei neben dem Pfad zur eigentlichen Datenquelle (nicht die Daten selbst!) auch alle individuellen Symbologie- und Beschriftungsinformationen. Führen wir dies beispielhaft für den Layer „BRD: Großstädte" durch:

Öffnen Sie dazu mit Klick auf die rechte Maustaste die Kontextmenüleiste des Layers und wählen Sie den Befehl „Als Layer-Datei speichern". Im folgenden Fenster können Sie einen Namen („BRD_Staedte.lyr") und den gewünschten Speicherort für den Layer angeben. Klicken Sie dann auf „OK", um den Layer am gewünschten Ort zu speichern. Sehen wir uns einmal an, was hier passiert:

Speichern Sie zunächst Ihr Projekt über *„Datei"* ⇨ *„Speichern unter…"* an einem beliebigen Ort. Löschen Sie dann über *Kontextmenü des Layers* ⇨ *„Entfernen"* den von Ihnen angepassten Layer „BRD: Großstädte" aus ihrem Projekt. Laden Sie nun über das entsprechende Symbol das Ausgangs-Shape „BRD_Staedte.shp". Wie Sie sehen, stehen Sie hier wieder ganz am Anfang Ihrer Anpassungsarbeiten. Alle Formatierungen und Beschriftungen sind „verloren". Entfernen Sie den neu geladenen Layer wieder und fügen Sie die eben gespeicherte Layer-Datei „BRD_Staedte.lyr" zum Projekt hinzu. Der Layer ist wieder vorhanden – mit all den individuell vorgenommenen Anpassungen.

10.2.17 Bezugsmaßstab festlegen

Insgesamt hat unser Projekt schon erheblich an Informationsqualität gewonnen. Lediglich die zahlreichen Beschriftungen lassen die Karte in der Gesamtansicht noch etwas unübersichtlich erscheinen. Um dies zu beheben, soll an dieser Stelle ein Bezugsmaßstab festgelegt werden.

Der „Bezugsmaßstab" gibt den Maßstab an, zu dem alle Symbol- und Textgrößen in der Karte des Datenrahmens in Bezug gesetzt werden. Mit der Angabe eines Bezugsmaßstabs fixieren Sie die Größe von Texten und Symbolen auf den entsprechenden Maßstabswert, d. h. Symbole und Beschriftungen werden beim Zoomen entsprechend skaliert. Einstellungen zum Bezugsmaßstab lassen sich auch über das *Kontextmenü des Datenrahmens* ⇨ *„Eigenschaften"* vornehmen.

Wechseln Sie hier in die Registerkarte „Allgemein", geben Sie als Bezugsmaßstab „1 : 2.500.000" an und bestätigen Sie die Änderungen mit „OK". In der vollen Ausdehnung Ihres Projektes sind nun alle Symbole und Beschriftungen deutlich kleiner geworden (Abb. 10.25). Zoomen Sie in verschiedene Maßstäbe in die Karte und beobachten Sie, wie sich die Symbole und Texte nun verhalten. Es wird stets stark abhängig von Ihrem Projekt und der auszugebenden Karte sein, welcher Bezugsmaßstab für Ihr Projekt geeignet ist. Probieren Sie hier einfach verschiedene Maßstäbe aus.

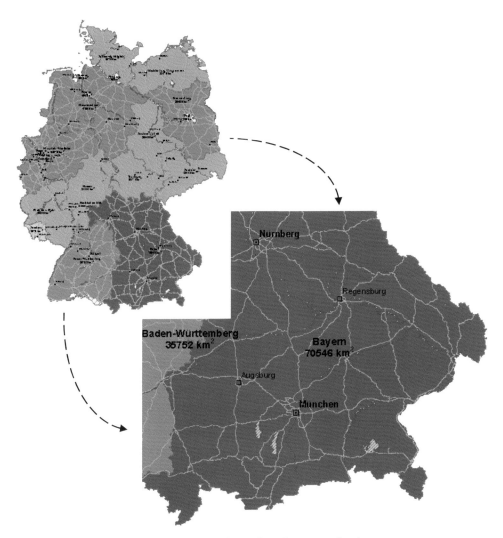

Abb. 10.25: Zoom-Ergebnis bei Verwendung eines Bezugsmaßstabs

TIPP: Änderungen am aktuellen Bezugsmaßstab können Sie auch unter *Kontextmenü des Datenrahmens* ⇨ *„Bezugsmaßstab"* vornehmen. Hier lässt sich der aktuell eingestellte Maßstab des Datenfensters als „Bezugsmaßstab festlegen". Sie können den „Bezugsmaßstab löschen" oder auf den momentan definierten Bezugsmaßstab zoomen.

10.2.18 Anlegen und Verwenden von Styles

Möglicherweise werden Sie mit ArcMap Karten erstellen müssen, die auf bestimmten, sich wiederholenden Kartenstandards bzw. Zeichenvorschriften hinsichtlich Symbologie und Beschriftung aufbauen. In diesem Fall ist es von grundlegender Bedeutung, derartige Vorschriften und Standards immer wieder exakt einzuhalten. Zum Teil wird es auch erforderlich sein, eigene Symbole oder andere Kartenelemente entsprechend speziellen Zeichenvorschriften neu zu erstellen.

Hier werden Ihnen Styles ein wertvolles Instrument innerhalb von ArcMap sein. Styles sind eine Sammlung vorab bzw. selbst definierter Farben, Symbole, Symboleigenschaften und Kartenelemente (z. B. Nordpfeile, Maßstabsleisten), die Ihnen sozusagen als Formatvorlagen zur Verfügung stehen. Immer, wenn Sie ein bestimmtes Kartenelement oder Symbol auswählen und einfügen, verwenden Sie dazu die Inhalte aus einem Style.

Styles werden grundsätzlich in einer Style-Datei (*.style) gespeichert, die verschiedene Styles für Symbole und andere Kartenelemente enthält. Die Verwaltung (Erstellung, Anpassung, Entfernen) von Styles erfolgt in ArcMap mit Hilfe des Style Managers, den Sie über die *Hauptmenüleiste* ⇨ *„Werkzeuge"* ⇨ *„Styles"* ⇨ *„Style Manager..."* erreichen. Hier sind im linken Fenster zwei Style-Dateien aufgeführt:

- „ESRI.style" enthält alle in ArcMap enthaltenen, vordefinierten Styles

- eine Datei mit Benutzer-Styles

Jede dieser Style-Dateien ist in zahlreiche Unterordner organisiert, von denen jeder bestimmte Objekttypen enthält. Innerhalb dieser Objekttypen können Sie eigene Styles definieren. Hier ist es allerdings ratsam, die vordefinierten ArcMap Styles nicht zu verändern!

Exemplarisch soll an dieser Stelle ein einfaches Flächensymbol für einen neuen Layer innerhalb eines eigenen Styles definiert werden. Laden Sie dazu zunächst das Shape „BRD_Gewaesser.shp" in Ihr Beispielprojekt und benennen Sie den Layer um in „BRD: Gewässer".

Starten Sie dann, wie oben beschrieben, den Style Manager und öffnen Sie per Klick auf das Plus-Zeichen die benutzereigene Style-Datei (nicht ESRI.style!). Wie Sie sehen, werden (wahrscheinlich) alle Unterordner weiß dargestellt: weiße Unterordner sind leer! Klicken Sie nun mit der linken Maustaste auf den Ordner „Fill Symbols". Selbst definierte Symbole würden nun im rechten Fenster angezeigt. Um eine neues Symbol zu definieren, klicken Sie zunächst mit der rechten Maustaste in das rechte Fenster. Wählen Sie in dem entsprechenden Kontextmenü den Befehl „Neu" ⇨ „Füllsymbol...". Sie gelangen damit in den „Symboleigenschaften-Editor", der Ihnen zahlreiche Funktionalitäten zur Anpassung oder Erzeugung von Symbolvorlagen bietet (Abb. 10.26).

Wählen Sie im Bereich „Eigenschaften" aus der Auswahlliste „Typ" den Eintrag „Einfaches Füllsymbol". Hier können Sie nun Füllfarbe (z. B. blau), Rand- bzw. Umrissfarbe (dunkelblau) und Umrissstärke (1) festlegen. Im linken Teil des Dialogfensters sehen Sie jeweils eine Vorschau, wie sich Änderungen auf das resultierende Symbol auswirken. Als Ergebnis erhalten Sie hier eine hellblau gefüllte Fläche mit dunkelblauem Rand. Wir wollen allerdings noch ein Muster in die Fläche bringen. Klicken Sie dazu im Bereich „Layer" auf das Plus-Zeichen. Sie können damit Symbole erzeugen, die aus mehreren Layern bestehen.

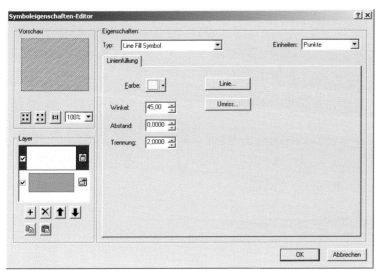

Abb. 10.26: Erzeugen und Speichern eigener Layer-Symbole mit Hilfe von „Styles"

Legen Sie für den zweiten Layer als „Typ" den Eintrag „Line Fill Symbol" fest und stellen Sie als Farbe ein helles Blau, als Winkel „45,00" und als Trennung „2" ein. Unter „*Umriss...*" ⇨ „*Farbe*" wählen Sie schließlich noch „Keine Farbe…", um den Rahmen des darunter liegenden Layers nicht zu überdecken. Die übrigen Einstellungen lassen Sie unverändert. Sie können bei Bedarf die erstellten Layer in ihrer Darstellungsreihenfolge verschieben, neue Layer hinzufügen oder nicht mehr benötigte löschen. Übernehmen Sie alle Einstellungen mit „OK", so dass Sie in den Style Manager gelangen. Hier können Sie für das Symbol noch einen Namen („Gewässer") vergeben. Schließen Sie dann den Style Manager.

Weisen Sie das neue Symbol nun noch dem Layer „BRD: Gewässer" zu. Mit einem Klick auf das Layer-Symbol im Inhaltsverzeichnis gelangen Sie dazu in das Dialogfenster „Symbol-Auswahl", wo das eben gelegte Symbol „Gewässer" zur Verfügung steht.

Entsprechend dem gerade beschriebenen Vorgehen lassen sich individuelle Punkt-, Linien- und Flächen-Symbole als Style anlegen. Hier ist allerdings zu beachten, dass sich die benötigte Darstellungszeit mit zunehmender Komplexität der Symbole (mehrere Ebenen, Effekte wie Schatten, Halos, …) drastisch erhöht.

Als Abschluss dieser ersten Lektion unseres Schnelleinstiegs in ArcMap soll das Projekt nun noch gespeichert werden. Geben Sie dazu, wie Sie es von anderen Windows-Anwendungen gewohnt sind, unter „*Datei*" ⇨ „*Speichern unter...*" den gewünschten Pfad und einen Dateinamen (Lektion 2 ArcMap.mxd) an. Als Dateityp übernehmen Sie den voreingestellten Wert „*.mxd".

10.3 Lektion 3: Arbeiten mit Attribut-Tabellen

Nachdem wir uns in Lektion 2 des Schnelleinstiegs in ArcGIS vorrangig mit der Visualisierung und Beschriftung von Daten beschäftigt haben, widmen wir uns im vorliegenden Kapitel der Arbeit mit Sachdaten und Attribut-Tabellen. Wir stützen uns hier

auf das in Lektion 2 erzeugte Projekt „Lektion_3\Ergebnis Lektion 2\Lektion 2 Erg.mxd".
Öffnen Sie dieses Projekt in ArcMap.

In Kapitel 6.10 wurden Ihnen bereits einige theoretische Grundlagen zu Sachdaten (sog.
Attributen) und deren Organisation in Attribut-Tabellen vermittelt. Im vorliegenden Kapitel
sollen Ihnen die Arbeit mit Attribut-Tabellen und damit deren Funktionsweise in ArcGIS
bzw. ArcMap anhand einiger praktischer Beispiele näher gebracht werden.

Da Sachdaten und damit Attribut-Tabellen eine zentrale Rolle bei der Arbeit mit ArcMap
spielen, wollen wir uns die Grundelemente einer Attribut-Tabelle in Abbildung 10.27 noch
einmal ansehen.

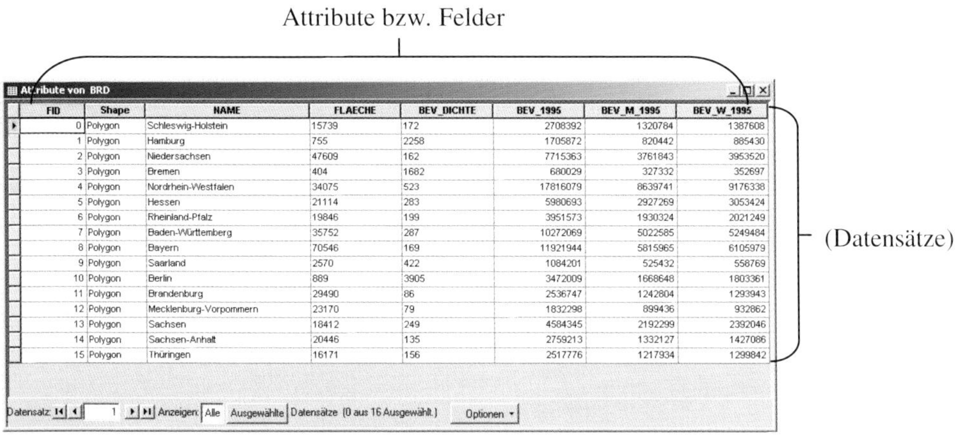

Attribute bzw. Felder

FID	Shape	NAME	FLAECHE	BEV_DICHTE	BEV_1995	BEV_M_1995	BEV_W_1995
0	Polygon	Schleswig-Holstein	15739	172	2708392	1320784	1387608
1	Polygon	Hamburg	755	2258	1705872	820442	885430
2	Polygon	Niedersachsen	47609	162	7715363	3761843	3953520
3	Polygon	Bremen	404	1682	680029	327332	352697
4	Polygon	Nordrhein-Westfalen	34075	523	17816079	8639741	9176338
5	Polygon	Hessen	21114	283	5980693	2927269	3053424
6	Polygon	Rheinland-Pfalz	19846	199	3951573	1930324	2021249
7	Polygon	Baden-Württemberg	35752	287	10272069	5022585	5249484
8	Polygon	Bayern	70546	169	11921944	5815965	6105979
9	Polygon	Saarland	2570	422	1084201	525432	558769
10	Polygon	Berlin	889	3905	3472009	1668648	1803361
11	Polygon	Brandenburg	29490	86	2536747	1242804	1293943
12	Polygon	Mecklenburg-Vorpommern	23170	79	1832298	899436	932862
13	Polygon	Sachsen	18412	249	4584345	2192299	2392046
14	Polygon	Sachsen-Anhalt	20446	135	2759213	1332127	1427086
15	Polygon	Thüringen	16171	156	2517192	1217934	1299842

(Datensätze)

Abb. 10.27: Überblick über die Attribut-Tabelle des Layers „BRD"

Um den Überblick über die häufig sehr großen Datenmengen innerhalb einer Attribut-
Tabelle zu behalten, wird es oft nötig sein, das Erscheinungsbild der Tabelle an Ihre
jeweiligen Bedürfnisse anzupassen. Hier stehen Ihnen einige grundsätzliche
Funktionalitäten zur (Re-)Organisation der Sachdaten innerhalb der Attribut-Tabelle zur
Verfügung. Öffnen Sie z. B. die Attribut-Tabelle des Layers „BRD", um die folgenden
Funktionen nachvollziehen zu können:

10.3.1 Spalten verschieben, fixieren, sortieren

Sind die Tabellen-Spalten nicht in der Reihenfolge angeordnet, die für Ihre aktuelle Arbeit
sinnvoll ist? Dann verschieben Sie die entsprechenden Spalten an die gewünschte Stelle.
Markieren Sie dazu die Spalte(n) mit Klick auf die Spaltenüberschrift. Klicken Sie nun
erneut auf die Spaltenüberschrift und halten Sie die Maustaste gedrückt. Sie können nun die
Spalte an die gewünschte Stelle verschieben. Eine rote Markierungslinie hilft Ihnen dabei,
die Spalte dort zu platzieren, wo Sie sie haben möchten.

Es wird des Öfteren auch der Fall sein, dass Sie sich durch eine Tabelle mit sehr vielen
Attributen (Spalten) bewegen und dabei aber eine oder mehrere bestimmte Spalte(n) im
Blick behalten möchten. Klicken Sie dazu mit der rechten Maustaste auf den Kopf der
gewünschten Spalte(n) und wählen Sie im Kontextmenü den Befehl „Spalte
fixieren/Fixierung aufheben". Damit wird diese Spalte am Beginn der Tabelle fixiert.

Scrollen Sie nun durch die Tabelle, werden die übrigen Spalten quasi unter die fixierte Spalte geschoben, während diese fest stehen bleibt und auch beim Bildlauf immer sichtbar bleibt. Fixieren Sie auf diese Weise die Spalte „NAME" und markieren Sie ein Bundesland. Sie können nun horizontal durch die Attribute scrollen und behalten die Werte des markierten Bundeslandes im Überblick.

Je nach Bedarf lässt sich auch die gesamte Tabelle basierend auf einem (oder mehreren) ausgewählten Feldern (Attributen) sortieren. Klicken Sie dazu mit der rechten Maustaste auf die Überschrift der zu sortierenden Spalte und wählen Sie im Kontextmenü je nach Bedarf den Befehl „Aufsteigend sortieren" oder „Absteigend sortieren".

Eine weitere Möglichkeit zur Anpassung des Erscheinungsbildes der Tabelle ist die Änderung der Spaltenbreite. Klicken Sie dazu doppelt auf die Begrenzung zwischen zwei Tabellenüberschriften. Damit wird die Spaltenbreite (bezogen auf die Spaltenüberschrift) automatisch auf einen „optimalen" Wert gesetzt. Eine weitere Möglichkeit ist die individuelle Festlegung der Spaltenbreite. Bewegen Sie dazu den Mauszeiger wieder auf die Begrenzung zwischen zwei Spaltenüberschriften. Wenn Sie nun die linke Maustaste drücken und gedrückt halten, können Sie die entsprechende Spalte auf die gewünschte Breite verschieben.

10.3.2 Arbeiten mit Indizes

Durch das Erstellen von sog. Indizes können Sie Datenabfragen und damit Ihre Arbeit in ArcMap im Allgemeinen deutlich beschleunigen. Grundsätzlich lassen sich zwei Index-Typen unterscheiden:

Attributindizes

Attributindizes werden für Daten in Tabellen, Feature-Klassen oder Shapefiles verwendet. Ein Attributindex ist ein alternativer Pfad, der vom Datenbankmanagementsystem (DBMS) verwendet wird, um einen Datensatz aus einer Tabelle abzurufen. Für das DBMS ist es wesentlich schneller, für die Suche nach einem Datensatz den Index zu verwenden, als mit dem ersten Datensatz zu beginnen und dann die gesamte Tabelle zu durchsuchen. Mit der Vergabe eines Attributindex wird also die Leistung von Sachdatenabfragen beschleunigt. Ein Attributindex kann dabei für ein oder mehrere Felder vergeben werden, je nachdem, welche Attribute in die entsprechende Datenabfrage einbezogen sind. Attributindizes lassen sich nur innerhalb von ArcCatalog vergeben. Sowohl bei Feature-Klassen als auch bei Shapefiles sind die Einstellungen für Attributindizes jeweils über die Eigenschaften (per Doppelklick auf die entsprechende Datei) zu erreichen.

Räumliche Indizes

Räumliche Indizes dagegen werden für die Beschleunigung graphischer Abfragen bzw. Operationen räumlicher Features verwendet. Neben der Darstellungsgeschwindigkeit werden mithilfe räumlicher Indizes auch zahlreiche Operationen, wie z. B. Verschneidungen, beschleunigt. Feature-Klassen einer Personal-Geodatabase sind automatisch mit einem räumlichen Index versehen, der nachträglich nicht geändert werden kann. Arbeiten Sie mit Shapefiles, so lässt sich nur innerhalb – von ArcCatalog – der räumliche Index jederzeit (neu) festlegen, aktualisieren oder löschen. Der räumliche Index bezieht sich grundsätzlich auf das Feld „Shape".

Sehen wir uns die Indizes einmal am Beispiel unseres Projektes an. Klicken Sie dazu zunächst auf das Symbol „ArcCatalog" in der Standard-Werkzeugleiste, um ArcCatalog zu starten. Navigieren Sie dann in ArcCatalog zu dem Ordner „Lektion_3\Ergebnis Lektion_2". Klicken Sie doppelt auf die Datei „BRD_Strassen.shp", um in die Eigenschaften dieses Shapefiles zu gelangen, und wechseln Sie hier in die Registerkarte „Indizes" (Abb. 10.28).

Hier sehen Sie in zwei Bereichen des Registers die eben besprochenen Index-Typen. Im Bereich Attributindex wird Ihnen – sofern Sie Ihr Einstiegsprojekt in ArcMap geladen haben – auffallen, dass alle aufgelisteten Attribute des Layers inaktiv sind. Der Grund hierfür ist, dass Sie derartige grundlegende Änderungen an Shapes natürlich nur vornehmen können, wenn das Shape nicht gleichzeitig in ArcMap geöffnet ist oder anderweitig bearbeitet wird. Schließen Sie also zunächst das Shape-Eigenschaften-Fenster ebenso wie ArcMap. Klicken Sie dann erneut doppelt auf „BRD_Strassen.shp". Wie Sie sehen, sind jetzt die einzelnen Attribute mit einem Index belegbar. Führen Sie nun innerhalb eines Feldes regelmäßig Datenabfragen bzw. Suchvorgänge durch, weisen Sie diesem Feld einen Attributindex zu, indem Sie hier einen Haken vor den entsprechenden Eintrag setzen.

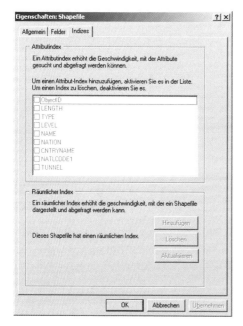

Abb. 10.28: Register „Indizes" eines aktuell geöffneten Shapes in ArcCatalog

Entsprechend verhält es sich für den Bereich „Räumlicher Index". Auch hier sind alle Optionen inaktiv, wenn das entsprechende Shapefile aktuell in ArcMap geöffnet ist. An dieser Stelle teilt Ihnen ArcMap auch mit, ob das aktuelle Shape derzeit einen räumlichen Index besitzt oder nicht. Sie können den räumlichen Index jederzeit aktualisieren, löschen und wieder neu hinzufügen.

TIPP: Aktualisieren Sie den räumlichen Index eines Shapefiles (mit Klick auf die entsprechende Schaltfläche) von Zeit zu Zeit und v. a., wenn Geometrien in größerer Zahl verändert, hinzugefügt oder gelöscht wurden.

Wechseln Sie erneut zu ArcMap in Ihr Projekt „Lektion 2 Erg.mxd". Öffnen Sie dann die Attribut-Tabelle des Layers „BRD: Hauptstraßen". Hier werden alle indizierten Felder (egal ob Attributindex oder räumlicher Index) mit einem Stern (*) markiert. Das verwendete Symbol (*) können Sie innerhalb der Attribut-Tabelle übrigens unter „*Optionen*" ⇨ „*Aussehen*" ändern bzw. dessen Anzeige auch komplett ausschalten. Ist für dieses Shapefile ein räumlicher Index vergeben, so ist das Feld „Shape" mit einem Stern (*) markiert.

10.3.3 Hinzufügen und Löschen von Feldern

Bei der Arbeit mit ArcMap kann es, sofern Sie Ihre Daten(banken) selbst verwalten, immer wieder vorkommen, dass Sie einen bestehenden Layer um weitere Informationen (Attribute) erweitern wollen. Dies bedeutet, dass Sie der Attribut-Tabelle eines Layers ein oder mehrere neue Felder hinzufügen müssen. Dazu müssen allerdings folgende Voraussetzungen erfüllt sein:

- Sie haben Schreibzugriff auf die Daten.

- Sie bearbeiten die entsprechenden Daten nicht gerade in einer Editiersitzung in ArcMap.

- Keine anderen Benutzer oder Anwendungen – weder ArcMap noch ArcCatalog – greifen auf die Daten zu.

Beispielhaft wollen wir in unserem Projekt den Datensätzen des Layers „BRD: Großstädte" die jeweiligen X- und Y-Koordinaten der einzelnen Städte als neue Felder hinzufügen.Dazu soll die Attribut-Tabelle des Layers um zwei neue Spalten („X-KOORDINATE" und „Y-KOORDINATE") erweitert werden.

Öffnen Sie zunächst über das Kontextmenü des Layers die Attribut-Tabelle. Klicken Sie dann auf die Schaltfläche „Optionen" und anschließend auf den Befehl „Feld einfügen", um das Dialogfenster „Feld hinzufügen" zu öffnen (Abb. 10.29).

Geben Sie hier als Namen für das erste Feld „X-KOORDINATE" ein. Als Wertetyp wählen Sie aus der Liste den Eintrag „Double". Damit stehen Ihnen im Bereich Feldeigenschaften zwei weitere Eingabefelder zur Verfügung. Geben Sie im Feld „Präzision" den Wert „10" und im Feld „Dezimalstellen" den Wert „2" ein.

Abb. 10.29: Hinzufügen des Feldes „X-KOORDINATE" zum Layer „BRD: Großstädte"

EXKURS: ArcGIS Datentypen

Beim Erstellen von Tabellen bzw. beim Hinzufügen von neuen Feldern zu einer Tabelle müssen Sie jedem Feld einen Datentyp zuweisen. Dar Datentyp legt fest, welche Art von Daten in dem jeweiligen Feld gespeichert werden können. Dementsprechend stehen verschiedene Datentypen zur Verfügung. Dies sind u. a.:

- **Numerische Datentypen** („short integer", „long integer", „float" und „double"): Diese Datentypen nehmen Zahlen auf, wobei sie sich hinsichtlich Länge und Art der Speicherung des numerischen Wertes unterscheiden. Die „integer"-Typen können nur ganze Zahlen speichern, während „float" und „double" Fließkommazahlen aufnehmen. Die „*Präzision*" des Wertes entspricht dabei der Gesamtzahl der benötigten Stellen (einschließlich Dezimaltrennzeichen). „Dezimalstellen" sind Nachkommastellen!

- **Text**

- **Datum:** Der Datentyp „Datum" kann Datumsangaben, Zeitangaben oder beides gleichzeitig speichern. Das Standardformat für die Darstellung ist mm/tt/jj bzw. hh:mm:ss. Geben Sie Datumsangaben in die Tabelle ein, so werden sie in dieses Format konvertiert.

- **BLOBs** (Binary Large Objects): Unter einem BLOB versteht man Daten, die in der Geodatabase als eine lange Abfolge von Binärzahlen gespeichert werden. Damit können komplexe Objekte wie Bilder, Multimedia-Dateien oder sogar Programmcodes in ein BLOB-Feld gespeichert werden.

Bestätigen Sie, nachdem Sie die beschriebenen Einträge vorgenommen haben, das Dialogfenster „Feld hinzufügen" mit „OK". Sie erhalten dann folgende Fehlermeldung von ArcMap (Abb. 10.30):

Abb. 10.30: ArcMap Fehlermeldung aufgrund eines ungültigen Feldnamens

Der Grund für diese Meldung ist, dass es bestimmte Einschränkungen bei der Vergabe von Feldnamen gibt, die zwingend einzuhalten sind. So darf die Länge eines Feldnamens nicht mehr als zehn Zeichen betragen. Zudem dürfen keine Sonderzeichen ($, %, &, /, (,), =, ?, \, -) und keine Leerzeichen im Feldnamen vorkommen. Ebenso sollten Sie unbedingt auf die Verwendung von Umlauten verzichten. Auch Ziffern zu Beginn des Feldnamens sind nicht zulässig.

Lehnen Sie den Änderungsvorschlag von ArcMap durch Klick auf den Button „Nein" ab, um zurück zum Dialogfenster „Feld hinzufügen" zu gelangen. Geben Sie hier als neuen Feldnamen „X_KOORD" ein und bestätigen Sie erneut mit „OK". Das gewünschte Feld wird am Ende der Attribut-Tabelle angelegt. Legen Sie auf die gleiche Weise ein zweites neues Feld „Y_KOORD" mit Datentyp „double", Präzision 10 und 2 Dezimalstellen an.

TIPP: Neben dem hier beschriebenen Weg gibt es noch eine zweite Möglichkeit, neue Attribute (Felder) zu einem Layer hinzuzufügen: Öffnen Sie dazu ArcCatalog und klicken Sie doppelt auf die entsprechende Shape-Datei bzw. Feature-Klassen. Wechseln Sie im sich öffnenden Eigenschaften-Dialogfenster in die Registerkarte „Felder". Hier geben Sie in der Spalte „Feldname" in einer neuen, leeren Zeile den gewünschten Namen des hinzuzufügenden Feldes an und legen in der Spalte „Datentyp" den gewünschten Typ fest. Detaillierte Einstellungen zum Datentyp nehmen Sie dann im Bereich „Feldeigenschaften" vor. Näheres zum Anlegen von Shapes, Feature-Klassen bzw. neuen Feldern innerhalb von ArcCatalog lesen Sie in den Kapiteln 10.1, 10.5 und 5.

Sollten Sie einzelne Felder nicht mehr benötigen, etwa wenn Sie eine Attribut-Tabelle „entrümpeln" wollen, haben Sie natürlich auch die Möglichkeit, diese Felder aus der Tabelle zu löschen. Klicken Sie dazu mit der rechten Maustaste auf die Spaltenüberschrift des entsprechenden Feldes und wählen Sie im Kontextmenü den Befehl „Feld löschen". Beachten Sie dabei allerdings, dass einmal gelöschte Spalten nicht wiederhergestellt werden können.

10.3.4 Berechnung von Feldwerten

Nachdem wir nun die beiden Felder für die X- und Y-Koordinaten im Layer „BRD: Großstädte" angelegt haben, wollen wir diese noch mit Werten füllen. Eine Möglichkeit wäre die Eingabe der jeweiligen Koordinaten über die Tastatur. Dies mag in einigen Fällen ein durchaus praktikabler Weg sein, birgt aber stets auch ein gewisses Fehlerrisiko (Tippfehler!) und ist nicht zuletzt äußerst zeitaufwändig. Im vorliegenden Fall wollen wir daher die entsprechenden Werte mit Hilfe automatischer Feldberechnungen in ArcMap ermitteln.

Öffnen Sie dazu, wenn nicht schon geschehen, die Attribut-Tabelle des Layers „BRD: Großstädte" und klicken Sie mit der rechten Maustaste auf die Überschrift der Spalte „X_KOORD". Wählen Sie im Kontextmenü den Befehl „Werte berechnen…".

Wiederum gibt ArcMap eine Warnmeldung aus, die Sie darauf hinweist, dass Sie eine Feldberechnung außerhalb einer laufenden Editiersitzung durchführen wollen und diese daher nicht rückgängig gemacht werden kann. Damit werden bereits die beiden Möglichkeiten angedeutet, eine Feldberechnung durchzuführen. Diese kann innerhalb oder außerhalb einer Bearbeitungssitzung ausgeführt werden. Der einzige Unterschied zwischen den beiden Möglichkeiten ist eben, dass das Berechnungs-Ergebnis nicht rückgängig gemacht werden kann, wenn die Berechnung außerhalb einer Editiersitzung durchgeführt wurde. Bestätigen Sie diesen Warnhinweis mit „Ja", um das Dialogfenster „Feldberechnung" zu öffnen.

Innerhalb dieses Dialogfensters können Sie VisualBasic-Anweisungen zur Durchführung unterschiedlichster (mathematischer) Berechnungen formulieren. Setzen Sie nun im Dialogfenster zunächst einen Haken in die Check-Box „Erweitert", wodurch das Dialogfenster um das Textfeld „Pre Logic VBA Script Code" erweitert wird. Damit haben Sie nun die Möglichkeit, in dieses Fenster die benötigte VBA-Anweisung einzutragen, während mit dem zweiten Fenster dem Feld („X_KOORD") der berechnete Wert zugewiesen werden kann.

Sind Sie mit VisualBasic nicht vertraut, finden Sie in der Hilfe zu diesem Dialogfenster zahlreiche nützliche Tipps und Codebeispiele zur Berechnung unterschiedlichster Werte. Öffnen Sie die Hilfe mit einem Klick auf die entsprechende Schaltfläche. Suchen Sie im Hilfe-Text den Abschnitt „So verwenden Sie Visual Basic-Code zur Berechnung von Feldern basierend auf Fläche, Länge, Umfang usw." und gehen Sie unter Punkt 3 zu dem Absatz „So fügen Sie die X-Koordinate von Punkten hinzu". Markieren und kopieren Sie die hier aufgeführten Codezeilen:

```
Dim Output As Double

Dim pPoint As IPoint

Set pPoint = [Shape]

Output = pPoint.X
```

Fügen Sie diesen Code im Dialogfenster „Feldberechnung" in das Textfeld „Pre Logic VBA Script Code" ein (Abb. 10.31). Dieses VBA-Script berechnet Ihnen für jedes Punktfeature, d. h. für jede Stadt des Layers, die gewünschte X-Koordinate und speichert diese in der Variable „Output". Tragen Sie nun noch diesen Variablen-Namen „Output" in das Feld „X_KOORD" ein, um dem Feld den berechneten Wert zuzuweisen.

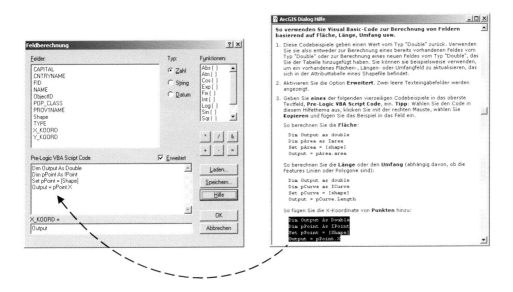

Abb. 10.31: Berechnung von Feldern mit Hilfe von Visual Basic

Klicken Sie nun auf „OK", um die Berechnung der X-Koordinate für die einzelnen Städte unseres Layers durchzuführen. Wenn Sie sich die Attribut-Tabelle ansehen, werden Sie feststellen, dass die Koordinaten berechnet und eingetragen wurden.

Führen Sie die Feldberechnung entsprechend für die Spalte „Y_KOORD" durch. Beachten Sie dabei aber, dass Sie in den Codezeilen, die Sie aus der Hilfe kopieren, die letzte Zeile abändern müssen in „Output = pPoint.Y".

10.3.5 Speichern von Skripten zur Feldberechnung

Es ist durchaus möglich, dass Sie einzelne VBA-Anweisungen zur Berechnung von Feld-Werten immer wieder einsetzen wollen. Um diese Skripte nicht immer wieder neu schreiben zu müssen, lassen sie sich auch speichern. Klicken Sie dazu, nachdem Sie ein Skript erstellt haben, im Dialogfenster „Feldberechnung" auf die Schaltfläche „Speichern…". Im folgenden Dialogfenster können Sie den Ort angeben, an dem Sie den VBA-Code abspeichern möchten. Zu einem späteren Zeitpunkt können Sie die entsprechende Datei (*.cal) mit dem Button „Laden…" öffnen und wieder verwenden.

10.3.6 Löschen von Datensätzen

Innerhalb der Attribut-Tabelle eines Layers haben Sie bei Bedarf natürlich auch die Möglichkeit, einzelne Datensätze (Features) zu löschen. Starten Sie dazu über *Werkzeugleiste „Editor"* ⇨ *„Editor"* ⇨ *„Bearbeitung starten"* zunächst eine Editiersitzung. Öffnen Sie dann die Attribut-Tabelle des Layers „BRD: Großstädte". Wählen Sie nun einen oder – mit Hilfe der „Strg"-Taste – mehrere Datensätze (Zeilen) aus. Haben Sie die entsprechenden Datensätze per Mausklick selektiert, so können Sie diese mit Hilfe des Werkzeugs „Löschen" in der Werkzeugleiste „Standard" bzw. im Kontextmenü der selektierten Datensätze oder mit der „Entf"-Taste auf ihrer Tastatur aus der Attribut-

Tabelle löschen. Beachten Sie, dass dabei auch die entsprechenden Geometrieobjekte aus Ihrer Karte gelöscht werden. Umgekehrt werden natürlich auch die entsprechenden Datensätze aus der Attribut-Tabelle entfernt, wenn Sie einzelne Features in Ihrer Karte löschen.

 TIPP: Das Werkzeug „Löschen" in der Werkzeugleiste „Standard" steht nur in der Daten-Ansicht zur Verfügung. Befinden Sie sich dagegen in der Layout-Ansicht, ist dieses Werkzeug inaktiv.

Beenden Sie nun über *Werkzeugleiste „Editor"* ⇨ *„Editor"* ⇨ *„Bearbeitung beenden"* die Editiersitzung und schließen Sie die Frage, ob Sie Ihre Änderungen speichern wollen, in diesem Falle mit „Nein". Der Layer „BRD: Großstädte" bleibt damit unverändert.

10.3.7 Anbinden von externen Tabellen

Häufig werden Ihnen neben Ihren raumbezogenen Daten auch reine Sachdaten vorliegen, die Sie mit einem Layer in Verbindung und damit als Zusatzinformation in Ihre Karte bringen möchten. Solche Daten können aus den verschiedensten Quellen stammen. So können Sie zu den einzelnen Layern Ihres Einstiegsprojekts unterschiedlichste Sachdaten im Internet recherchieren oder von anderer (kommerzieller) Stelle beziehen. Sind diese Daten in Tabellen (z. B. dBASE-, INFO- oder Geodatabase-Tabellen) oder entsprechend formatierten Textdateien gespeichert und weisen ein gemeinsames Attribut auf, um eine Beziehung zwischen beiden Datenbeständen herstellen zu können, so können Sie in ArcMap mit den entsprechenden geographischen Daten verbunden und entsprechend auf Ihrer Karte angezeigt werden.

Sehen wir uns das am Beispiel unseres Projektes an: Der Layer „BRD: Großstädte" enthält zwar schon einige Informationen zu den einzelnen Städten, allerdings sollen noch einige weitere Angaben, wie z. B. die tatsächliche Einwohnerzahl, die Flächengröße oder die Einwohnerdichte in dem Projekt zur Verfügung gestellt werden. Derartige statistische Daten finden Sie in unterschiedlichen Formaten kostenlos im Internet, so dass eine individuelle Zusammenstellung in tabellarischer Form problemlos möglich ist. Entsprechende Daten finden Sie auch in der Textdatei „StaedteDaten.txt" im Datenordner des vorliegenden Einstiegsprojekts („Kapitel_10\Lektion_3").

Wie bringen wir diese Daten nun aber in die zugehörige Attribut-Tabelle? Zunächst müssen die Informationen in einem von ArcMap verarbeitbaren Format vorliegen. Unsere Textdatei „StaedteDaten.txt", in der die Daten einfach Tabstop-getrennt gespeichert sind, erfüllt diese Anforderungen. Sie enthält ein Feld „NAME", das Städtenamen enthält und damit die Verbindung zur Attribut-Tabelle des Städte-Layers ermöglicht.

Öffnen Sie über *Kontextmenü des Layers „BRD: Großstädte"* ⇨ *„Verbindungen und Beziehungen"* ⇨ *„Verbinden..."* den Assistenten zum Anbinden externer Tabellen. Im ersten Auswahlfeld übernehmen Sie den voreingestellten Wert „Attribute einer Tabelle verbinden" (Abb. 10.32).

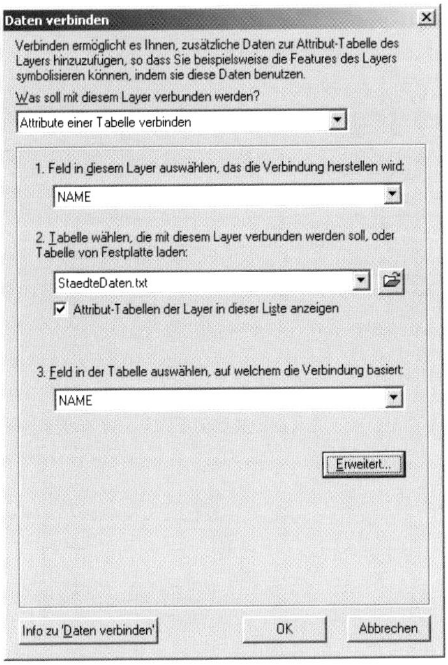

Abb. 10.32: Verbinden externer Tabellen

Als Feld, das die Verbindung (in der Attribut-Tabelle) herstellen wird, wählen Sie „NAME" aus. Unter „2." navigieren Sie nach einem Klick auf das Ordnersymbol zu der Datei „StaedteDaten.txt" in den Beispieldaten („Lektion_3") und wählen diese Datei aus. Als Feld, auf welchem die Verbindung basiert (in der externen Tabelle), wählen Sie ebenfalls „NAME". Schließen Sie den Vorgang mit „OK" ab und öffnen Sie die Attribut-Tabelle des Layers.

Wie Sie in Abbildung 10.33 sehen, wurden die „neuen" Daten an die bestehende Attribut-Tabelle angehängt. Sie können diese Daten in ArcMap einsetzen wie die ursprünglichen Daten dieser Attribut-Tabelle, wobei einige Punkte zu beachten sind:

- Es können (während einer laufenden Editiersitzung) innerhalb der Attribut-Tabelle an diesen Daten keine Änderungen vorgenommen werden. Dementsprechend werden die neuen Felder in einer Editiersitzung andersfarbig (grau) dargestellt als die editierbaren Spalten (siehe Abbildung 10.33). Wollen Sie einzelne Attribut-Werte ändern, so ist dies nur in der externen Original-Tabelle (hier „StaedteDaten.txt") möglich. Nehmen Sie hier allerdings Änderungen vor, so werden diese dynamisch in die Attribut-Tabelle übernommen. Eine gerade geöffnete Attribut-Tabelle können Sie über „*Optionen*" ⇨ „*Cache neu laden*" aktualisieren!

- Die Attribut-Tabelle ist nur virtuell mit der externen Tabelle verbunden. Möchten Sie eine tatsächliche, physische Verbindung herstellen, d. h. die externen Daten in die Attribut-Tabelle einbinden, so müssen Sie den entsprechenden Layer, nachdem

Sie eine Tabelle angebunden haben, in ein neues Dataset (Shape bzw. Feature-Klasse) exportieren.

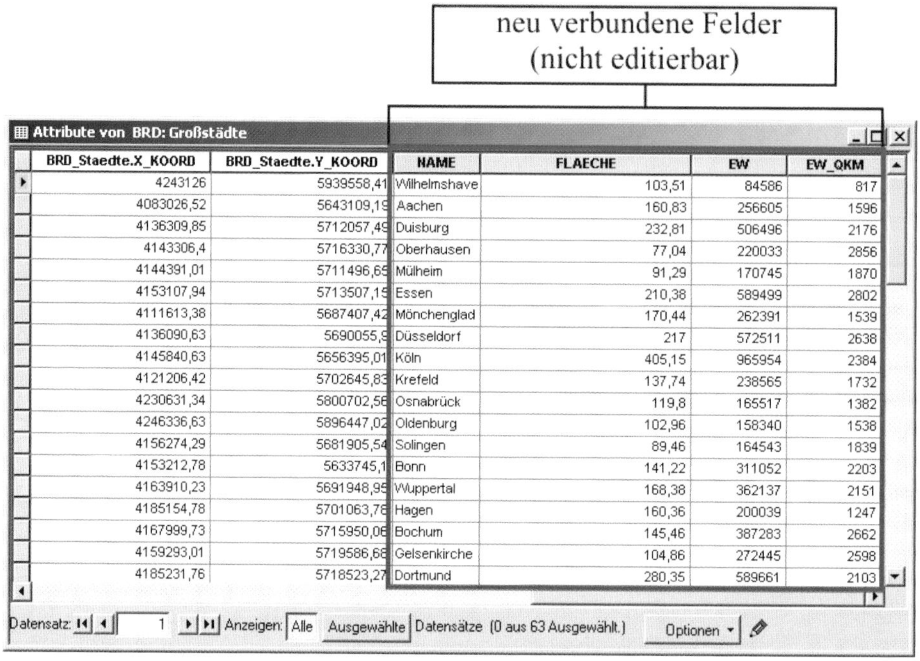

BRD_Staedte.X_KOORD	BRD_Staedte.Y_KOORD	NAME	FLAECHE	EW	EW_QKM
4243126	5939558,41	Wilhelmshave	103,51	84586	817
4083026,52	5643109,19	Aachen	160,83	256605	1596
4136309,85	5712057,49	Duisburg	232,81	506496	2176
4143306,4	5716330,77	Oberhausen	77,04	220033	2856
4144391,01	5711496,65	Mülheim	91,29	170745	1870
4153107,94	5713507,15	Essen	210,38	589499	2802
4111613,38	5687407,42	Mönchenglad	170,44	262391	1539
4136090,63	5690055,9	Düsseldorf	217	572511	2638
4145840,63	5656395,01	Köln	405,15	965954	2384
4121206,42	5702645,83	Krefeld	137,74	238565	1732
4230631,34	5800702,56	Osnabrück	119,8	165517	1382
4246336,63	5896447,02	Oldenburg	102,96	158340	1538
4156274,29	5681905,54	Solingen	89,46	164543	1839
4153212,78	5633745,1	Bonn	141,22	311052	2203
4163910,23	5691948,95	Wuppertal	168,38	362137	2151
4185154,78	5701063,78	Hagen	160,36	200039	1247
4167999,73	5715950,06	Bochum	145,46	387283	2662
4159293,01	5719586,68	Gelsenkirche	104,86	272445	2598
4185231,76	5718523,27	Dortmund	280,35	589661	2103

Abb. 10.33: Attribut-Tabelle mit neu verbundenen, nicht editierbaren Feldern

Bis auf diese Ausnahmen verhalten sich die angebundenen Daten wie alle anderen Attribute des Layers und können für sachdatenbezogene Operationen (Abfragen, Berechnungen etc.) sowie zur Visualisierung (Beschriftung, Symbologie) verwendet werden.

Möchten Sie eine bestehende Verbindung aufheben, so ist dies über *Kontextmenü des Layers „BRD: Großstädte“* ⇨ *„Verbindungen und Beziehungen“* ⇨ *„Verbindung(en) entfernen“* möglich.

Exkurs: Verbindung oder Beziehung?

Wie Sie im Kontextmenü des Layers sicher schon bemerkt haben, gibt es noch eine weitere Möglichkeit, externe Daten mit einem Layer zu verknüpfen. Sie können zwischen externen Daten und Attribut-Tabelle auch eine Beziehung herstellen – ebenfalls basierend auf einem gemeinsamen Feld. Die Attribute der externen Tabelle werden allerdings – im Gegensatz zu einer Verbindung – nicht an die andere Tabelle angefügt, sondern greifen lediglich bei einer Selektion auf die in Beziehung gesetzten Daten zu. Dementsprechend stehen die Daten einer in Beziehung gesetzten Tabelle nicht für sachdatenbezogene Operationen (Abfragen, Berechnungen etc.) sowie zur Visualisierung (Beschriftung, Symbologie) zur Verfügung.

Welche Methode sollte verwendet werden?

Sie sollten zwei Tabellen *verbinden*, wenn die Daten der Tabellen eine eins-zu-eins- oder viele-zu-einem-Beziehung bilden.

Sie sollten zwei Tabellen *in Beziehung setzen*, wenn die Daten der Tabellen eine eins-zu-vielen- oder viele-zu-vielen-Beziehung bilden.

10.3.8 Exportieren von Datensätzen

Möchten Sie eine Attribut-Tabelle bzw. einzelne Datensätze daraus exportieren, um die enthaltenen Sachdaten anderweitig verwenden zu können? Auch dazu bietet ArcMap die entsprechende Funktionalität! Öffnen Sie über *Kontextmenü des Layers „BRD"* ⇨ *„Attribut-Tabelle öffnen"* erneut die Attribut-Tabelle des Layers „BRD". Klicken Sie nun auf die Schaltfläche „Optionen" und wählen Sie den Befehl „Exportieren…". Nachdem wir keine einzelnen Datensätze ausgewählt haben, lassen sich im nächsten Dialogfenster („Daten exportieren") nur „Alle Datensätze" für den Export auswählen. Geben Sie noch den gewünschten Speicherpfad an und bestätigen Sie mit „OK". Anschließend zeigt ArcMap in einem weiteren Dialogfenster an, wie viele Datensätze exportiert werden und speichert diese am angegebenen Ort im dBASE-Format (*.dbf) ab. Öffnen Sie diese Datei – in einem Tabellenkalkulationsprogramm – und Sie sehen, dass alle Felder und Datensätze exportiert wurden. Allerdings werden Sie hier auch feststellen, dass der Export von Werten, die Sonderzeichen oder Umlaute enthalten, Schwierigkeiten bereitet. Häufig bedürfen solche Export-Tabellen daher einer gewissen Nachbearbeitung, bevor Sie weiterverwendet werden können!

10.3.9 Erstellen von Statistik und Feldstatistik

Häufig werden Sie Fragen beantworten müssen, die sich mit statistischen Inhalten ihres Projektes beschäftigen: Wie groß ist das gesamte Bundesgebiet? Wie viele Städte mit mehr als 500.000 Einwohnern gibt es in der Bundesrepublik? Natürlich bietet ArcMap auch hier entsprechende Werkzeuge, mit deren Hilfe sich derartige Fragen recht schnell und problemlos beantworten lassen, ohne dass Sie Datensätze zählen oder einen Taschenrechner bemühen müssen.

Sehen wir uns zunächst die erste Fragestellung nach der Gesamtfläche der Bundesrepublik an: Öffnen Sie dazu die Attribut-Tabelle des Layers „BRD". Klicken Sie hier mit der rechten Mautaste in das Titelfeld der Spalte „FLAECHE" und wählen Sie im sich öffnenden Kontextmenü den Befehl „Statistik…". Damit öffnet sich ein neues Fenster „Statistik von BRD", das Ihnen in Text- und Diagrammform grundlegende statistische Informationen zum ausgewählten Attribut liefert (siehe Abb. 10.34).

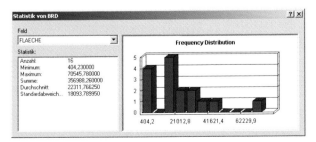

Abb. 10.34: Dialogfenster „Statistik" zum Layer „BRD"

Neben der Anzahl der Datensätze werden weitere Parameter wie Minimum, Maximum, Summe, Durchschnitt aufgelistet. Mit der Angabe „Summe" wird auch unsere Frage beantwortet: Die Bundesrepublik erstreckt sich über knapp 357.000 km² Fläche. In einem Säulen-Diagramm wird schließlich die Häufigkeitsverteilung der Attributwerte dargestellt. Möchten Sie entsprechende Informationen zu einem anderen Feld der Attribut-Tabelle abrufen, können Sie das entsprechende Attribut aus der Auswahlliste „Feld" auswählen. Die dargestellten Informationen werden automatisch aktualisiert. Beachten Sie aber, dass Ihnen die beschriebenen statistischen Informationen nur zu Attributen angezeigt werden können, deren Datentyp ein Zahlenwert ist – nicht also z. B. zu Textfeldern!

Keine Antwort finden wir hier allerdings auf unsere zweite Frage nach der Anzahl an Städten mit mehr als 500.000 Einwohnern. Dazu stellt ArcMap eine andere Funktion zur Verfügung: die sog. „Feldstatistik". Mit Hilfe der Feldstatistik können Sie eine neue Tabelle mit zusammenfassenden Informationen für ausgewählte Felder in der Attribut-Tabelle erstellen. Es wird dabei ermittelt, wie oft jeder Wert des ausgewählten Feldes in der Tabelle vorkommt. Sehen wir uns das in der Praxis an:

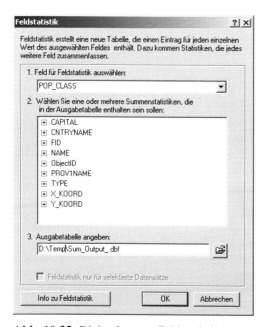

Abb. 10.35: Dialogfenster „Feldstatistik" zum Layer „BRD: Großstädte"

Öffnen Sie noch einmal die Attribut-Tabelle des Layers „BRD: Großstädte". Klicken Sie dann mit der rechten Maustaste auf das Titelfeld der Spalte „POP_CLASS", um das Kontextmenü zu öffnen. Wählen Sie den Befehl „Feldstatistik…". Sie gelangen damit in das Dialogfenster „Feldstatistik" (Abb. 10.35).

Im Bereich „1. Feld für Feldstatistik auswählen" legen Sie das Attribut fest, für das die Feldstatistik erstellt werden soll. Standardmäßig handelt es sich hierbei um das im Tabellenfenster ausgewählte Feld. In unserem Fall ist dies das Feld „POP_CLASS".

Es werden dann alle in dieser Spalte enthaltenen Werte erfasst. Schließlich wird ausgegeben, wie oft jeder dieser Werte in der Tabelle vorkommt. Übernehmen Sie diese Voreinstellungen, tragen Sie unter „3. Ausgabetabelle angeben" den gewünschten Speicherpfad und -namen für die neue Tabelle ein und bestätigen Sie mit „OK". Die Frage, ob die Ergebnistabelle der aktuellen Karte hinzugefügt werden soll, können Sie verneinen. Öffnen Sie nun die neu erzeugt Tabelle. Wie Sie sehen, wurden die beiden Werte „100,001 - 500,000" und „> 500,000" ermittelt. Zudem erfahren Sie, dass es – laut unserer Tabelle – in Deutschland 15 Städte gibt, in denen mehr als 500.000 Menschen leben.

Bezogen auf das unter „1." ausgewählte Feld können Sie unter „2." weitere Felder angeben, für die zusammenfassende Statistiken erstellt werden sollen. Am Beispiel des Layers „BRD: Gewässer" ist z. B. Folgendes denkbar: Auch hier gibt es in der Attribut-Tabelle im Feld „TYPE" eine Gliederung in verschiedene Größen-Typen. Sie möchten nun feststellen, wie viele dieser Größenklassen festgelegt sind, wie viele Gewässer jeder Klasse zugeordnet sind und wie viel tatsächliche Wasserfläche die einzelnen Klassen bilden.

Rufen Sie zunächst die Feldstatistik für das Feld „TYPE" der Attribut-Tabelle des Layers „BRD: Gewässer" auf. Achten Sie darauf, dass unter „1." das Feld „TYPE" festgelegt ist. Unter „2." wählen Sie nun den Eintrag „SQKM" und setzen vor die Option „Summe" einen Haken. Lassen Sie mit „OK" die entsprechende Tabelle rechnen. Wenn Sie sich nun diese Tabelle ansehen, werden Sie feststellen, dass es drei verschiedene Gewässerklassen gibt. Dabei zählen z. B. zu der Kategorie „Very Large …" insgesamt 16 Gewässer mit insgesamt rund 103 km² Wasserfläche.

10.4 Lektion 4: Abfragen und Auswählen von Features

Bei Ihrer Arbeit mit ArcMap werden Sie häufig bestimmte Features auswählen müssen, um mit diesen anschließend weitere Arbeitsschritte durchzuführen. Handelt es sich um einzelne bzw. einige wenige Objekte, lassen sich diese in vielen Fällen einfach mit Hilfe des Werkzeugs „Features auswählen" (Werkzeugleiste „Werkzeuge") selektieren. Häufig aber werden Sie Features suchen und selektieren müssen, die ganz bestimmte Kriterien erfüllen. Die dabei zugrunde liegenden Fragestellungen bzw. Auswahlkriterien können sehr vielfältig und komplex sein wie z. B.:

- Welche Features weisen eine bestimmte Attribut-Eigenschaft auf?

- Welche Features liegen innerhalb bzw. außerhalb eines bestimmten Bereichs?

- Welche Features liegen in einer bestimmten Entfernung von einem Objekt?

- Welche Features überschneiden sich mit einem bestimmten Objekt?

Zur Auswahl der entsprechenden Features stellt ArcMap eine Reihe recht unterschiedlicher Abfragewerkzeuge bereit. Grundsätzlich ist das Ergebnis einer solchen Abfrage „lediglich" eine Auswahl (Selektion) entsprechender Objekte aus der Gesamtmenge der betrachteten Features, d. h. es werden an den Features selbst bzw. an deren Geometrie keinerlei Änderungen vorgenommen. Des Weiteren stehen mehrere Auswahlmethoden zur Verfügung: Sie können eine neue Abfrage erstellen, Features über weitere Kriterien zu einer bestehenden Abfrage hinzufügen, aus ihr entfernen oder innerhalb einer bestehenden Selektion noch einmal bestimmte Features auswählen.

Im Folgenden werden Sie anhand einiger praktischer Beispiele die grundlegenden Abfragetypen näher kennen lernen. Um die nachfolgenden Beispiele nachvollziehen zu können, laden Sie aus Ihrem Downloadverzeichnis die Daten „Lektion_4\BRD.shp" und „Lektion_4\Europa_Staedte.shp" in ein leeres Kartendokument.

10.4.1 Attributbezogene Auswahl von Features

Eine attributbezogene Auswahl von Features kommt immer dann in Frage, wenn die entsprechenden Auswahlkriterien (Bedingungen) mit Hilfe eines oder mehrerer Felder in der Attribut-Tabelle des Layers abgefragt werden können. Diese Abfrage basiert also vollständig auf Attribut-Eigenschaften der einzelnen Features. Die Auswahl der Features erfolgt dann durch die Suche mit einem entsprechenden SQL-Ausdruck.

Eine solche attributbezogene Abfrage haben Sie bereits in Kapitel 10.2.11 „Features nach Attributen auswählen" selbst durchgeführt. Am Beispiel von Deutschland und den Großstädten Europas haben wir eine Abfrage durchgeführt, die alle Städte selektiert, die im Feld „CNTRYNAME" (Ländername) den Eintrag „Germany" enthalten. Als Ergebnis erhielten wir alle Städte, die innerhalb Deutschlands liegen.

Natürlich lassen sich solche Abfragen beliebig erweitern. Im Falle unseres Beispiels ließe sich der Abfrage-Ausdruck z. B. dahingehend anpassen, dass nur Städte in Deutschland selektiert werden, die hinsichtlich ihrer Einwohnerzahlen einer bestimmten Kategorie (z. B. alle Städte über 100.000 Einwohner) zuzuordnen sind. Die notwendigen Kriterien stehen als Feld („POP_CLASS") in der Attribut-Tabelle zur Verfügung und können damit zur Auswahl herangezogen werden. Der entsprechende SQL-Abfrageausdruck sieht folgendermaßen aus:

```
"CNTRYNAME" = 'Germany' AND ("POP_CLASS" = '100,001 - 500,000' OR
"POP_CLASS" = '> 500,000')
```

TIPP: Beachten Sie bei der Formulierung von SQL-Ausdrücken auch die Bedeutung von Klammern. Im obigen Beispiel erhalten Sie, wenn Sie die Klammern weglassen, ein anderes Ergebnis: In diesem Fall würden alle deutschen Städte mit einer Einwohnerzahl zwischen 100.001 und 500.000 sowie alle europäischen Städte mit mehr als 500.000 Einwohnern selektiert! Zudem ist es empfehlenswert, sich einen bestehenden SQL-Ausdruck sicherheitshalber in die Zwischenablage zu kopieren, bevor Sie Änderungen daran vornehmen. Wertvolle Unterstützung für die Formulierung von SQL-Ausdrücken erhalten Sie innerhalb des Abfrage-Assistenten mit einem Klick auf den Button „Hilfe".

Öffnen Sie über *Werkzeugleiste „Hauptmenü" ⇨ „Auswahl" ⇨ „Nach Attributen auswählen..."* den Abfrage-Assistenten und führen Sie die entsprechende Abfrage – wie in Kapitel 10.2.11 beschrieben – durch. Sie sollten folgendes Ergebnis erhalten:

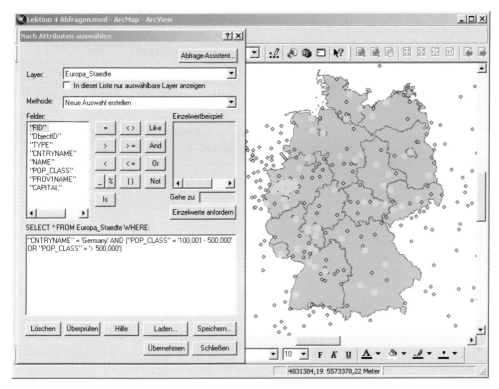

Abb. 10.36: Attributbezogene Auswahl von Features in ArcMap

Sie haben nun eine Auswahl mehrerer Objekte getroffen, möchten diese Auswahl aber noch einmal verändern und um ein weiteres Kriterium erweitern. So sollen nur entsprechende Städte innerhalb Bayerns selektiert werden. Neben dem oben beschriebenen Weg über eine manuelle Anpassung des SQL-Ausdrucks bietet ArcMap dazu noch eine weitere Möglichkeit:

Wählen Sie im Abfrage-Assistenten (*Hauptmenüleiste* ⇨ *„Auswahl"* ⇨ *„Nach Attributen Auswählen..."*) unter „Methode" den Eintrag „Aus aktueller Auswahl auswählen" und ersetzen Sie den SQL-Ausdruck der bestehenden Selektion durch das gewünschte Zusatzkriterium. In unserem Fall:

```
"PROV1NAME" = 'Bayern'
```

Wenden Sie die Änderungen mit einem Klick auf die Schaltfläche „Übernehmen" an und es ergibt sich folgendes Bild:

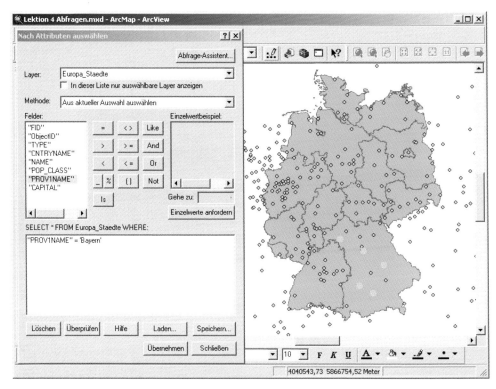

Abb. 10.37: Erweiterte Auswahl von Features in ArcMap aus einer bestehenden Selektion

Der Abfrage-Assistent erleichtert Ihnen hier also die Anpassung des SQL-Ausdrucks. Mit folgendem Ausdruck erhielten Sie bei der Durchführung einer neuen Auswahl das gleiche Abfrageergebnis:

```
"CNTRYNAME" = 'Germany' AND ("POP_CLASS" = '100,001 - 500,000' OR
"POP_CLASS" = '> 500,000') AND "PROV1NAME" = 'Bayern'
```

NEU: Bei Auswahlabfragen *(z. B. Hauptmenüleiste* ➪ *„Auswahl"* ➪ *„Nach Attributen auswählen…")* sind die Anzeigen für Feldnamen und deren Inhalte jetzt längenmäßig nicht mehr beschränkt. Erreicht wurde dies durch eine geänderte Anordnung der einzelnen Bereiche innerhalb des Dialogfensters. Auch werden jetzt für jeden Auswahldialog für die Schaltflächen „Laden…" und „Speichern…" die Pfade einzeln gespeichert. So lassen sich die gespeicherten Dateien schneller finden.

10.4.2 Lagebezogene Auswahl von Features

Neben der Auswahl nach Attribut-Eigenschaften ist die Auswahl von Features nach ihrer (geographischen) Position bzw. Lage in Bezug auf andere Features ein grundlegender Abfragetyp in ArcMap. Auch unser Beispiel eignet sich hervorragend für eine lagebezogene Abfrage. So können wir alle Städte selektieren, die innerhalb der Landesgrenze der Bundesrepublik Deutschland liegen.

Heben Sie zunächst evtl. noch bestehende Selektionen in Ihrem Beispielprojekt über *Kontextmenü „Europa: Staedte"* ⇨ *„Auswahl"* ⇨ *„Feature-Auswahl aufheben"* auf.

Öffnen Sie nun über *Hauptmenüleiste* ⇨ *„Auswahl"* ⇨ *„Lagebezogene Auswahl..."* den Assistenten für die Durchführung von räumlichen Abfragen (siehe Abb. 10.38).

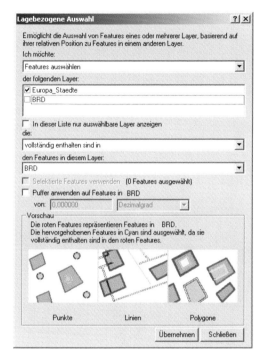

Abb. 10.38: Assistent zur lagebezogenen Auswahl von Features

Wählen Sie unter „Ich möchte:" den Eintrag „Features auswählen" aus und setzen Sie im nächsten Feld („der folgenden Layer") einen Haken vor „Europa_Staedte". Sie können hier grundsätzlich auch mehrere Layer auswählen, wenn Sie Features aus mehreren Layern selektieren möchten. In der nächsten Auswahl-Liste stehen Ihnen nun zahlreiche Auswahlkriterien zur Verfügung. Nachdem wir ja Städte suchen, die innerhalb der Bundesrepublik Deutschland liegen, wählen wir hier den Eintrag „vollständig enthalten sind in" und im folgenden Dropdown-Feld („den Features in diesem Layer") den Wert „BRD" aus. Alle anderen Optionen bleiben unverändert. Im unteren Bereich des Assistenten erhalten Sie noch eine Vorschau, die die Funktionsweise der ausgewählten Selektionsmethode recht anschaulich darstellt. Dabei wird sogar für alle drei Geometrietypen (Punkt, Linie, Fläche) jeweils ein eigenes beispielhaftes Vorschaubild angezeigt.

Bestätigen Sie die vorgenommenen Einstellungen mit „Übernehmen" und Sie erhalten in Ihrem Projekt folgendes Ergebnis:

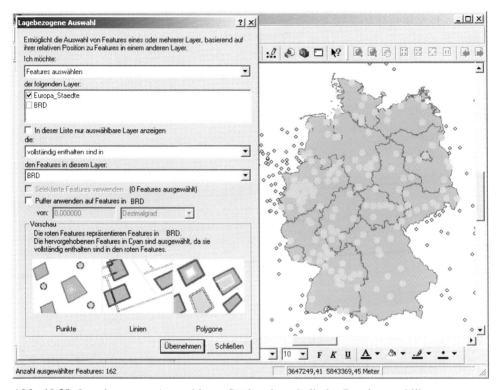

Abb. 10.39: Lagebezogene Auswahl von Städten innerhalb der Bundesrepublik

Wenn Sie nun die Attribut-Tabelle des Layers „Europa_Staedte" öffnen und sich über die entsprechende Schaltfläche die ausgewählten Features anzeigen lassen, werden Sie feststellen, dass 162 Datensätze selektiert wurden – exakt so viele wie mit Hilfe der attributbezogenen Auswahl. Das Ergebnis ist also in Ordnung, ist aber auch über eine reine attributbezogene Abfrage realisierbar. Die Anzahl der durch die lagebezogene Auswahl selektierten Features wird Ihnen übrigens auch nach dem Durchführen der Abfrage links unten in der Statusleiste von ArcMap (siehe Abb. 10.39) bzw. im *Inhaltsverzeichnis-Fenster* angezeigt, wenn Sie in die Registerkarte „Auswahl" wechseln. Steht Ihnen dieses Register nicht zur Verfügung, können Sie es über *Hauptmenüleiste* ⇨ *„Werkzeuge"* ⇨ *„Optionen..."* in der Registerkarte „Inhaltsverzeichnis" einblenden.

TIPP: Sollte im Assistenten für lagebezogene Abfragen im Bereich „der folgenden Layer" der gewünschte Layer nicht zur Verfügung stehen, so ist dieser Layer wohl als „nicht auswählbar" markiert. Deaktivieren Sie in diesem Fall die Option „In dieser Liste nur auswählbare Layer anzeigen" oder definieren Sie den entsprechenden Layer unter *Hauptmenüleiste* ⇨ *„Auswahl"* ⇨ *„Auswählbare Layer einstellen..."* als auswählbar.

Nun wollen wir nur noch Städte auswählen, die innerhalb Bayerns liegen. Auch dies ist natürlich über eine lagebezogene Abfrage möglich. Selektieren Sie in Ihrer Karte mit Hilfe des Werkzeugs „Features auswählen" das Bundesland Bayern. Öffnen Sie dann erneut über

Hauptmenüleiste ⇨ *„Auswahl"* ⇨ *„Lagebezogene Auswahl…"* den Assistenten zur Durchführung von lagebezogenen Abfragen. Nehmen Sie alle Einstellungen vor wie oben beschrieben und aktivieren Sie zusätzlich die Option „Selektierte Features verwenden". Bestätigen Sie erneut mit „Übernehmen" und betrachten Sie das Ergebnis (siehe Abb. 10.40).

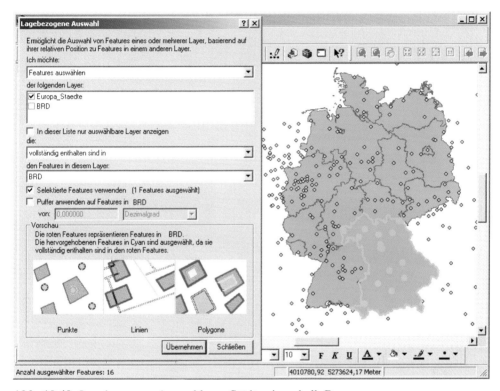

Abb. 10.40: Lagebezogene Auswahl von Städten innerhalb Bayerns

Wie Sie sehen, sind tatsächlich alle Städte (15 – die angegebene Anzahl ausgewählter Features enthält auch Bayern) innerhalb Bayerns selektiert. Zu diesem Ergebnis könnten Sie auch mit Hilfe einer attributbezogenen Auswahl kommen, da ein entsprechendes Feld, das die zu den Städten zugehörigen Bundesländer enthält, in der Attribut-Tabelle („PROV1NAME") vorhanden ist.

Etwas schwieriger wird es im nächsten Fall. Wir wollen nun alle Städte auswählen, die in Bayern oder maximal 50 km außerhalb von Bayern liegen. Heben Sie dazu zunächst eine evtl. noch bestehende Selektion über *Hauptmenüleiste* ⇨ *„Auswahl"* ⇨ *„Feature-Auswahl aufheben"* auf. Selektieren Sie dann mit dem Werkzeug „Features auswählen" zunächst das Bundesland Bayern. Wechseln Sie dann wieder in den Assistenten für lagebezogene Abfragen (*Hauptmenüleiste* ⇨ *„Auswahl"* ⇨ *„Lagebezogene Auswahl…"*). Übernehmen Sie alle Einstellungen von der vorangegangenen – weiter oben beschriebenen – Abfrage. Aktivieren Sie zudem die Option „Puffer anwenden auf Features in BRD", geben Sie als

Wert „50" „Kilometer" ein und bestätigen Sie mit „Übernehmen". Als Ergebnis (siehe Abb. 10.41) werden wieder alle bayerischen Städte sowie alle Städte in einem Bereich von 50 km um Bayern selektiert.

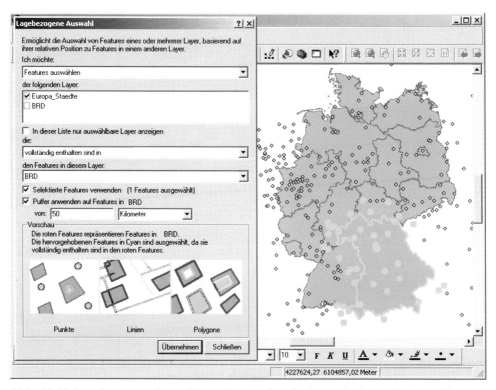

Abb. 10.41: Lagebezogene Auswahl von bayerischen Städten mit einem 50-km-Puffer

Auch diese Abfrage wird problemlos ausgeführt, wobei Sie hier ansatzweise die wahre Stärke lagebezogener Abfragen erkennen können. Das mit diesem Beispiel erzielte Ergebnis wäre über eine attributbezogene Selektion nicht zu erzielen. Neben dem von uns angewendeten Kriterium, das alle Features selektiert, die „vollständig enthalten sind in" einem anderen Feature bzw. Layer, stehen zahlreiche weitere Kriterien zur Verfügung, die auch komplexe räumliche Abfragen ermöglichen, wie im folgenden Beispiel deutlich wird:

Wir wollen bayerische Städte auswählen, für deren Einwohner sich ein eintägiger Ausflug an den Starnberger See hinsichtlich der Anreise noch lohnt – eine interessante Frage für alle, die in dieser Region in der Tourismusbranche tätig sind und gezielt Werbung betreiben möchten, um so neue Ausflugsgäste anzusprechen:

Heben Sie zunächst über *Hauptmenüleiste* ⇨ „*Auswahl*" ⇨ „*Feature-Auswahl aufheben*" alle im Projekt noch bestehenden Selektionen auf. Laden Sie dann zusätzlich die Datei „Lektion_4\BRD_Gewaesser.shp" in Ihr Projekt.

In einer ersten Abfrage lassen sich wie oben beschrieben alle Städte innerhalb Bayerns auswählen (Abb. 10.41). Selektieren Sie dann zur bestehenden Auswahl schließlich noch den Starnberger See. Halten Sie dazu die „Shift"-Taste gedrückt und wählen Sie mit dem Werkzeug „Features auswählen" den Starnberger See aus. Das Bundesland Bayern wird dabei deselektiert. Öffnen Sie nun noch einmal über *Hauptmenüleiste* ⇨ *„Auswahl"* ⇨ *„Lagebezogene Auswahl..."* den Assistenten für lagebezogene Abfragen. Wählen Sie im ersten Auswahlfeld den Eintrag „Features aus aktueller Auswahl auswählen" und als Auswahlkriterium den Eintrag „in einer Entfernung liegen von". Als Layer, für den die Auswahl verwendet werden soll, legen Sie nun „BRD_Gewaesser" fest und setzen die gewünschte Entfernung (Puffer) auf „100" „Kilometer". Als Ergebnis (siehe Abb. 10.42) erhalten Sie fünf bayerische Städte, die in einer Entfernung von 100 km (Luftlinie!) zum Starnberger See liegen: Augsburg, Ingolstadt, Kempten, Landshut und München.

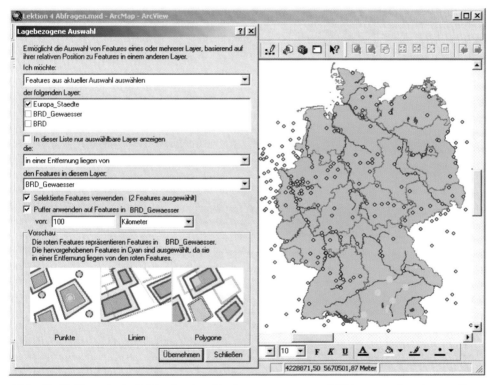

Abb. 10.42: Bayerische Städte in einer Entfernung von max. 100 km zum Starnberger See

10.4.3   Auswahl von Features mit Hilfe von Graphiken

Neben den dargestellten Methoden zur attribut- bzw. lagebezogenen Auswahl von Features ist es natürlich auch möglich, einzelne Objekte „per Hand" zu selektieren. Dazu haben Sie bereits das Werkzeug „Features auswählen" (Werkzeugleiste „Werkzeuge") kennen gelernt, mit dem Sie einzelne oder durch Aufziehen eines Rechtecks auch mehrere Features auswählen können. Was aber, wenn die gewünschten Objekte nicht mit einem Rechteck zu erfassen sind? In diesem Fall können Sie die entsprechenden Features erfassen, indem Sie eine Graphik zeichnen, die die gewünschten Objekte abdeckt oder schneidet, und anschließend eine Auswahl „nach Graphik" ausführen.

Sie möchten z. B. in unserem Beispielprojekt einige Städte manuell selektieren, wollen aber nicht jede Stadt einzeln anklicken. Mit einem Rechteck allerdings lassen sich die gewünschten Städte auch nicht erfassen. Die gewünschten Städte sollen also anhand einer unregelmäßigen Graphik selektiert werden:

Um dies durchzuführen müssen Sie – soweit noch nicht geschehen – die Werkzeugleiste „Zeichnen" einblenden. Setzen Sie dazu über *Hauptmenüleiste* ⇨ *„Ansicht"* ⇨ *„Werkzeugleisten"* vor den Eintrag „Zeichnen" einen Haken. Klicken Sie nun auf das Menü „Graphik-Werkzeuge" und wählen Sie den Eintrag „Neues Polygon". Zoomen Sie in einen beliebigen Bereich der Karte, der die zu selektierenden Städte enthält. Zeichnen Sie nun ein Polygon über diese Städte, indem Sie jeweils mit einem Klick einen Stützpunkt setzen und mit einem Doppelklick das Polygon fertig stellen (siehe Abb. 10.43, links). Wählen Sie dann über *Hauptmenüleiste* ⇨ *„Auswahl"* den Eintrag „Nach Graphik auswählen".

> **TIPP:** Der Befehl „Nach Graphik auswählen" ist nur dann aktiv, wenn die entsprechende Graphik in Ihrem Projekt selektiert ist. Ist dies nicht der Fall, klicken Sie mit der linken Maustaste auf die Graphik, um diese auszuwählen.

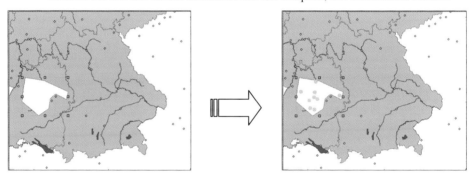

Abb. 10.43: Auswahl von Städten mit einem Graphik-Polygon (mehrere auswählbare Layer)

Wie Sie in Abbildung 10.43 (rechts) sehen, wurden neben den auszuwählenden Städten noch weitere Features selektiert. Dies liegt daran, dass in ArcMap unter *Hauptmenüleiste* ⇨ *„Auswahl"* ⇨ *„Auswählbare Layer einstellen..."* mehrere Layer aktiviert sind. Dementsprechend wurden alle Features der einzelnen Layer selektiert, die in dem von Ihnen gezeichneten Polygon liegen oder von ihm geschnitten werden. Deaktivieren Sie hier alle Layer außer „Europa_Staedte" und führen Sie die oben beschriebene Selektion per Polygon erneut durch. Nun werden, wie gewünscht, nur noch Städte selektiert.

Neben der beschriebenen Selektion per Polygon können Sie die Feature-Auswahl mit Hilfe aller im Menü „Graphik-Werkzeuge" zur Verfügung gestellten Formen durchführen. So lassen sich z. B. auch Objekte auswählen, die von einer von Ihnen gezeichneten Linie oder Kurve geschnitten werden. Diese Methode eignet sich für Flächen- oder Linien-Features, nicht aber für Punkt-Features, da Sie exakt die Koordinaten der einzelnen Punkte treffen müssten. Wählen Sie in diesem Fall die oben beschriebene Auswahlmethode per Polygon.

Wollen Sie die Graphik, mit deren Hilfe Sie die gewünschten Features ausgewählt haben, wieder aus Ihrer Karte bzw. Ihrem Projekt entfernen, so klicken Sie mit der rechten Maustaste auf die Graphik und wählen Sie im Kontextmenü den Befehl „Löschen". Eine bestehende Selektion von Features wird dabei nicht gelöscht.

10.4.4 Auswahl von Features mit Hilfe von Editierwerkzeugen

Neben der in Kapitel 10.4.3 dargestellten Möglichkeit, Objekte mit Hilfe von Graphiken auszuwählen, gibt es noch einen weiteren Weg der manuellen Selektion: Sie können auch mit dem Werkzeug „Editieren" (Werkzeugleiste „Editor") eine Linie oder ein Polygon erstellen, das die auszuwählenden Features beinhaltet bzw. schneidet.

Klicken Sie in der Werkzeugleiste „Standard" zunächst auf den Button „Editor-Werkzeugleiste", um die Werkzeugleiste „Editor" zu öffnen. Hier müssen Sie nun eine Editiersitzung starten. Klicken Sie dazu im Menü „Editor" auf den Befehl „Bearbeitung starten". Nachdem nun die meisten Befehle der Werkzeugleiste aktiv sind, wählen Sie aus der Auswahlliste „Aufgabe" den Eintrag „Features mit einer Fläche auswählen" und aktivieren Sie mit einem Klick auf die entsprechende Schaltfläche das „Skizzenwerkzeug".

Zoomen Sie nun in einen beliebigen Bereich der Karte, der die zu selektierenden Städte enthält. Setzen Sie mit jedem Klick einen Stützpunkt und zeichnen Sie so das gewünschte Polygon um die auszuwählenden Städte (siehe Abb. 10.44, links). Sie beenden das Polygon mit einem Doppelklick beim Absetzen des letzten Stützpunktes.

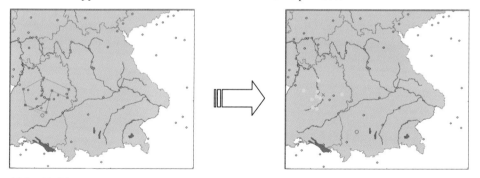

Abb. 10.44: Auswahl von Städten mit Hilfe eines Polygons (ein auswählbarer Layer)

Nachdem wir nur den Layer „Europa_Staedte" als auswählbar definiert haben, werden entsprechend nur die vom gezeichneten Polygon umschlossenen Städte selektiert (siehe Abb. 10.44; rechts).

Auch hier haben Sie – ähnlich wie beim Einsatz von Graphiken – die Möglichkeit, Features anhand einer Linie auszuwählen. Wählen Sie dazu in der Auswahlliste „Aufgabe" (Werkzeugleiste „Editor") den Eintrag „Features mit einer Linie auswählen". Damit werden alle Features selektiert, die von der von Ihnen gezeichneten Linie geschnitten werden. Auch diese Methode eignet sich lediglich für Flächen- oder Linien-Features, nicht aber für Punkt-

Features. Wählen Sie in diesem Fall die oben beschriebene Methode „Features mit einer Fläche auswählen".

10.5 Lektion 5: Geodatabase

In dieser Lektion lernen Sie das Arbeiten mit der Geodatabase. In ArcGIS ArcView steht Ihnen in vollem Funktionsumfang nur die Personal-Geodatabase zur Verfügung. Für das Anlegen einer Mehrbenutzer-Geodatabase benötigen Sie die Software ArcSDE und ein Datenbank-Managementsystem (z. B. Oracle, SQL Server). Im Rahmen dieser Lektion wird unter dem Begriff „Geodatabase" also immer die Personal-Geodatabase verstanden. Für die theoretischen Grundlagen und Begriffsdefinitionen sei auf Kapitel 4 verwiesen. Die Personal-Geodatabase wird als Access-Datei (*.mdb) angelegt. Diese kann mit Access geöffnet und editiert werden. Davon ist aber dringend abzuraten, da die Struktur der abgelegten Tabellen innerhalb von Access nahezu unüberschaubar ist. Aus Gründen der Übersichtlichkeit ist es empfehlenswert, für die Geodatabase einen eigenen Ordner innerhalb Ihres GIS-Projektes anzulegen. Zum Aufbau eines GIS-Projektes und dessen Verzeichnisstruktur finden Sie in Kapitel 4.2 Informationen.

Im Folgenden werden wir in einer Geodatabase eine Flächen- und eine Annotation-Feature-Klasse anlegen. Wir werden der Attribut-Tabelle dieser Flächen-Feature-Klasse Felder hinzufügen und den Raumbezug definieren. Auch wird das Erzeugen von Subtypes für ein Feld dieser Attribut-Tabelle vorgeführt. In darauf folgenden Kapitel werden innerhalb eines Feature-Datasets zwei weitere Feature-Klassen angelegt (Linien- und Punkt-Feature-Klassen). Abschließend wird der Umgang mit Rasterdaten und das Generieren von Raster-Katalogen erläutert.

Je nachdem, ob Sie die Version 9.0 oder die Version 9.1 verwenden, stehen Ihnen innerhalb der Geodatabase unterschiedliche Funktionen zur Verfügung. Immer wenn in diesem Kapitel Funktionen benutzt werden, die erst ab Version 9.1 zur Verfügung stehen, werden Sie mit dem Symbol „9.1" darauf hingewiesen.

Die Daten zu dieser Lektion finden Sie auf unserer Homepage www.gi-geoinformatik.de im Download-Bereich unter „ArcGIS-Buch".

10.5.1 Eine neue Geodatabase anlegen

Das Anlegen einer neuen, leeren Geodatabase erfolgt in ArcCatalog. Im rechten Fenster Registerreiter „Inhalt" gelangen Sie über das Kontextmenü zum Befehl „Neu" ⇨ „Personal-Geodatabase". Dadurch legt ArcCatalog eine Datei mit der Endung „*.mdb" an. Nachdem Sie für diese Datei als Namen „Personal-Geodatabase" vergeben haben, haben Sie eine leere Geodatabase angelegt. In ArcCatalog werden alle Daten, die in einer Geodatabase gespeichert werden, mit grauen Symbolen dargestellt. Die Geodatabase selbst wird mit einem grauen Datenbanksymbol dargestellt.

Abb. 10.45: Anlegen einer neuen Geodatabase

10.5.2 Eine Polygon-Feature-Klasse anlegen

Im nächsten Schritt wird die Geodatabase mit Inhalten befüllt. Wir wollen der Geodatabase eine Feature-Klasse hinzufügen. Features sind einzelne Geometrieobjekte (Punkt, Linie, Polygon), Feature-Klassen sind Sammlungen von Features. Um eine Feature-Klasse innerhalb einer Geodatabase anzulegen, muss im Kontextmenü der Geodatabase „*Neu*" ⇨ „*Feature-Class...*" gewählt werden. Im Kontextmenü wird ein leeres graues Symbol angezeigt, da erst im nächsten Schritt festgelegt wird, welcher Geometrietyp für die Feature-Klasse erzeugt werden soll.

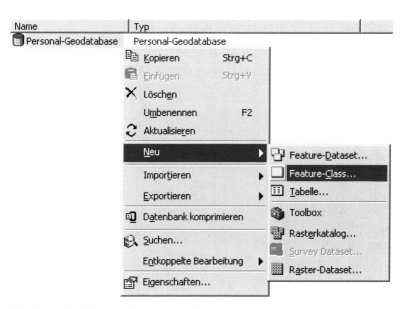

Abb. 10.46: Anlegen einer Feature-Klasse

Im sich nun öffnenden Fenster „Neue Feature-Class" muss ein Name für die Feature-Klasse angegeben werden. Dieser muss sich an einige Konventionen halten. Der Name einer Feature-Klasse darf nicht mit einer Zahl beginnen und es dürfen keine Sonder- oder Leerzeichen verwendet werden. Umlaute können dagegen verwendet werden. Im darunter liegenden Feld kann aber ein Aliasname vergeben werden, der sich nicht nach diesen Konventionen richten muss. Der Aliasname wird für die Feature-Klasse im Inhaltsverzeichnis von ArcCatalog zwar nicht angezeigt, wird aber, wenn die Feature-Klasse einem ArcMap Projekt hinzugefügt wird, als Layername verwendet. Als Namen für die Feature-Klasse wählen wir „Flächen". Im Bereich „Typ" behalten wir die bestehende Auswahl bei. Simple-Feature-Klassen sind geometrisch einfache Feature-Klassen (Punkt, Linie und Flächen), die auch im Datenformat Shape abgebildet werden können. Die Geodatabase erlaubt es darüber hinaus, weitere Feature-Klassen anzulegen. Dazu zählen Annotation-Feature-Klassen (Texte), Dimension-Feature-Klassen (bemaßte Linien, so genannte Routen) und weitere Objektklassen. Die Personal-Geodatabase erlaubt nur das Anlegen von Annotation-Feature-Klassen, das später in dieser Lektion noch durchgeführt werden wird.

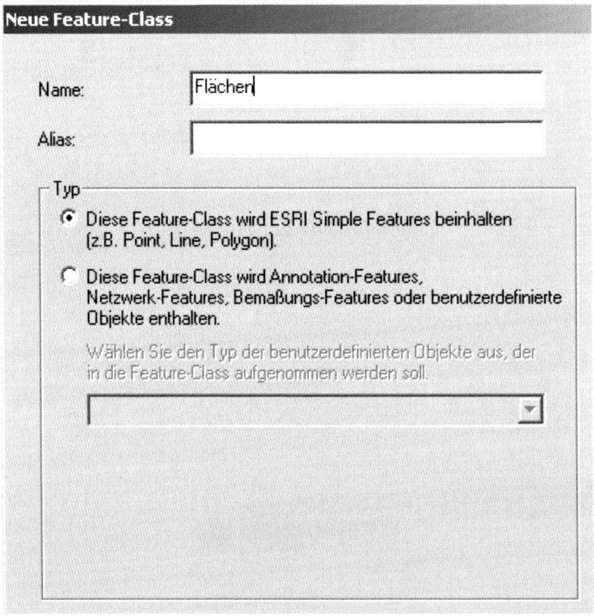

Abb. 10.47: Namen und Typ für eine neue Feature-Klasse angeben

Nachdem auf „Weiter" geklickt worden ist, muss im nächsten Fenster die Datenbank-Speicherkonfiguration angegeben werden. Diese ist nur für Mehrbenutzer von Geodatabases von Bedeutung. Wir übernehmen im Bereich „Konfigurationsschlüsselwort" die Vorauswahl „Standard" und klicken auf „Weiter".

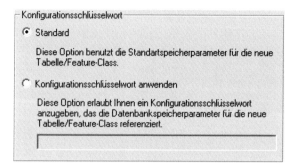

Abb. 10.48: Konfigurationsschlüssel

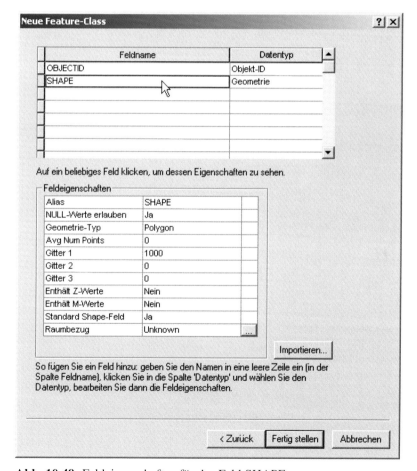

Abb. 10.49: Feldeigenschaften für das Feld SHAPE

Das dritte Fenster, das sich öffnet, ist zweigeteilt. Im oberen Bereich sind die Felder der zu erstellenden Attribut-Tabelle aufgeführt. Zwei Felder (Spalten der Attribut-Tabelle) sind bereits vorhanden. Das Feld „OBJECTID" ist ein internes Feld, das automatisch eine eindeutige Kennung für jedes Feature erzeugt. Mit Hilfe dieses Feldes verknüpft ArcGIS unter anderem die Geometrie mit den Sachdaten. Das zweite Feld ist das Feld „Shape". In diesem Feld wird intern die Geometrie der Features gespeichert. Diese beiden Felder können nicht gelöscht werden. Wird nun im oberen Bereich auf das Feld „Shape" geklickt, werden zu diesem Feld im unteren Bereich die entsprechenden Feldeigenschaften aufgeführt. Wichtig sind für das Feld „Shape" die Feldeigenschaften „Geometrie-Typ" und „Raumbezug".

10.5.2.1 Geometrie-Typ festlegen

In der Eigenschaft „Geometrie-Typ" stehen vier Typen für die Feature-Klasse zur Verfügung: „Line", „Multipoint", „Point" und „Polygon". Der Geometrie-Typ „Multipoint" bedeutet, dass mehrere Punkte einen gemeinsamen Datensatz in der Attribut-Tabelle besitzen. In unserem Fall wählen wir als Geometrie-Typ „Polygon". Falls Sie mit dreidimensionalen Geometrien arbeiten wollen, können Sie die Eigenschaft „Enthält Z-Werte" auf „Ja" setzen.

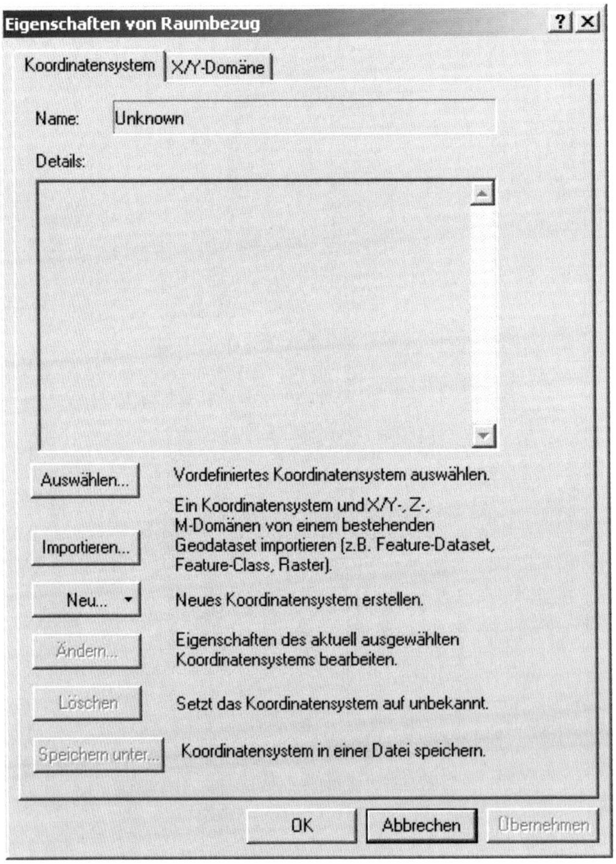

Abb. 10.50: Eigenschaften des Raumbezuges

10.5.2.2 Raumbezug festlegen

In der Eigenschaft „Raumbezug" steht momentan „Unbekannt". Wie in Kapitel 7.2 schon ausführlich dargelegt, spielt für die Genauigkeit, in der Geometrien in der Geodatabase gespeichert werden können, die Ausdehnung (Domain) die entscheidende Rolle. Es muss für jede Feature-Klasse innerhalb einer Geodatabase ein Raumbezug definiert werden. Eine Ausnahme stellen Feature-Klassen innerhalb eines Feature-Datasets dar, da die Ausdehnung, die für das Feature-Dataset bestimmt worden ist, auch für die darin befindlichen Feature-Klassen gilt. Dazu aber später mehr in dieser Lektion. Daten können nur innerhalb dieses definierten Bereiches erfasst werden. Liegen Daten, die digitalisiert werden, außerhalb dieser Ausdehnung, erhalten Sie folgende Fehlermeldung: „Die Koordinaten oder Messwerte liegen außerhalb der Grenzwerte". Um den Raumbezug festzulegen, müssen Sie auf die unscheinbare kleine Schaltfläche rechts in der Eigenschaft „Raumbezug" klicken.

10.5.2.3 X/Y-Domain festlegen

Im jetzt erscheinenden Fenster befinden sich zwei Register: „Koordinatensysteme" und „X/Y-Domäne". Im ersten Register stellen Sie, wie der Name schon sagt, das zu verwendende Koordinatensystem ein. Im zweiten Register wird die Ausdehnung bestimmt, innerhalb der Sie Daten erfassen können. Hier können Sie händisch die Ausdehnung Ihrer Feature-Klasse angeben. Daraus resultiert dann die Genauigkeit, in der die Daten gespeichert werden. Dies ist eine sehr genaue, aber etwas mühsame Vorgehensweise. Effektiver ist es, im Register „Koordinatensysteme" auf die Schaltfläche „Importieren" zu klicken und sich aus einer bestehenden Feature-Klasse die benötigte Ausdehnung zu importieren. Voraussetzung ist natürlich, dass eine entsprechende Datengrundlage zur Verfügung steht und in dieser eine passende Ausdehnung gespeichert ist. Leider ist dies oft nicht der Fall. In unserem Fall wählen wir das Shape „Lektion_5\BRD.shp" aus und sehen uns dann das Register X/Y-Domain an.

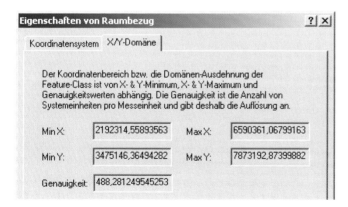

Abb. 10.51: Raumbezug des Shapefiles „BRD"

Bei Shapefiles wird die Ausdehnung automatisch deutlich größer gesetzt, als es eigentlich erforderlich wäre, damit ist auch die Speichergenauigkeit der Koordinaten nicht in der maximalen Genauigkeit. Eine Genauigkeit von rund 488 bedeutet, dass Koordinaten mit einer Genauigkeit von rund 2 Millimeter = 0,002 Meter (1 Meter / 488) gespeichert werden. Das sollte in unserem Fall genügen.

10.5.2.4 Koordinatensystem definieren

Da das BRD-Shape kein Koordinatensystem besitzt, legen wir im nächsten Schritt für unsere Feature-Klasse ein Koordinatensystem fest. Es ist nicht zwingend vorgeschrieben, ein Koordinatensystem zu definieren, Im Gegensatz zum Raumbezug können Sie auch ohne Koordinatensystem arbeiten, bzw. Sie können zu einem späteren Zeitpunkt an dieser Stelle nachträglich ein Koordinatensystem zuweisen. In unserem Fall wollen wir dies aber tun. Dazu klicken wir im Register „Koordinatensystem" auf die Schaltfläche „Auswählen" und gelangen automatisch in das Verzeichnis „Koordinatensysteme". Dieses Verzeichnis liegt im Installationsverzeichnis unter „ArcGIS" und trägt den Namen „Coordinate Systems". Wir navigieren zu „Projected Coordinate Systems\National Grids" und wählen „Germany Zone 4". Dabei handelt es sich um das Koordinatensystem „Gauß-Krüger 4", das in Kapitel 8.3 mit einer Beispielabbildung vorgestellt wird. Es ist übrigens identisch mit dem „DHDN 3 Degree Gauss Zone 4". Im Ergebnis sollte das Register folgendermaßen aussehen (Abb. 10.52).

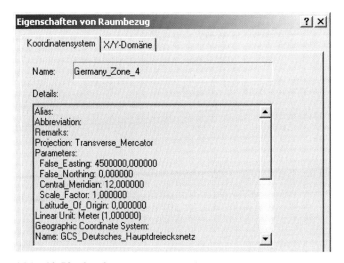

Abb. 10.52: Gauß-Krüger 4 Koordinatensystem

Wir schließen das Fenster mit „OK", kehren zum Fenster „Eigenschaften Feature-Class" zurück und sehen, dass im Feld „Raumbezug" unser ausgewähltes Koordinatensystem mit dem Namen „Germany_Zone_4" angezeigt wird.

Feldeigenschaften	
Alias	SHAPE
NULL-Werte erlauben	Ja
Geometrie-Typ	Polygon
Avg Num Points	0
Gitter 1	1000
Gitter 2	0
Gitter 3	0
Enthält Z-Werte	Nein
Enthält M-Werte	Nein
Standard Shape-Feld	Ja
Raumbezug	Germany_Zone_4

Abb. 10.53: Feldeigenschaften des Feldes „Shape" mit Koordinatensystem

10.5.2.5 Felder der Attribut-Tabelle hinzufügen

Bevor wir den Prozess zum Anlegen einer neuen Feature-Klasse beenden, wollen wir vorher noch weitere Felder in der Attribut-Tabelle anlegen. Dazu klicken Sie im oberen Bereich des Fensters auf die Zeile unterhalb des Eintrages „Shape". Dort legen wir den Namen „Nutzung" für die neue Spalte in der Attribut-Tabelle fest. Bei Datentypen wählen Sie aus der Dropdown-Liste den Datentyp „Text" aus. Die Beschreibung der einzelnen Datentypen erfolgt im Exkurs des Kapitels 10.3.3. Für dieses neue Feld müssen nun die Feldeigenschaften definiert werden. In unserem Fall übernehmen wir die vorgeschlagenen Eigenschaften von ArcGIS, bei der das Textfeld 50 Zeichen lang sein darf.

 NEU: Für die Version 9.1 legen wir das Feld „Nutzung" nicht mit dem Datentyp „Texte", sondern als „Short Integer" an. Bei den Feldeigenschaften geben wir bei „Präzision" (Anzahl der Stellen) 3 ein. Felder die mit diesem Datentyp definiert sind, können später mit Subtypes versehen werden (siehe Kap. 10.5.2.6).

Als weiteres Feld definieren wir „Ha", vergeben den Datentyp „Double" und stellen die Präzision auf 10, die Anzahl der Dezimalstellen auf 2 und vergeben als Aliasname „Fläche (ha)". In Abbildung 10.54 ist dargestellt, wie das Fenster für die Version 9.1 aussehen sollte.

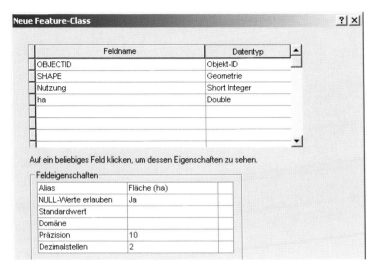

Abb. 10.54: Felder der Attribut-Tabelle hinzufügen

Nachdem alle Einstellungen vorgenommen worden sind, können wir jetzt auf „Fertig stellen" klicken. Im linken Inhaltsverzeichnis von ArcCatalog sollte Sie jetzt folgendes sehen (siehe kleine Abb. rechts):

Wenn Sie jetzt im Kontextmenü der Feature-Klasse „Flächen" auf „Eigenschaften" klicken, gelangen Sie wieder in das vorher bearbeitete Menü. Allerdings sieht dies nun anders aus als beim ersten Aufruf. Außer den fünf Registern fällt auf, dass sich die Anzahl der Felder in der Attribut-Tabelle um zwei erhöht hat. Die Felder „Shape_Length" und „Shape_Area" sind hinzugekommen. Das sind Felder, die die Geodatabase bei Polygon-Feature-Klassen standardmäßig anlegt. Diese Felder werden automatisch mit den entsprechenden Werten bestückt, wenn Flächen erfasst, verändert, geteilt oder zusammengefügt werden. Im Feld „Shape_Length" wird der Umfang der Fläche eingetragen, beim Feld „Shape_Area" die Flächengröße, jeweils in der entsprechenden Maßeinheit (in der Regel Meter). Diese Felder können nicht gelöscht, ein Aliasname kann aber vergeben werden.

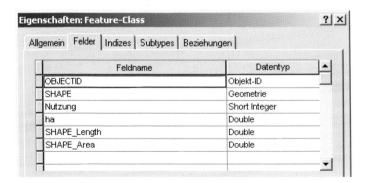

Abb. 10.55: Eigenschaften der Feature-Klasse

Im Register „Allgemein" kann nur der Aliasname der Feature-Klasse verändert werden. Das Register „Indizes" erlaubt es, für Felder der Attribut-Tabelle einen Index zu erstellen, der den schnelleren Zugriff (Sortierung, Summation etc.) auf das Feld ermöglicht. Das Register „Beziehungen" listet die Beziehungsklassen auf, denen die Feature-Klasse angehört. Im Register „Subtypes" können für Felder der Attribut-Tabelle Subtypes erstellt werden. Was Subtypes sind bzw. wie sie erstellt und verwendet werden, soll im Folgenden gezeigt werden.

10.5.2.6 Subtypes erzeugen

Ab Version 9.1 kann innerhalb der Geodatabase mit Subtypes gearbeitet werden. Subtypes legen für die Inhalte eines Feldes gültige Wertebereiche fest. Beim Attributieren von Features können dann nur die definierten Werte vergeben werden. Subtypes können nur für Felder erzeugt werden, die mit dem Datentyp „Short Integer" oder „Long Integer" definiert sind. Wir können für unsere Feature-Klasse als Subtype-Feld nur das Feld „Nutzung" auswählen, da dies als einziges den entsprechenden Datentyp aufweist. Im Bereich „Subtypes" können jetzt Subtypes angelegt werden. Dazu klicken Sie in die erste Zeile, vergeben den Code „1" und als Beschreibung „Wohngebäude". In der zweiten Zeile tragen Sie den Code „2" und die Beschreibung „Nebengebäude" ein. Es folgen Code „3" und „Garage", sowie Code „4" und „Schule". Die Subtypes können zu einem späteren Zeitpunkt verändert oder ergänzt werden. Jetzt kann auch der Standard-Subtype festgelegt werden, der standardmäßig als Attribut in das Feld „Nutzung" eingetragen wird. Es wird immer der erste Subtype, der definiert ist, vorgeschlagen. Das Besondere an Subtypes ist, dass in der Attribut-Tabelle nur noch die Beschreibungen des Subtypes zu sehen sind und nicht mehr der eigentliche Code, der ja dem definierten Datentyp des Feldes entsprechen würde. Mit „OK" übernehmen Sie die Einstellungen und schließen das Eigenschaftsfenster.

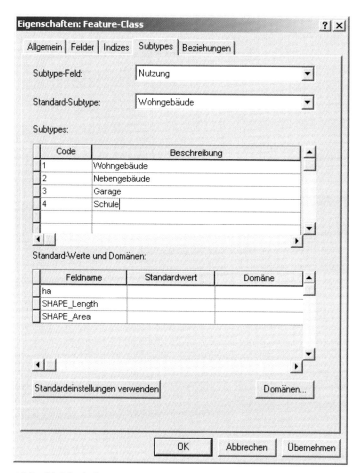

Abb. 10.56: Anlegen von Subtypes

10.5.3 Eine Annotation-Feature-Klasse anlegen

Als weitere Feature-Klasse werden wir eine Annotation-Feature-Klasse anlegen. Dazu klicken Sie im Kontextmenü der Personal-Geodatabase auf „*Neu*" ⇨ „*Feature-Class...*" Diese benennen wir „Texte". Im ersten Fenster muss, da es sich nicht um eine Simple-Feature-Klasse handelt, im Bereich „Typ" die zweite Option gewählt werden. Im Dropdown-Feld erscheint „ESRI Annotation Feature". Im nächsten Fenster wird die Angabe eines Bezugsmaßstabes verlangt. Der Bezugsmaßstab regelt die Größe der Texte bei einem bestimmten Kartenmaßstab. Wird hier „10.000" eingegeben, so entspricht die Schriftgröße 12 bei der Kartenausgabe im Maßstab 1 : 10.000 12 Pixeln. Wird hier „20.000" eingegeben, so entspricht die Schriftgröße 12 bei der Kartenausgabe im Maßstab 1 : 10.000 24 Pixeln. Die Karteneinheiten setzen wir auf „Meter". Bei den folgenden zwei Fenstern können die Standardeinstellungen übernommen werden. Beim dritten Fenster muss, wie auch bei der Flächen-Feature-Klasse, für das Feld „Shape" im Bereich „Feldeigenschaften" der Raumbezug definiert werden. Dazu die Schaltfläche .... klicken

und über die Schaltfläche „Importieren" im Register „Koordinatensystem" den Raumbezug
aus der oben angelegten Flächen-Feature-Klasse importieren. Anschließend die Erstellung
der Annotation-Feature-Klasse mit der Schaltfläche „Fertig
stellen" abschließen. Im Inhaltsverzeichnis von ArcCatalog
sollten Sie jetzt Folgendes sehen (siehe Abb. Rechts):

10.5.4 Ein Feature-Dataset anlegen

Nachdem das Erstellen der so genannten Standalone-Feature-Klassen abgeschlossen ist,
wollen wir nun ein Feature-Dataset anlegen. Ein Feature-Dataset ist ein Geodatabase-
Ordner, in dem sich ein oder mehrere Feature-Klassen befinden können. Das Feature-
Dataset definiert für alle enthaltenen Feature-Klassen den gleichen Raumbezug, also das
Koordinatensystem und die Ausdehnung (Genauigkeit). Weitere Eigenschaften eines
Feature-Datasets sind in Kapitel 7.1.1 beschrieben. Zum Anlegen eines Feature-Datasets
klicken Sie im Kontextmenü der Personal-Geodatabase (Abb. 10.46) auf „Neu" ⇨
„Feature-Dataset...".

Im ersten Schritt muss ein Name für das Feature-Dataset vergeben werden. Nennen wir das
Feature-Dataset „Landnutzung". Wie eingangs erwähnt, muss in einer Geodatabase immer
ein Raumbezug definiert werden. Im Bereich Raumbezug gelangen wir dazu über die
Schaltfläche „Bearbeiten" in eine Maske mit vier Registern. „Koordinatensysteme" und
„X/Y-Domain" kennen wir schon aus Kapitel 10.5.2.2. Neu sind die beiden Register „Z-
Domain" und „M-Domain". Diese sind nur von Bedeutung, wenn mit dreidimensionalen
Daten bzw. mit bemaßten Features (Routen) gearbeitet werden soll. Wir wechseln in das
Register „Koordinatensystem" und importieren aus einem der beiden vorher angelegten
Feature-Klassen den Raumbezug, indem wir auf die Schaltfläche „Importieren" klicken und
eine Feature-Klasse auswählen. Dadurch übernehmen Sie aus diesen Daten das
Koordinatensystem und die räumliche Ausdehnung. Die „Z-Domain" und „M-Domain"
können Sie unberücksichtigt lassen. Mit „OK" übernehmen Sie
die Einstellungen. Alle Feature-Klassen, die innerhalb des
Feature-Datasets erzeugt werden, erhalten nun den gleichen
Raumbezug wie das Feature-Dataset. In ArcCatalog sollte die
Geodatabase nun aussehen wie rechts abgebildet.

10.5.4.1 Eine Linien-Feature-Klasse anlegen

Im nächsten Schritt legen wir nun eine Linien-Feature-Klasse innerhalb des Feature-
Datasets an. Dazu wählen wir im Kontextmenü des Feature-Datasets „Neu" ⇨ „Feature-
Class...". Sie gelangen wieder in die Menüs, die Sie bereits durch das Anlegen der Feature-
Klasse „Flächen" kennen. Wir vergeben den Namen „Wegeachsen", fügen im übernächsten
Menü das Feld „Breite" hinzu (Datentyp: Double, Präzision 5, Dezimalstellen 2) und
stellen, nachdem wir im oberen Bereich das Feld „Shape" angeklickt haben, unter
„Feldeigenschaften" den „Geometrie-Typ" auf „Line". Auffallend ist, dass in der
Eigenschaft „Raumbezug" bereits das Koordinatensystem „Germany_Zone_4" eingestellt
ist. Klicken Sie rechts auf die Schaltfläche ▭, gelangen Sie in die Eigenschaften des
Raumbezug. Hier können Sie keine Änderungen mehr vornehmen, da der Raumbezug
durch das Feature-Dataset vorgegeben wird. Mit der Schaltfläche „Fertig stellen" schließen
wir das Anlegen dieser Feature-Klasse ab. Auch hier lohnt sich ein nochmaliger Blick in
die Eigenschaften, die wir über das Kontextmenü der Feature-Klasse erreichen. Im Register

„Felder" ist das Feld „Shape_Length" neu hinzugekommen. In diesem Feld wird automatisch die Länge der Linien-Features berechnet.

10.5.4.2 Eine Punkt-Feature-Klasse anlegen

Als zweite Feature-Klasse legen wir synonym zur Linien-Feature-Klasse eine Punkt-Feature-Klasse an. Die Feature-Klasse soll den Namen „Bäume" erhalten, der Geometrie-Typ der Feldeigenschaft für das Feld „Shape" muss auf „Point" gesetzt werden und als zusätzliches Feld in der Attribut-Tabelle soll „Art" (Datentyp „Short Integer", Präzision = 2) angelegt werden.

Wenn Sie die Version 9.0 verwenden, müssen Sie an dieser Stelle für das Feld „Art" den Datentyp „Texte" festlegen.

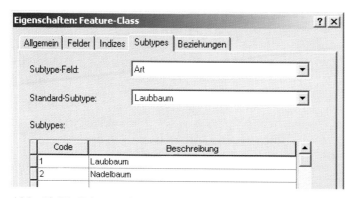

Abb. 10.57: Subtypes für die Feature-Klasse „Bäume"

Nachdem die Schaltfläche „Fertig stellen" betätigt wurde, wollen wir noch Subtypes für das Feld „Art" anlegen (ab Version 9.1). Dazu, wie in Abbildung 10.57, im Kontextmenü der Feature-Klasse auf „Eigenschaften" und im Register „Subtypes" unter Subtype-Feld das Feld „Art" auswählen. Dort den Subtype-Code 1 = Laubbaum und Subtype-Code 2 = Nadelbaum eintragen. Nach dem Anlegen der Subtypes können Sie diesen Schritt mit „OK" beenden. In ArcCatalog sollte die Geodatabase nun aussehen wie rechts abgebildet.

Damit haben Sie ein Feature-Dataset, zwei Standalone-Feature-Klassen (Flächen und Texte) und zwei Feature-Klassen innerhalb eines Feature-Dataset angelegt. Im nächsten Schritt soll der Umgang mit Rastern innerhalb der Geodatabase gezeigt werden.

10.5.5 Rasterdaten in der Geodatabase

Folgende drei Möglichkeiten bietet die Geodatabase im Umgang mit Raster-Datasets: Sie können Raster-Datasets importieren, neu anlegen und anschließend Raster-Datasets hinzuladen (Mosaik) oder einen Raster-Katalog anlegen.

Raster-Datasets setzen sich aus einem oder mehreren Raster-Dataset-Bändern zusammen. Ein Raster-Katalog ist eine Sammlung von Raster-Datasets in Form einer Tabelle, deren

Datensätze die einzelnen Raster-Datasets im Katalog definieren. Weitere Einzelheiten zu den von ArcGIS unterstützten Rasterformaten in Kapitel 4.1.3.

10.5.5.1 Neues Raster-Dataset anlegen

Sie können in einer Geodatabase ein neues Raster-Dataset erstellen. Dabei wird eine leere Speicherposition für ein einzelnes Raster-Dataset erstellt. Sie können dann ein oder mehrere Raster-Datasets mosaikartig in das leere Raster-Dataset einfügen oder in dieses laden. Im Kontextmenü der Geodatabase wird über „Neu" ⇨ „Raster-Dataset" ein neues Raster-Dataset erzeugt. Dazu muss nur der Dataset-Name (innerhalb der Geodatabase ohne Endung, sonst *.tif bzw. *.img) und die Anzahl der Bänder angegeben werden. Sie können optional die Zellengröße, Pixeltyp und das Koordinatensystem angeben. Die optionalen Einstellungen sollten die gleichen sein wie bei den Raster-Datasets, die Sie später laden möchten. Im Anschluss können Sie ein oder mehrere Raster-Datasets über „Laden" ⇨ „Daten laden..." im Kontextmenü des Raster-Datasets hinzufügen. Dabei wird die Funktion „Mosaik" benutzt, die es erlaubt, mehrere Raster-Datasets zu einem Raster-Dataset zusammenzufügen. Anstatt also viele einzelne Raster-Datasets zu verwalten, verwalten Sie nun ein einziges Raster-Dataset. Ein Nachteil dieser Vorgehensweise kann die Größe des entstehenden Raster-Datasets sein. Dies kann mit einem Raster-Katalog umgangen werden.

10.5.5.2 Raster importieren

Die zweite Möglichkeit der Verwaltung von Raster-Datasets ist die Funktion „Raster importieren". Dieser Befehl speichert die Daten aber nicht direkt in der Geodatabase, sondern die Raster werden in eine IMG-Datei (ERDAS IMAGINE) konvertiert und in einem speziellen Ordner, der sich neben der Personal-Geodatabase befindet, gespeichert. Damit übernimmt die Geodatabase die Verwaltung der Raster. An einem Beispiel soll dies gezeigt werden. Dazu im Kontextmenü der Geodatabase auf „Importieren" ⇨ „Raster-Datasets" klicken.

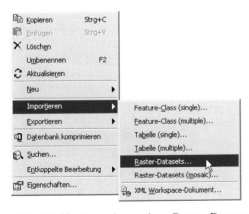

Abb. 10.58: Importieren eines Raster-Datasets

Im nun erscheinenden Dialogfenster können unter „Input Rasters" durch Klicken der rechts befindlichen Schaltfläche Rasterdaten angegeben werden, die mit der Geodatabase verwaltet werden sollen. Dabei kann auch ein gesamtes Verzeichnis auf einmal angegeben werden. Wir navigieren zum Ordner „Lektion_5\Luftbild" und wählen die vier darin befindlichen Rasterdaten (NO001, NW001, SO001, SW001) aus. Im Bereich „Output Geodatabase" ist bereits der richtige Pfad zu unserer Geodatabase angegeben. Mit „OK" starten Sie den Importvorgang, der bei großen und/oder vielen Rasterdaten eine gewisse Zeit in Anspruch nehmen kann. Während des Vorgangs erscheint ein Fenster, das den Fortschritt des Importierens anzeigt. Dieses kann man am Ende des Prozesses schließen und in ArcCatalog sollte die Geodatabase nun aussehen wie rechts abgebildet.

Sieht man sich die Geodatabase nicht im ArcCatalog, sondern im Windows-Explorer an, wird man feststellen, dass ArcGIS neben der Geodatabase ein Verzeichnis angelegt hat, in dem sich die Rasterdaten als IMG-Konvertierung befinden.

Wenn nur wenige Raster verwendet werden, ist dies eine gute Möglichkeit zum Verwalten von Rasterdaten. Steigt allerdings die Zahl der zu verwaltenden Raster, wird diese Vorgehensweise schnell ineffektiv. Um dies zu umgehen, bietet ArcGIS die Möglichkeit zum Erstellen eines Raster-Kataloges an.

10.5.5.3 Einen Raster-Katalog anlegen

Die dritte Möglichkeit ist, einen Raster-Katalog anzulegen. Ein Raster-Katalog ist eine Sammlung von Rastern, deren Ausdehnungen ermittelt und als Polygone in einer Tabelle gespeichert werden. Ein Raster-Katalog kann nicht innerhalb eines Feature-Datasets erstellt werden. Bei Raster-Katalogen kann man entscheiden, ob die Raster „verwaltet" (also konvertiert und in ein anderes Verzeichnis kopiert), oder „nicht verwaltet" (Raster bleiben im Ursprungsverzeichnis) behandelt werden. Wird bei der Erzeugung eines Raster-Kataloges „nicht verwaltet" gewählt, wird nur ein Link auf die Raster angelegt. Diese Links können jederzeit geändert oder gelöscht werden. Auch ist das Hinzufügen weiterer Raster zum Raster-Katalog möglich. Es sollten aber nur Raster des gleichen Typs innerhalb eines Raster-Kataloges verwaltet werden. Notfalls muss ein weiterer Raster-Katalog angelegt werden. Zum Anlegen einer Raster-Kataloges im Kontextmenü der Geodatabase auf „Neu" ⇨ „Raster-Katalog..." klicken.

Abb. 10.59: Anlegen eines Raster-Kataloges

Es erscheint ein Fenster (Abb. 10.60), in dem außer dem Namen („Luftbild") für den Raster-Katalog zwingend auch im Feld „Koordinatensystem für die Geometriespalte" ein Raumbezug definiert werden muss. Dazu auf die entsprechende Schaltfläche klicken und analog zu oben im Register „Koordinatensystem" aus einer bestehenden Feature-Klasse der Geodatabase den Raumbezug importieren. Für den Raumbezug des Raster-Kataloges gilt das Gleiche wie für Feature-Klassen innerhalb der Geodatabase. Es können nur Raster dem Raster-Katalog hinzugefügt werden, die sich innerhalb der definierten X/Y-Domain befinden. Sie sollten sich also vorher Gedanken über die maximale Ausdehnung Ihrer Raster machen. In unserem Fall wählen wir die Flächen-Feature-Klasse, die ja als Ausdehnung das gesamte Bundesgebiet besitzt, und übernehmen die Einstellungen. Wichtig ist noch die Angabe im Feld „Raster-Managementtyp", ob der Raster-Katalog „verwaltet" oder „nicht verwaltet" erstellt werden soll. Wir wählen „nicht verwaltet". Mit „OK" wird das Erstellen des Raster-Kataloges gestartet. In ArcCatalog sollte Ihre Geodatabase nun aussehen wie rechts abgebildet.

Der Raster-Katalog besitzt das Aussehen eines Ordners, ähnlich dem des Feature-Dataset. Er ist auch ein leerer Ordner, der noch mit Rastern bestückt werden muss. Dies soll nun erfolgen. Dazu muss im Kontextmenü des Raster-Kataloges „*Laden*" ⇨ „*Daten laden…*" gewählt werden.

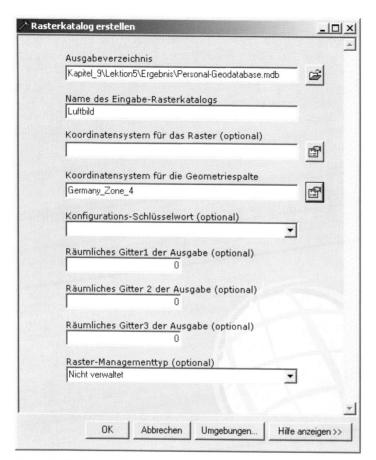

Abb. 10.60: Raster-Katalog erstellen

Im jetzt erscheinenden Fenster kann direkt unter „Input Raster" der Pfad „Lektion_5\Luftbilder" der zu ladenden Raster angeben werden, das mit der Schaltfläche „+" der darunter liegenden Liste hinzugefügt wird. Über die Schaltfläche „Öffnen" können auf einfache Weise mehrere Raster gleichzeitig der Liste hinzugefügt werden. Mit „OK" starten wir den Einlesevorgang. Nach Abschluss des Vorganges sehen Sie im Register „Inhalt" des ArcCatalogs die eingelesenen Raster aufgelistet (Abb. 10.61). Am rechten Rand der Inhaltsliste ist ein erweiterbares geographisches Vorschaufenster verfügbar, in dem ein oder mehrere Raster dargestellt werden können. Am unteren Rand der Inhaltsliste steht ein erweiterbares Abfragefeld zur Verfügung, mit dem bestimmte Raster-Gruppen im Raster-Katalog ausgewählt und in einer Vorschau dargestellt werden können. Diese Werkzeuge ermöglichen das Verwalten, Anzeigen und Abfragen sehr umfangreicher Raster-Kataloge. Werden Raster-Kataloge einem ArcMap Projekt hinzugefügt, können über die Layer-Eigenschaften im Register „Anzeige" spezielle Darstellungsoptionen festgelegt werden, die eine schnelle Darstellung der Raster ermöglichen, da nur diejenigen Raster dargestellt werden, die im jeweiligen Bildschirmausschnitt benötigt werden.

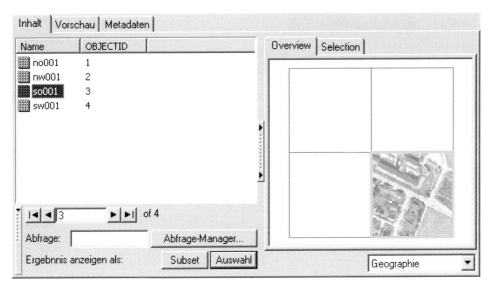

Abb. 10.61: Inhalt und Darstellung eines Raster-Kataloges in ArcCatalog

10.5.6   Eine Tabelle anlegen

Das Erstellen von Tabellen in einer Geodatabase erfolgt über das Geodatabase-Kontextmenü „Neu" ➪ „Tabelle...". Im ersten Dialogfenster muss ein Name für die Tabelle angegeben werden. Danach gelangt man in das uns schon bekannte Fenster zur Definition der Felder, die in der Tabelle angelegt werden sollen.

10.5.7   Eine Toolbox anlegen

Ein weiteres Objekt, das in einer Geodatabase verwaltet werden kann, ist die Toolbox. Die Toolbox kann in ArcCatalog oder in ArcMap eingesetzt werden. Über das Geodatabase-Kontextmenü „Neu" ➪ „Toolbox..." wird eine neue leere Toolbox erstellt. Eine Toolbox kann Toolsets, Scripte, Modelle und Werkzeuge zur Geoverarbeitung enthalten. Im Kontextmenü der Toolbox können diese Objekte angelegt werden. Diese Toolbox kann über das Kontextmenü der ArcToolbox (Kap. 9) hinzugefügt werden.

10.5.8   Import und Export von Feature-Klassen

Die Geodatabase kann Shapefiles, Coverages, CAD-Daten und Geodatabase-Feature-Klassen importieren. Zum Importieren muss im Kontextmenü der Geodatabase „Importieren" und das entsprechende Format gewählt werden. Wobei außer der Option „Single" auch die Option „Multiple" zur Verfügung steht, die beispielsweise das Importieren von gesamten Coverages inkl. aller Feature-Klassen ermöglicht. Im Gegensatz zum Importieren von Daten in eine Standalone-Feature-Klasse muss beim Importieren in ein Feature-Dataset die räumliche Ausdehnung und das Koordinatensystem der Daten – falls definiert – mit dem Feature-Dataset exakt übereinstimmen. Befindet man sich im Import-Fenster, muss außer der Eingabe Feature-Klasse „Input Feature" auch der Ausgabename „Output Feature Class Name" definiert werden. Sie können außerdem Felder definieren, die Sie nicht importieren wollen, bzw. Sie können für Felder der anzulegenden

Feature-Klasse neue Namen vergeben. Bei Polygon- oder Punkt-Coverages sollten Sie die Felder „AREA" und „PERIMETER", bei Linien-Coverages die Felder „RPOLY#", „LPOLY#", „FNODE", „TNODE" und „LENGTH" nicht importieren, da diese ArcInfo-Standardfelder durch ArcGIS Standardfelder ersetzt werden. Dazu können Sie im Bereich „Field Info (optional)" den Eintrag „TRUE" in der Spalte „Sichtbar" auf „FALSE" setzen. In diesem Bereich könnten Sie auch neue Feldnamen für einzelne Spalten der Attribut-Tabelle vergeben. Alle anderen Einstellmöglichkeiten können in der Regel unberücksichtigt bleiben.

Aus der Geodatabase kann mit ArcGIS ArcView nur in das Shape-Format exportiert werden. Für den Export von Feature-Klassen können nur Simple-Feature-Klassen (Punkt, Linie und Flächen) verwendet werden.

10.5.9 Feature-Klassen oder Raster-Datasets löschen

Nachdem ausführlich das Anlegen von Feature-Klassen, Feature-Datasets, Raster-Katalogen, Tabellen und Toolboxes gezeigt wurde, soll hier noch kurz vorgestellt werden, wie Sie diese Objekte wieder aus der Geodatabase entfernen. Alle Objekte lassen sich im jeweiligen Kontextmenü mit „Löschen" wieder aus der Geodatabase entfernen. Das gilt auch für Feature-Klassen innerhalb Feature-Datasets. Bei Rastern innerhalb von Raster-Katalogen muss im Register „Inhalt" im Kontextmenü der Raster „Löschen" gewählt werden.

10.5.10 Geodatabase komprimieren

Wenn Sie viel mit der Geodatabase arbeiten (Features oder Feature-Klassen anlegen, löschen, kopieren) defragmentieren Sie dabei die mdb-Datei. Dadurch verringert sich die Arbeitsgeschwindigkeit. Sie sollten daher in regelmäßigen Abständen eine Neuorganisation der Geodatabase vornehmen, was in der Regel zu einer Verringerung der Dateigröße und einer höheren Arbeitsgeschwindigkeit führt. Für die Neuorganisation bietet das Kontextmenü der Geodatabase in ArcCatalog die Funktion „Datenbank komprimieren" an.

10.6 Lektion 6: Koordinatensysteme, Projektionen und Gitternetze

Alle Daten, die einem Datenrahmen in ArcMap hinzugefügt werden, besitzen Koordinaten. Diese Koordinaten werden in der Statusleiste zusammen mit den Karteneinheiten angezeigt. Ist für die Daten kein Koordinatensystem definiert, wird hier „Unbek. Einheiten" angezeigt. Um festzustellen, ob Daten ein Koordinatensystem besitzen, gibt es mehrere Möglichkeiten:

- Nach dem Hinzufügen von Daten in ein leeres Projekt wird in der Standardwerkzeugleiste im Kombinationsfeld Karten-Maßstab ein Maßstab angezeigt und in der Statusleiste werden Karteneinheiten angezeigt.

- Unter *Kontextmenü des Layers* ⇨ *„Eigenschaften..."* *Register* *„Quelle"* ⇨ *„Datenquelle"* ist ein Koordinatensystem angezeigt.

- In ArcCatalog unter *Kontextmenü des Layers* ⇨ *„Eigenschaften..."* ⇨ *Register* *„Felder* ⇨ *Feldname „Shape"* ⇨ *Feldeigenschaften „Raumbezug".*

Im Rahmen dieser Lektion wollen wir die Daten und die Projektionen der Abbildungen aus dem Kapitel 8 „Koordinatensysteme" verwenden, um das Arbeiten mit Koordinatensystemen zu verdeutlichen.

10.6.1 Das Koordinatensystem „The World From Space"

Für diese Lektion verwenden wir das Shapefile „Kapitel_10\Lektion_6\Länder.shp". In ArcCatalog finden wir im Kontextmenü des Shapefiles unter „Eigenschaften..." ⇨ *Register „Felder* ⇨ *Feldname „Shape"* ⇨ *Feldeigenschaften „Raumbezug"* im Register „Koordinatensystem" den Eintrag „GCS_Assumed_Geographic_1". Dies wird von ArcGIS automatisch eingestellt, wenn sich die X-Koordinaten zwischen -180 und +180 bzw. die Y-Koordinaten zwischen -90 und +90 bewegen und kein Koordinatensystem eingestellt ist.

Wir fügen das Länder-Shapefile per Drag&Drop einem neuen, leeren ArcMap Projekt hinzu. Wir sehen, dass ArcMap automatisch einen Maßstab einstellt und in der Statuszeile die Koordinaten in Grad/Minuten/Sekunden anzeigt. Stellen wir nun in den Eigenschaften des Datenrahmens (*Kontextmenü des Datenrahmens* ⇨ *„Eigenschaften..."*) im Register „Koordinatensystem" im Bereich „Koordinatensystem wählen" unser gewünschtes Koordinatensystem ein. Dieses ist im Verzeichnis „*Vorgegeben"* ⇨ *„Projected Coordinate Systems"* ⇨ „*World"* zu finden und trägt den Namen „The World From Space". Wenn Sie mit „OK" diese Einstellung übernehmen, zeigt ArcMap die Darstellung der Länder, wie sie in Abbildung 10.62 zu sehen ist.

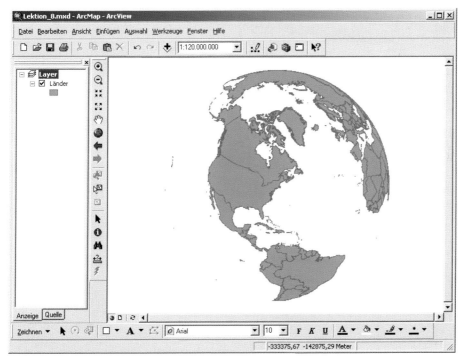

Abb. 10.62: Standardanzeige des Koordinatensystems „The World From Space"

Um nun die Erdkugel auf Europa zu drehen, müssen die Einstellungen der Projektion geändert werden. Wechseln Sie dazu wieder in die Eigenschaften des Datenrahmens im Register „Koordinatensystem" und klicken Sie die Schaltfläche „Ändern…". Setzen Sie dort im Bereich „Projektion" die „Longitude_Of_Center" und die „Latitude_Of_Center" auf 10 bzw. 50.

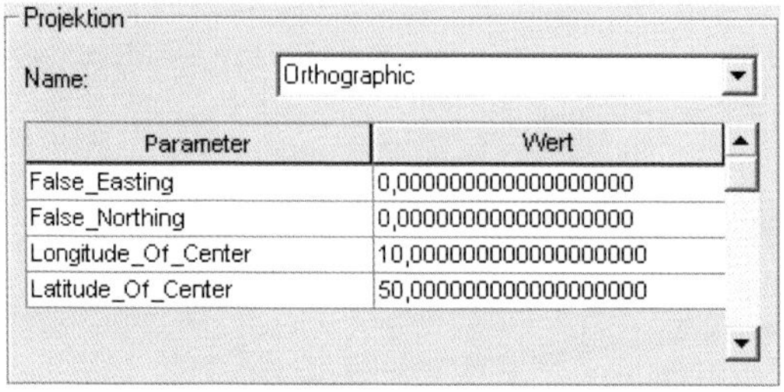

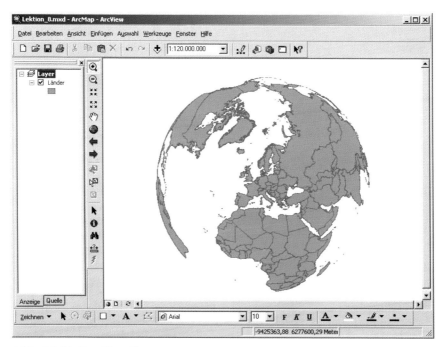

Abb. 10.63: Einstellung für die Darstellung Europas

Wenn Sie die Einstellungen mit zweimal „OK" übernehmen, sollten Sie in ArcMap Folgendes sehen:

Abb. 10.64: Das Koordinatensystem „The World From Space" mit veränderten Parametern

Um diese Ansicht mit einem Gradnetz zu erweitern, muss als erstes in die Layout-Ansicht gewechselt werden, da nur dort die Gitternetze sichtbar sind. Über *Werkzeugleiste*

„*Hauptmenü*" ⇨ „*Ansicht*" ⇨ „*Layout-Ansicht*" gelangt man in die Layout-Darstellung. Jetzt muss noch ein Gitternetz definiert werden. Dies geschieht über die Eigenschaften des Datenrahmens im Register „Gitternetze". Dort gelangt man über „Neues Gitternetz…" zum Assistenten, der uns durch den Erstellungsprozess eines Gitternetzes leitet. Im ersten Fenster wählen Sie die Option „Gradnetz" und gehen „Weiter". Sie lassen die Option „Gradnetz und Beschriftungen" unverändert und geben als Intervall für Breiten- und Längengrade jeweils 5 Grad ein. Mit zweimal „Weiter" und einmal „Fertig stellen" beendet man den Assistenten. Mit „OK" schließen Sie die Eigenschaften des Datenrahmens und sehen Folgendes:

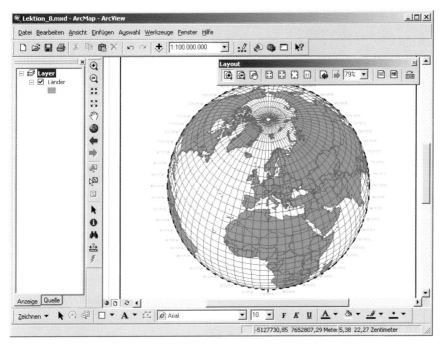

Abb. 10.65: Layout des Koordinatensystems „The World From Space" mit Gradnetz

Zum Editieren des Gradnetzes (Beschriftung, Farbe etc.) müssen Sie über die Eigenschaften des Datenrahmens im Register „Gitternetze" auf „Eigenschaften" klicken und gelangen in ein Fenster mit sechs Registern, in denen Sie die Einstellungen verfeinern können. Mehr zu Gitternetzen und wie Sie diese anlegen können, werden Sie in Kapitel 10.6.4 erfahren.

10.6.2 Das Koordinatensystem „WGS84"

Mit diesen Einstellungen ist es jetzt ein Leichtes, weitere Koordinatensysteme darzustellen. Über die Eigenschaften des Datenrahmens (*Kontextmenü des Datenrahmens* ⇨ „*Eigenschaften…*") im Register „Koordinatensystem" im Bereich „Koordinatensystem wählen" navigieren wir zu unserem gewünschten Koordinatensystem. Dieses ist im Verzeichnis „*Vorgegeben*" ⇨ „*Geographic Coordinate Systems*" ⇨ „*World*" zu finden und trägt den Namen „WGS 1984". Wenn Sie mit „OK" diese Einstellung übernehmen, zeigt ArcMap die Darstellung der Länder, wie sie in Abbildung 10.66 zu sehen ist.

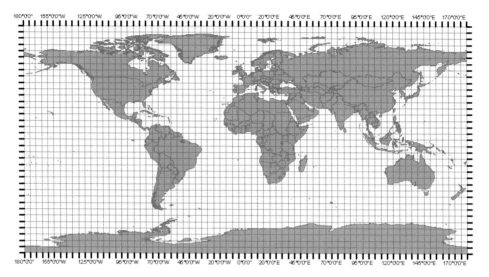

Abb. 10.66: Layoutansicht des Koordinatensystems „WGS84" mit Gradnetz

10.6.3 Das Koordinatensystem „Gauß-Krüger"

Stellen Sie einfach analog zu oben unter *„Vorgegeben"* ⇨ *„Projected Coordinate Systems"* ⇨ *„National Grids"* das Koordinatensystem „Germany Zone 4" ein und sehen Sie sich das Ergebnis an. Die Erde wird dabei wie eine Orange aufgeschnitten. Für das Bundesgebiet werden die Gauß-Krüger-Koordinatensysteme 1 - 5 verwendet (Meridianstreifen). Diese sind im oben genannten Ordner enthalten.

Wenn Daten, die in ArcMap verwendet werden sollen, in unterschiedlichen Meridianstreifen vorliegen, werden diese, keine Definition eines Koordinatensystems für den Datenrahmen vorausgesetzt, nicht lagerichtig dargestellt. Im folgenden Beispiel soll dies gezeigt werden.

Wir öffnen dazu ein neues, leeres ArcMap Projekt und laden uns die Daten „Kapitel_10\Lektion_6\Baden-Württemberg.shp" und „Kapitel_10\ Lektion_6\Bayern.shp".

In Abbildung 10.67 fällt auf, dass kein Maßstab definiert ist, in der Statusleiste bei den Koordinaten als Einheit „Unbek. Einheiten" angezeigt wird und dass die beiden Bundesländer ca. 1000 km (1.000.000 Meter) voneinander entfernt liegen. Mit Hilfe des Messtools wird links in der Statusleiste der Abstand angezeigt. Um die beiden Bundesländer lagerichtig zueinander darstellen zu können, muss im ersten Schritt beiden Layern (oder zumindest einem der beiden) ein Koordinatensystem zugewiesen werden. Im zweiten Schritt muss in ArcMap ein Koordinatensystem eingestellt werden, um die Daten umprojizieren zu können. Layern kann nur in ArcCatalog ein Koordinatensystem zugewiesen werden. Allerdings nur dann, wenn diese nicht gerade in ArcMap geladen sind. Also entweder die beiden Layer aus ArcMap entfernen oder ArcMap schließen, was meist die bessere Methode ist.

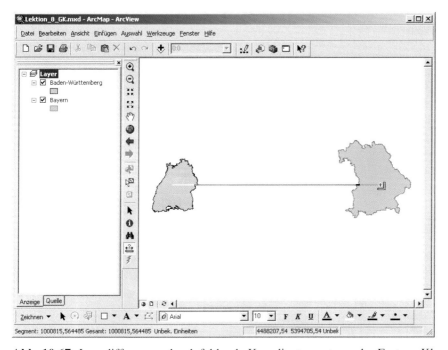

Abb. 10.67: Lagedifferenzen durch fehlende Koordinatensysteme der Feature-Klassen

Dann in ArcCatalog im Kontextmenü des Layers „Baden-Württemberg" auf Eigenschaften und im Register „Felder" auf die Spalte „Shape" klicken. Unten im Bereich „Feldeigenschaften Raumbezug" gelangen sie über die Schaltfläche "…" in die Eigenschaften des Raumbezugs. Im Register „Koordinatensystem" erreichen Sie über die Schaltfläche „Auswählen" im Verzeichnis *„Projected Coordinate Systems"* ⇨ *„National Grids"* das Koordinatensystem „Germany Zone 3". Für die Feature-Klasse „Bayern" verfahren Sie gleichermaßen und wählen als Koordinatensystem „Germany Zone 4".

Jetzt fügen Sie per Drag&Drop den Layer „Bayern" einem neuen ArcMap Projekt hinzu. Im Gegensatz zu Abbildung 10.67 bekommen Sie nun einen Maßstab angezeigt und in der Statusleiste wird als Einheit „Meter" angegeben. Wird also einem leeren ArcMap Projekt ein Layer mit einem definierten Koordinatensystem hinzugefügt, übernimmt ArcMap dieses für den Datenrahmen. Wird als zweiter Layer „Baden-Württemberg" hinzu geladen, wird dieser automatisch lagerichtig projiziert. Dieses Umprojizieren geschieht „on the fly" (zur Laufzeit), beansprucht aber Rechenzeit. Bei größeren Datenmengen sollten Sie die Daten in das zu verwendende Koordinatensystem umrechnen. Wie Sie dabei vorgehen müssen, ist in Kapitel 6.2.3 beschrieben.

10.6.4 Gitternetze

In diesem Kapitel sollen Ihnen die Möglichkeiten aufgezeigt werden, wie Sie mit ArcGIS Gitternetze erzeugen können. In dieser Übung wollen wir ein Gitternetz um eine Topographische Karte im Maßstab 1 : 25.000 erzeugen. Wir verwenden dazu das ArcMap Projekt im Ordner „Kapitel_10\Lektion_6\Gitternetz". Datengrundlage des Projektes sind Shapefiles des ATKIS Basis-DLM vom Bayerischen Landesvermessungsamt, die uns freundlicherweise zur Verfügung gestellt wurden.

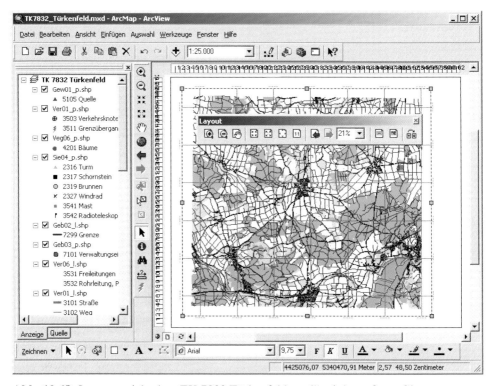

Abb. 10.68: Layoutansicht der „TK 7832 Türkenfeld.mxd" mit bemaßtem Gitternetz.

Wir öffnen das Projekt „TK7832_Türkenfeld.mxd" im oben genannten Verzeichnis und wechseln in die Layoutansicht. Ursprung der ArcMap Datei war die für die Version ArcView GIS 3 entwickelte APR, die über „Datei" ⇨ „Aus einem ArcView-Projekt importieren..." importiert wurde. Um die **T**opographische **K**arte im Maßstab 1 : **25**.000 (TK25) komplett darstellen zu können, wurde die Größe der Kartenseite unter „Datei" ⇨ „Seiten- und Druckeinrichtung" auf 63 cm x 53 cm (b x h) eingestellt. Der Ankerpunkt des Datenrahmens wurde unter Kontextmenü des Datenrahmens ⇨ „Eigenschaften..." im Register „Größe und Position" für X und Y auf 2,5 cm gesetzt. Als Maßstab legen wir 1 : 25.000 fest.

10.6.4.1 Neues Gitternetz anlegen

Wie weiter oben im Kapitel bereits gezeigt, legen wir nun ein Gitternetz für unsere TK25 fest. Über *Kontextmenü des Datenrahmens* ⇨ *„Eigenschaften…" Register „Gitternetze"* gelangen Sie über „Neues Gitternetz…" zum Assistenten, der Sie durch den Erstellungsprozess eines Gitternetzes leitet. Im ersten Fenster wählen Sie jetzt aber nicht die Option „Gradnetz" sondern „bemaßtes Gitternetz" und gehen „Weiter". Im nächsten Fenster lassen wir als Intervall für X- und Y-Achse die Standardvorgabe von jeweils 2.000 Meter. Mit zweimal „Weiter" und einmal „Fertig stellen" beendet man den Assistenten. Mit „OK" schließen Sie die Eigenschaften des Datenrahmens und sehen das Layout, wie es in Abbildung 10.68 (Datengrundlage: (BLVA-Testdaten); © Bayerisches Landesvermessungsamt München, Nr. 1668/05) dargestellt ist.

10.6.4.2 Die Eigenschaften des Gitternetzes ändern

Da das Gitternetz optisch noch nicht sehr ansprechend ist, wollen wir dies ändern. Dazu klicken Sie über *Kontextmenü des Datenrahmens* ⇨ *„Eigenschaften…" Register „Gitternetze"* auf die Schaltfläche „Eigenschaften". In 5 Registern können jetzt Einstellungen vorgenommen werden.

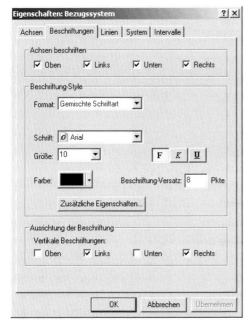
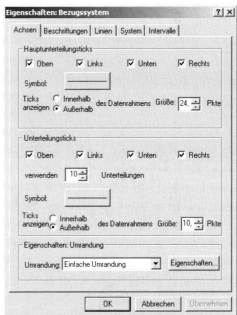

Abb. 10.69: Eigenschaften des Bezugsystems, Register „Beschriftungen" und „Achsen"

Im Register „Achsen" stellen Sie für die Größe der „Hauptunterteilungsticks" 24 Punkt ein. Das Symbol für die Hauptunterteilungsticks können Sie ändern, indem Sie auf die Schaltfläche neben dem Text „Symbol:" klicken. Dort vergeben Sie eine Linienbreite von 0,2. Für die „Unterteilungsticks" im unteren Bereich des Registers geben Sie 10 Punkt ein und setzen die Symbolbreite ebenfalls auf 0,2. Im Bereich „Eigenschaften: Umrandung" setzen Sie die Umrandung auf „Einfache Umrandung" und ändern die Eigenschaften, indem Sie auf die Schaltfläche „Eigenschaften" klicken und die Linienbreite auf 1 setzen. Alle anderen Häckchen werden wie im linken Teil der Abbildung 10.69 gesetzt.

Im Register „Beschriftung" ändern Sie im Bereich „Beschriftung-Style" das Format auf „Gemischte Schriftart", setzen die Schriftgröße auf 10 Punkt und Fett. Den Beschriftungs-Versatz geben wir mit 8 Punkt an. Über die Schaltfläche „Zusätzliche Eigenschaften" gelangen Sie in ein weiteres Menü, in dem die Eigenschaften für die zweite Schriftart (gemischte Schriftart), die Sie verwenden werden, einstellen können. Alle anderen Häckchen werden wie im rechten Teil der Abbildung 10.69 gesetzt.

Für die Beschriftung der zweiten Schriftart fassen wir sechs Stellen zu einer Gruppe zusammen und wählen als Schriftgröße 8. Unter der Schaltfläche „Zahlenformat" gelangen Sie in ein weiteres Menü. Dort setzen Sie im Bereich „Runden" die Dezimalstellen auf 0 und geben im Bereich „Ausrichtung" 11 Zeichen, Option „Rechts" ein (Abbildung 10.70). Mit zweimal „OK" übernehmen Sie die Einstellungen und beenden das Menü für die gemischte Schriftart.

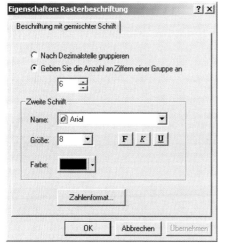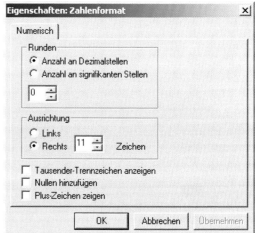

Abb. 10.70: Eigenschaftsfenster für die zweite Schriftart des Gitternetzes

Im Register „Linien" legen Sie im Bereich „Eigenschaften anzeigen" fest, dass keine Linien und Ticks innerhalb der Karte angezeigt werden sollen. Im Register „System" stellen wir das aktuelle Koordinatensystem des Datenrahmens ein. Im Register „Intervalle" setzen Sie im Bereich „Intervall" das X- und das Y-Achsenintervall auf 2000 Meter und im Bereich Ursprung kann entweder der Ursprung des aktuellen Koordinatensystems oder ein eigener Ursprung (X-Ursprung = 0, Y-Ursprung = 0) gesetzt werden. Mit „OK" beenden Sie die Eigenschaften des Gitternetzes und mit einem weiteren „OK" übernehmen Sie die Einstellungen für den Datenrahmen. Wenn Sie jetzt innerhalb des Layouts an die linke obere Ecke des Datenrahmens zoomen, sollte das Gitternetz aussehen wie in der linken Graphik der Abbildung 10.71.

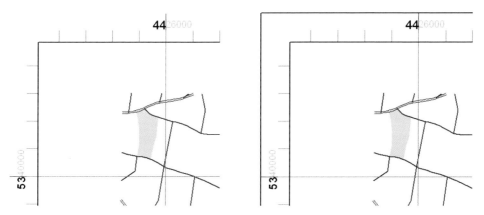

Abb. 10.71: Gitternetz „Gauß-Krüger" mit Umrandungsabstand für den Datenrahmen

Um das Gitternetz optisch endgültig abzurunden, wäre ein Rahmen um das Gitternetz wünschenswert. Der Rahmen des Datenrahmens überlappt sich momentan mit dem Rahmen des Gitternetzes. Deshalb werden wir dem Rahmen des Datenrahmens einen Versatz geben (Abbildung 10.72).

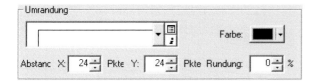

Abb. 10.72: Gitternetz mit Koordinaten im Koordinatensystem „Gauß-Krüger"

Rufen Sie dazu das Register „Rahmen" (Abb. 10.72) über *Kontextmenü des Datenrahmens* ⇨ *„Eigenschaften..."* auf und tragen Sie im Bereich „Umrandung" einen Abstand von jeweils 24 Punkt ein. Mit „OK" weisen Sie dem Datenrahmen die neuen Einstellungen zu und erhalten die rechte Graphik der Abbildung 10.71. Damit haben Sie ein ansprechendes Gitternetz für Ihren Datenrahmen erzeugt.

10.7 Lektion 7: Entwurf eines Karten-Layouts

Im vorliegenden Kapitel wollen wir uns der Gestaltung eines Kartenlayouts für unser Beispielprojekt aus Lektion 2 widmen. Das Layout der unterschiedlichen Kartenelemente ist eine zentrale Komponente beim Entwurf einer statischen (Papier-)Karte, da alle relevanten Informationen, die dem Benutzer vermittelt werden sollen, auf einem einzigen Blatt untergebracht werden müssen.

Beim Entwurf einer Karte müssen zunächst einige grundlegende Fragen geklärt werden, wie z. B.:

- Was soll dargestellt werden, d. h. welches Ziel verfolgt die Karte?

- Welche Zielgruppe wird angesprochen?

- Ist die Karte Teil eines Berichts oder ist sie eine unabhängige Informationsquelle?

- Welches Medium wird zur Darstellung verwendet?

Dementsprechend gibt es viele verschiedene Arten von Karten, die ganz unterschiedliche Anforderungen hinsichtlich des Layouts stellen. Für den Kartographen bedeutet dies, dass bei der Gestaltung einer Karte einige grundlegende Richtlinien hinsichtlich Zweck, Zielgruppe, Größe, Maßstab, Integrität und Vollständigkeit der Karte zu befolgen sind. Da an dieser Stelle nicht im Detail auf derartig grundlegende Kartographieprinzipien eingegangen werden kann, sei auf die zahlreiche Fachliteratur zu diesem Thema verwiesen.

Grundsätzlich ist beim Entwurf eines Karten-Layouts jedoch darauf zu achten, dass die fertige (Papier-)Karte unbedingt einige zentrale Elemente enthalten sollte. Dies sind neben dem eigentlichen Kartenkörper (Haupt- und evtl. Nebenkarten) z. B.:

- Kartentitel und -rahmen

- Legende und Nordpfeil

- Maßstabsleiste bzw. Maßstabstext

- Hinweise zu Verfasser und Datengrundlage (Quellverweise)

Zusätzlich zu diesen essenziellen „Grundelementen" können Sie Ihre Karte natürlich noch um weitere Informationselemente wie Graphiken, Bilder, Tabellen oder Zusatztexte ergänzen. Wie Sie diese Kartenelemente zu Ihrer Karte hinzufügen und welche Werkzeuge Ihnen ArcMap zur Gestaltung eines Karten-Layouts zur Verfügung stellt, werden Sie in diesem Kapitel erfahren.

Für den Entwurf eines Kartenlayouts stützen wir uns in diesem Kapitel auf die Ergebnisse der „Lektion 2: Erste Schritte in ArcMap". Dazu steht Ihnen im Ordner „Lektion_7" die Projektdatei „Lektion 2 Erg.mxd" zur Verfügung. Wie Sie sehen, wurde das Projekt für den Layout-Entwurf bereits etwas aufbereitet, so dass Sie sofort mit dem Layout-Entwurf beginnen können. So ist z. B. aus Gründen der Übersichtlichkeit der Layer „BRD: Hauptstraßen" ausgeblendet. Außerdem wurde das Symbol des Layers „BRD: Gewässer" etwas „vereinfacht", und die Gewässer wurden beschriftet.

10.7.1 Die Layout-Ansicht in ArcMap

Zur Gestaltung eines Karten-Layouts müssen Sie in ArcMap in die Layout-Ansicht wechseln, da nur hier die notwendigen Layout-Werkzeuge und -Methoden zur Verfügung stehen. Sie gelangen über zwei Wege in die Layout-Ansicht:

- *Hauptmenüleiste* ⇨ *„Ansicht"* ⇨ *„Layout-Ansicht"* oder

- Klicken Sie auf die Schaltfläche „Layout-Ansicht" in der linken unteren Ecke des Kartenfensters.

TIPP: Die Schaltflächen zum Wechsel zwischen Daten- und Layout-Ansicht sind nur verfügbar, wenn über *Hauptmenüleiste* ⇨ *„Ansicht"* die „Bildlaufleiste" aktiviert ist.

In der Layout-Ansicht werden grundsätzlich Layout-Graphiken und -Texte bearbeitet. Dementsprechend werden die Graphikwerkzeuge von ArcMap in der Layout-Ansicht nur auf diese Graphik- und Textelemente angewendet. So werden in der Layout-Ansicht, wenn Sie das Werkzeug „Elemente auswählen" verwenden, standardmäßig nur Layout-Graphiken und -Texte ausgewählt, nicht aber Graphiken und Texte, die Sie in der Datenansicht zu Ihrem Projekt hinzugefügt haben. Auch die Werkzeugleiste „Layout" wird erst in der Layout-Ansicht aktiv. Diese Werkzeugleiste ermöglicht Ihnen mit Hilfe zahlreicher Werkzeuge das Zoomen und Bewegen innerhalb des Karten-Layouts. Eine ausführliche Erläuterung der einzelnen Werkzeuge dieser Werkzeugleiste finden Sie in Kapitel 6.1.3.5. Beachten Sie dabei, dass sich diese Werkzeuge von den Werkzeugen zum Zoomen und Verschieben innerhalb der Datenansicht (Werkzeugleiste „Werkzeuge"!) unterscheiden!

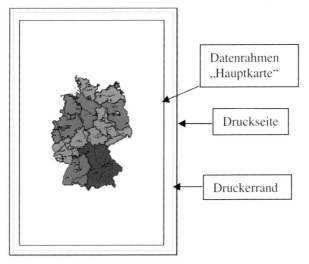

Abb. 10.73: Übungsprojekt „BRD" in der Layout-Ansicht

Mit dem Wechsel in die Layout-Ansicht hat sich im Kartenfenster entsprechend auch die Sicht auf unser Projekt geändert (siehe Abb. 10.73). Die aktuelle Karte wird nun als virtuelle Seite in einer Art Druckvorschau angezeigt, wobei der entsprechende Datenrahmen „Hauptkarte" als Rahmen um die eigentliche Karte gezeichnet wird. Als gepunktete Linie werden zudem noch die Druckerränder mit angezeigt.

 TIPP: Sobald Sie den für das Layout gewünschten Ausschnitt in Ihrer Hauptkarte festgelegt haben, sollten Sie über die *Werkzeugleiste „Hauptmenü"* ⇨ *„Ansicht"* ⇨ *„Lesezeichen"* ⇨ *„Erstellen…"* ein räumliches Lesezeichen setzen. Damit können Sie auch nach zwischenzeitlichem Zoomen oder Verschieben des Kartenausschnitts (in der Datenansicht) jederzeit zu der für das Layout gewünschten Ausdehnung zurückkehren.

10.7.2 Seiten- und Druckereinrichtung

Eine grundlegende Frage beim Entwurf eines Karten-Layouts ist die gewünschte Größe der auszugebenden Karte. Zwar können Sie mit ArcMap die Seiten- oder Kartengröße bei Bedarf jederzeit noch ändern. Allerdings sollten Sie bereits von Anfang an eine möglichst genaue Vorstellung vom Endergebnis haben, da sich die Druck- und Seiteneinrichtung auch auf die Größe von Features, Symbolen, Beschriftungen und anderen Kartenelementen auswirkt. Für unser Projekt wählen wir das Papierformat DIN A4 als Ausgabeformat aus.

Wir wollen an dieser Stelle also zunächst die notwendigen Einstellungen hinsichtlich Seiten- und Druckeinrichtung vornehmen. Das entsprechende Dialogfenster erreichen Sie auf zwei Wegen:

- *Hauptmenüleiste* ⇨ *„Datei"* ⇨ *„Seiten- und Druckeinrichtung…"* oder über

- *Kontextmenü der Layout-Ansicht* ⇨ *„Seiten- und Druckeinrichtung…"*

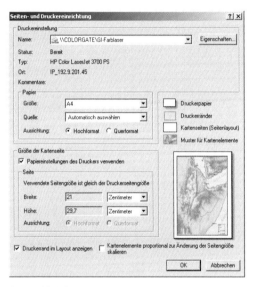

Abb. 10.74: Dialogfenster zur „Seiten- und Druckereinrichtung" in ArcMap

Das Dialogfenster „Seiten- und Druckereinrichtung" (Abb. 10.74) gliedert sich grundsätzlich in die zwei Bereiche „Druckereinstellung" und „Größe der Kartenseiten", mit deren Hilfe die notwendigen Einstellungen hinsichtlich Drucker und Papier sowie Größe der auszugebenden Karte vorgenommen werden können.

Im Bereich „Druckereinstellung" können Sie, wie Sie es aus anderen Windows-Anwendungen gewohnt sind, den gewünschten Drucker auswählen. Über die Schaltfläche „Eigenschaften…" gelangen Sie in ein weiteres Dialogfenster zur Festlegung der Druckereigenschaften, z. B. hinsichtlich der Druckqualität. Die hier verfügbaren Einstellmöglichkeiten hängen jeweils vom gewählten Druckertyp und dem installierten Druckertreiber ab. Je nachdem, welchen Drucker Sie hier auswählen, werden in Ihrem Layout-Dokument auch die Druckerränder entsprechend geändert. Wählen Sie für die spätere Ausgabe unseres Projektes hier Ihren unter Windows installierten Drucker aus. Weitere Einstellungen hinsichtlich Druckereigenschaften können Sie nach eigenen Bedürfnissen vornehmen. Zudem können Sie hier im Bereich „Papier" das Format des Druckerpapiers (Papiergröße), die Papierzufuhr (Art bzw. Fach) sowie die

Papierausrichtung (Hoch-/Querformat) festlegen. Wählen Sie hier als Größe „A4" und als Ausrichtung „Hochformat".

Im Bereich „Größe der Kartenseite" nehmen Sie schließlich Einstellungen hinsichtlich der Kartengröße (nicht Papiergröße!) vor. Mit der Option „Papiereinstellungen des Druckers verwenden" können Sie die Kartengröße auf die Papiergröße des oben ausgewählten Druckers einstellen. In diesem Fall entspricht die Layout-Ansicht in ArcMap der virtuellen Druckvorschau, d. h. die Karte wird in der Layout-Ansicht im Verhältnis zur Papiergröße dargestellt (siehe Abb. 10.74). Wollen Sie eine Karte erstellen, deren Größe unabhängig ist von der im Bereich „Druckereinstellung" festgelegten Papiergröße, so ist diese Option zu deaktivieren. Sie können dann ein anderes Standardformat oder ein benutzerdefiniertes Format als Kartengröße festlegen. Damit wird in der Layout-Ansicht nicht mehr die eingestellte Papiergröße, sondern die davon abweichende Größe der Kartenseite als Arbeitsbereich angezeigt. Für unser Projekt allerdings aktivieren Sie die Option „Papiereinstellungen des Druckers verwenden".

Ändern Sie während Ihrer Arbeit doch einmal das Papierformat, so können Sie festlegen, ob alle Elemente entsprechend der Änderung der Seitengröße skaliert werden sollen. Aktivieren bzw. deaktivieren Sie dazu die Option „Kartenelemente proportional zur Änderung der Seitengröße skalieren". Ist diese Option aktiviert und Sie vergrößern z. B. das Papierformat von A4 auf A3, so wird auch Ihre Karte mit allen enthaltenen Elementen dementsprechend vergrößert und auf die neue Seite angepasst. Beachten Sie, dass es dabei zu Änderungen des Kartenmaßstabs kommt, sofern Sie keinen festen Maßstab festgelegt haben.

Alle vorgenommenen Änderungen an Drucker- oder Seiteneinstellungen bzw. die daraus resultierenden Auswirkungen auf das Kartenlayout werden im rechten Bereich des Dialogfensters in einer Vorschau dargestellt. Deaktivieren Sie z. B. die Option „Druckerrand im Layout anzeigen" und Sie sehen in der beispielhaften Kartenvorschau, dass die Druckerränder nicht mehr angezeigt werden.

9.1 ! NEU: Die Erweiterung ArcPress ist im Lieferumfang von ArcGIS 9.1 enthalten. ArcPress ist ein Raster Image Prozessor (RIP) für schnelles und qualitativ hochwertiges Drucken und Exportieren Ihrer Karten für folgende Drucker und Formate: HP (RTL, PCL3, PCL5), Epson (ESC/P2), Canon BubbleJet (RIS), Versatec Raster Format (VRF), CalComp Compressed Raster Format (CCRF), RasterGraphics Input (RGI).

Sie haben damit die Drucker- und Seiteneinstellungen für eine Ausgabe unseres Projektes im DIN A4-Format festgelegt. Damit können Sie nun mit der Gestaltung des eigentlichen Kartenlayouts beginnen.

Für die Arbeit am Layout Ihrer Karte sollten Sie zunächst über *Hauptmenüleiste „Ansicht"* ⇨ *„Werkzeugleisten"* die Werkzeugleisten „Graphiken", „Layout" und „Zeichnen" einblenden. Diese Werkzeugleisten stellen Ihnen zahlreiche nützliche Werkzeuge für den Entwurf eines Kartenlayouts zur Verfügung.

10.7.3 Hinzufügen von Kartenelementen

Zunächst ist hier zu klären, welche Elemente die Karte im Ergebnis enthalten soll. Neben den Grundelementen (Titel, Legende, Maßstab, …) wollen wir unserer Karte eine Tabelle mit weiteren Informationen sowie eine kleine Übersichtskarte hinzufügen.

Bevor wir allerdings unser Layout um zusätzliche Elemente erweitern, sollten wir zunächst die bereits bestehende Karte bzw. den entsprechenden Datenrahmen auf eine passende Größe bringen. Geben Sie dazu in der Werkzeugleiste „Standard" im Auswahlfenster Maßstab einen neuen Maßstab „1 : 5.000.000" ein und bestätigen Sie mit der Eingabetaste. Damit bleibt auf der Layoutseite um unsere Karte herum nach allen Seiten noch etwas Platz.

Um diesen Maßstab für die weitere Arbeit beizubehalten, wollen wir ihn als festen Maßstab definieren. Öffnen Sie dazu über das Kontextmenü des Datenrahmens „Hauptkarte" die „Eigenschaften…" des Datenrahmens und wechseln Sie in das Register „Datenrahmen". Aktivieren Sie hier die zweite Option „Fester Maßstab" und übernehmen Sie den eingestellten Wert „1 : 5.000.000". Bestätigen Sie mit „OK". Damit ist dieser Maßstab für das Projekt fest eingestellt. Dementsprechend sind die Zoomwerkzeuge der Werkzeugleiste „Werkzeuge" sowie das Auswahlfenster „Karten-Maßstab" in der Werkzeugleiste „Standard" inaktiv, da deren Einsatz eine Änderung des Maßstabs bedeuten würde.

TIPP: Auch bei einem fest eingestellten Maßstab sollten Sie immer wieder überprüfen, ob der aktuelle Maßstab noch dem von Ihnen festgelegten Wert entspricht. So kommt es nämlich durch Verschieben des Kartenausschnitts oder durch Zoomen im Layout vereinzelt zu kleinen Abweichungen vom eigentlich fest eingestellten Maßstab. Auch durch den im Kontextmenü der einzelnen Layer stets verfügbaren Befehl „Auf Layer zoomen" kann es ungewollt zu einer Änderung des aktuellen Maßstabs kommen. Öffnen Sie dann die Eigenschaften des Datenrahmens, wechseln Sie in die Registerkarte „Datenrahmen", wo der feste Maßstab definiert ist, und klicken Sie auf den Button „OK". Damit wird der aktuell dargestellte Maßstab auf den Wert des festen Maßstabs gesetzt.

Klicken Sie nun mit dem Werkzeug „Elemente auswählen" der Werkzeugleiste „Werkzeuge" in die Karte, um den Datenrahmen „Hauptkarte" zu aktivieren.

TIPP: Ein aktivierter Datenrahmen – ebenso wie eine ausgewählte Graphik – ist in ArcMap an den farbigen Ziehpunkten zu erkennen, die um den Datenrahmen angezeigt werden. Wenn mehr als ein Datenrahmen bzw. eine Graphik ausgewählt ist, weist einer der Datenrahmen blaue Ziehpunkte auf, während für die anderen Datenrahmen grüne Ziehpunkte angezeigt werden. Bei dem Datenrahmen mit blauen Ziehpunkten handelt es sich um den so genannten „dominanten" Datenrahmen.

Sie können den Datenrahmen nun an einem der oberen oder unteren Ziehpunkte anfassen und bei gedrückter Maustaste etwas verkleinern bzw. ihn verschieben, so dass auf der Seite oben und unten noch etwas Platz für weitere Kartenelemente bleibt. Nun können wir weitere Elemente zu unserer Karte hinzufügen. Einige der grundlegenden Kartenelemente sind in ArcMap bereits vordefiniert und können problemlos in das Kartenlayout eingefügt werden.

10.7.3.1 Kartentitel und Text

Zunächst wollen wir unserer Karte einen eindeutigen und aussagekräftigen Titel geben. Wählen Sie dazu über *Hauptmenüleiste* ⇨ *„Einfügen"* den Eintrag „Titel". ArcMap fügt damit automatisch ein Textfeld in Ihr Layout ein. Klicken Sie nun doppelt auf das Textfeld, um in ein Dialogfenster zur Bearbeitung des Textes zu gelangen (Abb. 10.75).

Geben Sie hier im Register „Text" als Titel „Bundesrepublik Deutschland" ein und verringern Sie den Zeichenabstand auf „10". Mit Hilfe der Schaltfläche „Symbol ändern…" gelangen Sie schließlich in das Dialogfenster „Symbol-Auswahl", wo Sie z. B. Schriftart oder -größe ändern können. Stellen Sie hier Schriftart „Arial", Größe „24" und als Style „fett" ein.

Abb. 10.75: Eigenschaften eines Textfelds im Layout von ArcMap

In der Registerkarte „Größe und Position" können Sie die Position und Größe des Textfeldes mittels Eingabe von Zahlenwerten exakt festlegen. Lassen Sie die eingestellten Werte unverändert und bestätigen Sie zweimal mit „OK", um zur Layout-Ansicht zurückzukehren. Hier können Sie das Textfeld nun bei gedrückter Maustaste an eine beliebige Position verschieben.

Wiederholen Sie den eben beschriebenen Vorgang und fügen Sie über *Hauptmenüleiste* ⇨ *„Einfügen"* ⇨ *„Text"* oder mit Hilfe des Werkzeugs „Neuer Text" der Werkzeugleiste „Zeichnen" ein weiteres Textfeld ein, um den Untertitel „- Länder, Städte & Gewässer -" (Formatierung: Arial, 20, fett) zu erstellen. Platzieren sie diesen Untertitel mittig unterhalb des Haupttitels. Hier können Sie die Werkzeugleiste „Graphiken" zu Hilfe nehmen. Markieren Sie mit gedrückter „Shift"-Taste zunächst den Unter- und anschließend den Haupttitel. Der Haupttitel ist damit das dominante Element. An ihm können Sie nun mit Hilfe des Werkzeugs „Horizontal zentrieren" den Untertitel mittig ausrichten.

Das Ausrichten einzelner Elemente an einem weiteren Kartenelement ist beim Entwurf eines Karten-Layouts eine häufig benötigte Funktionalität. Die Werkzeugleiste „Layout" bietet dazu zahlreiche Werkzeuge, die in Kapitel 6.1.3.5 ausführlich beschrieben werden.

Haupt- und Untertitel wollen wir schließlich noch in einen grauen Kasten setzen. Zeichnen Sie dazu mit dem Werkzeug „Neues Rechteck" der Werkzeugleiste „Zeichnen" ein Rechteck über diese beiden Elemente. Mit dem Befehl *„Zeichnen"* ⇨ *„Reihenfolge"* ⇨ *„In den Hintergrund"* der Werkzeugleiste „Zeichnen" können Sie die Titelelemente wieder „sichtbar" machen. Selektieren Sie nun das Rechteck und öffnen Sie über das Kontextmenü dessen „Eigenschaften…". In der Registerkarte „Symbol" legen Sie als „Füllfarbe" ein helles Grau aus. Die Umrissfarbe soll Schwarz und die Umrissstärke „1" sein. Wenn Sie nun Haupt- und Untertitel sowie den eben gezeichneten Kasten mit Hilfe der „Strg"-Taste markieren und mit der rechten Maustaste das Kontextmenü öffnen, finden Sie hier den Befehl „Gruppieren". Führen Sie diesen Befehl aus. Damit werden die drei Elemente zu einem Graphikelement zusammengefasst, was gerade beim Verschieben auf der Seite sehr praktisch ist, da vorgenommene Textanordnungen nicht mehr verändert werden.

Zudem können Sie ein weiteres Textfeld einfügen, in dem Sie z. B. Angaben zum Verfasser bzw. Kartographen und zu den verwendeten Daten unterbringen.

10.7.3.2 Nordpfeil

Über *Hauptmenüleiste* ⇨ *„Einfügen"* ⇨ *„Nordpfeil"* gelangen Sie in das Dialogfenster „North Arrow Auswahl", wo zahlreiche verschiedene Nordpfeile zur Auswahl stehen. Wählen Sie hier mit einem Mausklick einen Nordpfeil (z. B. „ESRI North 6") aus. Über die Schaltfläche „Eigenschaften…" gelangen Sie in ein weiteres Dialogfenster („Nordpfeil"), wo Sie zahlreiche Einstellungen hinsichtlich Größe, Farbe, Winkel usw. vornehmen können. Wir übernehmen hier alle Einstellungen unverändert und bestätigen zweimal mit „OK". In der Layout-Ansicht können Sie den neu eingefügten Nordpfeil nun mit gedrückter Maustaste an eine beliebige Stelle verschieben. Platzieren Sie ihn im linken unteren Bereich der Seite. Sollte Ihnen der Nordpfeil zu klein oder zu groß erscheinen, so können Sie seine Größe durch Ziehen der Ziehpunkte verändern.

10.7.3.3 Maßstabsleiste und Maßstabstext

Im nächsten Schritt soll unsere Karte mit einem Maßstab versehen werden. Der Maßstab soll einerseits in Form einer Leiste und andererseits in Textform in der Karte erscheinen. Über *Hauptmenüleiste* ⇨ *„Einfügen"* ⇨ *„Maßstabsleiste…"* gelangen Sie zunächst in das Dialogfenster „Scale Bar Auswahl". Hier können Sie aus mehreren vordefinierten Maßstabsleisten auswählen. Wir entscheiden uns für die Leiste „Alternating Scale Bar 2". Wählen Sie diese Leiste mit einem Mausklick aus und betätigen Sie dann die Schaltfläche „Eigenschaften…". In dem neuen Dialogfenster „Maßstabsleiste" stehen Ihnen schließlich drei Registerkarten mit zahlreichen Möglichkeiten zur Gestaltung der Maßstabsleiste zur Verfügung (Abb. 10.76).

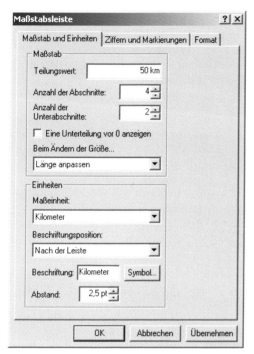

Abb. 10.76: Eigenschaften bei der Erstellung einer Maßstabsleiste in ArcMap

Erhöhen Sie im Register „Maßstab und Einheiten" im Bereich „Maßstab" zunächst die „Anzahl der Abschnitte" auf „4" und reduzieren Sie die „Anzahl der Unterabschnitte" auf „2". In der Auswahlliste „Beim Ändern der Größe" wählen Sie den Eintrag „Länge anpassen". Im Bereich „Einheiten" stellen Sie dann die „Maßeinheiten" auf „Kilometer" um und ändern im Bereich „Maßstab" den „Teilungswert" auf „50 km" (siehe Abb. 10.76).

In der Registerkarte „Ziffern und Markierungen" können Sie Einfluss auf Häufigkeit und Position von Ziffern und Markierungen der zu erstellenden Maßstabsleiste nehmen.

In der dritten Registerkarte „Format" legen Sie schließlich die gewünschte Schriftart sowie Größe und Farbe des Textes bzw. des Maßstabsbalkens fest.

Alle – im ersten Register – vorgenommenen Änderungen bestätigen wir zweimal mit „OK" und wechseln damit zurück in die Layout-Ansicht. Hier verschieben wir die erzeugte Maßstabsleiste in den linken unteren Seitenbereich. Zoomen Sie sich nun mit dem Werkzeug „Vergrößern" der Werkzeugleiste „Layout" in den Layoutentwurf, um die neue Maßstabsleiste zu betrachten. Wollen Sie weitere Anpassungen vornehmen, klicken Sie mit der linken Maustaste doppelt auf die Maßstabsleiste. Neben den drei beschriebenen Registerkarten stehen Ihnen hier zusätzlich noch die Register „Rahmen" sowie „Größe und Position" zur Verfügung.

Zusätzlich zur Maßstabsleiste wollen wir noch einen Maßstab in Textform einfügen. Öffnen Sie dazu über *Hauptmenüleiste* ⇨ *„Einfügen"* ⇨ *„Maßstabstext..."* das Dialogfenster „Scale Text Auswahl" und wählen Sie die erste Vorlage „Absolute Scale"

mit einem Mausklick aus. Öffnen Sie erneut mit Hilfe der Schaltfläche „Eigenschaften…"
ein weiteres Dialogfenster. Aktivieren Sie in der Registerkarte „Maßstabstext" im Bereich
„Style" die Option „Absolute" und übernehmen Sie die Änderung zweimal mit „OK".
Damit wird automatisch der aktuell eingestellte Maßstab in Ihr Layout eingefügt. Hier ist es
sinnvoll, dem gerade erstellten Maßstabstext mit Hilfe eines weiteren Textfeldes den
Begriff „Maßstab" voranzustellen. Platzieren Sie diese beiden Felder nun oberhalb der
Maßstabsleiste.

Maßstabsleiste und -text ändern sich übrigens automatisch, wenn Sie Änderungen am
aktuellen Maßstab Ihres Projekts vornehmen!

10.7.3.4 Legende

Ein wesentlicher Bestandteil des Karten-Layouts ist die Legende. Für die (automatische)
Erstellung einer Legende stellt ArcMap einen „Legenden-Assistenten" bereit, der die
bestehende Layer-Symbologie zur Erzeugung der Kartenlegende verwendet. Sie erreichen
diesen Assistenten über *Hauptmenüleiste* ⇨ *„Einfügen"* ⇨ *„Legende"*.

 TIPP: Der Legenden-Assistent steht – wie alle anderen Assistenten in ArcMap –
nur dann zur Verfügung, wenn unter *Hauptmenüleiste* ⇨ *"Werkzeuge"* ⇨
„Optionen…" im Register „Allgemein" die Option „Assistenten anzeigen"
aktiviert ist.

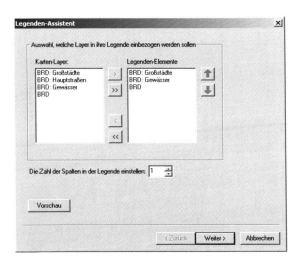

Abb. 10.77: Assistent zur Erstellung einer Kartenlegende in ArcMap – Schritt 1

Im ersten Dialogfenster des Assistenten (Abb. 10.77) wählen Sie zunächst die Layer Ihres
Projektes, die in die Legende einbezogen werden sollen. ArcMap wählt hier automatisch
alle im Projekt angezeigten Layer aus. Dementsprechend ist in unserem Beispiel der Layer
„BRD: Hauptstraßen" in der Liste der Legenden-Elemente nicht aufgeführt. Sollen sehr
viele Layer-Symbole in der Legende wiedergegeben werden, so lässt sich die Legende auch
auf mehrere Spalten aufteilen. Für unser Beispiel ist eine Spalte ausreichend. Gehen Sie
also mit „Weiter >" zum nächsten Fenster des Assistenten.

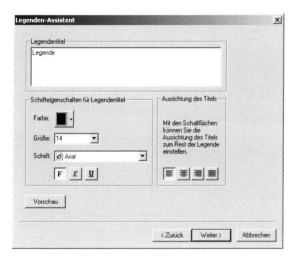

Abb. 10.78: Assistent zur Erstellung einer Kartenlegende in ArcMap – Schritt 2

Im zweiten Schritt des Legenden-Assistenten (Abb. 10.78) können Sie einen Legenden-Titel eingeben und diesen formatieren. Geben Sie hier als Titel z. B. „Bundesrepublik Deutschland" ein und lassen Sie die übrigen Einstellungen unverändert. Mit „Weiter >" gelangen Sie zum nächsten Schritt, wo Sie einen Rahmen für die Legende festlegen und formatieren können (Abb. 10.79).

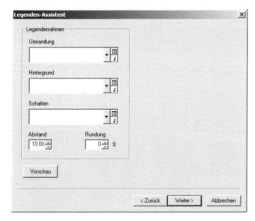

Abb. 10.79: Assistent zur Erstellung einer Kartenlegende in ArcMap – Schritt 3

Stellen Sie hier als Umrandung „1.0 Point" ein, belassen Sie den Hintergrund unverändert und legen Sie als Schatten „Grey 20%" fest. Die übrigen Einstellungen können Sie ebenfalls übernehmen.

Gehen Sie mit „Weiter >" zum nächsten Schritt (Abb. 10.80).

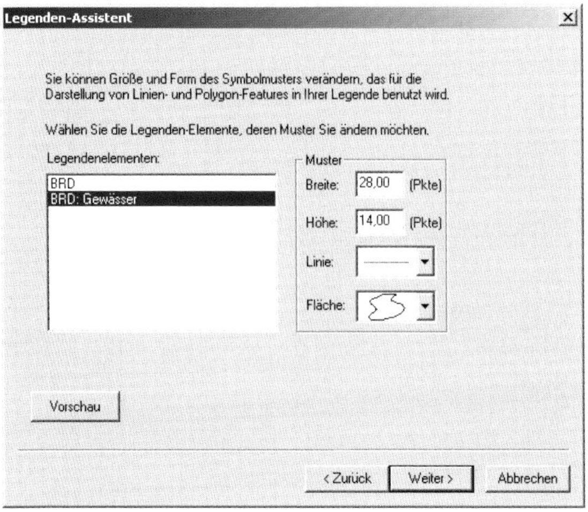

Abb. 10.80: Assistent zur Erstellung einer Kartenlegende in ArcMap – Schritt 4

In Schritt 4 der Legenden-Erstellung können Sie die gewünschte Darstellung von Flächen- und Liniensymbolen hinsichtlich ihrer Größe und Form festlegen. Wählen Sie für den Layer „BRD" als Fläche die Form „Natural Area". Für den Layer „BRD: Gewässer" legen Sie hier entsprechend „Water Body" fest. Alle anderen Einstellungen lassen Sie unverändert und gehen mit „Weiter >" zum letzten Schritt des Assistenten (Abb. 10.81).

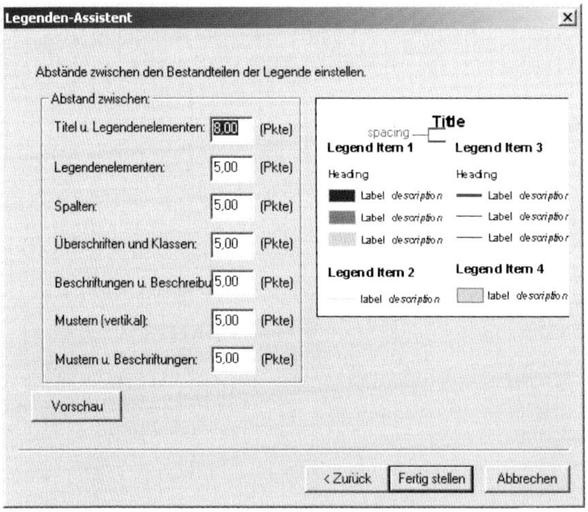

Abb. 10.81: Assistent zur Erstellung einer Kartenlegende in ArcMap – Schritt 5

In diesem Fenster haben Sie die Möglichkeit, die Platzierung der einzelnen Legenden-Elemente zu beeinflussen. Klicken Sie in die Textbox eines beliebigen Elements auf der linken Seite des Dialogfensters, und ArcMap verdeutlicht Ihnen mit einer roten Markierung („spacing") im Vorschaufenster auf der rechten Seite, welchen Legendenbereich Sie mit dem jeweiligen Wert verändern können. Wir lassen hier alle Werte zunächst unverändert und klicken auf „Fertigstellen".

Die Legende wird nun entsprechend den vorgenommenen Einstellungen in das aktuelle Layout eingefügt. Sehr wahrscheinlich werden Sie noch den einen oder anderen Änderungswunsch haben. So ist z. B. der gewählte Schatten nicht sehr gelungen. Klicken Sie daher mit dem Werkzeug „Elemente auswählen" der Werkzeugleiste „Werkzeuge" doppelt auf die Legende, und es öffnet sich ein Dialogfenster mit mehreren Registerkarten, wo Sie alle im Legenden-Assistenten getroffenen Einstellungen wieder finden und ändern können. Wechseln Sie also in das Register „Rahmen" und legen Sie unter „Schatten" die Option „<Keine>" fest. Dementsprechend können Sie noch weitere Änderungen vornehmen, bis die Legende Ihren Wünschen entspricht. So können Sie im Register „Themen" z. B. auch den Layer „BRD: Gewässer" aus der Legende entfernen, da dieser eigentlich keiner weiteren Erklärung bedarf.

Ist die Legende selektiert, können Sie sie mit Hilfe der Ziehpunkte auch beliebig vergrößern, verkleinern oder sie an eine andere Stelle verschieben. Ändern Sie auf diese Weise die Größe der Legende, so werden alle enthaltenen Elemente automatisch skaliert.

Hier ist auch festzuhalten, dass eine mit dem Legenden-Assistenten erzeugte Legende dynamisch mit den Daten bzw. der Symbologie der einbezogenen Layer verknüpft ist. Blenden Sie also nachträglich einen der in der Legende berücksichtigten Layer in Ihrem Projekt aus, so werden automatisch auch die entsprechenden Symbole aus der Legende entfernt.

Entspricht die automatisch erzeugte Legende grundsätzlich nicht Ihren Vorstellungen, so gibt es eine weitere Möglichkeit der individuellen Gestaltung: Sie können die gesamte Legende in eine Graphik umwandeln und die Gruppierung der einzelnen Elemente aufheben. Klicken Sie dazu zunächst mit der rechten Maustaste auf die Legende und wählen Sie im Kontextmenü den Befehl „Zu Graphik umwandeln". Danach lässt sich – ebenfalls über das Kontextmenü – die Gruppierung der Graphikelemente aufheben. In diesem Zustand können Sie die Legende bzw. ihre Bestandteile wie herkömmliche Graphiken mit den Werkzeugen der Werkzeugleisten „Zeichnen" und „Graphiken" bearbeiten. Beachten Sie hier allerdings, dass mit der Umwandlung einer Legende in eine Graphik auch ihre oben beschriebene dynamische Verknüpfung mit den entsprechenden Layern verloren geht.

10.7.3.5 Bilder

Bei Bedarf können Sie über die *Werkzeugleiste „Hauptmenü"* ⇨ *„Einfügen"* ⇨ *„Bild…"* auch Bilder zu Ihrem Layout hinzufügen. Importierbar sind dabei alle Graphikobjekte (Fotos, Logos, …) in den gängigen Bildformaten JPG, GIF, TIF, EMF (Windows Metafile), BMP (Windows Bitmap) und PNG. Haben Sie ein Bild in Ihr Layout eingefügt, so gelangen Sie mit einem Doppelklick auf das Bild in das Dialogfenster „Bild Eigenschaften", wo sich z. B. ein Rahmen oder ein Schatten für das Bild erzeugen lässt (Registerkarte „Rahmen"). Zudem erhalten Sie im Register „Bild" Auskunft über das Bildformat. Hier können Sie auch festlegen, ob das Bild als Teil des Kartendokuments gespeichert werden soll.

TIPP: Aktivieren Sie in den Eigenschaften eines eingefügten Bildes im Register „Bild" die Option „Bild als Teil des Dokuments speichern", wenn Sie das Kartendokument weitergeben möchten und es Ihren Rechner oder das lokale Netzwerk „verlässt". Nur dann wird statt des Dateipfades das Bild selbst im Dokument gespeichert und ist auch beim Empfänger noch im Projekt vorhanden.

10.7.3.6 Objekte

An dieser Stelle wollen wir nun noch Zusatzinformationen zur Bundesrepublik hinsichtlich der Bevölkerungszahlen der einzelnen Länder in unserem Layout unterbringen. Dazu steht im Ordner „Lektion_7" die Excel-Datei „Laender.xls" zur Verfügung, die zu den einzelnen Bundesländern Informationen bezüglich Einwohnerzahlen (Stand 1995) sowie zur Bevölkerungsdichte bereithält. Diese Tabelle können wir über die *Werkzeugleiste* „*Hauptmenü*" ⇨ „*Einfügen*" ⇨ „*Objekt...*" in unser Karten-Layout einfügen.

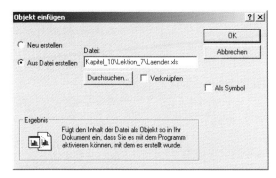

Abb. 10.82: Dialogfenster zum Einfügen eines Objekts in das Karten-Layout

Wählen Sie dazu im Fenster „Objekt einfügen" (Abb. 10.82) die Option „Aus Datei erstellen" und geben Sie den Pfad zu der Datei „Laender.xls" an. Mit der Option „Verknüpfen" können Sie noch festlegen, ob die gewünschte Datei eingebettet oder verknüpft werden soll. Wird die Datei verknüpft, so wirken sich Änderungen in der verknüpften Tabelle auf die Originaldatei aus. Wird sie lediglich eingebettet, so haben Änderungen in der eingebetteten Tabelle keine Auswirkung auf die Original-Datei. Wir lassen diese Option deaktiviert und bestätigen den Dialog mit „OK". Damit wird die entsprechende Excel-Tabelle in unser Karten-Layout eingefügt.

Grundsätzlich lassen sich auf diese Weise unterschiedlichste Objekte aus anderen Programmen in das Layout einbinden (sog. OLE; **O**bject **L**inking and **E**mbedding). Die Besonderheit dieser Vorgehensweise besteht darin, dass eine funktionelle Verbindung zwischen dem Objekt und dem zugehörigen (Bearbeitungs-)Programm bestehen bleibt. Im Fall unserer Excel-Tabelle bedeutet dies, dass sich bei einem Doppelklick auf die Tabelle im Layout automatisch das Tabellenkalkulationsprogramm Excel öffnet, und Sie Änderungen an der Tabelle vornehmen können. Die Tabelle im Layout wird automatisch aktualisiert.

Soll die einzufügende Datei erst erstellt werden, so ist im Dialogfenster „Objekt einfügen" die Option „Neu erstellen" zu aktivieren. Wählen Sie dann aus der zur Verfügung gestellten

Liste das Programm aus, mit dem Sie die entsprechende Datei erstellen können. Das Programm wird daraufhin gestartet und Sie können die Datei erzeugen.

10.7.3.7 Datenrahmen mit Übersichtskarte

Als letztes Kartenelement wollen wir unserem Layout eine kleine Übersichtskarte hinzufügen, die einen Überblick über die Staaten Europas gibt und dabei die Bundesrepublik als aktuellen Ausschnitt farbig hervorhebt.

Dazu müssen wir in unser Übungsprojekt über die *Werkzeugleiste „Hauptmenü"* ⇨ *„Einfügen"* ⇨ *„Datenrahmen"* zunächst einen weiteren Datenrahmen einfügen. Benennen Sie diesen Datenrahmen im Inhaltsverzeichnisfenster in „Übersichtskarte" um. Bringen Sie den neu eingefügten Datenrahmen in der Layout-Ansicht in eine passende Größe (etwa 5 × 5 cm) und platzieren Sie ihn in einen freien Bereich Ihres Layouts. Laden Sie dann die Datei „Lektion_7\Europa.shp" in den Datenrahmen „Übersichtskarte". Achten Sie dabei darauf, dass dieser Datenrahmen aktiviert, d. h. im Inhaltsverzeichnis fett dargestellt und in der Layout-Ansicht von einer grauen, gestrichelten Linie umgeben ist. Nur dann werden die gewünschten Daten auch in diesen Datenrahmen geladen. Sollte der Datenrahmen nicht aktiv sein, klicken Sie ihn in der Layout-Ansicht einfach mit dem Werkzeug „Elemente auswählen" der Werkzeugleiste „Werkzeuge" einmal an. Alternativ können Sie auch im Inhaltsverzeichnis das Kontextmenü des Datenrahmens öffnen und ihn mit Hilfe des entsprechenden Befehls aktivieren.

Öffnen Sie dann – im Inhaltsverzeichnis oder im Layout-Fenster – das Kontextmenü des neuen Datenrahmens und wechseln Sie in die Registerkarte „Ausdehnungs-Rechtecke". Verschieben Sie hier mit Hilfe der Schaltfläche „>" den Datenrahmen „Hauptkarte" aus dem Fenster „Andere Datenrahmen" in das Fenster „Ausdehnungsrechteck anzeigen für diese Datenrahmen". Klicken Sie dann auf die Schaltfläche „Rahmen" und wählen Sie als „Umrandung" den Eintrag „1.0 Point" und als „Farbe" ein kräftiges Rot aus. Aktivieren Sie schließlich in der Registerkarte „Datenrahmen" die Option „Fester Maßstab" und legen Sie als Maßstab „1 : 55.000.000" fest. Bestätigen Sie alle Änderungen mit „OK", um in die Layout-Ansicht zurückzukehren.

Wie gewünscht wird im neuen Datenrahmen in einer Europa-Übersicht der aktuelle Kartenausschnitt unseres Datenrahmens „Hauptkarte" mit einem roten Rechteck hervorgehoben. Dieser Rahmen aktualisiert sich bei einer Ausschnittsänderung der Hauptkarte etwa durch Zoomen oder Verschieben automatisch!

10.7.3.8 Kartenrahmen

Als (vor-)letzten Schritt unseres Layout-Entwurfs wollen wir um die erzeugten Kartenelemente einen Kartenrahmen zeichnen. Öffnen Sie dazu erneut über die *Werkzeugleiste „Hauptmenü"* ⇨ *„Einfügen"* ⇨ *„Kartenrahmen..."* das Dialogfenster „Kartenrahmen". Wählen Sie im Bereich „Platzierung" die dritte Option „Innerhalb der Begrenzung platzieren". Diese Option platziert den Kartenrahmen innerhalb der Druckerränder – sofern vorhanden. Sind die Druckerränder ausgeblendet, wird der Rahmen mit dieser Option innerhalb der Seitenränder platziert. Stellen Sie als „Abstand" „5" Punkt ein, um den Rahmen möglichst nah an die Druckerränder zu zeichnen. Als Umrandung wählen wir wieder „1.0 Point". Alle anderen Einstellungen lassen wir unverändert und bestätigen mit „OK".

Nachdem nun alle gewünschten Elemente vorhanden sind, geht es an deren Platzierung. Hier sind Ihrer Kreativität keine Grenzen gesetzt. Natürlich können Sie das Layout nach Belieben auch noch um weitere Elemente und Objekte erweitern oder andere Änderungen vornehmen. Sollten z. B. die Beschriftungstexte der Hauptkarte zu klein erscheinen, lässt sich das mit einer Änderung des in Lektion 2 festgelegten Bezugsmaßstabs beheben. Ändern Sie in den Eigenschaften des Datenrahmens „Hauptkarte" im Register „Allgemein" den „Bezugsmaßstab" auf „1 : 3.000.000", so werden die Schriften und Symbole etwas vergrößert. Das Ergebnis-Layout könnte folgendermaßen aussehen (Abb. 10.83):

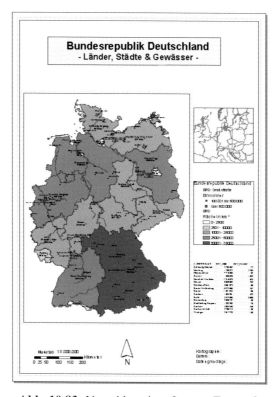

Abb. 10.83: Vorschlag eines Layout-Entwurfs

10.7.3.9 Gitternetz

Möchten Sie über Ihre Karte noch ein Gitternetz legen, so ist dies zwar über die Datenrahmen-Eigenschaften und damit auch in der Daten-Ansicht möglich, das Ergebnis allerdings ist nur in der Layout-Ansicht sichtbar. Zur Erstellung eines Gitternetzes öffnen Sie dementsprechend die Eigenschaften des entsprechenden Datenrahmens und wechseln Sie in die Registerkarte „Gitternetz". Mit Klick auf die Schaltfläche „Neues Gitternetz…" startet ArcMap den Assistenten „Gitter- und Gradnetze", der Sie schrittweise zum gewünschten Gitternetz führt. Eine detaillierte Beschreibung hierzu finden Sie in Kapitel 10.6.

10.7.4 Layout-Vorlagen

Neben den zahlreichen Werkzeugen und Funktionalitäten zur individuellen Erstellung eines Karten-Layouts stellt ArcMap eine Reihe fertiger Layout-Vorlagen zur Verfügung. Kartenvorlagen (*.mxt) enthalten in der Regel ein vordefiniertes Seitenlayout, das bereits grundlegende Kartenelemente wie Nordpfeil, Maßstab oder Platzhalter für Datenrahmen und Legende auf der virtuellen Seite anordnet.

Grundsätzlich gibt es zwei Möglichkeiten für den Einsatz von Vorlagen:

10.7.4.1 Erstellen einer neuen Karte mit Hilfe einer Vorlage

Standardmäßig wird beim Start von ArcMap ein Startdialog angezeigt. Hier können Sie festlegen, wie Sie ArcMap starten möchten. Wählen Sie die entsprechende Option zur Erstellung einer Karte aus einer Kartenvorlage und ArcMap öffnet das Dialogfenster „Neu".

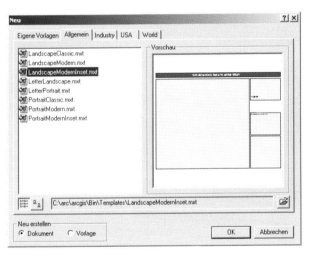

Abb. 10.84: Vorschlag eines Layout-Entwurfs

In diesem Dialogfenster (Abb. 10.84) stehen mehrere thematisch gegliederte Registerkarten zur Verfügung, die jeweils wiederum mehrere Vorlagenentwürfe enthalten. Suchen Sie sich die entsprechende Vorlage aus und bestätigen Sie mit „OK". ArcMap wechselt dann automatisch in die Layout-Ansicht, wo die ausgewählte Vorlage zur Weiterbearbeitung geladen ist. Im Inhaltsverzeichnis des Projekts werden Sie feststellen, dass hier automatisch auch mehrere Datenrahmen angelegt wurden, sofern dies in der Layout-Vorlage vorgesehen ist.

TIPP: Haben Sie den Startdialog über die *Werkzeugleiste „Hauptmenü"* ⇨ *„Werkzeuge"* ⇨ *„Optionen..."* ⇨ *Register „Allgemein"* deaktiviert, so erreichen Sie das entsprechende Dialogfenster zur Auswahl einer Vorlage auch über die *Werkzeugleiste „Hauptmenü"* ⇨ *„Datei"* ⇨ *„Neu".* Über das Werkzeug „Neues Kartendokument" der Werkzeugleiste „Standard" hingegen öffnet ArcMap direkt ein leeres Kartendokument ohne die Möglichkeit, eine Vorlage zu verwenden.

10.7.4.2 Anwenden einer Vorlage auf ein bestehendes Projekt

Wenn Sie ihr Projekt in ArcMap ohne Layout-Vorlage begonnen oder bereits fertig gestellt haben, können Sie auf dieses Projekt auch nachträglich noch eine Layout-Vorlage anwenden. Wechseln Sie dazu in die Layout-Ansicht ihres Projektes, um die Werkzeuge der Werkzeugleiste „Layout" zu aktivieren. Klicken Sie nun auf das Werkzeug „Layout ändern" in der Werkzeugleiste „Layout". ArcMap öffnet daraufhin das Dialogfenster „Vorlage auswählen", das in mehreren Registerkarten zahlreiche Vorlagen zur Auswahl stellt. Wenn in der ausgewählten Vorlage mehrere Datenrahmen vorgesehen oder in Ihrem Projekt mehrere Datenrahmen definiert sind, so öffnet sich nach Auswahl dieser Vorlage und Klick auf den Button „Weiter >" das Dialogfenster „Datenrahmen-Reihenfolge", wo Sie die gewünschte Zuordnung der Datenrahmen vornehmen können (Abb. 10.85).

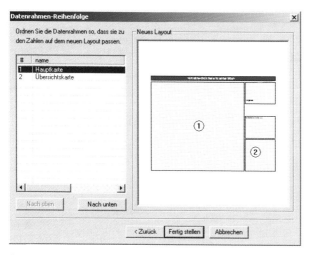

Abb. 10.85: Zuordnung bestehender Datenrahmen in einer Layout-Vorlage

Klicken Sie auf „Fertigstellen", und die ausgewählte Vorlage wird auf Ihr Projekt angewendet. Eigene Anpassungen und Ergänzungen sind mit Hilfe der oben beschriebenen Werkzeuge und Funktionalitäten natürlich auch hier noch möglich.

10.7.4.3 Erstellen eigener Layout-Vorlagen

Zusätzlich zu den in ArcMap bereits enthaltenen Vorlagen können Sie jede von Ihnen selbst erstellte Karte als Vorlage im Format abspeichern. Nach Fertigstellung des Layouts speichern Sie Ihr Projekt über die *Werkzeugleiste „Hauptmenü"* ⇨ *„Datei"* ⇨ *„Speichern unter..."* ab, wobei Sie als Dateityp in diesem Fall „ArcMap Templates (*.mxt)" auswählen.

Solche Vorlagen können auch – immer wieder benötigte – Daten (als Layer), besondere Symbole oder Styles, benutzerdefinierte Werkzeugleisten oder gar individuelle Makros enthalten. So können Sie zukünftig immer wieder auf ein standardisiertes Layout-Schema zurückgreifen – ideal zum Erstellen normgerechter Karten.

TIPP: Eigene Vorlagen sollten Sie in festgelegten Ordnern auf dem Computer organisieren. Legen Sie diese Ordner im Installationsverzeichnis von ArcMap unter „\ArcGIS\Bin\Templates" an, wo auch die im Lieferumfang von ArcMap enthaltenen Vorlagen zu finden sind. Damit stehen Ihre selbst erstellten Vorlagen innerhalb eigener Registerkarten im Dialogfenster „Neu" zur Verfügung. Diese Registerkarte trägt dabei den Namen des von Ihnen neu erstellten Ordners.

10.7.5 Exportieren der Ergebnis-Karte

Nach der Erstellung einer Karte möchten Sie diese gegebenenfalls aus einem Kartendokument in einen anderen Dateityp exportieren, um sie weitergeben oder im Internet veröffentlichen zu können. Je nachdem, wie Sie die Karte weiterverwenden möchten, können Sie Ihre Karten in zahlreiche standardisierte Dateiformate exportieren. Das sind unter anderem:

- Rasterformate wie z. B. BMP, JPEG, TIFF, GIF und PNG

- Vektorformate wie z. B. PDF, SVG

Möchten Sie die in diesem Kapitel erstellte Karte in ein Austauschformat exportieren, das ein hochwertiges Druckergebnis ermöglicht, so ist hier das PDF-Format die richtige Wahl. Dieses Format wird häufig zur Verteilung von Dokumenten im Internet eingesetzt und ist dabei, sich als Standard-Austauschformat für hochwertige Druckerzeugnisse zu etablieren.

Wählen Sie zum Export der Karte in der *Werkzeugleiste „Hauptmenü"* ⇨ *„Datei"* ⇨ *„Karte exportieren…"*. ArcMap öffnet daraufhin das Dialogfenster „Karte exportieren", wo Sie den Speicherort, den Dateinamen sowie das gewünschte Exportformat („Dateityp") festlegen können. Mit einem Klick auf die Schaltfläche „Speichern" startet ArcMap den Exportvorgang, der nach kurzer Zeit abgeschlossen ist.

10.8 Lektion 8: Editieren und Geoverarbeitung

In den vorangegangenen Kapiteln haben Sie bereits ausführlich mit unterschiedlichsten Daten gearbeitet, ohne dabei allerdings deren Geometrie zu ändern. Gerade aber die Bearbeitung (Editierung) wie auch die Neuerstellung von Geometrien sind ganz zentrale Funktionalitäten zur Aktualisierung oder Erweiterung vorhandener Datenbestände wie auch zur Ersterfassung von Daten in ArcGIS. In ArcGIS stehen zahlreiche Funktionalitäten zur Editierung und Neuerfassung von (Geometrie-)Daten zur Verfügung.

Eine weitere zentrale Komponente eines GIS ist die Möglichkeit der Geoverarbeitung. Das Konzept der Geoverarbeitung basiert auf einem Datentransformationssystem. So werden im Rahmen einer typischen Geoverarbeitungs-Operation auf ein Eingangs-Dataset eine oder mehrere Operationen angewendet und als Ergebnis der Operation ein neues Ausgabe-Dataset erzeugt. Die Geoverarbeitung kann Sie damit bei zahlreichen Aufgaben wie Datenkompilierung, Datenverwaltung, Modellierung und Analyse oder auch beim Finden von Antworten auf räumliche Fragen (Wo ist der geeignete Standort? Wer ist betroffen?) unterstützen. Insgesamt ermöglicht die Geoverarbeitung die Definition, Verwaltung und Analyse von Informationen. Innerhalb von ArcGIS stehen Ihnen zahlreiche Operationen zur Geoverarbeitung Ihrer Daten zur Verfügung.

Im vorliegenden Kapitel sollen Sie anhand praktischer Übungen an die Themen Editieren und Geoverarbeitung herangeführt werden. Als Datengrundlage stützen wir uns dabei auf die Geodatabase-Daten aus Lektion 5. In dieser Lektion wurde bereits berücksichtigt, ob Sie mit ArcGIS 9.0 oder 9.1 arbeiten. Dementsprechend wurde unter Berücksichtigung der jeweils zur Verfügung stehenden Funktionalitäten jeweils eine Personal-Geodatabase für den Einsatz unter ArcGIS 9.0 („Personal-Geodatabase_90.mdb") und ArcGIS 9.1 („Personal-Geodatabase.mdb") erstellt.

Starten Sie also zunächst ArcMap und laden Sie – je nach ArcGIS Version – nacheinander folgende Daten aus der entsprechenden Geodatabase in ein neues, leeres Projekt:

- „Lektion_8\<Personal-Geodatabase>\Luftbild" (Raster-Katalog)

- „Lektion_8\<Personal-Geodatabase>\Landnutzung" (Feature-Dataset)

Sollte Ihr Kartenfenster in ArcMap nach dem Laden dieser Daten leer sein, klicken Sie im Kontextmenü des Layers „Luftbild" auf den Befehl „Auf Layer zoomen", um auf die Ausdehnung des Raster-Katalogs zu zoomen. Achten Sie außerdem darauf, dass alle Feature-Klassen des Feature-Datasets „Landnutzung" über dem Raster-Katalog liegen und nicht etwa von diesem überlagert werden. Bei Bedarf können Sie die Darstellungsreihenfolge durch Verschieben der entsprechenden Feature-Klassen im Inhaltsverzeichnis von ArcMap ändern. Nachdem Sie diese Übungsdaten in ein neues Projekt geladen haben, wird Ihnen Folgendes auffallen:

Im Feld „Karten-Maßstab" in der Werkzeugleiste „Standard" wird ein Maßstab angezeigt. Dies bedeutet, dass die Geodatabase-Daten bereits ein Koordinatensystem besitzen. Dieses Koordinatensystem wurde beim Laden der Daten auch auf den Datenrahmen „Layer" angewendet.

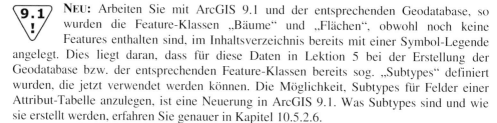 **NEU:** Arbeiten Sie mit ArcGIS 9.1 und der entsprechenden Geodatabase, so wurden die Feature-Klassen „Bäume" und „Flächen", obwohl noch keine Features enthalten sind, im Inhaltsverzeichnis bereits mit einer Symbol-Legende angelegt. Dies liegt daran, dass für diese Daten in Lektion 5 bei der Erstellung der Geodatabase bzw. der entsprechenden Feature-Klassen bereits sog. „Subtypes" definiert wurden, die jetzt verwendet werden können. Die Möglichkeit, Subtypes für Felder einer Attribut-Tabelle anzulegen, ist eine Neuerung in ArcGIS 9.1. Was Subtypes sind und wie sie erstellt werden, erfahren Sie genauer in Kapitel 10.5.2.6.

10.8.1 Bearbeitung starten

Auf Grundlage des eben geladenen Luftbilds wollen wir nun neue Geometrien erfassen (digitalisieren), bestehende Features editieren und grundlegende Geoverarbeitungs-Operationen durchführen.

Bevor wir nun mit der Neuerfassung von Features beginnen, wollen wir für den Layer „Luftbild" eine Transparenz festlegen, um damit die Darstellung des sehr kontrastreichen Luftbildes etwas „arbeitsfreundlicher" zu gestalten. Aktivieren Sie dazu über *Hauptmenüleiste* ➪ *„Ansicht"* ➪ *„Werkzeugleisten"* ➪ *„Effekte"* die Werkzeugleiste „Effekte". Wählen Sie in der Auswahlliste „Layer" den Layer „Luftbild" aus und klicken Sie auf die Schaltfläche „Transparenz anpassen". Hier können Sie mit Hilfe eines Schiebereglers den gewünschten Transparenzwert festlegen. Hier hat sich ein Wert zwischen 30 – 40 % bewährt.

TIPP: Die Layer-Transparenz lässt sich auch über die Eigenschaften des Raster-Layers (Register „Anzeige") festlegen. Geben Sie unter „Layer-Transparenz" (Raster-Katalog) bzw. unter „Transparent" (Rasterbild) den gewünschten Wert ein.

Um mit dem Editieren beginnen zu können, müssen wir in ArcMap über *Hauptmenüleiste* ⇨ *„Ansicht"* ⇨ *„Werkzeugleisten"* zunächst die Werkzeugleiste „Editor" aktivieren. Starten Sie nun eine neue Editiersitzung, indem Sie in der Werkzeugleiste „Editor" den Befehl *„Editor"* ⇨ *„Bearbeitung starten"* auswählen.

10.8.2 Erfassung von Gebäude-Flächen

Zunächst wollen wir auf Grundlage des Luftbildes Gebäude-Flächen erfassen. Wählen Sie dazu in der Werkzeugleiste „Editor" in der Auswahlliste „Ziel" den entsprechenden Layer „Flächen" aus. So teilen Sie ArcMap mit, dass im Folgenden Flächen (Polygone) erfasst bzw. editiert werden sollen und haben damit Zugriff auf die entsprechenden Werkzeuge und Befehle.

Abb. 10.86: Auswahl eines Ziel-Layers in der Werkzeugleiste „Editor"

NEU: Arbeiten Sie mit ArcGIS 9.1 und der entsprechenden Geodatabase, werden Ihnen bei der Auswahl des Ziel-Layers in der Werkzeugleiste „Editor" bereits die zur Verfügung stehenden Subtypes aufgelistet (Abb. 10.87). Hier können Sie den für die Erfassung gewünschten Subtype auswählen, wodurch ArcMap automatisch die entsprechende Attributierung des Features mit dem im Subtype festgelegten Wert übernimmt.

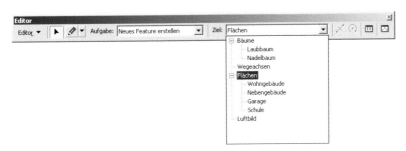

Abb. 10.87: Ziel-Layer mit vordefinierten Subtypes in der Werkzeugleiste „Editor"

Standardmäßig ist in der Werkzeugleiste „Editor" unter „Aufgabe" der Eintrag „Neues Feature erstellen" ausgewählt. Überprüfen Sie dies und legen Sie diesen Wert gegebenenfalls fest. Damit können wir mit der Erfassung von Flächen (Wohngebäude) beginnen.

Wählen Sie einen Bereich zur Erfassung von Gebäuden im Luftbild aus. Zoomen Sie – etwa südwestlich des Schulgeländes – etwa auf einen Maßstab von etwa 1 : 500. Dieser Maßstab ermöglicht eine für unser Beispiel ausreichende Digitaliziergenauigkeit. Klicken Sie nun in der Werkzeugleiste „Editor" auf das „Skizzenwerkzeug". Damit können Sie mit dem Digitalisieren beginnen. Bewegen Sie die Maus ins Kartenfenster und der Mauszeiger nimmt die Form eines Fadenkreuzes an. Klicken Sie mit diesem Fadenkreuz an die erste Ecke des zu erfassenden Hauses. Damit haben Sie den ersten Stützpunkt des Polygons abgesetzt. Fahren Sie nun mit der Maus den Umriss des zu erfassenden Hauses ab und setzen Sie – mindestens – an jeder Ecke einen Stützpunkt ab (Abb. 10.88). Grundsätzlich gilt hier die Regel: „so viele Stützpunkte wie nötig und so wenige wie möglich". Setzen Sie den letzten gewünschten Stützpunkt mit einem Doppelklick ab, um das Polygon zu schließen und das erste Feature damit fertig zu stellen.

TIPP: Klicken Sie während des Digitalisierens mit der rechten Maustaste ins Kartenfenster, öffnet sich ein Kontextmenü mit zahlreichen, hilfreichen Befehlen. So findet sich hier speziell für die Erfassung rechtwinkliger Geometrien der Eintrag „Ausgleichen und Beenden". Mit diesem Befehl schließen Sie ein Polygon mit einem rechten Winkel, d. h. ArcMap erzeugt vom letzten Stützpunkt zum Anfangspunkt der Fläche automatisch einen rechten Winkel.

Abb. 10.88: Digitalisierung einer Gebäudefläche auf Grundlage eines Luftbildes

Nachdem Sie Ihr erstes Feature beendet haben, ist diese Fläche selektiert. Klicken Sie nun in der Werkzeugleiste „Editor" auf das Werkzeug „Attribute". Damit öffnet ArcMap das Dialogfenster „Attribute". Hier werden alle für das Feature verfügbaren Attribute aufgelistet. Klicken Sie im rechten Teil des Fensters in der Zeile „Nutzung" auf den Eintrag

„<Null>". Dieser Wert wird damit editierbar. Geben Sie den Wert „Wohngebäude" ein und
schließen Sie das Fenster.

 NEU: Im Falle von ArcGIS 9 wird an dieser Stelle der entsprechende Wert bereits
von ArcMap automatisch eingetragen, wenn Sie zur Digitalisierung den Subtype
„Wohngebäude" ausgewählt haben.

 TIPP: Es ist vielleicht hilfreich, auch den Layer, in dem Sie gerade Features
erfassen, zu einem gewissen Grad transparent zu schalten, um beim Digitalisieren
das Hintergrundbild zur Orientierung durchscheinen zu sehen.

Verschieben Sie nun den aktuellen Kartenfenster-Ausschnitt nach Südosten, um die
benachbarten Häuser erfassen zu können. Ist dies erledigt, wollen wir mit der Erfassung der
Garagen beginnen. Die Garagengebäude schließen jeweils direkt an die Wohngebäude an.
Dies soll auch bei der Erfassung in ArcMap berücksichtigt werden, um Lücken zwischen
Polygongrenzen oder sich schneidende Linien zu vermeiden. Wählen Sie daher in der
Werkzeugleiste „Editor" unter „Aufgabe" im Abschnitt „Topologie-Aufgaben" den Eintrag
„Polygon automat. schließen".

Wechseln Sie, sofern Sie mit ArcGIS 9.1 arbeiten, in der Werkzeugleiste „Editor" unter
„Ziel" in den Subtype „Garage". Digitalisieren Sie nun, wie oben beschrieben, eine Garage,
die an eine Wohnfläche anschließt. Setzen Sie den ersten Stützpunkt der neuen Fläche an
der „Grenzlinie" zum Wohngebäude ab, digitalisieren Sie den Umriss und beenden Sie die
Fläche mit einem Doppelklick wieder an der entsprechenden Wohngebäude-Linie
(Abb. 10.89). Damit wird das neu zu erfassende Polygon an die bestehende Fläche
„angehängt". Dazu erzeugt ArcMap automatisch zwischen Start- und Endpunkt des
Polygons eine (Grenz-)Linie, die mit dem entsprechenden Linienabschnitt des bestehenden
Polygons identisch ist.

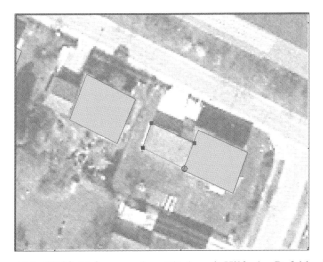

Abb. 10.89: Erfassung einer Fläche mit Hilfe des Befehls „Polygon automat. schließen"

Geben Sie für diese Fläche über das Werkzeug „Attribute" im entsprechenden Dialogfenster als Nutzung den Wert „Garage" ein.

10.8.2 Digitalisieren mit Hilfe der Funktion „Fangen"

In dem eben beschrieben Fall ist es oft nicht ganz einfach, mit dem Anfangs- und Endpunkt einer neuen Fläche die Linie einer bestehenden Fläche zu treffen. Hier bietet ArcMap die Funktion „Fangen" (engl.: Snap), mit deren Hilfe Stützpunkte innerhalb einer festzulegenden Toleranz automatisch an bestehende Linien gezogen werden. Wählen Sie dazu in der Werkzeugleiste „Editor" zunächst den Befehl *„Editor" ⇨ „Fangen...".* Damit wird in ArcMap – zwischen Inhaltsverzeichnis und Kartenfenster – ein neues Fenster „Fangumgebung" eingeblendet. Im oberen Bereich dieses Fensters legen Sie fest, auf welche Layer Sie snappen möchten und wo der Snap jeweils ansetzen soll. Setzen Sie einen Haken in „Stützpunkt", so wird Ihr Stützpunkt auf einen Stützpunkt der bestehenden Linie gezogen. Aktivieren Sie „Kante", wird Ihr Stützpunkt auf die bestehende Linie (auch zwischen Stützpunkten) gezogen. Setzen Sie einen Haken in das Kästchen „Ende", wird Ihr Punkt nur auf Anfangs- bzw. Endpunkt der bestehenden Linie gezogen. Wir aktivieren für den Layer „Flächen" alle drei Kästchen.

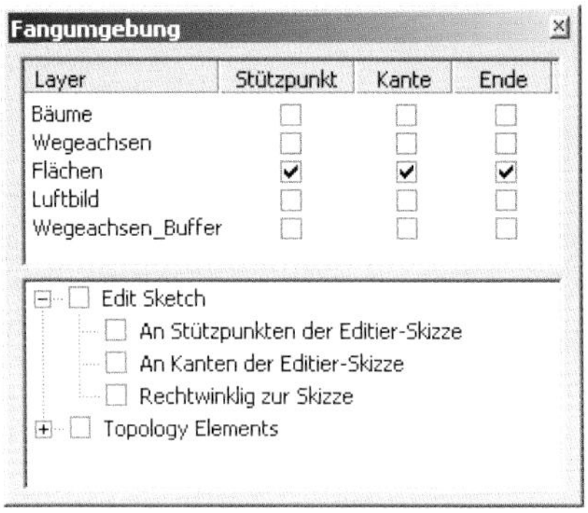

Abb. 10.90: Dialog „Fangumgebung"

Häufig ist es zudem sehr nützlich, wenn Sie bei der Feature-Erfassung auf die gerade aktuelle Skizze – also auf Ihre gerade aktive Linie – snappen können. Dies lässt sich im unteren Bereich des Dialogfensters „Fangumgebung" einstellen. Aktivieren Sie hier die Option „Edit Sketch" sowie je nach Bedarf die Optionen „An Stützpunkten der Editier-Skizze" und/oder „An Kanten der Editier-Skizze".

Öffnen Sie nun über *Werkzeugleiste „Editor" ⇨ „Optionen..."* die Registerkarte „Allgemein". Hier können Sie die gewünschte „Fangtoleranz" festlegen. Wählen Sie dazu in der entsprechenden Auswahlliste den Eintrag „Karteneinheiten" und tragen Sie den Wert „1" in das Textfeld ein. Damit ist die Toleranz für unser Projekt auf einen Meter festgelegt. Der jeweils optimale Wert für die Fangtoleranz hängt stark vom aktuellen Projekt ab. Die gewünschte Genauigkeit (Maßstab) wie auch die Lage der Linien (Scharung) spielen hier eine entscheidende Rolle. Bestätigen Sie die Änderungen mit „OK", um zum Projekt zurückzukehren.

Vergewissern Sie sich hier, dass das „Skizzenwerkzeug" noch aktiv ist. Bewegen Sie nun das Fadenkreuz im Kartenfenster auf eine bestehende Wohngebäude-Linie zu und Sie werden feststellen, dass der Mauszeiger ab einem gewissen Punkt an diese Linie hingezogen wird. Digitalisieren Sie mit Hilfe dieser Funktion nun die übrigen Garagen an die bereits erfassten Wohngebäude. Vergessen Sie dabei nicht, sofern Sie mit ArcGIS 9.0 arbeiten, in das Attribut „Nutzung" jeweils den Wert „Garage" einzutragen.

10.8.2 Teilen und Zusammenführen von Polygon-Features

In der Praxis ist es z. B. durch Nutzungsänderungen immer wieder nötig, ein bestehendes Polygon-Feature in zwei oder mehr Polygone aufzuteilen. An dieser Stelle soll in unserem Projekt eine Wohngebäudefläche in zwei Flächen aufgeteilt werden. Selektieren Sie dazu mit Hilfe des Werkzeugs „Features auswählen" (Werkzeugleiste „Werkzeuge") eine der eben erfassten Wohngebäudeflächen. Achten Sie dabei darauf, dass unter *Werkzeugleiste „Hauptmenü"* ⇨ *„Auswahl"* ⇨ *„Auswählbare Layer einstellen…"* der Layer „Luftbild" nicht als auswählbar definiert ist, da sonst bei der Auswahl eines Polygon-Features – evtl. ungewollt – auch das darunter liegende Rasterbild selektiert würde.

 NEU: In ArcGIS 9.1 steht im Kontextmenü eines Layers unter „Auswahl" ein Befehl zur Verfügung, der den aktuellen Layer als einzigen selektierbaren Layer festlegt.

Haben Sie eine Fläche selektiert, so wählen Sie in der Werkzeugleiste „Editor" in der Auswahlliste „Aufgabe" im Abschnitt „Verändern-Aufgaben" den Eintrag „Polygon-Features teilen". Setzen Sie nun an der einen Linie des zu teilenden Polygons den Startpunkt ab, ziehen Sie die Linie über das Polygon und setzen Sie auf der anderen Seite mit einem Doppelklick den Endpunkt. Damit wird das bestehende Wohngebäude entlang der neuen Linie in zwei Flächen aufgeteilt.

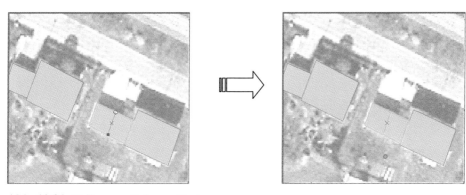

Abb. 10.91: Teilen von Polygon-Features

Wenn Sie sich die Attribute der beiden „neuen" Flächen ansehen, werden Sie feststellen, dass ArcMap für beide die Nutzungsart „Garage" übernommen hat. Dies lässt sich natürlich nachträglich auf die weiter oben beschriebene Weise ändern.

Entsprechend der Aufgabe, eine Fläche aufzuteilen, ist auch der Fall denkbar, zwei bestehende Flächen zu einer neuen zusammenzuführen. Selektieren Sie die beiden eben erzeugten Flächen (Garagen) mit Hilfe des Werkzeugs „Features auswählen" (Werkzeugleiste „Werkzeuge") und klicken Sie auf den Befehl *Werkzeugleiste „Editor"* ⇨ *„Editor"* ⇨ *„Zusammenführen…"*. ArcMap öffnet daraufhin das Dialogfenster „Zusammenführen (merge)", in dem die beiden selektierten Flächen noch einmal aufgelistet sind. Zur Kontrolle können Sie die beiden Features nacheinander anklicken, wodurch die entsprechende Fläche in der Karte kurz aufblinkt. Bestätigen Sie nun mit „OK" und die beiden Flächen werden wieder zu einer Fläche zusammengeführt.

Nachdem wir nun doch schon einige Editierarbeit geleistet haben, wollen wir unser Projekt abspeichern. Klicken Sie dazu zunächst in der *Werkzeugleiste „Editor"* ⇨ *„Editor"* ⇨ *„Änderungen speichern"*. Achten Sie darauf, aktuelle Editierungen stets über diesen Befehl zu speichern. Das gewohnte „Disketten"-Symbol zum Speichern von Änderungen würde in diesem Fall nur Änderungen am Projekt, nicht aber die erfassten Features selbst speichern.

10.8.3 Attribute neu erfasster Polygon-Features

Sehen wir uns an dieser Stelle nun einmal die Attribut-Tabelle des Layers „Flächen" an. Öffnen Sie dazu das Kontextmenü des Layers und wählen Sie den Befehl „Attribut-Tabelle öffnen". In den Feldern „Shape_Length" und „Shape_Area" hat ArcMap automatisch den Umfang bzw. die Fläche der einzelnen Features berechnet. Dieser „Service" steht allerdings nur bei Feature-Klassen einer Geodatabase zur Verfügung. Arbeiten Sie mit Shapefiles, so müssen Sie sich die entsprechenden Werte bei Bedarf selbst berechnen. Näheres zur Berechnung von Feldwerten erfahren Sie in Lektion 3 (Kapitel 10.3.4).

Klicken Sie nun – bei laufender Editiersitzung – innerhalb der Attribut-Tabelle in das Feld „Nutzung" eines beliebigen Datensatzes. Das Feld ist damit bearbeitbar, so dass Sie bei Bedarf eine andere Nutzungsart eintragen können.

9.1 ! **Neu:** In ArcGIS 9.1 steht Ihnen in diesem Fall eine Dropdown-Liste mit den vordefinierten Subtypes zur Verfügung, aus der Sie eine neue Nutzungsart auswählen können (Abb. 10.92). Falscheingaben und Tippfehler sind damit ausgeschlossen, was bereits bei der Datenerfassung enorm zur Sicherung der Datenqualität beiträgt.

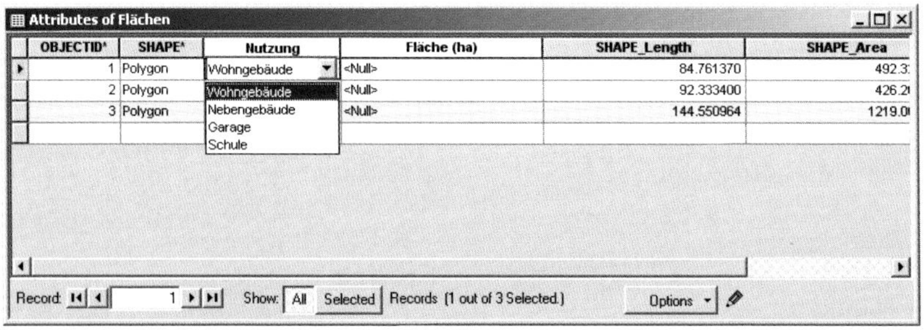

Abb. 10.92: Attribut-Tabelle einer Feature-Klasse mit Subtypes in ArcGIS 9.1

Wir wollen an dieser Stelle die Spalte „Fläche (ha)" mit entsprechenden Werten füllen. Markieren Sie dazu die entsprechende Spalte, öffnen Sie das Kontextmenü und wählen Sie hier den Befehl „Werte berechnen…". Im folgenden Dialogfenster „Feldberechnung" erstellen wir nun den Code für die Berechnung der Polygonfläche in Hektar. Klicken Sie dazu zunächst im Bereich „Felder" doppelt auf den Eintrag „Shape_Area". Mit einem Klick auf die Schaltfläche „/" fügen Sie das Divisions-Zeichen ein. Ergänzen Sie im unteren Textfeld den begonnenen VB-Code um den Wert „10000", um den in der Geodatabase automatisch ermittelten Quadratmeter-Wert durch 10.000 zu teilen und damit die Hektar zu berechnen. Der fertige VB-Code sieht damit folgendermaßen aus (Abb. 10.93):

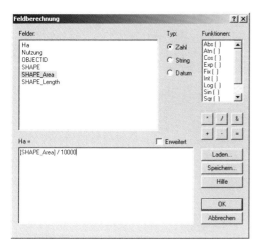

Abb. 10.93: Berechnung von Feldwerten in einer Geodatabase (Fläche in ha)

Bestätigen Sie das Fenster mit „OK" und sehen Sie sich das Ergebnis in der Attribut-Tabelle an. Im Feld „Fläche (ha)" ist für jedes Feature der entsprechende Wert vorhanden.

Schließen Sie die Attribut-Tabelle wieder.

10.8.4 Erfassung von Punkt-Features

Zur Erfassung von Punkt-Features – in unserem Fall Bäume – müssen wir in der Werkzeugleiste „Editor" in der Auswahlliste „Ziel" zunächst den entsprechenden Layer „Bäume" auswählen.

 NEU: In ArcGIS 9.1 wählen Sie hier bereits den passenden Subtype für die Erfassung von Bäumen einer bestimmten Art. ArcMap übernimmt damit wieder die automatische Vergabe des entsprechenden Attributs.

Vergewissern Sie sich an dieser Stelle, dass unter *Werkzeugleiste „Editor"* ⇨ *„Editor"* die Bearbeitung gestartet wurde und unter „Aufgabe" der Standard-Eintrag „Neues Feature erstellen" ausgewählt ist. Zoomen Sie sich nun wieder in den Bereich, in dem wir bereits unsere Gebäude erfasst haben, und aktivieren Sie schließlich noch das „Skizzenwerkzeug", um mit der Erfassung von Bäumen beginnen zu können. Mit einem Klick auf das Luftbild wird an der entsprechenden Stelle ein Baum „abgesetzt". Öffnen Sie mit einem Klick auf die Schaltfläche „Attribute" erneut das Attribut-Dialogfenster und geben Sie als „Art" den Wert „Nadelbaum" ein (Abb. 10.94). Bei der Verwendung von Subtypes unter ArcGIS 9.1 ist an dieser Stelle die ausgewählte Baumart bereits vorhanden. Nehmen Sie auf die gleiche Weise einige weitere Bäume mitsamt Attribut „Art" auf.

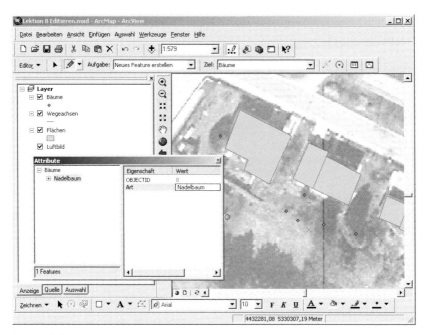

Abb. 10.94: Erfassung von Punkt-Features (Bäume) mit zugehörigen Attributen

10.8.4 Erfassung von Linien-Features

Als dritten Geometrie-Typ wollen wir schließlich noch Linien-Features erfassen. Dazu sollen auf Grundlage des Luftbildes zunächst Wegeachsen – also Wege-Mittellinien – erfasst werden. Diese Wegeachsen sollen dann mit Breitenangaben versehen und schließlich um einen entsprechenden Wert nach beiden Seiten gepuffert werden.

Beginnen wir zunächst mit der Digitalisierung der Wege. Wählen Sie in der Werkzeugleiste „Editor" aus der Auswahlliste „Ziel" zunächst den nun zu bearbeitenden Layer „Wegeachsen" aus. Zoomen Sie sich im Luftbild dann in den Bereich der Straße nördlich der von uns erfassten Gebäude und aktivieren Sie schließlich noch – sofern nicht schon geschehen – das „Skizzenwerkzeug". Beginnen Sie nun – z. B. an einer Kreuzung – mit der Digitalisierung einer Linie, die in der Mitte der ausgewählten Straße verläuft. Sie werden hier häufiger den Kartenausschnitt verschieben müssen, um dem Verlauf der Straße folgen zu können. Benutzen Sie dazu wie gewohnt das Werkzeug „Bildausschnitt Verschieben" der Werkzeugleiste „Werkzeuge". Zwar wird damit das „Skizzenwerkzeug" kurzfristig deaktiviert, allerdings bleibt die Linie, die Sie gerade erfassen, aktiv. Klicken Sie also erneut auf das „Skizzenwerkzeug" und Sie können nahtlos mit dem Digitalisieren der Linie fortfahren.

TIPP: Die lästige Neuaktivierung des Skizzenwerkzeugs nach einem Verschieben des Bildschirmausschnitts können Sie mit einem Shortcut umgehen. Halten Sie beim Digitalisieren die Taste „C" gedrückt und verschieben Sie das Bild. Lassen Sie die Taste los und Sie können sofort mit der Digitalisierung fortfahren. Mit gedrückter „Z"-Taste können Sie in das Bild hineinzoomen. Halten Sie die Taste „X" gedrückt und Sie können aus dem Bild herauszoomen. Mit der Tastenkombination „Strg" + „Z" können Sie den jeweils letzten Stützpunkt löschen. Weitere nützliche Tastenkombinationen finden Sie in der Desktop-Hilfe von ArcMap (Suchbegriff „Tastenkombination").

Nachdem Sie auch hier immer wieder eine Linie an eine andere „anhängen" müssen, sollten Sie auch für den Layer „Wegeachsen" die Fangfunktion aktivieren. Öffnen Sie also über *Werkzeugleiste „Editor"* ⇨ *„Editor"* ⇨ *„Fangen…"* das Dialogfenster „Fangumgebung" und aktivieren Sie für den Layer „Wegeachsen" die drei Optionen „Stützpunkt", „Kante" und „Ende".

Digitalisieren Sie auf die gewohnte Art einige Wegeachsen und vergeben Sie dabei jeweils das Attribut „Breite" (Abb. 10.95). Bei breiten Hauptstraßen tragen Sie unter Breite den Wert „3" (= halbe Wegbreite), bei schmäleren Nebenstraßen den Wert „2,5" (= halbe Wegbreite) ein. Wir setzen hier jeweils nur die halbe Wegbreite ein, um den Wert „Breite" später zum Puffern der Mittelachse heranziehen zu können.

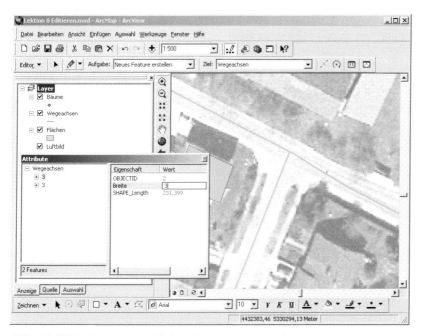

Abb. 10.95: Erfassung von Linien-Features (Wegeachsen) mit zugehörigen Attributen

10.8.5 Einsatz der ArcToolbox zum Puffern von Linien-Features

Nachdem Sie nun die gewünschten Wegeachsen digitalisiert haben, wollen wir diese nun unter Zuhilfenahme des Attributs „Breite" nach beiden Seiten puffern, um damit die Straßenränder zu erhalten. Damit gelingt es uns, wirklich parallel verlaufende Wegseiten zu erzeugen.

Selektieren Sie mit Hilfe des Werkzeugs „Features auswählen" (Werkzeugleiste „Werkzeuge") die eben erfassten Wegeachsen. Öffnen Sie dann mit einem Klick auf die

Schaltfläche „ArcToolbox Fenster ein-/ausblenden" in der Werkzeugleiste „Standard" die ArcToolbox.

Wählen Sie hier in der Liste der verfügbaren Werkzeuge den Eintrag *„ArcToolbox"* ⇨ *„Analysis Tools"* ⇨ *„Proximity"* und klicken Sie hier doppelt auf das Werkzeug „Puffer". Damit öffnet sich das Dialogfenster „Puffer", das Sie schrittweise durch die Anwendung des ausgewählten Werkzeugs führt (Abb. 10.96). Im rechten Teil des Dialogfensters wird anhand einer Skizze und textlichen Erläuterungen die Funktionsweise des Tools erläutert. Diese Hilfe lässt sich über eine entsprechende Schaltfläche ein- und ausblenden.

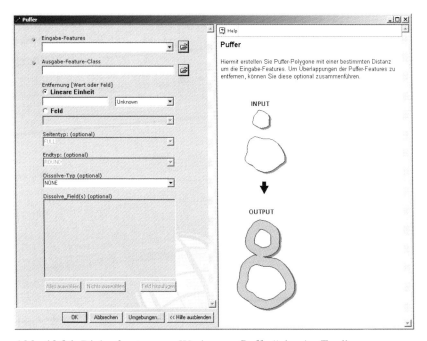

Abb. 10.96: Dialogfenster zum Werkzeug „Puffer" der ArcToolbox

Wählen Sie nun im ersten Textfeld „Eingabe-Features" auf der rechten Seite des Dialogfensters das zu bearbeitende Feature „Wegeachsen" aus. Das nächste Feld „Ausgabe-Feature-Class" können Sie leer lassen. ArcMap ergänzt hier später automatisch einen Feature-Klassennamen, den wir übernehmen können. Aktivieren Sie dann die Option „Feld" und wählen Sie aus der zugehörigen Dropdown-Liste das Attribut „Breite" aus. Damit legen wir fest, dass zum Puffern die Werte aus diesem Feld herangezogen werden sollen. Die Felder „Seitentyp (optional)" und „Endtyp (optional)" sind in unserem Beispiel deaktiviert und können damit nicht verändert werden. Wir wählen im Feld „Dissolve-Typ (optional)" schließlich noch den Eintrag „ALL" aus, um entstehende Flächen zusammenzuführen. Bestätigen Sie nun alle vorgenommenen Eingaben mit „OK" und die ArcToolbox startet die Operation.

Der Fortschritt der laufenden Operation wird Ihnen in einem eigenen Statusfenster „Puffer" angezeigt (Abb. 10.97).

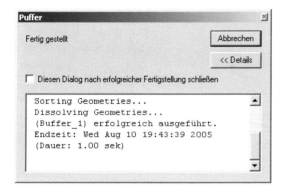

Abb. 10.97: Statusfenster der ArcToolbox Operation „Puffer"

Schließen Sie dieses Fenster nach Fertigstellung der Operation. Ihrem Projekt wurde ein weiterer Layer „Wegeachsen_Buffer" hinzugefügt, der das Ergebnis unserer ArcToolbox Operation enthält. Tatsächlich wurden die ausgewählten Wegeachsen korrekt nach beiden Seiten gepuffert: Hauptstraßen sind 6 m, Nebenstraßen 5 m breit. Zudem sind die einzelnen Straßen an den Kreuzungen zusammengeführt (Abb. 10.98).

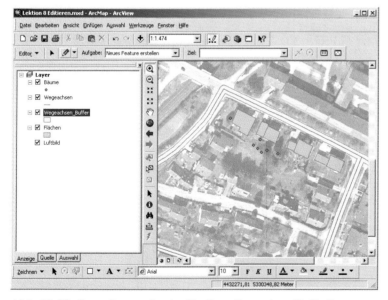

Abb. 10.98: Statusfenster der ArcToolbox Operation „Puffer"

Um unsere Arbeit zu speichern, wählen Sie in der Werkzeugleiste „Editor" unter „Editor" den Befehl „Änderungen speichern". Beenden Sie schließlich über *Werkzeugleiste „Editor" ⇨ „Editor" ⇨ „Bearbeitung beenden"* noch die aktuelle Editiersitzung.

Achten Sie auch hier wieder darauf, dass Sie aktuelle Editierungen nur über diesen Befehl und nicht über das „Disketten"-Symbol der Werkzeugleiste „Standard" speichern können. Speichern Sie dann zum Abschluss dieser Lektion das gesamte Projekt noch im Ordner „Lektion_8\Ergebnis" ihres Downloadverzeichnisses unter einem beliebigen Projektnamen (z. B. „Lektion 8 Layout") ab.

Wie Sie Ihre erfassten Features hinsichtlich Symbologie, Beschriftung, Layout usw. weiterbearbeiten können, lesen Sie in den entsprechenden Kapiteln dieses Buches.

10.9 Lektion 9: Georeferenzieren von Raster-Datasets

Die Grundlage eines GIS-Projektes sind räumliche Daten. Häufig liegen diese Grundlagendaten als georeferenzierte Raster-Datasets vor (Flurkarten, Topographische Karten, Luftbilder). Die Datenbasis können aber auch bereits bestehende analoge Vorlagen sein, die gescannt werden und als Raster-Datasets in ArcGIS zum Einsatz kommen. Nach dem Scannen besitzen diese digitalen Daten aber noch keinen räumlichen Bezug. ArcGIS kann diese Raster-Datasets daher nicht lagerichtig darstellen. Diese lagerichtige Darstellung kann über die Werkzeugleiste „Georeferenzierung" mit einigen Arbeitsschritten generiert werden. In dieser Lektion sollen diese im Einzelnen beschrieben werden.

Um Raster-Datasets zu georeferenzieren, müssen entweder Koordinaten von Punkten auf der Vorlage bekannt sein, oder es müssen bereits lagerichtige Geodaten vorliegen, auf die die gescannte Vorlage georeferenziert werden kann. Auf bereits bestehende Geodaten zu georeferenzieren ist die schnellere Methode, da bestehende Punkte gefangen werden können. Wenn keine lagerichtigen Geodaten vorliegen, müssen per Hand Koordinaten eingegeben werden.

In unserem Beispiel laden wir das Shapefile „Lektion_9\Blattschnitt" und das nicht georeferenzierte Luftbild „sw.tif", das im Ordner „Lektion_9\Luftbilder" zu finden ist, in ein leeres ArcMap Projekt und aktivieren die Werkzeugleiste „Georeferenzierung" über *Hauptmenüleiste* ⇨ „*Ansicht*" ⇨ „*Werkzeugleisten*". Wurde als erstes das Shapefile geladen, sehen wir die Ausdehnung des Blattschnittes und in der Statusleiste Gauß-Krüger-Koordinaten mit unbekannten Einheiten. Vom Luftbild ist im Datenrahmen nichts zu sehen, da dieses einige tausend Kilometer weit entfernt dargestellt wird (die linke untere Ecke des Rasters hat die Koordinate 0,0). Wurde als erstes das Raster geladen, wird im Datenrahmen das Raster angezeigt und in der Statusleiste Koordinaten, die von ArcGIS fälschlicherweise als dezimale Gradangaben interpretiert werden. Um auf das Ausmaß des jeweiligen Layers zu zoomen, müssen Sie im Kontextmenü des Layers „Auf Layer zoomen" klicken. In beiden Fällen macht es Sinn, als erstes die richtigen Einheiten für den Datenrahmen zu setzen. In den Eigenschaften des Datenrahmens setzen Sie im Register „Allgemein" die Einheiten für die Karte und die Anzeige auf „Meter".

Die Werkzeugleiste „Georeferenzierung" wird in der Hauptmenüleiste unter „*Ansicht*" ⇨ „*Werkzeugleisten*" aktiviert. Um festzustellen, auf welches Gitter das Raster georeferenziert werden soll, klicken Sie mit dem Info-Button auf die Gitter. Das Polygon unten links ist das Gitter „SW", das zur Georeferenzierung verwendet werden soll. Zoomen Sie so auf dieses Gitter, dass dies möglichst groß im Datenrahmen dargestellt wird. Achten Sie darauf, dass in der Werkzeugleiste „Georeferenzierung" als Layer „sw.tif" eingestellt ist, und klicken Sie auf „*Georeferenzierung*" ⇨ „*Auf Anzeige einpassen*" (Abb. 10.99). Im Inhaltsverzeichnis sollte der Layer „Blattschnitt" über dem Raster-Layer liegen, da sonst das Raster die Linien des Blattschnittes überdeckt. Im Ergebnis platziert ArcMap das Raster mittig auf unseren gewählten Ausschnitt, was bereits einer groben Georeferenzierung entspricht.

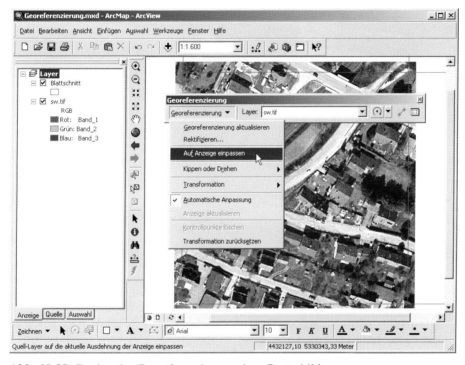

Abb. 10.99: Beginn der Georeferenzierung eines Rasterbildes

Mit der Schaltfläche „Kontrollpunkte hinzufügen" muss jetzt eine exakte Georeferenzierung vorgenommen werden. Mit dieser Schaltfläche werden Linien (Links) vom Raster-Passpunkt (grün) zum Gitter-Passpunkt (rot) erzeugt. Dazu auf die linke obere Ecke des Rasters zoomen und den ersten Punkt absetzen, dann auf das entsprechende Gitterkreuz zoomen und den zweiten Punkt absetzten. Nach dem Absetzen wird das Raster automatisch angepasst, wenn die Funktion „Automatische Anpassung" aktiviert ist (Abb. 10.99, Abb. 10.100).

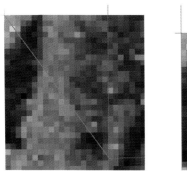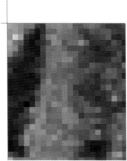

Abb. 10.100: Passpunkte absetzen (links). Automatische Anpassung (rechts)

Für alle weiteren Ecken wird genauso verfahren. Nachdem die vier Links erzeugt wurden, kann man sich das Ergebnis mit der Schaltfläche „Link-Tabelle anzeigen" ansehen (Abb. 10.101). In dieser sind alle Links, die generiert wurden, in der entsprechenden Reihenfolge aufgeführt. Jeder Link kann markiert, ungünstige bzw. falsche Links mit der Schaltfläche „X" gelöscht werden. Für jeden Link sind die Original-Koordinaten und die neu zugewiesenen Koordinaten angegeben. Sind exakte Ziel-Koordinaten bekannt, können diese, um eine noch genauere Georeferenzierung zu erreichen, per Hand verändert werden.

Link	X in Quelle	Y in Quelle	X in Karte	Y in Karte	Fehler
1	-0,001445	15,064710	4432139,980651	5330380,806089	0,01357
2	15,026770	15,063427	4432310,439054	5330380,765983	0,01358
3	15,023630	0,000844	4432310,405961	5330210,424100	0,01358
4	0,000605	0,001603	4432140,002266	5330210,404127	0,01358

Automatische Anpassung   Transformation: Polynom 1. Ordnung (Affine ▼   Gesamt RMS Fehler: 0,01358

Laden...   Speichern...   OK

Abb. 10.101: Link-Tabelle

In der Link-Tabelle wird der Gesamt-RMS-Fehler für die erzeugten Links angezeigt. Der RMS-Fehler gibt den Grad der Genauigkeit bei der Transformation aller Passpunkte an, indem er die tatsächliche Position der Kartenkoordinate mit der transformierten Position im Raster vergleicht. Der RMS-Fehler kann eine gute Auskunft über die Genauigkeit der Transformation geben. Ein RMS-Fehler von 1 bedeutet bei einem Maßstab von 1 : 10.000 eine durchschnittliche Abweichung von einem Meter. In unserem Beispiel haben wir also eine Abweichung von durchschnittlich eineinhalb Zentimetern. Bei der vernünftigen Georeferenzierung sollte darauf geachtet werden, dass die Passpunkte möglichst gut über das Raster, das georeferenziert werden soll, verteilt sind. Beim Georeferenzieren auf Blattschnitte ist dies mit den vier Eckpunkten relativ einfach, bei unregelmäßigen Geometrien, wie Straßenverläufen oder anderen geographischen Linien, kann es schwieriger werden.

ArcMap erlaubt mehrere Methoden zur Transformation, die jeweils zu unterschiedlichen Ergebnissen der Georeferenzierung führen. Für eine Transformation erster Ordnung (affin) benötigen Sie mindestens drei Links, sechs Links für eine Transformation zweiter Ordnung und zehn Links für eine Transformation dritter Ordnung. Bei einer affinen Transformation wird das Raster-Dataset nur gedreht, gestreckt oder gestaucht. Dies ist die wohl gängigste Methode zur Georeferenzierung. Bei Transformation zweiter oder dritter Ordnung können einzelne Bereiche des Raster-Datasets unterschiedlich gedreht, gestreckt oder gestaucht werden. Die relative Lage der einzelnen Zellen zueinander wird dabei verändert. Diese Transformationen werden bei Vorlagen, die in verschiedenen Bereichen unterschiedliche Verzüge aufweisen, verwendet. Die Transformation lässt sich in der Link-Tabelle oder über „Georeferenzierung" ⇨ „Transformation" einstellen. Erzeugte Links lassen sich auch über „Speichern…" als Textdatei abspeichern, was bei komplizierten Georeferenzierungen sehr hilfreich ist, um mit unterschiedlichen Links zu variieren.

Um die Georeferenzierung abzuschließen und die Transformationsinformationen mit dem Raster-Dataset zu speichern, klicken Sie auf „Georeferenzierung" ⇨ „Georeferenzierung aktualisieren". Dabei wird eine neue AUX-Datei erstellt, die den Namen des Raster-Datasets aufweist. Diese AUX-Datei wird von ArcMap für die Georeferenzierung verwendet. Darüber hinaus wird eine World-Datei (siehe auch Kapitel 4.1.3.1) erstellt, die auch von anderen Programmen zur lagerichtigen Darstellung des Rasters verwendet werden kann. Die World-Datei ist eine Textdatei, die in unserem Beispiel folgende Informationen enthält: Die erste und vierte Zeile gibt die Zellengröße in Meter der Pixel in X- und Y-Richtung wieder, Zeile fünf und sechs den Aufhängepunkt (linke obere Ecke) des Rasters. In Zeile zwei und drei ist die Drehung des Rasters in Grad gespeichert. Soll das Raster-Dataset in anderen Programmen verwendet werden, muss, um eine korrekte Darstellung zu gewährleisten, diese Drehung des Rasters herausgerechnet werden.

Über „Georeferenzierung" ⇨ „Rektifizieren…" gelangt man zu einem Dialog, in dem außer dem Speicherort und der Resampling-Methode die neue Zellengröße für das Raster-Dataset angegeben werden kann. Es wird ein neues Raster-Dataset erzeugt, dessen Worldfile folgendermaßen aussieht:

```
     0.400145074396381310            0.40000000000874490
     0.0000034703135487407753        0.0
     0.0000010260271899819027        0.0
    -0.399017739656164330            0.40000000000874490
4432140.1960777361                4432140.1960046859
5330380.5805978449                5330380.5995301474
```

Damit ist die Georeferenzierung abgeschlossen und ArcMap kann das Raster-Dataset lagerichtig darstellen.

11 Neuerungen in ArcView 9.1

Im Juli 2005 erschien die ArcGIS Version 9.1 mit einigen Änderungen im Vergleich zur Version 9.0. ArcGIS 9.1 enthält bereits alle Service-Packs und wartet mit einigen neuen Funktionen auf, die bisher nur in ArcEditor oder ArcInfo zur Verfügung standen. In diesem Buch wurde in den jeweiligen Kapiteln schon auf die einzelnen Änderungen eingegangen und durch die Verwendung des Symbols „9.1" extra gekennzeichnet. In diesem Kapitel sollen für einen schnellen Überblick die wichtigsten Änderungen innerhalb der Produktkategorie ArcView nochmals zusammengefasst dargestellt werden.

11.1 Änderungen der Benutzeroberfläche

Am unteren linken Rand des Kartenfensters ist die Schaltfläche „Zeichnen anhalten" neben dem Button „Ansicht aktualisieren" neu hinzugekommen. Die Funktionstaste **F9** ist das entsprechende Tastatur-Kürzel zu dieser Funktion. Diese Funktion ist bereits in ArcGIS 9.0 enthalten, allerdings ist sie dort nur über die Hauptmenüleiste unter „Werkzeuge" ⇨ „Anpassen…" ⇨ Register „Befehle" ⇨ „Schwenken/Zoomen" zu erreichen und muss erst einer Werkzeugleiste per Drag&Drop hinzugefügt werden (lesen Sie dazu auch Kapitel 6.1.3).

Im Register „Auswahl" des Inhaltsverzeichnisses sind selektierbare Layer aufgeführt. Sind Features in einem Layer selektiert, wird dies dort nun übersichtlicher angezeigt, da der Anzeigetext auf die entsprechende Zahl in Klammern ohne das Anhängsel „…Features ausgewählt" gekürzt wurde.

11.2 Änderungen im Layer-Kontextmenü

Im Kontextmenü der Layer im Inhaltsverzeichnis sind unter „Auswahl" zwei neue Funktionalitäten hinzugekommen. Das Werkzeug „auf Auswahl zentrieren" und die Funktion „Zum einzigen selektierbaren Layer machen". Das Werkzeug „auf Auswahl zentrieren" erlaubt das zentrierte Zoomen auf selektierte Features, ohne jedoch den eingestellten Maßstab zu ändern. Sind mehrere Features selektiert, die räumlich weit voneinander entfernt liegen, zoomt ArcMap auf die Mitte des Ausdehnungsrahmens.

Im Dialogfenster „Daten exportieren" (Kontextmenü des Layers ⇨ „Daten" ⇨ „Daten exportieren…") ist ein dritter Radio-Button hinzugekommen, der es erlaubt, das Koordinatensystem des Feature-Datasets, in das die Daten exportiert werden sollen, zu übernehmen.

11.3 Änderungen in Werkzeugleisten

Werkzeugleiste „Hauptmenü"

ArcGIS 9.1 ist jetzt abwärts kompatibel. Über den Befehl *Hauptmenüleiste* ⇨ „Datei" ⇨ „Als Kopie speichern" kann ein ArcMap Projekt in der Version 8.3 abgespeichert werden.

Mit ArcGIS 9.1 erstellte Projekte, Geodatabases und Layerfiles können mit der Version 9.0 ohne Konvertierung gelesen werden. Nachdem der Funktionsumfang der Geodatabase zugenommen hat, gilt die Abwärtskompatibilität nur für Geodatabases, die die neuen Funktionen nicht verwenden. Zu den neuen Funktionen der Geodatabase lesen Sie Kapitel 10.5.

Grundsätzlich gilt beim Speichern in der Version 8.3, dass Eigenschaften, die in der Version 8.3 noch nicht enthalten waren, nicht mit abgespeichert werden. Damit sind aber diese Eigenschaften beim erneuten Aufrufen in der Version 9.1 verloren.

Auch das Arbeiten mit Hyperlinks wird einfacher. Unter *Hauptmenüleiste* ⇨ *„Auswahl"* ⇨ *„Optionen…"* kann nun auch für Hyperlinks die Auswahltoleranz festgelegt werden.

Werkzeugleiste „Werkzeuge" (Kap. 6.1.3.3)

Das Dialogfenster „Abfrageergebnisse" des Werkzeuges „Identifizieren" erlaubt jetzt über ein Kontextmenü das Kopieren von einzelnen Werten in die Windows-Zwischenablage.

Werkzeugleiste „Effekte"

Die Werkzeugleiste „Effekte" (Kap. 6.1.3.10) wurde um das Werkzeug „Swipe" ergänzt. Damit können einzelne Layer dynamisch ausgeblendet werden, so dass die darunter liegenden Layer temporär sichtbar werden.

Werkzeugleiste „Netzwerk-Bearbeitung"

Die Werkzeugleiste „Netzwerk-Bearbeitung" wurde in „Geometrische Netzwerk-Bearbeitung" umbenannt, um Verwechslungen mit der neu hinzugekommenen Erweiterung „Network Analyst" zu vermeiden.

Werkzeugleiste „Routen-Bearbeitung"

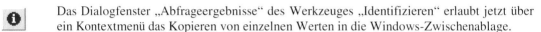

Die Werkzeugleiste „Routen-Bearbeitung" war bisher erst unter ArcEditor verfügbar. Jetzt steht diese Werkzeugleiste auch unter ArcView zur Verfügung. Unter Routen versteht man linear referenzierte Features wie Straßen, Flüsse oder (Bus-, Straßenbahn-)Routen des öffentlichen Personennahverkehrs, die über eine eindeutige Kennung und ein Maßsystem verfügen. Routen werden mit dem Geometrietyp „Polyline" gespeichert. Beim Erzeugen einer Feature-Klasse in ArcCatalog muss für das Feld „Shape" die Feldeigenschaft „M-Werte" definiert werden (PolylineM). Routen bestehen i. d. R. aus mehreren Liniensegmenten, die über eine gemeinsame Kennung in der Attribut-Tabelle zusammengefasst werden. Routen werden innerhalb einer Editiersitzung erstellt oder bearbeitet. Beim Erstellen von Routen gibt es für die Definition der Messwerte, die in den Routen gespeichert sind, mehrere Möglichkeiten (Abb. 11.1): Die Option „Geometrische Länge" greift auf die in der Feature-Klasse gespeicherten Längenwerte der Liniensegmente zu, „Messwert-Feld" kann ein beliebiges Zahlenfeld in der Attribut-Tabelle sein, „Von-/Nach-Messwert" kann separat definiert werden. Diese Messwerte können dann über den Registerreiter „Skalenstriche (Hatches)" in den Layer-Eigenschaften visualisiert werden.

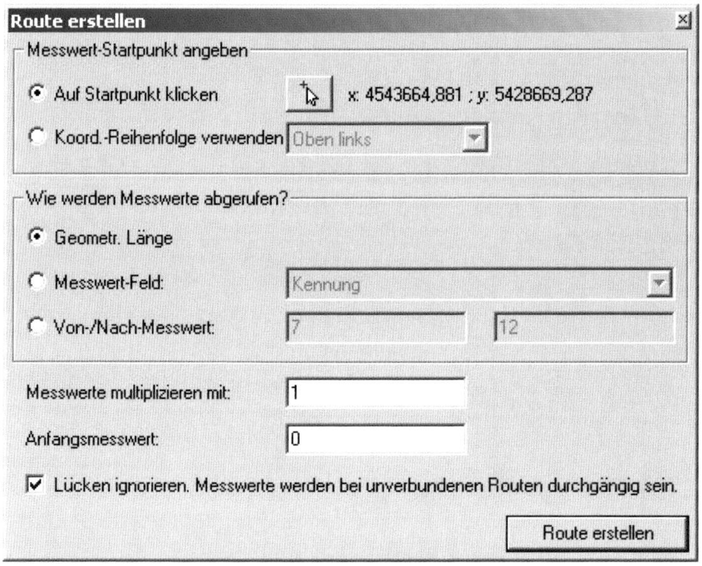

Route erstellen ✕

Messwert-Startpunkt angeben

⦿ Auf Startpunkt klicken ⬚ x: 4543664,881 ; y: 5428669,287

○ Koord.-Reihenfolge verwenden | Oben links ▾ |

Wie werden Messwerte abgerufen?

⦿ Geometr. Länge

○ Messwert-Feld: | Kennung ▾ |

○ Von-/Nach-Messwert: | 7 | | 12 |

Messwerte multiplizieren mit: | 1 |

Anfangsmesswert: | 0 |

☑ Lücken ignorieren. Messwerte werden bei unverbundenen Routen durchgängig sein.

| Route erstellen |

Abb. 11.1: Dialogfenster „Route erstellen"

Das Werkzeug „Route kalibrieren" dient zum Anpassen von Routenmesswerten. Dabei wird ein Feld in der Attribut-Tabelle einer Punkt-Feature-Klasse verwendet. Um Routen kalibrieren zu können, muss als Aufgabe in der Werkzeugleiste „Editieren" „Routen-Feature kalibrieren" eingestellt sein.

Mit dem Werkzeug „Linien-Teil definieren" wird eine Skizze definiert, die einen Teil einer ausgewählten Linie darstellt. Der Teil zwischen zwei Eckpunkten wird definiert. Um Linien-Teile zu definieren, muss als Aufgabe in der Werkzeugleiste „Editieren" „Teil einer Linie verändern" eingestellt sein.

11.4 Änderungen in Auswahldialogen

Bei der Feldberechnung innerhalb einer Attribut-Tabelle, bei Auswahlabfragen (z. B. *Hauptmenüleiste* ⇨ *„Auswahl"* ⇨ *„Nach Attributen auswählen..."*) sowie Definitionsabfragen *(Kontextmenü eines Layers* ⇨ *Register „Definitionsabfrage")* sind die Anzeigen für Feldnamen und deren Inhalte jetzt längenmäßig nicht mehr beschränkt. Erreicht wurde dies durch eine geänderte Anordnung der einzelnen Bereiche innerhalb der Dialogfenster. Auch werden jetzt für jeden Auswahldialog für die Schaltflächen „Laden..." und „Speichern..." die Pfade einzeln gespeichert. So lassen sich die gespeicherten Dateien schneller finden.

11.5 Änderungen in der Personal-Geodatabase

In ArcCatalog können für die Personal-Geodatabase jetzt Subtypes für Felder innerhalb der Attribut-Tabelle angelegt oder verändert werden. Wie Sie Subtypes erzeugen, erfahren Sie in Kapitel 10.5.2.6.

Bei der Anlage von Raster-Katalogen wird von der Ausdehnung jedes Rasters ein Polygon erzeugt und im Raster-Katalog abgelegt. Programmtechnisch ist es möglich, Änderungen am Raster-Katalog vorzunehmen, ohne dass die Ausdehnungspolygone verändert werden, was zu fehlerhaften Anzeigen der Raster-Kataloge führt. Um diesen Fehler zu beheben, gibt es dazu im Kontextmenü des Raster-Kataloges einen neuen Eintrag „Update Footprint" (englische Sprachoberfläche). Dieser generiert für alle oder über eine Abfrage einzelner Raster-Datasets neue Ausdehnungs-Polygone. Wie Sie Raster-Kataloge erzeugen und verwalten lesen Sie in Kapitel 10.5.5.3.

Für die einzelnen Raster-Datasets innerhalb eines Raster-Kataloges kann jetzt die Zeichenreihenfolge festgelegt werden. Dabei kann ein Feld in der Attribut-Tabelle definiert werden, das die Reihenfolge enthält – für sich überlappende Raster oder zeitliche Abläufe ein sehr hilfreiches Tool. Zu finden ist diese neue Funktion unter Layer-Eigenschaften im Register „Anzeige" (siehe dazu Kapitel 6.5).

11.6 Erweiterung ArcPress

Die Erweiterung ArcPress ist im Lieferumfang von ArcGIS 9.1 enthalten. ArcPress ist ein Raster Image Prozessor (RIP) für schnelles und qualitativ hochwertiges Drucken und Exportieren Ihrer Karten für folgende Drucker und Formate:

- HP (RTL, PCL3, PCL5)

- Epson (ESC/P2)

- Canon BubbleJet (RIS)

- Versatec Raster Format (VRF)

- CalComp Compressed Raster Format (CCRF)

- RasterGraphics Input (RGI)

11.7 Änderungen in der ArcToolbox

Ein wesentlicher Unterschied zwischen ArcView ArcEditor und ArcInfo ist die Möglichkeit der vollständigen Automatisierung von Prozessen – abgebildet in Werkzeugen der Geoverarbeitung. Einzelne dieser Werkzeuge sind aber als Funktionen in Menüs von ArcView und ArcEditor enthalten. Bisher konnten diese Befehle außerhalb von ArcInfo nicht in Scripten oder Modellen eingesetzt werden. Daraus ergaben sich aus Anwendersicht schwer nachvollziehbare Unterschiede zwischen Menü-Funktionalitäten und Geoverarbeitungs-Funktionalitäten. Diese Unterschiede werden mit ArcGIS 9.1 beseitigt, in dem für ArcView 9.1 63 Werkzeuge mehr zur Verfügung stehen als in ArcView 9.0 (insgesamt 159 Werkzeuge). Häufig nachgefragte, aber bisher nicht verfügbare Werkzeuge in ArcView werden in Tabelle 11.1 aufgelistet.

Tab. 11.1: Auflistung neuer, häufig nachgefragter Werkzeuge in ArcView

Toolbox	Toolset	Werkzeug
Analysis	Extrahieren	Tabelle selektieren
Data-Management	Verbindungen	Verbindung entfernen
		Verbindung hinzufügen
	Layer und Tabellenansichten	Layer nach Attributen auswählen
		Layer lagebezogen auswählen
	Workspace	Feature-Dataset erstellen
	Generalisierung	Zusammenführen (Dissolve)

Eine Auflistung aller in ArcView 9.1 neu hinzugekommen ArcToolbox Werkzeuge finden Sie ebenso wie eine komplette Aufstellung aller ArcToolbox Werkzeuge, getrennt nach ArcView, ArcEditor und ArcInfo, im Anhang dieses Buches.

12 ArcGIS und mobile Datenerfassung

Für alle, die ihr GIS und die GIS-Daten auch im Gelände nutzen möchten, gibt es hierfür verschiedene Möglichkeiten. Die Auswahl von Geräten uns Software richtet sich dabei nach der jeweiligen Aufgabenstellung und den Ansprüchen an Display, Handlichkeit und Robustheit. Der Begriff „Mobiles GIS" beinhaltet hier häufig auch schon den Einsatz von GPS (**G**lobales **P**ositionierungs **S**ystem). Generell sind aber auch Aufgabenstellungen, wie beispielsweise die Pflege von Sachdaten oder einfach die Verfügbarkeit von digitalem Kartenmaterial vor Ort, ohne die Anbindung von GPS, denkbar. Sollen die Möglichkeiten einer GPS-gestützten Positionierung für die Anwendung genutzt werden, stellt sich bezüglich des Einsatzes eines geeigneten GPS-Empfängers immer die Frage nach dem unbedingt erforderlichen Genauigkeitsanspruch.

12.1 Tablet-PC und ArcGIS

ArcGIS kann direkt auf einem Notebook oder Tablet-PC installiert werden und mit dem Betriebssystem Microsoft XP Tablet PC Edition auch über einen Stift bedient werden. Damit besteht generell die Möglichkeit, direkt mit ArcGIS im Gelände zu arbeiten. Dies hat den Vorteil, dass man sich auch im Gelände in seiner bekannten Programmoberfläche bewegen kann. Ein weiterer Vorteil ist die Größe des Displays. Die Nachteile dieser Hardwarelösungen liegen im hohen Gewicht und der kurzen Akkulaufzeit (ca. 3 - 4 Stunden). Zudem sind handelsübliche Office-Notebooks hinsichtlich Robustheit (wasserdicht, stoßfest) nicht für einen Einsatz im Gelände ausgelegt. Einige Hersteller bieten jedoch auch robuste Varianten an, die jedoch dementsprechend teurer sind wie Standard-Notebooks.

Die Anbindung von GPS-Empfängern ist in ArcGIS 9 bereits vorgesehen und ab der Version 9.1 bereits in die Software in Form einer GPS-Menüleiste integriert (bei der Version 9.0 als kostenlose Erweiterung). Eine andere Möglichkeit mit zahlreichen zusätzlichen Funktionen für die GPS-basierte Datenaufnahme im Gelände bietet die kostenpflichtige Erweiterung GPS Analyst von Trimble. Beide Möglichkeiten sollen kurz dargestellt werden.

12.2 GPS-Werkzeugleiste in ArcGIS

Die GPS-Werkzeugleiste ermöglicht die Anbindung von GPS-Signalen über das Standardprotokoll NMEA. Es bedarf einiger Erfahrung im Umgang mit GPS und der Verwaltung von Projektionen in ArcGIS, um korrekte Verarbeitungsergebnisse zu bekommen. Über den Menüpunkt „GPS-Verbindung" lassen sich die gewünschten Einstellungen vornehmen. Das GPS-Positionsfenster zeigt dann beim Empfang von Signalen textlich die wichtigsten Informationen an. Die vom GPS errechnete Position wird im aktuellen Projekt als Symbol dargestellt. Der Bildschirmausschnitt kann automatisch auf die aktuelle GPS-Position zentriert oder manuell mit der Pan-Funktion nachgeführt werden. Eine einfache Navigation über eine Richtungsanzeige zu einem definierten Zielpunkt ist ebenso möglich. Die mittels GPS aktuell ermittelte Position lässt sich auch in einem definierten Puffer automatisch an die Features einer anderen, bereits vorhandenen Feature-Klasse snappen (beispielsweise auf die Mittelachse einer Straße).

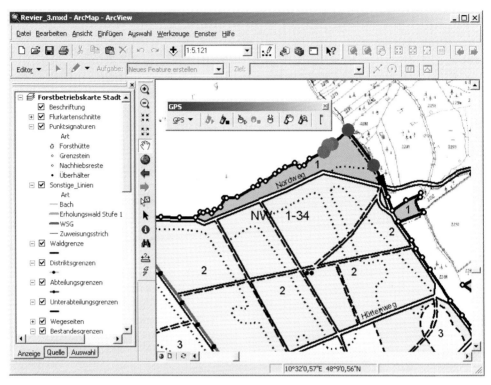

Abb. 12.1: Werkzeugleiste „GPS" in ArcMap

Neben der Visualisierung der aktuellen Position können in einem Logfile alle Positionen mit einigen Zusatzinformationen gespeichert werden. Die Logfiles können in den Formaten Personal-Geodatabase, Shapefile oder SDE Feature-Klasse aufgezeichnet und weiterverarbeitet werden. Dies kann entweder für einzelne Punkte oder durchgängig im so genannten „Streammode" geschehen.

Die aufgezeichneten Logfiles mit den Positionsinformationen können nach Beendigung der Aufnahme in ArcMap weiterverarbeitet werden. Das direkte Einlesen der Logfiles in die ArcGIS Erweiterung Tracking Analyst ist ebenso möglich.

12.3 Erweiterung „GPS Analyst" für ArcGIS

Eine sehr viel weitergehende Lösung, die speziell für die Datenaufnahme und -pflege in GIS-Projekten entwickelt wurde, ist die kostenpflichtige Erweiterung GPS Analyst von Trimble (Abb. 12.2). Diese ArcGIS Erweiterung ermöglicht es, direkt mit GPS-Daten innerhalb der Geodatabase zu arbeiten.

Für die GPS-basierte Datenaufnahme stehen verschiedene Funktionalitäten zur Verfügung, die die Arbeit vereinfachen, wie die automatische Aufnahme einer zweiten Linie mit definiertem Versatz (z. B. bei einer Wegeerfassung). Es können themenübergreifend Objekte parallel erfasst werden, ohne jedes Mal die Bearbeitung des einzelnen Themas beenden zu müssen. Die zeit-, entfernungs- oder richtungsabhängige Konstruktion von

Stützpunkten, sowie die Möglichkeit zur nachträglichen Veränderung der entsprechenden Intervalle, ermöglicht eine sehr flexible Erfassung von Daten.

Der GPS Analyst speichert eine Reihe von Informationen zur Qualität der Messung, die zur Nachvollziehbarkeit der Datenaufnahmequalität notwendig sind. Ebenso wird aus den jeweiligen Empfangsbedingungen und den verwendeten Korrekturdaten eine Angabe zur Genauigkeit der ermittelten GPS-Positionen ermittelt und laufend angezeigt.

Differenzielle Korrekturen der im Gelände erhobenen Daten zur Steigerung der Positionsgenauigkeit können direkt mit GPS Analyst vorgenommen werden. Dies kann entweder nachträglich im so genannten Postprocessing-Verfahren oder bereits während der Datenerfassung als Realtime-Korrektur erfolgen.

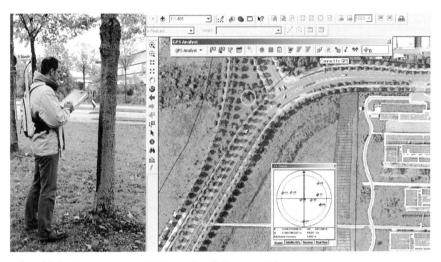

Abb. 12.2: Erweiterung „GPS Analyst" für ArcGIS

Der GPS Analyst erleichtert die Arbeitsabläufe, ermöglicht eine hochwertige GPS-Datenerfassung und bietet über ArcObjects die Möglichkeit der Anpassung für definierte Aufgabenstellungen.

12.4 ArcPad und ArcGIS

ArcPad ist das mobile GIS von ESRI, das speziell zur Erfassung und Fortführung raumbezogener Daten direkt im Gelände konzipiert wurde. Es bietet die einfache Übernahme vorhandener Projekte und Daten im Shapefile-Format. ArcPad kann auch auf Windows-CE-gestützten Handheldcomputern installiert werden. Damit erweitert sich die zur Auswahl stehende Hardware gerade um handliche Lösungen. Neben den Office-PDAs gibt es auch hier Geräte verschiedener Anbieter, die die besonderen Ansprüche an Robustheit und lange Akkulaufzeiten während der Feldarbeit berücksichtigen. Eine solche Lösung, die einen GPS-Empfänger für Submeter Genauigkeit bietet, ist beispielsweise der GeoExplorer von Trimble.

ArcPad bietet im Vergleich zu einer mobilen ArcGIS Lösung den Vorteil einer einfachen, schnell erlernbaren Benutzerführung, die speziell auf die Arbeit im Gelände ausgerichtet ist. Die geringeren Lizenzkosten sind gerade bei der Ausstattung ganzer Außendienst-Teams von Vorteil. Sogar die Einbeziehung aktueller Online-Daten über eine Internetanbindung an den Internet Mapserver (ArcIMS) ist möglich.

Mit der ArcGIS Werkzeugleiste „ArcPad" wird das komfortable Ausspielen von Projekten für ArcPad ermöglicht. Die Übernahme der Symbologie von Layern in ArcGIS für ArcPad ist in der ArcPad Version 7 durch die Erzeugung von ArcPad Layerdateien (*.apl) deutlich verbessert worden.

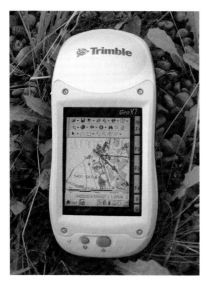 

Abb. 12.3: ArcPad auf mobilen Endgeräten von Trimble mit Windows CE

Neben der Einbindung von GPS stehen in ArcPad aber auch Editiermöglichkeiten für die Pflege von Sach- und Geometriedaten zur Verfügung. Die verfügbaren Zeichenfunktionen erleichtern die Arbeit im Gelände (z. B. als Skizzenlayer).

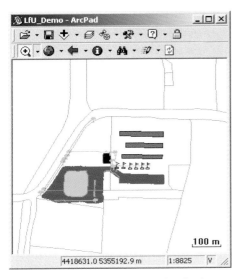

Abb. 12.4: ArcPad Benutzeroberfläche

Überblick zu den wichtigsten Funktionen in ArcPad:

- Zoom

- Karte drehen

- Identify

- Hyperlinks zu anderen Dokumenten (z. B. Bilder)

- Entfernungsmessung und Ermittlung von Flächengrößen

- Benutzerdefinierte Symbolik

- Räumliche Bookmarks

- Darstellung von Raster- und Vektordaten in Farbe

- Erstellen und editieren von Geometrie- und Sachdaten

- Erstellen benutzerdefinierter Eingabemasken

- GPS-Unterstützung über die Protokolle TSIP, NMEA, PLGR

- Internetintegration von Kartendiensten

- Unterstützte Datenformate: Shape, MrSID, JPEG, Bitmap, PNG, ArcIMS Image Services, ab ArcPad 7 auch TIFF, JPEG2000 und GIF

- Unterstützte Projektionen: Geographische Koordinaten, UTM, Gauß-Krüger, Lambert

Zahlreiche Neuerungen sind in der Version ArcPad 7 dazugekommen, wie beispielsweise die Möglichkeit der Anbindung von externen Geräten (z. B. Laserentfernungsmesser).

Damit können über einen so genannten Offset – ausgehend vom aktuellen Standpunkt über den Winkel und die Entfernung – direkt die Koordinaten des mit dem Laserentfernungs-messer angepeilten Objektes ermittelt werden. Eine weitere Neuerung ist die automatische Verknüpfung von Fotos mit der aktuellen Position. Dies ermöglicht die ortsbezogene Verwaltung von Fotos und damit die Möglichkeit einer systematischen Erstellung von Fotoarchiven. Die so erzeugten Fotostandorte und das verknüpfte Foto lassen sich dann räumlich abfragen und schnell wieder finden.

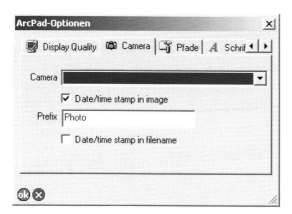

Abb. 12.5: Neu in ArcPad 7: Anbindung externer Geräte wie z. B. Digitalkameras

Die kostenpflichtige Erweiterung GPScorrect von Trimble ermöglicht die nachträgliche differenzielle Korrektur der im Gelände erfassten Daten. Das Postprocessing bietet sich an, wenn die höhere Positionsgenauigkeit für die Anwendung vor Ort nicht benötigt wird. Das Postprocessing liefert häufig bessere Korrekturergebnisse als die Echtzeitverarbeitung von Korrekturdaten, da auch die Korrekturdaten im Gelände Störeinflüssen unterliegen können.

12.5 ArcPad Studio

Ein interessantes Entwicklerwerkzeug für ArcPad ist die Software ArcPad Studio von ESRI. ArcPad Studio wird zusammen mit einer ArcPad-Lizenz als Softwarepaket ArcPad Application Builder angeboten. Mit ArcPad Studio kann die Oberfläche von ArcPad beliebig angepasst werden und speziell für die Aufgabenstellung im Gelände optimiert werden. Die Software erlaubt z. B. die Erzeugung von Eingabemasken mit Auswahllisten, das Hinzufügen neuer Werkzeugleisten und Schaltflächen sowie die Programmierung neuer Funktionalitäten. Für erfahrene Entwickler steht ein umfangreiches Objektmodell zur Verfügung, das bei Bedarf angepasst werden kann. Diese Möglichkeiten der Software-Anpassung spielen für die einfache und sichere Bedienung im Gelände eine entscheidende Rolle. Dies ist auch vor dem Hintergrund zu sehen, dass die Außendiensttätigkeit häufig von Personal durchgeführt wird, das bei seiner Arbeit sonst keine Berührung mit GIS-Software hat.

12.6 Entkoppelte Bearbeitung mit ArcGIS

Will man vorhandene Geodaten im Gelände verändern, stellt sich sehr schnell die Frage einer genau definierten Vorgehensweise bezüglich der Verwaltung und Rückspielung der Daten. Ein einzelner Kartierer in einem Planungsbüro kann beispielsweise sein komplettes Projekt auf seine mobile Hardware spielen und nach der Arbeit im Gelände wieder zurück in den zentralen Geodatenbestand kopieren. Bei einfachen Anwendungen ist auch das Anlegen einer Arbeitsebene im Gelände üblich. Die spätere Integration in die zentralen Daten erfolgt dann auf den Einzelfall bezogen direkt vom Bearbeiter.

Sehr schnell wird in größeren Organisationen oder bei der Arbeit von mehreren Personen im Gelände deutlich, dass diese Ansätze fehlerträchtig und hinsichtlich reibungsloser Workflows nicht geeignet sind. ESRI bietet daher als Lösung das so genannte „Disconnected Editing" an. Dieses Prinzip ermöglicht das räumlich selektive Ausspielen aus zentralen Geodaten in Form einer Check-out-Geodatabase an. Diese kann nach der Arbeit im Gelände in Form eines Check-in wieder in die Master-Geodatabase reintegriert werden. Diese Vorgehensweise ist aber nur auf der Basis einer SDE-Geodatabase möglich und nicht aus der Personal-Geodatabase. Da die selektive entkoppelte Bearbeitung auch die topologische Struktur der Daten betreffen kann, ist bei dieser Arbeitsweise unbedingt eine Testphase notwendig, um Komplikationen zu vermeiden. Es sollte unbedingt ein Qualitätssicherungskonzept erarbeitet werden, um zu verhindern, dass es durch die Übernahme von im Gelände aktualisierten Daten zu einer Verschlechterung der Datenqualität kommen kann.

13   ArcGIS Erweiterungen

Die ArcGIS Desktop-Erweiterungen bieten Ihnen zusätzliche GIS-Funktionen. Auf den Installations-CDs befinden sich bereits alle Erweiterungen, die auch mitinstalliert werden können. Bei den meisten Erweiterungen handelt es sich um optionale Produkte, die individuell registriert oder lizenziert werden müssen. Um eine registrierte oder lizenzierte Erweiterung verwenden zu können, muss sie im Dialogfenster „Erweiterungen" für die Anwendung, in der sie benutzt werden soll, aktiviert werden. Um das Dialogfenster „Erweiterungen" zu öffnen, wählen Sie den Befehl „Erweiterungen" aus dem Menü „Werkzeuge". Im Folgenden sollen einige häufig nachgefragte Erweiterungen vorgestellt werden.

13.1 3D Analyst

Die Erweiterung 3D Analyst besteht aus einer Werkzeugleiste für ArcGIS und zwei Softwareprogrammen (ArcScene und ArcGlobe). Die Erweiterung enthält Werkzeuge für die dreidimensionale Visualisierung, Analyse und Oberflächendarstellung räumlicher Daten.

Anwendungsbeispiele für 3D Analyst sind:

- die Anzeige der Erdoberfläche von verschiedenen Betrachtungspunkten aus

- das Erstellen realistischer Perspektivenbilder

- die Überprüfung der optischen Auswirkungen beim Bau neuer Strukturen

- die Analyse von Luft- oder Bodenkontamination

- die Darstellung der Einkommensverteilung in einer Gemeinde

Kern der Erweiterung 3D Analyst ist die ArcScene-Anwendung. ArcScene (Abb. 13.1) erweitert ArcCatalog und ArcMap und ermöglicht dem Anwender eine effektivere Verwaltung von 3D-GIS-Daten, die Durchführung von 3D-Analysen, die Bearbeitung von 3D-Features und die Erstellung von Layern mit 3D-Darstellungseigenschaften. In ArcScene können Sie außerdem realistische Szenen erstellen, in denen Sie navigieren und mit Ihren GIS-Daten interagieren können.

Der 3D Analyst ermöglicht das Drapieren von Bildern oder Vektordaten über Oberflächen und das Extrudieren von Vektorfeatures einer Oberfläche zur Erstellung von Linien, Wänden und Festkörpern. Die Szene kann von verschiedenen Betrachtungspunkten aus mit verschiedenen Viewern betrachtet werden. Die Plastizität des 3D-Layers kann unter anderem durch Änderung von Schattierung und Transparenz, die vertikale Überhöhung des Gebietes oder die Anpassung der Szenenbelichtung optimiert werden.

Als Analysewerkzeug ermöglicht der 3D Analyst die interaktive Abfrage der Werte einer Rasteroberfläche und die Abfrage der Höhe, Neigung und der Ausrichtung von TINs. Folgende Analysewerkzeuge stehen zur Verfügung:

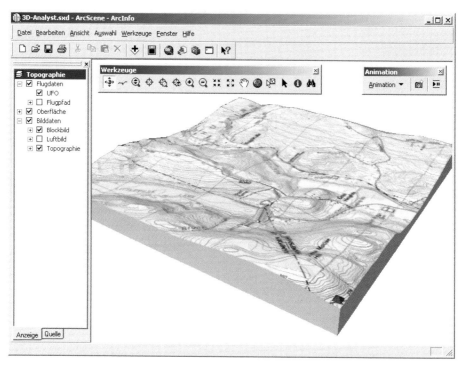

Abb. 13.1: Visualisierung von 3D-Daten in ArcScene

- Ableiten von Konturlinien, Ausrichtungs- und Neigungsrastern aus Oberflächenmodellen

- Bestimmung der steilsten Verbindung auf einer Oberfläche

- Analyse der Sichtbarkeit zwischen verschiedenen Stellen einer Oberfläche

- Raster erstellen, die den Grad der Beleuchtung oder der Lichtintensität auf einer Oberfläche zeigen

- Reklassifizierung von Rasterdaten für die Anzeige, Analyse oder zu Zwecken der Feature-Extrahierung

Neben ArcScene stellt der 3D Analyst mit ArcGlobe (Abb. 13.2) eine weitere 3D-Visualisierungs-Fachanwendung zur Verfügung. Daten mit räumlichen Referenzen werden auf einer 3D-Globus-Oberfläche platziert und an ihrer tatsächlichen geodätischen Position angezeigt. ArcGlobe integriert verschiedenste Datenquellen und Auflösungen in einer Anwendung und ist speziell für das Arbeiten mit extrem großen (> 100 GB) Vektor- und Rasterdatenmengen konzipiert, ohne dabei allzu große Ansprüche an die Hardwareausstattung zu stellen. Zur Schonung der Rechenressourcen bei 3D-Visualisierung, -Analyse und -Präsentation wird die Darstellung der Oberflächendetails durch die von ArcGlobe erzeugten Caching-Strukturen in Echtzeit maßstabsabhängig begrenzt.

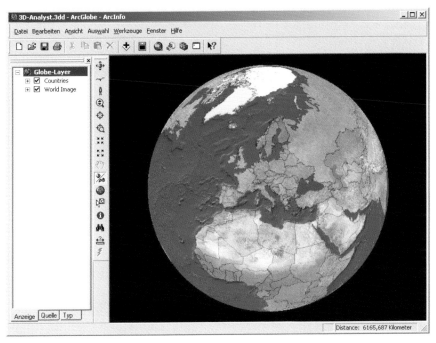

Abb. 13.2: Visualisierung von 3D-Daten in ArcGlobe

In ArcScene wie auch in ArcGlobe können nicht nur Geländemodelle, sondern auch echte und stilisierte 3D-Objekte eingesetzt werden. Texturen, die auf darzustellende Objektflächen in Abhängigkeit von der Orientierung im Raum, der Skalierung und der Distanz drapiert werden, verstärken die realitätsnahen Ansichten zusätzlich. ESRI liefert eine Vielzahl von Symbolen in verschiedenen Bibliotheken mit aus.

13.2 Spatial Analyst

Die Erweiterung Spatial Analyst erweitert ArcGIS um eine Werkzeugleiste mit über 150 Werkzeugen für die zellenbasierte (Raster-)Analyse. Von den drei wichtigsten Arten an GIS-Daten (Raster, Vektor, TIN) bietet das Rasterformat die umfangreichste Modellierungsumgebung für raumbezogene Analysen. Das Rasterformat bildet räumliche Informationen in einer Zellenstruktur (Gitter) ab. Diese Informationen können z. B. Höhen (Geländemodelle), Landnutzungen, Immissionen, Lärm etc. sein. Grundsätzlich gibt es zwei Arten von Daten. Bei kontinuierlichen Daten (z. B. Höhen) wird jeder Position eine Menge, Größe oder Intensität zugeordnet und die Werte stehen in einer sinngemäßen Beziehung. Bei diskontinuierlichen Daten (z. B. Landnutzung oder Vegetationsart) besitzen die einzelnen Zellen keine Beziehung zu ihrer Umgebung. Je kleiner die Ausdehnung der einzelnen Zellen pro Fläche, desto genauer ist die Abbildung. Je mehr Zellen in einen Rechenprozess einfließen, umso größer wird die Rechenzeit. In Abbildung 13.3 wurden über ein Landnutzungsraster mögliche Routen für Wildtiere ermittelt.

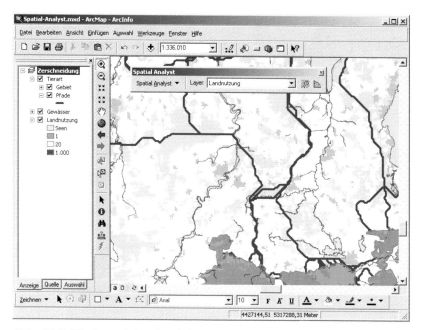

Abb. 13.3: Werkzeugleiste Spatial Analyst mit Darstellung ermittelter Wanderkorridore

13.2.1 Modellierung räumlicher Prozesse

Im Allgemeinen versteht man unter einem Modell eine Abbildung der Realität. Aufgrund der Eigenkomplexität der Erde und der stattfindenden Interaktionen werden Modelle mit einer vereinfachten, handlicheren Darstellung der Realität erstellt. Modelle helfen Ihnen, zu verstehen, zu beschreiben oder vorherzusagen, wie die Dinge in der realen Welt funktionieren. Es gibt zwei Haupttypen von Modellen: solche, die Objekte in der Landschaft repräsentieren (Darstellungsmodelle), und solche, die der Simulation von Prozessen in der Landschaft dienen (Prozessmodelle).

Darstellungsmodelle beschreiben Objekte in einer Landschaft, wie z. B. Gebäude, Flussverläufe oder Wälder. In Spatial Analyst sind diese Daten-Layer entweder Raster- oder Feature-Daten. Raster-Layer werden von einem rechteckigen Netz oder Gitter dargestellt und jede Position in jedem Layer wird von einer Grid-Zelle repräsentiert, die einen bestimmten Wert hat. Zellen verschiedener Layer ergeben übereinander gestapelt die Beschreibung vieler Attribute an jeder Position.

Prozessmodelle stellen einen Versuch dar, die Interaktion der Objekte zu beschreiben, die im Darstellungsmodell gezeigt werden. Die Beziehungen werden mithilfe von Werkzeugen in Spatial Analyst sichtbar gemacht. Da es verschiedene Arten von Interaktionen zwischen Objekten gibt, bieten ArcGIS und Spatial Analyst eine große Auswahl an Werkzeugen zur Analyse der Interaktionen an.

13.2.2 Arten von Prozessmodellen

Um bestimmte Probleme darzustellen und zu lösen, gibt es viele Arten von Prozessmodellen. Dazu zählen:

- Eignungsmodellierung: Die meisten räumlichen Modelle beinhalten die Suche nach optimalen Standorten, z. B. für eine neue Schule, eine Mülldeponie oder einen Umsiedlungsstandort.

- Entfernungsmodellierung: Wie weit ist die Flugstrecke von München nach Berlin? Wie weite Anfahrtswege werden in Kauf genommen? Wie komme ich am günstigsten von A nach B?

- Hydrologische Modellierung: Wie werden Wassereinzugsgebiete abgegrenzt? Wohin wird das Wasser fließen? Wie viel Wasser wird abfließen?

- Oberflächenmodellierung: Wie ist der Verschmutzungsgrad verschiedener Standorte in einem bestimmten Umfeld? Wie ist der Beschattungsgrad für bestimmte Pflanzen? Mit welchen Abtragswerten muss gerechnet werden?

13.2.3 Funktionen von Spatial Analyst

Die Funktionen, die mit der kartographischen Modellierung von Rastern verbunden sind, können in fünf Arten unterteilt werden:

- Funktionen, die an einzelnen Zellenpositionen arbeiten (lokale Funktionen)

- Funktionen, die an Zellenpositionen einer Nachbarschaft arbeiten (Focal-Funktionen)

- Funktionen, die an Zellenpositionen in Zonen arbeiten (Zonenfunktionen)

- Funktionen, die an allen Zellen im Raster arbeiten (globale Funktionen)

- Funktionen, die eine bestimmte Anwendung ausführen (z. B. hydrologische Analysefunktionen)

Jede dieser Kategorien kann durch die räumliche oder geometrische Darstellung der Daten beeinflusst werden oder darauf basieren, jedoch nicht allein auf den Attributen, welche die Zellen widerspiegeln. Beispielsweise hängt eine Funktion, die zwei Layer addiert (an einzelnen Zellen arbeitet), von der Position und dem Wert ihres Gegenstückes auf dem zweiten Layer ab. Funktionen, die auf Zellenpositionen innerhalb von Nachbarschaften oder Zonen angewendet werden, bauen auf der räumlichen Konfiguration der Nachbarschaft oder Zone sowie auf den Zellenwerten in der Konfiguration auf.

13.3 ArcPublisher und ArcReader

Die ArcGIS Extension ArcPublisher ermöglicht die Publikation und Bereitstellung von digitalen Karten lokal, über das lokale Netzwerk oder das Internet. Dazu werden Kartendokumente (MXD-Files) in sog. Published Map Files (PMFs) umgewandelt, die anschließend mit dem ArcReader betrachtet werden können.

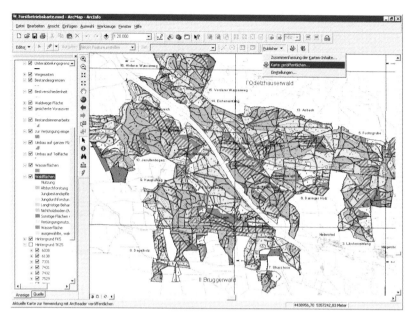

Abb. 13.4: MXD-File, das mit dem ArcPublisher veröffentlicht werden soll

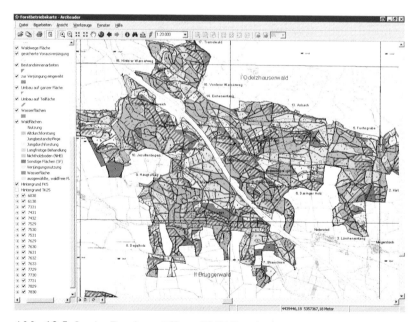

Abb. 13.5: Im ArcReader geöffnete PMF-Datei

Der ESRI Geodaten-Viewer ArcReader (Abb. 13.5), der im Internet unter www.esri.com/arcreader kostenlos zum Download bereitsteht, dient zur Betrachtung und

Visualisierung der Karten (PMFs), die mit dem ArcPublisher verfügbar gemacht worden sind. Der ArcReader stellt dem Nutzer hierzu u. a. folgende Funktionen zur Verfügung:

- Zoomfunktionen

- Verschieben des Kartenausschnitts („Pan")

- Attribut-Anzeige einzelner Objekte („Identify-Button")

- Einfache Suche/Selektion nach Attributen eines bestimmten Feldes (z. B. alle Polygone eines Layers mit einer Fläche größer 300 ha)

- Einfache Streckenmessung

- Maßstabsgetreue Darstellung der Karte auf dem Bildschirm

- Verlinkung der Geometrien mit externen Daten (z. B. Excel-Dateien) mittels Hyperlink-Funktion

- Maßstabsgetreuer Ausdruck von Karten bzw. Kartenausschnitten bis DIN A0, soweit bei der Veröffentlichung des Projekts zusätzlich zur Datenansicht eine Layoutansicht erzeugt wurde.

Dem veröffentlichten File kann eine digitale Signatur (z. B. Name und Internet-Adresse des Erstellers) sowie ein Ablaufdatum hinzugefügt werden. Außerdem ist es möglich, die PMF-Dateien mittels einer Passwort-Abfrage vor unautorisierten Zugriffen bzw. Änderungen (durch andere ArcMap Nutzer) zu schützen. Jede Funktion, die dem späteren Betrachter im ArcReader zur Verfügung steht, kann einzeln freigegeben oder gesperrt werden. In der Layout-Ansicht erzeugte Elemente wie Koordinaten-Rahmen, Gitternetz oder Legende bleiben erhalten (siehe Abb. 13.6) und können bei der Ploterzeugung im ArcReader verwendet werden.

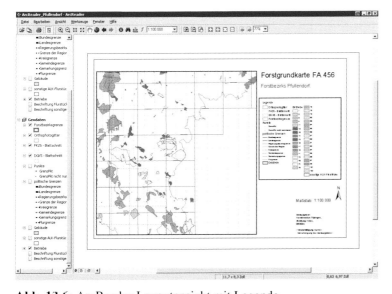

Abb. 13.6: ArcReader-Layoutansicht mit Legende

Die Kombination ArcPublisher – ArcReader eignet sich insbesondere zur Verteilung digitaler Karten an Kunden, denen kein GIS zur Verfügung steht.

13.4 ArcScan

Mit der Erweiterung ArcScan, die in die Editierfunktionalität von ArcMap integriert ist, können Rasterdaten interaktiv oder batchgesteuert-teilautomatisiert in Vektordaten umgewandelt werden.

Die zugrunde liegenden Rasterdaten können vor oder während der Vektorisierung mit ArcScan bereinigt bzw. editiert werden. Zahlreiche Optimierungsoptionen sowie Fangfunktionen auf Rasterdaten erleichtern und beschleunigen dabei die Arbeit.

Die Abbildung 13.7 zeigt einen Teilausschnitt eines im Batch-Verfahren zu vektorisierenden Rasterbildes samt einer Vorschau (rot) auf das gewünschte Ergebnis. Die Vektorisierung der Höhenlinien ist hier nicht ohne eine zusätzliche Bearbeitung der Rasterdaten zu erreichen.

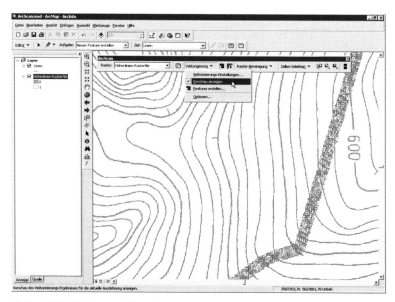

Abb. 13.7: Teilausschnitt eines im Batch-Verfahren zu vektorisierenden Rasterbildes

Zunächst werden geschlossene Bereiche miteinander verbundener Zellen automatisch selektiert (in diesem Fall alle Bereiche mit 500 oder weniger zusammenhängenden Raster-Pixeln, die selektierten Bereiche erscheinen hellblau, Abb. 13.8).

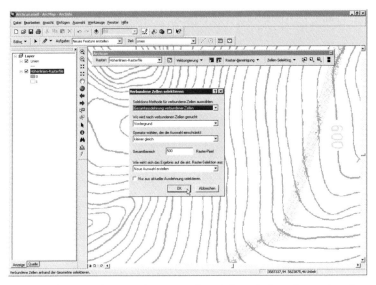

Abb. 13.8: Selektion geschlossener Bereiche miteinander verbundener Zellen

Nach dem Löschen der selektierten Bereiche wird das Rasterbild manuell weiterbearbeitet (Abb. 13.9). Die Tools hierzu befinden sich in der ArcScan-Werkzeugleiste „Raster-Zeichnen". In diesem Fall müssen weitere, mit den zu vektorisierenden Höhenlinien direkt verbundene Raster-Pixel mit dem Radierer gelöscht werden.

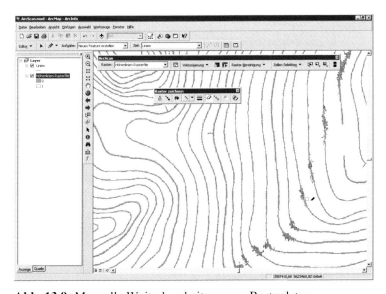

Abb. 13.9: Manuelle Weiterbearbeitung von Rasterdaten

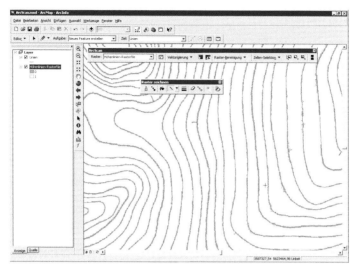

Abb. 13.10: Ergebnis der Vektorisierung

Abbildung 13.10 zeigt das gewünschte Ergebnis, das nun entweder für Teilbereiche oder für das gesamte Rasterfile direkt in die Geodatabase geschrieben werden kann.

Bei einer manuellen Vektorisierung im Raster-Tracing-Verfahren (Abb. 13.11) bietet ArcScan u. a. Unterstützung durch die zuschaltbare Rasterfang-Funktion. ArcScan ergänzt und verlängert durch Interpretation der Rasterdaten automatisch Linien in der vom Erfasser vorgegebenen Richtung.

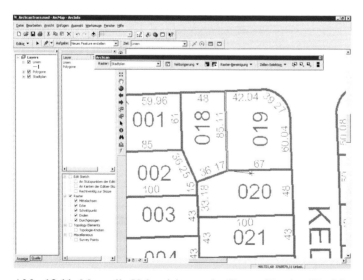

Abb. 13.11: Manuelle Vektorisierung im Raster-Tracing-Verfahren

13.5 Geostatistical Analyst

Die Erweiterung Geostatistical Analyst (Abb. 13.12) verbindet GIS-Analyse mit geostatistischen Methoden, indem sie eine Reihe leistungsfähiger Werkzeuge zur Verfügung stellt, die die Erkundung vorhandener Daten, die Modellierung räumlicher Gegebenheiten und die statistische Berechnung von Oberflächen erleichtern.

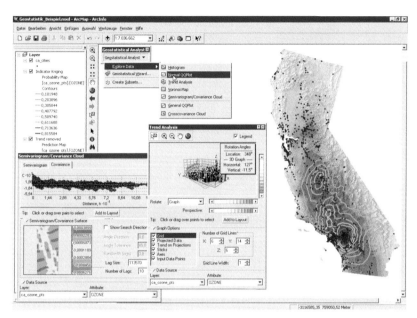

Abb. 13.12: Oberflächenmodellierung mit dem Geostatistical Analyst

Das Programm ermöglicht die Lösung komplexer Problemstellungen mit vergleichsweise geringem Zeitaufwand in verschiedenen raumbezogenen Anwendungsgebieten wie beispielsweise der Landwirtschaft, der Klimatologie, dem Bergbau oder dem Gesundheitswesen.

Die Arbeit mit geostatistischen Methoden umfasst im Wesentlichen vier Bereiche:

- Darstellung vorhandener räumlicher Daten

- Erforschung der Untersuchungsdaten

- Modellierung (Oberflächenberechnung)

- Überprüfung der verwendeten Berechnungsmodelle

Diese vier Bereiche, in denen der Geostatistical Analyst den Nutzer unterstützen kann, sollen im Anschluss kurz umrissen werden.

Darstellung vorhandener räumlicher Daten:

Die kartographische Darstellung der verwendeten Daten ist der erste Schritt zur Überprüfung ihrer Verwendbarkeit. Hierbei kann der Anwender den Einfluss verschiedener

Faktoren auf die Verteilung der Daten bereits frühzeitig erkennen, bevor er mit der eigentlichen statistischen Arbeit beginnt. So können sich beispielsweise Interferenzen von Topographie, Gewässern, Straßen o. Ä. in den Untersuchungsdaten widerspiegeln.

Erforschung der Untersuchungsdaten:

Das Programm ist mit Werkzeugen zur Visualisierung und Analyse vorhandener Daten durch statistische Methoden ausgestattet. Diese ermöglichen die Darstellung verschiedener Methoden zur statistischen Datenauswertung, wie beispielsweise Verteilungseigenschaften, allgemeine Trends, Autokorrelationen oder Datenvariabilität. Alle Ansichten zur Datenerforschung und -beurteilung sind dynamisch untereinander sowie mit der Kartenansicht verbunden. Dies eröffnet dem Anwender ein besseres Verständnis für die untersuchten Daten und die betrachteten Sachverhalte.

Modellierung (Oberflächenberechnung):

Der Geostatistical Analyst stellt verschiedene Verfahren zur *Interpolation* einer Oberfläche zur Verfügung. Der Anwender wird dabei von einem Programmassistenten durch die einzelnen Bearbeitungsschritte geleitet. Bei den so genannten deterministischen Berechnungsverfahren wird die Oberfläche aufgrund gegebener Messpunkte berechnet. Die geostatistische Interpolation („Kriging"), die mit Abstand am häufigsten verwendete geostatistische Methode, dagegen ermöglicht die Oberflächenmodellierung mittels fortgeschrittener statistischer Methoden, die u. a. die Ausgabe von Berechnungsfehlern umfassen.

Überprüfung der verwendeten Berechnungsmodelle:

Die verwendeten Berechnungsmodelle können wiederum mittels geeigneter Werkzeuge laufend bewertet, angepasst und nach der Oberflächenberechnung miteinander verglichen werden. Dadurch werden die Qualität der Vorhersage und die Auswahl eines geeigneten Modells gewährleistet.

Zusammenfassung:

Der mit statistischen Methoden, deren Aussagekraft sowie Anwendungsbereichen vertraute Fachanwender wird vom Geostatistical Analyst bei der Analyse großer räumlicher Datenbestände unterstützt. Die statistischen Verfahren sind bereits zur Anwendung aufbereitet und können deswegen unmittelbar, ohne aufwändige Programmierungen, eingesetzt werden.

14 Amtliche Geodaten

Genaue und aktuelle Datengrundlagen bilden die Basis eines Geographischen Informations-Systems. Nur mit exakten Datengrundlagen werden die Auswertungen und Geoverarbeitungsprozesse genauso exakt und zuverlässig sein. Beispielhaft für das Angebot an Geodaten durch die Landesvermessungsämter beschreibt das Kapitel 14.1 die wichtigsten zur Verfügung stehenden Geodaten des Landesamtes für Vermessung und Geoinformation in Bayern. Das Angebot der Vermessungsämter in andern Bundesländern entspricht im Wesentlichen den hier vorgestellten Datengrundlagen. Diese sind in Kapitel 14.3 aufgeführt.

14.1 Geodaten des Landesamtes für Vermessung und Geoinformation

Die Bayerische Vermessungsverwaltung hat den gesetzlichen Auftrag, flächendeckend Geobasisdaten zur Verfügung zu stellen. Aus diesem Auftrag lassen sich wichtige Qualitätsmerkmale ableiten. Die Daten

- sind ständig verfügbar,

- werden laufend aktualisiert,

- sind miteinander kombinierbar,

- weisen eine einheitliche Projektion auf (Koordinatensystem: Gauß-Krüger im 3°-Streifensystem, Bessel-Ellipsoid von 1841) und

- sind durch Metadaten dokumentiert.

14.1.1 ATKIS®

Das Projekt ATKIS® (Amtliches Topographisch-Kartographisches Informationssystem) ist ein Projekt der Arbeitsgemeinschaft der Vermessungsverwaltungen der Länder der Bundesrepublik Deutschland (AdV). Mit ATKIS® wird die Topographie der Bundesrepublik Deutschland in einer geotopographischen Datenbasis beschrieben und in Form nutzungsorientierter digitaler Erdoberflächenmodelle bereitgestellt. Damit ist ATKIS die öffentlich-rechtliche Datenbasis für rechnergestützte digitale Verarbeitungstechnologien und die geotopographische Raumbezugsbasis für die Anbindung und Verknüpfung mit geothematischen Fachdaten. Es trägt den Charakter eines Geobasis-Informationssystems und beinhaltet die vier Produktbereiche:

- Digitales Landschaftsmodell (DLM),

- Digitales Geländemodell (DGM),

- Digitale Topographische Karten (DTK) und

- Digitales Orthophoto (DOP).

In den einzelnen Produktbereichen werden, abhängig vom Zielmaßstab, die Geodaten mit unterschiedlicher

- Auflösung bei Rasterprodukten,

- Gitterweite und Genauigkeit bei DGM-Daten und

- Generalisierungsgrad bei DLM und DTK

abgegeben.

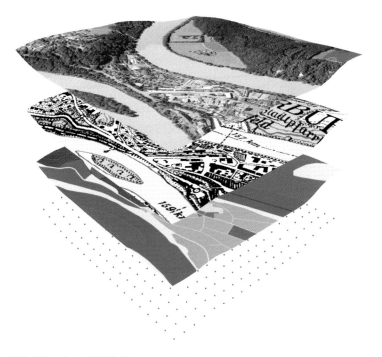

Abb. 14.1: Die vier ATKIS-Ebenen: Punktraster DGM25, Basis-DLM, DTK25 und DOP

14.1.2 Digitales Landschaftsmodell (DLM)

Das Basis-DLM beschreibt die topographischen Objekte der Landschaft im Vektorformat. Die Objekte werden einer bestimmten Objektart zugeordnet und durch ihre räumliche Lage, ihren geometrischen Typ, beschreibende Attribute und Beziehungen zu anderen Objekten (Relationen) definiert. Jedes Objekt besitzt deutschlandweit eine eindeutige Identifikationsnummer (Identifikator). Die räumliche Lage wird für das Basis-DLM maßstabs- und abbildungsunabhängig im Koordinatensystem der Landesvermessung angegeben. Welche Objektarten das DLM beinhaltet und wie die Objekte zu bilden sind, ist im ATKIS-Objektartenkatalog (ATKIS-OK) festgelegt. Das Basis-DLM orientiert sich in Bayern am Inhalt der Topographischen Karte 1 : 25.000 (TK25). Die Daten liegen flächendeckend für Bayern vor und werden laufend aktualisiert. Die Objektbereiche werden auch einzeln abgegeben (z. B. Verwaltungseinheiten oder Verkehrswegenetz).

Die Einsatzmöglichkeiten liegen unter anderem in den Bereichen der Planung, der Geoinformationssysteme und der Erstellung von thematischen Karten unter Verwendung eigener (Sach-)Daten durch Anbindung an das DLM.

14.1.3 Digitales Geländemodell (DGM)

Digitale Geländemodelle sind in regelmäßigen Gittern in Lage und Höhe geocodierte Punkte, welche die Geländeformen der Erdoberfläche beschreiben. Sie liegen in unterschiedlichen Gitterweiten vor:

- 25 m-, 50 m-, 100 m- und 200 m-Gitter in der Genauigkeitsklasse 1 : 25.000

- 5 m- und 10 m-Gitter in der Genauigkeitsklasse 1 : 5000

- 2 m-Gitter in der Genauigkeitsklasse 1 : 2000

Das 50 m-, 100 m- und 200 m-Gitter ist flächendeckend, alle anderen Gitter sind für Teilgebiete verfügbar. Diese Gitterweiten werden aus Daten der Laserscanning-Befliegung (derzeit etwa 1/3 der Daten), Digitalisierung der Höhenflurkarte, photogrammetrische Auswertung im Stereomodell und terrestrische Geländeaufnahme hergestellt. DGM-Daten sind Grundlage von räumlichen Visualisierungen wie z. B. von Hochwassersimulationen. Die Abgabe erfolgt als ASCII-Datei mit zeilenweise angeordneten xyz-Tripeln.

14.1.4 Digitale Topographische Karten (DTK)

Digitale Topographische Karten sind Rasterdaten der vorliegenden Topographischen Kartenwerke. Es handelt sich dabei entweder um die herkömmlichen Topographischen Karten, die durch Scannen analoger Originale und rechnergestützte Aktualisierung erzeugt werden und als „Vorläufige Ausgabe" DTK-V (z. B. DTK25-V) bezeichnet werden, oder um die neuen Digitalen Topographischen Karten, die in neuer Kartengraphik und Ebenengliederung aus einem korrespondierenden ATKIS-DLM abgeleitet und als DTK bezeichnet werden (z. B. DTK25). Es ist beabsichtigt, mit zunehmendem Angebot der DTK die Lieferung der DTK-V einzustellen. Für eine Übergangzeit ist eine Abgabe beider Produktformen möglich. Die Rasterdaten sind nach kartographischen Inhaltselementen in verschiedene Ebenen gegliedert und können als einfarbige Einzelebenen sowie als farbige Kombinationsausgabe abgegeben werden. Die topographischen Karten 1 : 25.000, 1 : 50.000, 1 : 100.000 und 1 : 500.000 liegen flächendeckend für Bayern vor. Die verschiedenen Kartenmaßstäbe werden regelmäßig aktualisiert.

Topographische Karten sind unter anderem die geeignete Grundlage für Hintergrundinformationen in Geoinformationssystemen.

14.1.5 Digitales Orthophoto (DOP)

Digitale Orthophotos sind vollständig entzerrte, maßstabsgetreue Luftbilder. Im Gegensatz zu den Topographischen Karten besitzen Luftbilder keinen einheitlichen Maßstab. Durch die Zentralprojektion bei der photogrammetrischen Aufnahme kommt es infolge der Höhenunterschiede im Gelände zu Verzerrungen bei der geometrischen Abbildung von Landschaftsobjekten, so dass der Maßstab in der Bildfläche z. T. beträchtlich variieren kann. Über ein digitales Verfahren werden die Verzerrungen des Luftbildes korrigiert; dadurch erhält das Luftbild die Eigenschaften einer Karte. Das dabei entstehende Produkt wird als Orthophoto bezeichnet. Es hat über die ganze Bildfläche einen einheitlichen Raumbezug und Maßstab.

Das Orthophoto ist für die Landesvermessung die wichtigste Informationsquelle für topographische Informationen zur Aktualisierung der Topographischen Karten, des DLM und des DGM. Aktuelle Orthophotos liegen flächendeckend für ganz Bayern vor. Seit 2002 stellt das Landesamt für Vermessung und Geoinformation Farb-Orthophotos her und aktualisiert diese in einem Turnus von drei Jahren. Die Bodenauflösung beträgt 40 cm; eine Abgabe in Auflösungen von 80 cm oder 2 m ist auch möglich. Aufgrund seiner Eigenschaften bildet das Orthophoto eine hervorragende Grundlage für alle Planungsaufgaben (z. B. Flächennutzungsplan, Planungen im Straßen- und Wasserbau). In Kombination mit der Flurkarte wird das Orthophoto häufig als Datengrundlage im Leitungskatatster verwendet. Für Zeitreihen oder Erkundungen von Altlasten stehen historische Luftbilder ab 1941 zur Verfügung.

Große Teile Bayerns werden durch Bilder (ca. 53.000 Aufnahmen) der englischen und amerikanischen Aufklärungsflüge aus den Jahren 1941 bis 1945 abgedeckt. Das Luftbild dokumentiert den Landschaftszustand zu einem bestimmten Zeitpunkt und enthält vollständig alle aus der „Vogelperspektive" sichtbaren Landschaftsinformationen, ohne dass diese bereits selektiert oder strukturiert worden sind. Das Luftbild ist dadurch auch für andere Fachdisziplinen ein wichtiger Informationsträger, auf dem sich der reale Zustand eines Teils der Erdoberfläche widerspiegelt. Die Nutzung von Luftbildern kann sowohl für geometrische als auch thematische Auswertungen sinnvoll sein.

14.1.6 Digitale Ortskarte Bayern (DOK)

Die Digitale Ortskarte Bayern ist eine topographische Karte mit Straßennamen und Einzelhausdarstellung. Die detailliertere Wiedergabe von Gebäuden und die Darstellung der Straßennamen geben der Karte eher den Charakter eines Orts- oder Stadtplans. Damit ist die DOK der einzige flächendeckend zur Verfügung stehende Ortsplan in Bayern. Die Daten liegen im Rasterformat vor und werden vollautomatisch aus dem Basis-DLM generiert. Die 29 verschiedenen Ebenen (z. B. Straßennamen, Hausumrisse aus der DFK, Waldflächen usw.) können individuell kombiniert werden. Wie die DTK kann die DOK ebenfalls als Hintergrundinformation genutzt werden. Die Graphik orientiert sich an dem Zielmaßstab 1 : 10.000.

14.1.7 Hauskoordinaten

Die Hauskoordinaten – georeferenzierte Gebäudeadressen – ordnen jedem Gebäude seine exakte Lagekoordinate zu, vorausgesetzt, das Gebäude ist im Liegenschaftskataster erfasst und besitzt eine Hausnummer. Die Datensätze beinhalten Informationen zur postalischen Anschrift und Zugehörigkeit zu Verwaltungseinheiten mit Namen und amtlichem Schlüssel. Die Datenabgabe erfolgt in ASCII-Datensätzen.

Abb. 14.2: Digitale Ortskarte mit Hauskoordinaten

14.1.8 Digitale Flurkarte (DFK)

Sämtliche Liegenschaften (Grundstücke und Gebäude) Bayerns werden im Liegenschaftskataster beschrieben und graphisch dargestellt. Die Digitale Flurkarte und das Automatisierte Liegenschaftsbuch bilden zusammen das Liegenschaftskataster, das amtliche Verzeichnis, nach dem die Grundstücke im Grundbuch benannt werden.

Die DFK ist die Grundlage für alle Anwendungen, die eine flurstücksgrenzenscharfe Darstellung erfordern. Sie weist ständig den aktuellen rechtlichen Katasterstand aus.

Es sind Vektordaten im dxf-, sqd- oder dfk-Format und Rasterdaten im TIFF-Format erhältlich. Ab 2006 werden die Daten auch im Shape-Format abgegeben.

14.1.9 Weitere Produkte

- Zunehmend sind auch **historische Karten** als georeferenzierte Rasterdaten verfügbar (z. B. die Positionsblätter aus den Jahren 1821 bis 1881).

- **Höhenlinien** sind als Rasterdaten im Blattschnitt der Flurkarte 1 : 5000 flächendeckend verfügbar.

- Die Übersichtskarte von Bayern (Vektor 500) im Maßstab 1 : 500.000 wird im dxf-Format abgegeben.

14.2 Nutzungsbedingung, Lizensierung

Grundsätzlich werden – je nach der Art der Nutzung der Daten – zwei Lizenzen unterschieden:

Einzel- oder Mehrplatzlizenzen sind verhältnismäßig teuer, dafür erhalten die Lizenznehmer die originalen Rohdaten (Vektordaten, hochaufgelöste Orthophotos). Neben der Nutzung für eigene Fachanwendungen werden diese Daten auch aufbereitet (rasterisiert, vergröbert, aggregiert u. a.) und, mit eigenen Fachinformationen angereichert, in visueller Form einem größeren Nutzerkreis in Folgeprodukten zur Verfügung gestellt.

In diesen Fällen bieten die öffentlichen Stellen günstigere Datenpreise und Verwertungslizenzen an. Das Verwertungsentgelt entscheidet sich im Einzelfall anhand von Kriterien wie Nutzungsart, Anteil der Rohdaten am Gesamterzeugnis, Objektbereiche, Inhalte und anderen Kriterien.

14.3 Link-Sammlung zu amtlichen Geodaten

Umfassende Informationen, Bezugsmöglichkeiten und Preise zu den vom Landesamt für Vermessung und Geoinformation angebotenen Produkte sind zu erhalten unter www.lvg.bayern.de.

In der Arbeitsgemeinschaft der Vermessungsverwaltungen der Länder der Bundesrepublik Deutschland (AdV) haben sich die für die Landesvermessung und das Liegenschaftskataster zuständigen Verwaltungen der Länder zusammengeschlossen, um fachliche Angelegenheiten von grundsätzlicher und überregionaler Bedeutung mit dem Ziel einer einheitlichen Regelung zu behandeln. Auf die Startseite der AdV verweist folgende Adresse: www.adv-online.de.

- Bundesamtes für Kartographie und Geodäsie (BKG): www.bkg.bund.de

- Landesvermessungsamt Baden-Württemberg, Büchsenstraße 54, 70174 Stuttgart, www.lv-bw.de/lvshop2/index.htm

- Landesamt für Vermessung und Geoinformation: www.lvg.bayern.de

- Senatsverwaltung für Stadtentwicklung, Fehrbelliner Platz 1, 10707 Berlin, www.stadtentwicklung.berlin.de

- Landesvermessung und Geobasisinformation Brandenburg, Heinrich-Mann-Allee 103, 14473 Potsdam, www.geobasis-bb.de

- GeoInformation Bremen, Postfach 10 43 67, 28043 Bremen, www.geo.bremen.de

- Landesbetrieb Geoinformation und Vermessung, Sachsenkamp 4, 20097 Hamburg, http://fhh.hamburg.de/stadt/Aktuell/weitere-einrichtungen/landesbetrieb-geoinformation-und-vermessung/start.html

- HVBG – Hessische Verwaltung für Bodenmanagement und Geoinformation, Schaperstraße 16, 65195 Wiesbaden, www.hvbg.hessen.de

- Landesvermessungsamt Mecklenburg-Vorpommern, Lübecker Str. 289, 19059 Schwerin, www.lverma-mv.de

- Landesvermessung und Geobasisinformation Niedersachsen (LGN), Podbielski-Straße 331, 30659 Hannover, www.lgn.niedersachsen.de

- Landesvermessungsamt Nordrhein-Westfalen, Muffendorfer Straße 19-21, 53177 Bonn, www.lverma.nrw.de

- Landesamt für Vermessung und Geobasisinformation Rheinland-Pfalz, Ferdinand-Sauerbruch-Straße 15, 56073 Koblenz, www.lverma.rlp.de

- Landesamt für Kataster-, Vermessungs- und Kartenwesen, Von der Heydt 22, 66115 Saarbrücken-Von der Heydt, www.lkvk.saarland.de

- Landesvermessungsamt Sachsen, Olbrichtplatz 3, 01099 Dresden, www.lvsn.smi.sachsen.de

- Landesamt für Vermessung und Geoinformation Sachsen-Anhalt, Hakeborner Straße 1, 39112 Magdeburg, www.lvermgeo.sachsen-anhalt.de

- Landesvermessungsamt Schleswig-Holstein, Mercatorstraße 1, 24106 Kiel, www.lverma.schleswig-holstein.de

- Thüringer Landesamt für Vermessung und Geoinformation, Postfach 90 04 26, 99107 Erfurt, www.thueringen.de/de/vermessung

Anhang

Vergleich der ArcGIS Werkzeuge für ArcView (AV), ArcEditor (AE), ArcInfo (AI)

Toolbox	Toolset	Werkzeug	AV	AE	AI
Analysis	Extrahieren	Ausschneiden	*	*	*
		Selektieren	* (neu)	* (neu)	*
		Tabelle selektieren	* (neu)	* (neu)	*
		Teilen			*
	Overlay	Aktualisieren			*
		Radieren			*
		Symmetrische Differenz			*
		Vereinigen (Union)	*	*	*
		Verschneiden (Identity)			*
		Überschneiden (Intersect)	*	*	*
	Proximity	Multiple Ring Puffer	*	*	*
		Near			*
		Puffer	*	*	*
		Punktentfernung			*
	Statistiken	Häufigkeit (Frequency)			*
		Summenstatistiken	* (neu)	* (neu)	*
Cartography	Maskierung	Masken für Features			*
		Masken für Layers			*
		Sackgassenmaskierung			*
Conversion	von Raster	Raster zu ASCII	*	*	*
		Raster zu Float	*	*	*
		Raster zu Polygon	*	*	*
		Raster zu Polylinien	*	*	*
		Raster zu Punkt	*	*	*
	Zu CAD	CAD-Alias festlegen			*
		CAD-Felder hinzufügen			*
		CAD-XDaten erstellen			*
		Nach CAD exportieren			*
	Zu Coverage	Feature-Class zu Coverage			*
	Zu dBase	Table to dBase (multiple)	*	*	*
	Zu Geodatabase	CAD-Annos importieren		*	*
		Coverage-Annos	*	*	*
		Feature Class to F.-Class	*	*	*
		Feature Class to GDB	*	*	*
		Import aus CAD	*	*	*
		Raster to Geodatabase	*	*	*
		Table to Geodatabase	*	*	*

Toolbox	Toolset	Werkzeug	AV	AE	AI
		Table to Table	*	*	*
		ASCII zu Raster	*	*	*
		DEM zu Raster	*	*	*
	Zu Raster	Feature zu Raster	*	*	*
		Float zu Raster	*	*	*
		Raster to other Format	*	*	*
	Zu Shapefile	Feature Class to Shapefile	*	*	*
Data-manage-menttools		Anhängen	*	*	*
		Daten auswählen	*	*	*
	Allgemein	Kopieren	*	*	*
		Löschen	*	*	*
		Umbenennen	*	*	*
	Beziehungs-klassen	Beziehungsklasse erstellen		* (neu)	*
		Tab. zu Beziehungsklasse		* (neu)	*
	Datenbank	Komprimieren		* (neu)	*
		Komp. (Personal-GDB)	* (neu)	* (neu)	*
		Cod.Wert aus Dom löschen	* (neu)	* (neu)	*
		Cod.Wert aus D. hinzufüg.	* (neu)	* (neu)	*
		Domäne aus Feld entfernen	* (neu)	* (neu)	*
		Domäne erstellen	* (neu)	* (neu)	*
	Domäne	Domäne löschen	* (neu)	* (neu)	*
		Domäne zu Feld zuweisen	* (neu)	* (neu)	*
		Domäne zu Tabelle	* (neu)	* (neu)	*
		Tabelle zu Domäne	* (neu)	* (neu)	*
		Wert für Bereichsdom.	* (neu)	* (neu)	*
		Auschecken		* (neu)	*
	Entkoppelte Bearbeitung	Einchecken		* (neu)	*
		Einchecken von Delta		* (neu)	*
		Export zu Delta		* (neu)	*
		AnnoFC aktualisieren	*	*	*
		AnnoFC anhängen	*	*	*
	Feature-Class	Feature-Class erstellen	*	*	*
		Integrieren	* (neu)	* (neu)	*
		Sta.-Cluster-Tol. berechnen	* (neu)	* (neu)	*
		St. räuml. Indexg. berechn.	* (neu)	* (neu)	*
	Features	Feature zu Linie			*
		Feature zu Polygon			*
		Feature zu Punkt			*
		Feature-Env. zu Polygon			*
		Feat.-Stützpkt. zu Punkten			*
		Features kopieren	*	*	*
		Features löschen	* (neu)	* (neu)	*

Toolbox	Toolset	Werkzeug	AV	AE	AI
		Geometrie reparieren	*	*	*
		Geometrie überprüfen	*	*	*
		Linien an Stützpunkt teilen			*
		Multipart zu Singlepart	*	*	*
		Polygon zu Linie			*
		XY-Koordinaten	*	*	*
	Felder	Feld berechnen	*	*	*
		Feld hinzufügen	*	*	*
		Feld löschen	*	*	*
		Stand. dem Feld zuweisen	* (neu)	* (neu)	*
	Generali-sierung	Entfernen			*
		Linie glätten		* (neu)	*
		Linie vereinfachen		* (neu)	*
		Zusammenführen	*	*	*
	Indizes	Attributindex entfernen	* (neu)	* (neu)	*
		Attributindex hinzufügen	* (neu)	* (neu)	*
		Räuml. Index entfernen	* (neu)	* (neu)	*
		Räuml. Index hinzufügen	* (neu)	* (neu)	*
	Layer Tabellen-sichten	Abfragetabelle erstellen	*	*	*
		Feature-Layer erstellen	*	*	*
		In Layer-Datei speichern	* (neu)	* (neu)	*
		Layer lagebez. auswählen	* (neu)	* (neu)	*
		Layer nach Att. auswählen	* (neu)	* (neu)	*
		Raster-Layer erstellen	*	*	*
		Rasterkatalog-Layer	*	*	*
		Tabellensicht erstellen	*	*	*
		XY-Ereignis-Layer	*	*	*
	Projektionen und Transfor-mationen	Feature ⇨Batch Project	*	*	*
		Feature ⇨ Projizieren	*	*	*
		Feature ⇨ Raumbezug erst.	*	*	*
		Raster ⇨ Entzerren	*	*	*
		Raster ⇨ Erneut skalieren	*	*	*
		Raster ⇨ Freies Drehen	*	*	*
		Raster ⇨ Kippen	*	*	*
		Raster ⇨ R. projizieren	*	*	*
		Raster ⇨ Spiegeln	*	*	*
		Raster ⇨ Verschieben	*	*	*
		Projektion definieren	*	*	*
	Raster	Ausschneiden	*	*	*
		Batch Build Pyramids	*	*	*
		Batch Calculate Statistics	*	*	*
		Bänder zusammensetzen	*	*	*

Toolbox	Toolset	Werkzeug	AV	AE	AI
		Elemente des RK kopieren	*	*	*
		Elemente des RK löschen	*	*	*
		Mosaic to New Raster	*	*	*
		Mosaik	*	*	*
		Pyramiden erstellen	*	*	*
		Raster kopieren	*	*	*
		Raster-Dataset erstellen	*	*	*
		Rasterkatalog erstellen	*	*	*
		Resampling	*	*	*
		Statistiken berechnen	*	*	*
	Subtypes	Standard-Subtype festlegen	* (neu)	* (neu)	*
		Subtype entfernen	* (neu)	* (neu)	*
		Subtype hinzufügen	* (neu)	* (neu)	*
		Subtype-Feld festlegen	* (neu)	* (neu)	*
	Tabellen	Analysieren		* (neu)	*
		Anzahl erhalten		* (neu)	*
		Berechtigungen ändern		* (neu)	*
		Pivot- Tabellen			*
		Tabellen erstellen	*	*	*
		Zeilen kopieren	*	*	*
		Zeilen löschen	*	*	*
	Topologie	Cluster-Toleranz festlegen		* (neu)	*
		FC aus Topologie entfernen		* (neu)	*
		FC zu Topo. hinzufügen		* (neu)	*
		Regel aus Topologie entf.		* (neu)	*
		Regel zu Topo. hinzufüg.		* (neu)	*
		Topologie erstellen		* (neu)	*
		Topologie überprüfen		* (neu)	*
	Verbin-dungen	Verbindungen entfernen	* (neu)	* (neu)	*
		Verbindungen hinzufügen	* (neu)	* (neu)	*
	Versionen	Als versioniert registrieren		* (neu)	*
		Entf. d. Reg. als Version.		* (neu)	*
		Version abgleichen		* (neu)	*
		Version erstellen		* (neu)	*
		Version löschen		* (neu)	*
		Version zurückschreiben		* (neu)	*
		Version ändern		* (neu)	*
	Workspace	ArcInfo-Workspace			*
		Feature-Dataset erstellen	* (neu)	* (neu)	*
		Ordner erstellen	* (neu)	* (neu)	*
		Personal-GDB erstellen	* (neu)	* (neu)	*
Geocoding		Adressen geokodieren	*	*	*

Toolbox	Toolset	Werkzeug	AV	AE	AI
		Adressen standartisieren	*	*	*
		Adressen-Locator erstellen	*	*	*
		Adressen-Locator löschen	*	*	*
		Geokod.-Indizes deautom.	*	*	*
		Geokod.-Indizes erneuern	*	*	*
		Geokod.-Indizes autom.	*	*	*
Linear Referencing Tools		F. entl. von Routen lokal.	*	*	*
		Routen erstellen	*	*	*
		Routen kalibrieren	*	*	*
		Routen-Ereignis-Layer	*	*	*
		Routen-Ereignisse	*	*	*
		Rout.-Ereignisse	*	*	*
		Überlagerung von R.-Er.	*	*	*
Spatial Statistics Tools	Analyzing Patterns	Average Nearest Neihbor	*	*	*
		High/Low Clustering	*	*	*
		Spatial Autocorrelation	*	*	*
	Mapping Clusters	Cluster/Outlier Analysis	*	*	*
		C./O. Anal. w. Rendering	*	*	*
		Hot Spot Analysis	*	*	*
		H. S. Ana. w. Rendering			*
	Measuring Geographic Distributions	Central Feature	*	*	*
		Directional Distribution	*	*	*
		Linear Directional Mean	*	*	*
		Mean Center	*	*	*
		Standart Distance	*	*	*
	Utilities	Calculate Areas	*	*	*
		Collect Events	*	*	*
		Collect E. w. Rendering	*	*	*
		Count Rendering	*	*	*
		Exp. Feat. Attr. to Ascii	*	*	*
		Z Score Rendering	*	*	*

Auflistung aller ArcCatalog Datei-Icons

Datenformat	Typ	Symbol
ArcCatalog	Katalog	
	ArcCatalog-Ordner	
ArcCatalog-Ordner	Database Connections	
	Adressen-Locators	
	GIS-Server	
	Koordinatensysteme	
	Scalar References	
	Toolboxes	
	Tracking-Verbindungen	
ArcGIS Projekt	ArcGlobe (3DD)	
	ArcMap (MXD)	
	ArcMap Template (MXT)	
	ArcPublisher (PMF)	
	ArcScene (SXD)	
ArcInfo Coverage	Feature-Dataset	
	Arc	
	Beziehungsklasse	
	Label, Point	
	Node	
	Polygon	
	Region	
	Route	
	Tic	
ArcPublisher	Point	
	Polygon	
	Polyline	
Raster-Dataset	Raster-Dataset	
Koordinatensystem	Koordinatensystem	
CAD-Daten	Zeichnungs-Layer	
	CAD-Feature-Dataset	
	Annotation	
	Mulitpatch	
	Point	
	Polygon	
	Polyline	
Tabelle	ArcInfo	
	ASCII	
	dBase	
Geodatabase	Geodatabase	
	Feature-Dataset	

Datenformat	Typ	Symbol
	Raster-Katalog	
	Annotation	
	Beziehungsklasse	
	Netzwerk	
	Route	
	Topologie	
	Point	
	Polyline	
	Polygon	
	Raster	
	Tabelle	
Toolbox	Toolbox	
	Toolset	
	Modell	
	Modell gesperrt	
	Script	
	Werkzeug	
	Werkzeug gesperrt	
	Annotation	
	Gruppen-Layer	
	Point	
Layerfile	Polyline	
	Polygon	
	Raster	
	Raster-Katalog	
	Topologie	
	Point	
Shapefile	Polyline	
	Polygon	
	Multipatch	
Database-Connections	Hinzufügen	
	SDE-Server	
Adressen-Locator	Neuen Adressen-Locator erstellen	
Tracking-Verbindungen	Hinzufügen	
	ArcGIS-Server hinzufügen	
GIS-Server	ArcIMS-Server hinzufügen	
	WMS-Server hinzufügen	
	Geography Network Services	

Sachwörterverzeichnis

Geodäsie/Geoinformatik

Geodateninfrastruktur

Bernard/Fitzke/Wagner (Hrsg.)

Geodaten-infrastruktur

Grundlagen und Anwendungen

Wichmann

Dieses Buch richtet sich an alle, die sich mit der Erfassung, Bereitstellung, Beschaffung und Auswertung von Geodaten beschäftigen. Es fasst das heutige Grundwissen zum Thema Geodateninfrastruktur (GDI) zusammen. Nach einer Begriffserläuterung geht das Werk auf die maßgeblichen nationalen und internationalen Aktivitäten zum Aufbau von GDI ein. Anschließend werden die technischen Grundlagen (u. a. Katalogdienste, Geodatenzugriff, Visualisierung, Bestellung und Zugriffsschutz) ausführlich erläutert und Projekte vorgestellt, die praktische Anwendungen von GDIs zeigen. Ein Ausblick auf Trends schließt das Buch ab. Literaturverzeichnis und Internetverweise ermöglichen eine weiterführende Beschäftigung mit diesem Thema.

Von Lars Bernard, Jens Fitzke u.
und Roland M. Wagner (Hrsg.)
2005.
Softcover
XIV, 311 Seiten
€ 46,–
ISBN 3-87907-395-3

3D-Geoinformationssysteme

Coors/Zipf (Hrsg.)

3D-Geoinformations-systeme

Grundlagen und Anwendungen

Wichmann

Dieses Buch bietet allen Interessierten einen Einstieg in die Welt der 3D-Geoinformation, indem zunächst im ersten Teil die wesentlichen Grundlagen der relevanten Technologien vermittelt und dann in einem zweiten Teil aktuelle Anwendungsbeispiele und Projekte exemplarisch vorgestellt werden, die das Anwendungspotenzial von 3D-Geoinformationssystemen verdeutlichen. Die beiliegende DVD enthält sowohl verschiedene Softwareprodukte, zum Teil mit Beispieldaten, als auch Präsentationen von Resultaten aus 3D-GIS. Das Buch wendet sich an Praktiker, Studierende und Wissenschaftler aus den Bereichen Geoinformatik, Geodäsie, Kartographie, Geo- und Umweltwissenschaften, Stadt- und Raumplanung, Landschaftsarchitektur und -planung, Architektur, Bauwesen, Informatik u. v. a.

Von Volker Coors und Alexander Zipf (Hrsg.)
2005.
Softcover mit DVD
XXII, 522 Seiten
€ 66,–
ISBN 3-87907-411-9

BESTELLCOUPON Fax 0228 / 970 24-21 — — — — — —

☐ Expl. Bernard/Fitzke/Wagner
Geodateninfrastruktur
46,– € zzgl. Versandkosten
ISBN 3-87907-395-3

☐ Expl. Coors/Zipf
3D-Geoinformationssysteme
66,– € zzgl. Versandkosten
ISBN 3-87907-411-9

Herbert Wichmann Verlag Heidelberg
Vertrieb:
verlag moderne industrie Buch AG & Co. KG
Königswinterer Str. 418, 53227 Bonn
Internet: www.huethig.de

Name, Vorname
_____

Firma
_____

Straße, -Nr.
_____

PLZ/Ort
_____

Ja, ich habe das Recht, diese Bestellung innerhalb von 14 Tagen nach Lieferung ohne Angaben von Gründen zu widerrufen. Der Widerruf erfolgt schriftlich oder durch fristgerechte Rücksendung der Ware an die Auslieferung (wmi Verlagsservice Abt. Remittenden; Hüthig Fachverlage; Justus-von-Liebigstr. 1; 86899 Landsberg am Lech). Zur Fristwahrung genügt die rechtzeitige Absendung des Widerrufs oder der Ware (Datum des Poststempels). Bei einem Warenwert unter 40 Euro liegen die Kosten der Rücksendung beim Rücksender. Meine Daten werden nach Bundesdatenschutzgesetz gespeichert und können für Werbezwecke verwendet werden.

Datum/Unterschrift _____   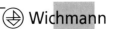 Wichmann

Geodäsie/Geoinformatik

Josef Fürst

GIS in Hydrologie und Wasserwirtschaft

Wichmann

Von Josef Fürst
2004.
XIV, 336 Seiten, Softcover
€ 56,-
ISBN 3-87907-413-5

Das vorliegende Buch ist als Lehrbuch für Studierende und praktizierende Hydrologen, Bauingenieure, Landschaftsplaner, Geowissenschaftler u. v. a. m. geschrieben und stellt den Stand des Wissens im Bereich der wasserbezogenen Anwendungen von GIS dar. Bei der Behandlung der einzelnen Kapitel wurde auf eine anschauliche Darstellung Wert gelegt. Zahlreiche Abbildungen und Beispiele ermöglichen die selbstständige Umsetzung des Stoffes. Es soll als eigenständiges Buch ohne GIS-Vorkenntnisse lesbar sein und beginnt daher mit einer generellen Einführung in GIS, wobei auf Beispiele aus der Hydrologie und Wasserwirtschaft verwiesen wird. Im zweiten Teil des Buches stehen die spezifischen hydrologischen und wasserwirtschaftlichen Anwendungen im Vordergrund.

Aus dem Inhalt:
· Einführung in GIS
· Raumbezogene Information in Hydrologie und Wasserwirtschaft
· Datenmodelle/Datenstrukturen
· Koordinatensysteme und Kartenprojektionen
· Analyse von raumbezogenen Daten
· Übersicht über GIS-Software und -Produkte
· Hydrologische Modelle und GIS
· Interpolation von hydrologischen Variablen
· Digitale Höhenmodelle und ihre Anwendung
· GIS-Unterstützung für die Modellierung des Oberflächenabflusses
· GIS-Unterstützung für die Grundwassermodellierung
· GIS in wasserwirtschaftlichen Informations- und
  Decision Support-Systemen

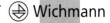

Geodäsie/Geoinformatik

Geodatenbanksysteme in Theorie und Praxis

Thomas Brinkhoff

Geodatenbanksysteme in Theorie und Praxis

Einführung in objektrelationale Geodatenbanken unter besonderer Berücksichtigung von Oracle Spatial

Wichmann

Dieses Lehrbuch führt in die Thematik objektrelationaler Geodatenbanksysteme unter besonderer Berücksichtigung von Oracle Spatial ein. ISO 19107 Spatial Schema, das OGC Simple Feature Model und SQL/MM Spatial werden als Basis zur Modellierung von Geodaten vorgestellt. Weitere im Buch vorgestellte theoretische Grundlagen sind die räumliche Anfragebearbeitung und Indexierung sowie Verfahren der Algorithmischen Geometrie. Darauf basierend werden die (Geo-)Datenbankprogrammierung mit Java, die Geography Markup Language (GML) und die Speicherung und Georeferenzierung von Rasterdaten behandelt. Angereichert wird der Text durch viele konkrete SQL- und Java-Beispiele.

Von Thomas Brinkhoff
2005.
Softcover
XII, 466 Seiten
€ 58,–
ISBN 3-87907-433-X

Umweltinformationssysteme

Peter Fischer-Stabel (Hrsg.)

Umwelt-
informations-
systeme

Wichmann

Dieses Werk ist ein interdisziplinär angelegtes Lehrbuch, dessen Inhalte die Konzeption und Entwicklung von Umweltinformationssystemen vermitteln. Neben den rechtlichen Rahmenbedingungen werden die Grundlagen der beim Aufbau von UIS verwendeten technologischen Konzepte beschrieben. Dies umfasst sowohl Verfahren zur Datenerhebung als auch die Erläuterung von Methoden und Systemkomponenten. Die Beschreibung ausgewählter Beispiele geben dem Leser schließlich Eindrücke zur Komplexität operationeller Systeme. Für eine Weiterführung und Vertiefung werden zu den einzelnen Themengebieten Literatur- und Quellenhinweise angegeben.

Von Peter Fischer-Stabel (Hrsg.)
2005.
Softcover
XVIII, 290 Seiten
€ 34,–
ISBN 3-87907-423-2

Gutschein für die ArcView 9
Evaluation-CD von ESRI

aus dem Buch „ArcGIS 9 – das Buch für Einsteiger"
des Wichmann Verlags

Bitte senden Sie den Gutschein per Post oder Fax an die GI Geoinformatik GmbH. Sie erhalten dann in wenigen Tagen die CD mit einer Laufzeit von 60 Tagen kostenlos per Post.

Per Post an: GI Geoinformatik GmbH
                         Bürgermeister-Ulrich-Str. 160
                         86179 Augsburg
oder als Fax an: +49 (0) 821 / 25869 - 40

Lieferadresse:
(Bitte deutlich ausfüllen)

Vor- und Nachname

Firma/Amt

Funktion/Abteilung

Straße, Nr.

PLZ, Ort

E-Mail
(Sollten Sie aktuelle Informationen zu Produktneuheiten und Updates/Servicepacks von ArcGIS wünschen, tragen Sie bitte hier ihre E-Mail-Adresse ein)